W0109078

Herbert Günther

Sprachförderung konkret

Mit Kopiervorlagen für Beobachtung, Förderung und Elternarbeit

Beltz Verlag · Weinheim und Basel

Prof. Dr. Herbert Günther, Jg. 1948, lehrt an der Universität Koblenz-Landau, Abteilung Landau im Fachbereich Erziehungswissenschaften des Instituts Bildung im Kindes- und Jugendalter.

Lektorat: Peter E. Kalb

© 2006 Beltz Verlag · Weinheim und Basel
www.beltz.de
Herstellung: Klaus Kaltenberg
Satz: Druckhaus »Thomas Müntzer«, Bad Langensalza
Druck: Druck Partner Rübelmann, Hemsbach
Umschlaggestaltung: Federico Luci, Odenthal
Umschlagabbildung: Photostock/vario-press
Printed in Germany

ISBN 13: 978-3-407-62564-9
ISBN 10: 3-407-62564-2

Inhaltsverzeichnis

Teil III

Glossar zur Sprachförderung

Teil IV

Kopiervorlagen, Folien und Arbeitshilfen

Einstieg

Kein Tag vergeht nach der OECD-Studie PISA und weiterer Folgeuntersuchungen, an dem nicht die Misere der deutschen Bildungseinrichtungen Kindergarten und Grundschule angeprangert wird.

Neben den Schwierigkeiten deutscher und zugewanderter Kinder in den traditionellen Kulturtechniken Lesen und Schreiben werden insbesondere die eklatanten Defizite der Sprache und des Sprechens aufgedeckt und kritisiert. Alle Verantwortlichen für Bildung und Erziehung im vorschulischen und schulischen Bereich sind gefordert.

Die pädagogischen Fachkräfte – Erzieherinnen und Lehrer – stehen vor großen Herausforderungen. Damit diese Herausforderungen besser gemeistert werden können, wurden konkrete Materialien zum zentralen Bereich »Sprachförderung« entwickelt und erprobt.

Ordner Sprachförderung

Der Ordner Sprachförderung wird hier verstanden als ein kleines didaktisch-methodisches Handgepäck – ein kleines Handbuch, das alle wesentlichen Bereiche der praktischen Sprachförderung abdeckt. Damit alle Beteiligten von der Sprachförderung profitieren und künftig leichter mit den täglichen Herausforderungen umgehen können, sind vier Teile entwickelt und erprobt worden.

Verzahnung von Kindergarten und Grundschule – gemeinsame Eingangsphase

Wir sollten endlich begreifen, dass wir nicht in Institutionen Kindergarten und Grundschule denken und handeln, sondern die Biografie des Kindes als Einheit und damit chronologisch zu betrachten. Daher gibt es nicht die Förderung für Kinder im Kindergarten und für Kinder in der Schule, sondern die Förderung der Kinder von 4 bis 8, ganz gleich, welche Einrichtung sie zurzeit besuchen. Die bundesweite Tendenz zur Verzahnung von Kindergarten und Grundschule zeigt sich in den Versuchen, die Schuleingangsphase organisatorisch zu vereinen und miteinander zu verknüpfen. Die Schnittstelle und der zuweilen harte Übergang zwischen dem Kindergarten und der Grundschule soll künftig verschwinden.

Zielgruppe 5 bis 10

Es geht um die förderbedürftigen Kinder, die ca. ein bis zwei Jahre vor dem Schulbeginn stehen und die deutsche Sprache erlernen oder das Sprechen verbessern müssen. Die vorliegende Arbeitshilfe soll Einblicke verschaffen in die Sprach-Lern-Prozesse von Kindern im Alter zwischen 5 und 10 Jahren. Diese Einblicke sind wichtig, um die Qualität der sprachpädagogischen Angebote an den spezifischen Förderbedürfnissen der Kinder auszurichten. Zwei Gruppen stehen dabei im Mittelpunkt der didaktisch-methodischen Überlegungen:

- Kinder, deren Muttersprache Deutsch ist, und
- Kinder, für die Deutsch Zweitsprache ist.

Die Persönlichkeitsmerkmale *Intelligenz*, *Begabung* und *soziale Herkunft* dürfen dabei keine Auswahlkriterien darstellen.

Zielstellung

Sprachförderung ist kein zusätzliches Angebot von Kindertagesstätte und Grundschule. Es sollte weder extern angeboten werden noch intern den Hauch einer elitären und exklusiven Zusatzveranstaltung für Kinder aus bestimmten Familien erhalten. Sprachförderung muss sich wie ein roter Faden durch den gesamten Alltag der Kinder ziehen. Dabei bilden die Beobachtung der Kinder, die Dokumentation der Daten sowie das pädagogische Handeln im Sinne der Förderung eine untrennbare Einheit und Klammer. Von diesen Materialien sollen Signale ausgehen in Richtung bewusste und natürliche Sprachförderung in alltäglichen Situationen. Wir müssen die Eltern als wertvolle Partner für unsere Arbeit gewinnen und in Sachen Erziehung und Bildung »mit ins Boot nehmen«.

Sprachliche Förderung kann

- für Tim bedeuten, dass er jemand braucht, der ihm einfach nur zuhört;
- für Erna heißen, dass sie einfach mehr Zeit braucht zum Sprechen;
- für Klara bedeuten, dass sie bei ihren sprachlichen Äußerungen nicht ständig unterbrochen und korrigiert wird;

- für Kai heißen, dass er künftig weniger mit Händen und Füßen spricht und sich bemüht, seine Sprache einzusetzen;
- für die Eltern bedeuten, dass sie Hilfe in Form von Information und Unterstützung brauchen;
- für die Fachkräfte heißen, dass wir enger zusammenrücken müssen und intensiver miteinander kooperieren sollen.

Die pädagogische Fachkraft braucht zur individuellen Förderung drei zentrale Kompetenzen (KSA):

1. Allgemeinwissen, fundiertes Fachwissen und spezifisches Bedingungswissen über die Kinder und die jeweilige Altersgruppe (K = Knowledge);
2. praktische Handlungskompetenzen im Sinne von didaktischen Fähigkeiten und methodischen Fertigkeiten (S = Skills);
3. positive Einstellung und Haltung zur natürlichen und täglichen Sprachförderung im Alltag von Kindergarten und Schule (A = Attitude).

Der Ordner Sprachförderung besteht aus den folgenden Teilen:

Teil I: Informationen zur Sprachförderung

Mit dem Begriff »pädagogische Fachkräfte« sind die Erzieherinnen und die Erzieher in den Kindergärten sowie die Lehrerinnen und die Lehrer in den Grundschulen gemeint. Beide Berufsgruppen sind Experten für Kindergarten und Schule und Profis in Sachen Förderung und Unterricht.

Im Zentrum steht das lernende und heranwachsende Kind und nicht die Einrichtung Kindertagesstätte bzw. Grundschule. Das Kind ist von Natur aus ein neugieriger, wissbegieriger und lernwilliger Mensch, der auf seinem Weg in die Gemeinschaft und Gesellschaft von seinen Eltern unterstützt, von seinen Erzieherinnen begleitet und von seinen Lehrkräften gefördert werden soll. Die Fachkräfte sollten sich dabei auf neueste Erkenntnisse der zuständigen Wissenschaftsdisziplinen wie Neurophysiologie, Entwicklungspsychologie, Lernpsychologie, Sprachwissenschaft, Linguistik, Phonetik, Phonologie, Logopädie, Anthropologie, Sonderpädagogik und Pädagogik stützen.

Teil II: Arbeitshilfen für die praktische Arbeit

Diese Handreichung ist als Arbeitshilfe und Leitfaden gedacht, der sich durch die gesamte Sprachförderung hindurchzieht. Pädagogische Fachkräfte in Kindertagesstätten und Grundschulen erhalten damit eine Praxishilfe mit vielen Kopiervorlagen für die tägliche Arbeit mit den Kindern und Eltern. Interessierte Eltern können ebenso wichtige Informationen für die Unterstützung im Elternhaus entnehmen. Wichtige Schritte sind:

1. Beobachtung des Kindes und seines Umfeldes, in dem das Kind lebt;
2. Gespräche mit den betroffenen Personen;
3. Information und Beratung der Eltern;
4. individueller Förderplan und Dokumentation;
5. Kontrolle, Reflexion und Modifikation;
6. Perspektiven und Prognose.

Für die gesamte Sprachförderung ist eine echte und transparente Partnerschaft wichtig zwischen den pädagogischen Fachkräften und den betroffenen Eltern sowie allen Bezugspersonen, mit denen das Kind sozial kooperiert.

Experten, die mit dem Kind zusammenarbeiten, wie z.B. die Therapeuten (Logopäden und Ergotherapeuten), die Psychologen (Kinderpsychologe und Schulpsychologe) sowie die Ärzte (Hausarzt, Kinderarzt, Pädiater, Augenarzt und HNO-Arzt), müssen ebenso mit in die kooperative Verantwortung gezogen und über das Kind und sein soziales Netz befragt werden.

Insbesondere müssen die Eltern aus den bildungsfernen Schichten und sozial schwachen Familien für die Sprachförderung gewonnen werden. Alle Daten und Informationen über das Kind werden in einer Entwicklungs- und Bildungsmappe gesammelt.

Teil III: Glossar Sprachförderung

Zunächst soll geklärt werden, ob es der Glossar, die Glossar oder das Glossar heißt. Das Letztere ist der Fall. Der Begriff Glossar wird aus dem Griechischen »glossa« (= Zunge und Sprache) abgeleitet, daneben aus dem griech.-lat. »Glossema« (= ein schwieriges, erklärungsbedürftiges Wort; vgl. Duden Herkunftswörterbuch 1989) und bedeutet weiterhin Glossensammlung. Unter Glosse versteht man eine spöttische Bemerkung oder einen zynischen Kommentar über einen Menschen oder zu einem Sachverhalt. Glossar bedeutet in zweiter Linie Wörterverzeichnis mit Erklärungen (vgl. Wahrig 2004, S. 232).

Es geht darum, grundlegende Begriffe, die den Bereich der Sprachförderung zentral betreffen oder auch nur peripher tangieren, in das Glossar aufzunehmen und kurz zu erklären. Die Sprachförderung als Handlungsdisziplin liegt in der Schnittmenge verschiedener Wissenschaften wie Pädagogik, Sonderpädagogik, Psychologie, Linguistik, Soziologie, Medizin, Neurobiologie und Neurophysiologie.

Teil IV: Kopiervorlagen, Folien und Arbeitshilfen

Die Kopiervorlagen sind in einem eigenen Kapitel am Ende des Ordners noch einmal zusammenfasst. Zu dem Thema Elternabend gibt es Kopiervorlagen (KV) und Folien (F) zum Thema »Sprachförderung« zum Auflegen auf den Overheadprojektor. Außerdem gibt es Organisationshilfen (OH) zur Bildung der Kleingruppen und Planung der Förderung. Alle Kopiervorlagen und Folien sind durchnummeriert und können aus dem Fließtext heraus erkannt und dem jeweiligen Bereich zugeordnet werden. Die Kopiervorlagen beziehen sich auf folgende vier Bereiche:

- Arbeitshilfen zur Beobachtung und Analyse der kindlichen Sprache und des Sprechens (KV 01–KV 08),

- Planungshilfen zur Vorbereitung, Durchführung und Reflexion von Fördereinheiten (KV 09 – KV 24),
- Materialien für die Elternarbeit und speziell die Gestaltung des Elternabends zum Thema »Sprachförderung« (KV 25 – KV 44 und Folien F 01 – F 12),
- Organisationshilfen zur Förderung im DIN-A3-Format zum Aufhängen im Gruppenraum bzw. im Klassenraum
  - Herkunft der Kinder (OH 01),
  - Gruppenbildung (OH 02)
  - Jahresplan (OH 03),
  - Förderstern (OH 04),
  - Stufenmodell (OH 05).
- Das »Laute-Poster« im DIN-A2-Format zum Aufhängen im Gruppenraum bzw. im Klassenraum steckt in der Tasche auf der Innenseite des Ordners.

Literaturverzeichnis

Die folgenden Ausführungen stützen sich im Großen und im Ganzen auf die hier angegebenen Literaturstellen sowie selbst erstellte Manuskripte, gehaltene Vorträge zum Thema Sprachförderung mit den entsprechenden PowerPoint-Präsentationen, Diagrammen, Schaubildern, Mindmaps und Unterlagen zu Vorlesungen, Seminaren, praktischen Übungen und Fortbildungsveranstaltungen des Autors.

Alber, K. (2006): Ist das Rosettenmeerschweinchen eine große Maus? In: Grundschule 4, S. 10–14.

Allport, G.W. (1937): Personality: A psychological interpretation. New York: Holt & Co.

Arslanoglu, A. u.a. (2004): Ideenheft zur Sprachförderkiste. Stuttgart Düsseldorf Leipzig: Klett.

AUDIVA (2005): Hören und Bewegen. Kandern-Holzen: Eigenverlag Audiva.

Ayres, J. (1984): Bausteine der kindlichen Entwicklung. Die Bedeutung der Integration der Sinne für die Entwicklung des Kindes. Berlin: Springer.

Bailey, D. et al. (2001): Critical Thinking about critical periods. Baltimore, ML.: Paul H. Brooks Publishing Co.

Bandler, R./Grinder, J. (1975): Patterns of the hypnotic techniques of Milton H. Erickson, M.D., Vol. I. Cupertino: Meta publications.

Bandler, R./Grindler, J. (1990): Metasprache und Psychotherapie. Die Struktur der Magie I. Paderborn: Junfermann.

Bauer, K.W./Hengst, H. (1984): Kritische Stichwörter Kinderkultur. München: Wilhelm Fink.

Bärmann, F. u.a. (1979): Lernbereich: Schrift und Schreiben. Braunschweig: Westermann.

Bayerisches Staatsministerium für Arbeit und Sozialordnung, Familie und Frauen (^{2}2005): Der Bayerische Bildungs- und Erziehungsplan für Kinder in Tageseinrichtungen bis zur Einschulung. Weinheim/Basel: Beltz.

Beauftragte der Bundesregierung für Ausländerfragen (Hrsg.) (2000): Hallo, Hola, Ola – Sprachförderung in Kindertagesstätten. Berlin/Bonn: Bonner Universitätsdruckerei

Becker, R. (1967): Die Lese-Rechtschreib-Schwäche aus logopädischer Sicht. Berlin (Ost): VEB Deutscher Verlag der Wissenschaften.

Belke, G./Conrady, P. (2005): Einwanderungsland Deutschland: Viele Sprachen in den Schulen. In: Grundschule 3, S. 30–34.

Benedict, H. (1979): Early lexical development: Comprehension and production. In: Journal of Child Language 6, S. 183–200.

Bergmann, R./Pauly, P./Stricker, St. (2005): Einführung in die deutsche Sprachwissenschaft. Heidelberg: Winter.

Bernstein, B. (1972): Studien zur sprachlichen Sozialisation. Düsseldorf: Schwann.

Bindel, W.R./Günther, H. (1996): Perspektiven der Sprachtherapie: Team-Gruppen-Therapie der Sprachganzheit. In: Sprache Stimme Gehör 20, S. 161–167.

Bindel, W. R./Günther, H. (2002): Artikulationstherapie bei Vorschulkindern. In: Berg, R./Anders, L.C./Miethe, E. (Hrsg.): Interdisziplinäre Sorge um Kommunikationsstörungen. München: Ernst Reinhardt, S. 135–168).

Bishop, D./Edmundson, A. (1987): Language impaired 4-years old: distinguishing transient from persistent impairment. In: Journal of Speech and Hearing Disorders 52, S. 156–173.

Bowlby, J. (1969): Attachment and loss (Vol. 1: Attachment). New York: Basic Books.

Braun, A.K./Meier, M. (2004): Wie Gehirne laufen lernen oder »Früh übt sich, wer ein Meister werden will!« In: Zeitschrift für Pädagogik 4, S. 507–520.

Braun, O. (1999): Sprachstörungen bei Kindern und Jugendlichen. Stuttgart/Berlin/Köln: Kohlhammer.

Bronfenbrenner, U. (1978): Ansätze zu einer experimentellen Ökologie menschlicher Entwicklung. In: Oerter, R. (Hrsg.): Entwicklung als lebenslanger Prozess. Hamburg: Hoffmann & Campe, S. 33–65.

Bronfenbrenner, U. (1981): Die Ökologie der menschlichen Entwicklung. Stuttgart: Thieme.

Brüggebors, G. (2000): So spricht mein Kind richtig. Entwicklungen und Störungen beim Sprechen lernen. Wie Eltern und Erzieher helfen können. Reinbek: Rowohlt.

Brügelmann, H. (2003): Tipps für Eltern. In: Ministerium für Kultus, Jugend und Sport Baden-Württemberg (Hrsg.): Elterninfo zum Schulanfang. Mit vielen Tipps, wie Sie Ihr Kind jetzt unterstützen können. Weilheim/Teck: Bräuer, S. 21.

Bruner, J. (1987): Wie das Kind sprechen lernt. Bern/Göttingen/Toronto: Huber.

Bruner, J. (1990): Acts of meaning. Cambridge, MA: Havard University Press.

Bruns, A./Wetjen, B. (2001): Aufmerksamkeitsstörungen im Unterricht. Anregungen und Übungen für ein Konzentrationstraining. In: Grundschule 12, S. 1–8.

Bundschuh, K. (1999): Einführung in die sonderpädagogische Diagnostik. München Basel: Reinhardt.

Bunk, G.J.S. (2005): Phonetik aktuell. Deutsch als Fremdsprache. Kopiervorlagen. München: Max Hueber.

Butzkamm, J. (2004): Sprachlust für Frühstarter und Spätzünder. In: Theorie und Praxis der Sozialpädagogik 4, S. 4–7.

Bücken, H. (1994): Kimspiele. Sehen, Schmecken, Riechen, Tasten, Hören und Denken. München: Hugendubel.

Bühler, C. (1928): Kindheit und Jugend. Leipzig: Hirzel.

Bühler, K. (1965): Sprachtheorie. Frankfurt a.M.: Fischer.

Ciompi, L. (1997): Die emotionalen Grundlagen des Denkens. Entwurf einer fraktalen Affektlogik (Sammlung). Göttingen: Vandenhoeck & Ruprecht.

Comenius, J.A. (1657/1992): Didactica magna. Hrsg. von A. Flitner: Große Didaktik. Stuttgart: Klett.

Dannenbauer, F.M. (1992): Grammatik. In: Baumgartner, S./Füssenich, I. (Hrsg.): Sprachtherapie mit Kindern. München/Basel: Ernst Reinhardt, S. 123–203.

Davidson, J. (1996): Emergent literacy and dramatic play in early education. London: Delmar.

Dehn, M. (1994): Schlüsselszenen zum Schriftspracherwerb. Arbeitsbuch zum Lese- und Schreibunterricht in der Grundschule. Weinheim/Basel: Beltz.

Denkhaus, R. (1981): Witze – »Was wir lachend lernen, lernen wir gut«. Grundschule 13, S. 498–503.

Dennison, P./Dennison, G. (1998): Brain Gym. Kirchzarten: VAK Verlags GmbH.

Deutsches Institut für Fernstudien an der Universität Tübingen (DIFF) (1974): Fernstudienlehrgang Legasthenie. Studienbegleitbrief 4. Weinheim/Basel: Beltz.

Deutsches Institut für Fernstudien an der Universität Tübingen (DIFF) (1985): Fernstudium Ausbildung zum Beratungslehrer. Studienbrief 3: Pädagogisch-psychologische Diagnostik. Beratungsanlässe, Funktionen, Untersuchungsvariablen und Methoden. Tübingen: pagina.

Deutsches Institut für Fernstudien an der Universität Tübingen (DIFF) (1988): Behinderungen & Schule. Studienbrief 3: Wahrnehmungsstörungen. Tübingen: pagina.

Deutsches Kinderhilfswerk (Hrsg.) (2001): Auf die Kinder kommt es an. Kinderreport Deutschland. München: Kopaed.

Deutsches PISA Konsortium (Hrsg.) (2001): PISA 2000. Basiskompetenzen von Schülerinnen und Schülern im internationalen Vergleich. Opladen: Leske + Budrich.

Ditmman, A./Nardi-Ritrovato, D. (2006): Sprachförderprojekt in vorschulischen Einrichtungen – Entwicklung und Evaluation didaktischer Materialien zum Thema Feuerwehr. Landau: Universitätsdruckerei. Unveröffentlichte Examensarbeit.

Döpfner, M./Fröhlich, J./Lehmkuhl, G. (2000): Leitfaden Kinder- und Jugendpsychotherapie. Band 1: Hyperkinetische Störungen. Göttingen: Hogrefe.

Duden (1973): Grammatik der deutschen Gegenwartssprache. Mannheim/Wien/Zürich: Bibliographisches Institut.

Duden (1982): Das Fremdwörterbuch. Band 5. Mannheim/Wien/Zürich. Bibliographisches Institut.

Duden (1989): Das Herkunftswörterbuch. Etymologie der deutschen Sprache. Band 7. Mannheim/Wien/Zürich: Duden-Verlag.

Duden (1990): Das Aussprachewörterbuch. Band 6. Mannheim: Duden-Verlag.

Elkonin, D. (1980): Psychologie des Spiels. Berlin: Volk und Wissen.

Elschenbroich, D. (1993): Der Vater amerikanischer Familien. Ein Gespräch mit Dr. Spock. In: DJI (Hrsg.): Was für Kinder. Handbuch der Kindheit. München: Juventa.

Elschenbroich, D. (2001): Weltwissen der Siebenjährigen. Wie Kinder die Welt entdecken. München: Kunstmann.

Endres, R./Baur, S. (2000): Informelles Verfahren zur Überprüfung von Sprachverständnisleistungen (IVÜS). In: Die Sprachheilarbeit 2, S. 64–71.

Enzensberger, H.M. (1966): Nachwort zu: Allerleihrauh. Viele schöne Kindereime. Frankfurt a.M.: Fischer.

Einsiedler, W. (1999): Das Spiel der Kinder. Bad Heilbrunn: Klinkhardt.

Erikoson, E.H. (1957): Kindheit und Gesellschaft. Zürich: Pan.

Ervin-Tripp, S. (1974): Is second language learning like the first? In: TESOL Quarterly 8, S. 111–127.

Ervin-Tripp, S. (1977): Wait for me, roller skate! In: Ervin-Tripp, S./Mitchell-Kernan, C. (Hrsg.): Child Discourse. New York: Academic Press, S. 165–188.

Erwin-Tripp, S. (1981): Language Acquisition and Communicative Choice. Stanford: Stanford University Press.

Fendrich, B. (2000): Sprachauffälligkeiten im Vorschulalter. Kinder mit Sprach- und Sprechstörungen und Möglichkeiten ihrer pädagogischen Therapie. Weinheim/München: Juventa.

Flöther, M. (2003): Auditive Verarbeitung und Wahrnehmung als Voraussetzung für den Schriftspracherwerb. In: Die Sprachheilarbeit 4, S. 164–172.

Fölling-Albers, M. (1993): Kindheit. In: Heckt, D./Sandfuchs, U. (Hrsg.): Grundschule von A bis Z. Braunschweig: Westermann, S. 123–125).

Fölling-Albers, M. (1993): Einzelkind. In: Heckt, D./Sandfuchs, U. (Hrsg.): Grundschule von A bis Z. Braunschweig: Westermann, S. 40–41).

Fried, L. (2001): Vorschulerziehung. In: Rost, D.H. (Hrsg.): Handwörterbuch Pädagogische Psychologie. Weinheim: Beltz, S. 783–788.

Friedrich, G./Bigenzahn, W. (1995): Phoniatrie. Einführung in die medizinischen, psychologischen und linguistischen Grundlagen von Stimme und Sprache. Bern: Huber.

Führing, M./Lettmayer, O./Elstner, W. (1973): Die Sprachfehler des Kindes und ihre Beseitigung. Wien: Österreichischer Bundsverlag für Unterricht, Wissenschaft und Kunst.

Glumpler, E. (1993): Aussiedlerkinder. In Heckt, D./Sandfuchs, U. (Hrsg.): Grundschule von A bis Z. Braunschweig: Westermann, S. 20–21.

Graichen, J. (1979): Zum Begriff der Teilleistungsstörungen. In: Lempp, R. (Hrsg,): Teilleistungsstörungen im Kindesalter. Bern/Göttingen/Toronto: Huber.

Grimm, H./Schöler, H. (Hrsg.) (1991): Heidelberger Sprachentwicklungstest. Göttingen/Bern: Hogrefe.

Grohnfeldt, M. (1989): Störungen der Sprachentwicklung. Berlin: Edition Marhold.

Groß-Schiegl, A. (2006): Sprachförderprojekt in vorschulischen Einrichtungen – »Friedrich Schiller, der Herr Goethe und ich«. Landau: Universitätsdruckerei. Unveröffentlichte Examensarbeit.

Grüntgens, W. (2005): Begriff Lernen. In: Sonderpädagogik in Rheinland-Pfalz. Mitteilungen des Landesverbandes 3, S. 21–23.

Günther, H. (2003): Sprachförderung: Die Fitness-Probe. Bausteine für einen erfolgreichen Schulbesuch. Weinheim/Basel: Beltz.

Günther, K.B. (1986): Ein Stufenmodell der Entwicklung kindlicher Lese- und Schreibstrategien. In: Brügelmann, H. (Hrsg.): ABC und Schriftsprache - Rätsel für Kinder, Lehrer und Forscher. Konstanz: Libelle, S. 32–34.

Günther, B./Günther, H. (2004): Erstsprache und Zweitsprache. Einführung aus pädagogischer Sicht. Weinheim/Basel: Beltz.

Gundermann, H. (1981): Heiserkeit und Stimmschwäche. Stuttgart: Thieme.

Haarmann, D. (1993): Erziehung. Kindheit In: Heckt, D./Sandfuchs, U. (Hrsg.): Grundschule von A bis Z. Braunschweig: Westermann, S. 56–57.

Hacker, H. (2003): Neue Formen der Kooperation von Kindergarten und Grundschule. In: Grundschule 6, S. 23–25.

Hasse, J. (2005): Wahrnehmen lernen. In: Grundschule 12, S. 50–52.

Haven, H. (1970): Darstellendes Spiel. Düsseldorf: Schwann.

Heinemann, P. (1976): Grundriß einer Pädagogik der nonverbalen Kommunikation. Saarbrücken: Universitäts-Verlag.

Heller, K./Nickel, H./Neubauer, W.F. (1976): Verhalten und Lernen. Studienprogramm »Psychologie in der Erziehungswissenschaft«, Bd. 1. Stuttgart: Klett.

Herpertz-Dahlmann, B./Resch, F./Schulte-Markwort, M./Warnke, A. (2003): Entwicklungspsychiatrie. Stuttgart:

Herz, A. (1993). Spielen in der Schule. Eine pädagogische Dimension in der Schule. In: Pädagogisches Zentrum des Landes Rheinland-Pfalz. PZ-Nachrichten 1, S. 1–5.

Hildeschmidt, A./Sander, A. ([6]2002): Der ökosystemische Ansatz als Grundlage der Einzelintegration In: Eberwein, H./Knauer, S. (Hrsg.): Integrationspädagogik.Weinheim/Basel: Beltz, S. 304-312.

Holtz, A. (1989): Kindersprache. Ein Entwurf ihrer Entwicklung. Hinterdenkenthal: Kinders.

Homburg, G. (1995): Zur Komplexität gestörter Sprache. In: Grohnfeldt, M. (Hrsg.): Handbuch der Sprachtherapie. Band 8: Sprachstörungen im sonderpädagogischen Bezugssystem.Berlin: Edition Marhold, S. 15–37.

Höpflinger, F. (2002): Kind sein – gestern und heute. Vortrag am 23. Mai 2002. In: Grundschule 10, S. 54–57.

Holtz, A. (1994): Hören und Horchen. Die Bedeutung der auditiven Aufmerksamkeit für die Sprachentwicklung und ihre Förderung. In: Interdisziplinär 1, S. 44–52.

Hulsegge, J./Verheul, A. (1997): Snoezelen – Eine andere Welt. Bundesvereinigung Lebenshilfe für geistig Behinderte (Hrsg.). Marburg: Lebenshilfe-Verlag.

Hüther, G. (2002): Hundert Grüntöne der Blätter oder zwölf Sorten Schnee. In: Klett Themendienst. Schule – Wissen – Bildung 13/14, S. 11–16.

Ingenkamp, K. ([5]2005): Lehrbuch der Pädagogischen Diagnostik. Weinheim/Basel: Beltz (UTB).

James, W.M. (1890): Principles of psychology. New York: Holt, Rinehart & Winston.

Jakobson, R. (1941): Kindersprache, Aphasie und allgemeine Lautgesetze. Upsala: Almgvis & Wiksell.

Jaworek, F./Zaborsky, E. (1974): Die Behandlung von Stammelfehlern. Berlin: Marhold.

Jesepersen, O. (1932): Lehrbuch der Phonetik. Leipzig und Berlin: Insel.

Kalmar, M. (1998): Die acht auditiven Fallen im Lese-Rechtschreib-Lernprozess. In: Österreichischer Bundesverband Legasthenie (Hrsg.): Legasthenie … verstehen. Lese-Rechtschreib-Rechen-Schwächen bewältigen. Schulheft 91. Wien: REMAprint, S. 41–64.

Kasper, H. (1993): Differenzierung In: Heckt, D./Sandfuchs, U. (Hrsg.): Grundschule von A bis Z. Braunschweig: Westermann, S. 34–35.

Kasper, H. (1993): Lernen. In: Heckt, D./Sandfuchs, U. (Hrsg.): Grundschule von A bis Z. Braunschweig: Westermann, S. 156–157.

Keil, T./Willich S.N. (2006): Chronischer Lärm erhöht Infarktrisiko. In: Forschung & Lehre 2, S. 64–65.

Kiper, H. (2003): Kinder in der Welt. In: Grundschule 10, S. 27–31.

KIND Hörgeräte (Hrsg.) (2006): Die KINDHörwelt. Leben mit allen Sinnen – das Wunder des Hörens. Großburgwedel/Hannover: Eigenverlag.

Kindergesundheitskonferenz (2003): Materialien zur gemeinsamen Kindergesundheitskonferenz der Stadt Mainz und des Landkreises Mainz-Bingen. Mainz: Eigenverlag.

Klix, F. (1992): Gedächtnis. In: Asanger, R./Wenninger, G. (Hrsg.): Handwörterbuch Psychologie. Weinheim: Psychologie Verlags Union, S. 213–219.

Kolonko, B. (1997): Sprachpädagogische Arbeit im Kindergarten. Eine Arbeitshilfe für Ausbildung und Praxis. Hamburg: E.B.-Verlag.

Konken H. (2000): Mehrdimensionale Förderung und Behandlung in teilstationärer Form am Beispiel des Zentrums für für Hör- und Sprachtherapie. In: HörPäd 2, S. 80–82.

Kooij, van der (2001): Spiel. In: Rost, D.H. (Hrsg.): Handwörterbuch Pädagogische Psychologie. Weinheim: Beltz, S. 686–693.

Kossakowski, A. (1958): Über Schwierigkeiten im Lesen und Rechtschreiben bei lese- und rechtschreibschwachen Kindern und bei Unterstufenschülern. In: Pädagogik 1, Beiheft. Berlin: Volk und Wissen Volkseigener Verlag.

Kossow, H.-J. (1972): Zur Therapie der Lese-Rechtschreibschwäche. Berlin: Volk und Wissen Volkseigener Verlag.

Kowalczyk, W./Ottich, K./Häring, H.-G. (Hrsg.) (2005): Lehrkräfte kooperieren mir Eltern: Das Lernen unterstützen, die Erziehung ernst nehmen. Bobingen: Verlagsdruckerei Kessler.

Krashen, S. (1982): Child- adult differences in second language acquisition. Rowley: Newbury House.

Krashan, S. (1981): Secon laguage acqusition and secon laguage learning. Oxford: Pergamon Press.

Kretschmann, R./Dobrindt, Y./Behring, K. (1998): Prozessdiagnose der Schriftsprachkompetenz in den Schuljahren 1 und 2. Horneburg/Niederelbe: Sigrid Persen.

Kristen, U. (1996): Elektronische Kommunikationshilfen. In: Geistige Behinderung 2, S. 143–159.

Kron, F.W. (1994): Grundwissen Pädagogik. München: Wilhelm Fink.

Krüger, S./Schmidt, N./Schöne, K. (2000): Auf der Suche nach anregenden Medien für Musik und Bewegung. Schattentheater. In: Grundschulunterricht 5, S. 50–64.

Küspert, P./Schneider, W. (2000): Hören, lauschen, lernen. Sprachspiele für Kinder im Vorschulalter. Göttingen: Vandenhoeck & Ruprecht.

Lewandowski, T. (1990): Linguistisches Wörterbuch I–III. Heidelberg/Wiesbaden: Quelle & Meyer.

Lewin, K. (1953): Die Lösung sozialer Konflikte. Bad Nauheim.

Leyendecker, C. (1988): Wahrnehmungsstörungen. In: DIFF-Studienbrief. Band 3. Tübingen: pagina, S. 64–68.

Licbmann, A. (1901): Vorlesungen über Sprachstörungen. 10 Hefte. Berlin: O. Coblentz.

Lienert, G.A. (1969): Testaufbau und Testanalyse. Weinheim: Beltz.

Lompscher, J. (1987): Persönlichkeitsentwicklung in der Lerntätigkeit. Berlin: Volk und Wissen Volkseigener Verlag.

Lück, G. (2006): Geschichten erzählen im naturwissenschaftlichen Sachunterricht. In: Grundschule 3, S. 43–45.

Luick, K. (1923): Deutsche Lautlehre. Leipzig/Wien: F. Deuticke.

Mader, G./Stöckl, W. (1999): Virtuelles Lernen, Begriffsbestimmung und aktuelle empirische Befunde. Innsbruck/Wien: Studienverlag.

Maelicke, A. (Hrsg.) (1990). Vom Reiz der Sinne. Weinheim/New York/Basel/Cambridge: VCH Verlagsgesellschaft.

Masterson, J.J./Kambi, A.G. (1991): The effects of sampling conditions on sentence production in normal, reading-disabled and language-disabled children. In: Journal of Speech and Hearing Research 34, S. 549–558.

Mattenklott, G. (1995): Vom Gedicht zur szenischen Improvisation. In: Grundschule 9, S. 16–19.

Menzel, W. (1990): Lesen lernen – Schreiben lernen. Braunschweig: Westermann.

Menzel, W. (1991): Mein ABC-Buch. In: Grundschule 5, S. 30–48.

Merkt, I. (2004): Interkulturelle Musik-Welten: Klatschen und Klappern. In: Grundschule 9, S. 13–14.

Metze, W. (1995): Differenzierung im Erstleseunterricht. Frankfurt a.M.: Cornelsen Scriptor.

Meyerholz, U. (1995): Rhythmische Spiele für unterwegs. In: Grundschule 9, S. 47–48.

Miller, R. (Hrsg.) (2001): Beziehung und Interaktion. Weinheim/Basel: Beltz.

Minister für Kultus, Bildung und Sport im Saarland (1982): Schule im Saarland. Rahmenrichtlinien für die vorschulische Erziehung im Saarland. Saarbrücken: Eigenverlag

Ministerium für Kultus, Jugend und Sport Baden-Württemberg (2003): ElternInfo zum Schulanfang. Stuttgart: Bräuer.

Ministerium für Bildung, Frauen und Jugend Rheinland-Pfalz (Hrsg.) (2005): Rahmenplan Grundschule. Teilrahmenplan Deutsch. Grünstadt: Sommer.

Ministerium für Bildung, Frauen und Jugend Rheinland-Pfalz (Hrsg.) (2005): Rahmenplan Grundschule. Teilrahmenplan Fremdsprache. Grünstadt: Sommer.

Ministerium für Kultus, Jugend und Sport Baden-Württemberg (Hrsg.) (2002): Handreichung zur Sprachförderung in der Grundschulförderklasse unter besonderer Berücksichtigung des Migrationshintergrundes. Stuttgart: Bräuer.

Minning, U. u.a. (2005): AUDIVA Hören und Bewegen. Kandern-Holzen: Eigenverlag AUDIVA.

Montagu, A. (1971): Körper-Kontakt. Die Bedeutung der Haut für die Entwicklung des Menschen. Stuttgart: Klett-Cotta.

Morsch, U./Blasius, R./Klein, M./Schumacher, H. (1997): Was wir mit Märchen alles machen können. In: Grundschule 12, S. 22–23.

Moreno, J.L. (1996): Die Grundlagen der Soziometrie. Opladen: Westdeutscher Verlag.

Mühl, H. (1996): Kommunikationschancen für nichtsprechende Menschen mit geistiger Behinderung. In: Geistige Behinderung 2, S. 113–114.

Müller, H-J. (2002): Vom Blitzlicht zum Standbild. In: Grundschule 10, S. 14–15.

Müller, A. (2005): Erlebnisse durch Ergebnisse. Das Lernportfolio als multifunktionales Werkzeug im Unterricht. In: Grundschule 6, S. 9–18.

Nauck, B. (1995): Kinder als Gegenstand der Sozialberichterstattung. Konzepte, Methoden und Befunde im Überblick. In: Nauck, B./Bertram, H. (Hrsg.): Kinder in Deutschland. Opladen: Leske und Budrich, S. 11–87.

Naumann, K. (1993): Kindergarten. In: Heckt, D./Sandfuchs, U. (Hrsg.): Grundschule von A bis Z. Braunschweig: Westermann, S. 112–114.

Nickel, F.U. (1993): Pantomimisches Spiel mit Kindern. In: Grundschule 11, S. 27–29.

Nitsch, C./Hüther, G. (2004): Kinder gezielt fördern. München: Gräfe und Unzer.

Niemeyer, W. (1998): Musikmalen in Schule und Haus. Entspannung, Konzentration und Wohlbefinden durch Spuren und Atmen nach Musik. Bremen: Paul Herbig.

Otto, K. (2000): Pragmatische Erfahrungen mit der Elternpartizipation. In: Logos interdisziplinär 4, S. 258–270.

Otto, U./Bolay, E. (1983): Armut von Heranwachsenden als Herausforderung für Soziale Arbeit und Sozialpolitik - eine Skizze. In: Otto, U. (Hrsg.): Aufwachsen in Armut. Erfahrungswelten und soziale Lagen von Kindern armer Familien. Opladen: Leske & Budrich, S. 9–46.

Palinscar, A.S. (1998): Social consturctivist perspectives on teaching and learning. In: Annual Review of Psychology 49, S. 345–375.

Pramling, I. (1990): Learning to learn. A study of Swedish preschool children. New York: Springer.

Pauen, S. (2004): Zeitfenster der Gehirn- und Verhaltensentwicklung: Modethema oder Klassiker? In: Zeitschrift für Pädagogik 4, S. 521–530.

Pawlow, I. (1953): Sämtliche Werke. Deutsch. Berlin: Akademie.

Pestalozzi, J.H. (1962): Lienhard und Gertrud. Ausgewählte Werke, Band 1. Berlin: Cornelsen.

Petillon, H. (2000): Von Adlerauge bis Zauberbaum. Tausend Spiele für die Grundschule. Eine Spielesammlung. Weinheim/Basel: Beltz

Petillon, H. (2001): Soziale Beziehungen. In: Rost, D.H. (Hrsg.): Handwörterbuch Pädagogische Psychologie. Weinheim: Beltz, S. 650–657.

Peuser, G. (1989): Linguistische Grundlagen der Sprachtherapie In: Grohnfeld, M. (Hrsg.): Handbuch der Sprachtherapie. Band 1: Grundlagen der Sprachtherapie. Berlin: Edition Marhold, S. 60–72.

Piaget, J.P. (1972): Sprechen und Denken. Düsseldorf: Schwann.

Deutsches PISA-Konsortium (Hrsg.) (2001): PISA 2000. Basiskopmpetenzen Von Schülerinnen und Schülern im internationalen Vergleich. Opladen: Leske & Budrich.

Postman, N. (1987): Das Verschwinden der Kindheit. Frankfurt a.M.: Fischer.

Pramling, A.S. (1990): Learning to learn. A study of Swedish preschool children. New York: Springer.

Ptok, M./Berger, R./von Deuster, C./Gross,M./Lamprecht-Dinnesen, A./Nickisch, A./Radü, H.J./Uttenweiler, V. (2000): Auditive Wahrnehmungs- und Verarbeitungsstörungen. In: Konsensus-Statement HNO 48, S. 357–360.

Radigk, W. (1991): Kognitive Entwicklung und zerebrale Dysfunktion. Dortmund: verlag modernes lernen.

Rauin, U. (2005): Erziehungswissenschaft in der Kritik. In: Forschung & Lehre 12, S. 648–650.

Rekus, J. (1993): Selbsttätigkeit. In: Heckt, D./Sandfuchs, U. (Hrsg.): Grundschule von A bis Z. Braunschweig: Westermann, S. 235–236 .

Reuter, T. (2005): Rhythmus ist auch Sprache, Bewegung und Musik. In: Grundschule 6, S. 34–37.

Ristic, N. (2006): Neue Medien verändern die Schule. In: FORUM E, 9, S. 12.

Rölleke, H. (1993): Märchen. In: Heckt, D./Sandfuchs, U. (Hrsg.): Grundschule von A bis Z. Braunschweig: Westermann, S. 176–177.

Roß, G. (2000): So lernen Kinder richtig sprechen. München: Pattloch.

Roth, G. (2004): Warum sind Lehren und Lernen so schwierig? In: Zeitschrift für Pädagogik 4, S. 496–506.

Sandfuchs, U. (1993): Ausländerkinder. In: Heckt, D./Sandfuchs, U. (Hrsg.): Grundschule von A bis Z. Braunschweig: Westermann, S. 19–20.

Schaffer, M. (1988): Klang und Krach. Eine Kulturgeschichte des Hörens. Frankfurt a.M.: Fischer.

Scherer, H. (1995): Reden müsste man können. Offenbach: Gabal.

Schlösser, E. (2001): Wir verstehen uns gut. Münster: Ökotopia.

Schmidt-Denter, U. (1999): Soziale Kompetenz. In: Perleth, G. u.a. (Hrsg.): Grundlagen und Anwendnungsfelder. Bern/Göttingen/Toronto: Huber, S. 123–132.

Schneider, W. (2001): Lesenlernen. In: Rost, H. (Hrsg.): Handwörterbuch Pädagogische Psychologie. Weinheim: Beltz, S. 434–441.

Schnurer, J. (2003): Vom Zählen zum Erzählen. In: Eine Welt in der Schule 3, S. 18–21.

Schmidt-Barkow., I. (1999): Störungen des Schriftspracherwerbs und Sprachbewusstheit. In: Grundschule 5, S. 35–38.

Scholz, H.-J. (1990): Die phonologischen Störungen. Konzept, Analyse und Therapie. In: Grohnfeldt M. (Hrsg.): Handbuch der Sprachtherapie. Band 2: Störungen der Aussprache. Berlin: Edition Marhold, S. 62–74.

Schreiner, M. (2006): Interkulturellen Herausforderungen begegnen. Die Normalität des Fremden. In: Forum E, Zeitschrift des Verbandes Bildung und Erziehung (VBE), S. 23–25.

Schulz, von Thun, F. (1989/2000). Miteinander reden. Störungen und Klärungen. Bd. 1 und Bd. 2. Reinbek: Rowohlt.

Seidel, G. (1982): Stegreifspiel: Die Kahnfahrt. In: Grundschule 6, S. 282–283.

Senf, G. (2003): Mit Bewegung die frühkindliche Bewegung fördern. In: Grundschule 6, S. 20–22.

Seyd, W. (1986): Sprache und Bewegung. Sprechzeichnen – Fadenspiele – Blasspiele. Villingen-Schwenningen: Neckar Verlag.

Singer, W. (2003): Was kann ein Mensch wann lernen. Ein Beitrag aus Sicht der Hirnforschung. In: Fthenackis, W.E. (Hrsg.): Elementarpädagogik nach PISA. Freiburg: Herder, S. 67–75.

Singer, W./Funke C. (1995): Sprachspiele für Kinder. Ravensburg: Ravensburger Buchverlag.

Skinner, B.F. (1957): Verbal behavior. New York: Appleton/Century Crofts.

Sodian, B. (2004): Das Kind als Wissenschaftler. Wie Kinder Theorien und Weltbilder konstruieren. In: Schüler 2004. Aufwachsen. Die Entwicklung von Kindern und Jugendlichen. Jahresheft. Seelze: Friedrich, S. 55–57.

Spitz, R.A. (1967): Vom Säugling zum Kleinkind. Naturgeschichte der Mutter-Kind-Beziehungen im ersten Lebensjahr. Stuttgart: Klett Cotta.

Spitzer, M. (2002): Lernen. Gehirnforschung und die Schule des Lebens. Heidelberg/Berlin: Spektrum Akademischer Verlag.

Spitzer, M. (2003): Entwicklung – Reifung – Pädagogik: Welche Möglichkeiten hat ein Kind? Gehirnforschung und die Schule des Lebens. In: Ministerium für Bildung, Kultur und Wissenschaft im Saarland (Hrsg.): Frühes Lernen – Bildung im Kindergarten. Dokumentation der Vorträge und Foren. Saarbrücken: SDV Saarbrücker Druckerei und Verlag, S. 19–31.

Stadt Mainz/Landkreis Bingen (Hrsg.) (2003): Materialien zur gemeinsamen Kindergesundheitskonferenz der Stadt Mainz und des Landkreises Mainz-Bingen. Mainz: Eigenverlag.

Staatsinstitut für Schulpädagogik und Bildungsforschung München (Hrsg.) (2000): Aufmerksamkeitsgestörte, hyperaktive Kinder und Jugendliche im Unterricht. Donauwörth: Auer.

Stadtverband Saarbrücken/Gesundheitsamt des Stadtverbandes Saarbrücken/Jugendärztlicher Dienst (Hrsg.) (2003): Kindergesundheitsbericht. Epidemiologische Ergebnisse aus Kindergarten- und Schuluntersuchungen der Jahre 2001 und 2002. Saarbrücken: SDV Saarbrücker Druckerei und Verlag.

Stern, Cl.U.W. (1965): Die Kindersprache. Eine psychologische und sprachtheoretische Untersuchung. Darmstadt: Wissenschaftliche Buchgesellschaft.

Sulzby, E. (1991): The development of the young child and the emergence of the literacy. In: Flood, L. /Jensen, J. /Lapp, D./Squire, J. (Eds.) The handbock of research in the teaching of English langiuage arts. New York: Macmillan, S. 273–285.

Teale, W. (1987): Emergent literacy: reading and writing development in early childhood. In: Readance, J./Baldwin, R. (Eds.): Thirty-sixth yerabock of the national reading Conference, 36, Rochester, New York: National Reading Conference, S. 45–75.

Tietze, W. (Hrsg.) (1998): Wie gut sind unsere Kindergärten? Ein Untersuchung zur pädagogischen Qualität in deutschen Kindergärten. Neuwied: Luchterhand.

Trojan, F. (1961): Zeichen und System der Sprache. Bd. 1. Berlin: Akademieverlag.

Ulich, M. (2003): Literacy - sprachliche Bildung im Elementarbereich. In: Kindergarten heute 3, S. 6–18.

Ulich, M. (2003): Sprachentwicklung systematisch begleiten. Der Beobachtungsbogen »sismik«. In: Kindergarten heute 10, S. 16–20.

Ulich, M./Mayr, T. (1999): Beobachtung und Professionalität. In: Colberg-Schrader, H. u.a. (Hrsg.): Kinder in Tageseinrichtungen – ein Handbuch für Erzieherinnen. Seelze: Kallmeyersche Verlagsbuchhandlung, S. 375–381.

Ulrich, W. (1987): Wörterbuch Linguistische Grundbegriffe. Unterägeri: Hirt.

Valtin, R. (2006): Grundschule – die Schule der Nation. In: Zeitschrift für Schule und Innovation in Baden-Württemberg 2, S. 4–11.

Vester, F. (1975): Denken, Lernen, Vergessen. Stuttgart: Deutsche Verlagsanstalt.

Volmert, J. (Hrsg.) (2000): Grundkurs Sprachwissenschaft. Eine Einführung in die Sprachwissenschaft für Lehramtsstudiengänge. München: Fink.

Wänmgler, H.H. (1967): Atlas deutscher Sprachlaute. Berlin: Akademie-Verlag.

Wahrig-Burfeind, R. (2004): Wahrig. Illustriertes Wörterbuch der deutschen Sprache. Gütersloh: Bertelsmann.

Wardetzky, K. (1995): Einmaleins des Darstellenden Spiels in der Grundschule. In: Grundschule 9, S. 8–10.

Watson, J.B. (1968): Behaviorismus. Deutsch. Köln: Kiepenheuer & Witsch.

Watzlawick, P. (1988): Münchhausens Zopf. Bern/Stuttgart: Haupt.

Weinert, F.E. (2000): Lernen des Lernens. In: Arbeitsstab Forum Bildung (Hrsg.): Kongress des Forum Bildung am 14. und 15. Juli in Berlin. Bonn: Forum Bildung, S. 96–100.

Weniger, E. (1930/1952): Didaktik als Bildungslehre. Weinheim: Beltz.

Wilken, E. (1996): Förderung der Kommunikationsfähigkeit. In: Geistige Behinderung 2, S. 115–121.

Wirth, G. (1983): Sprachstörungen, Sprechstörungen, Kindliche Hörstörungen. Lehrbuch für Ärzte, Logopäden und Sprachheilpädagogen. Köln: Deutscher Ärzte-Verlag.

Wode, H. (1976): Some stages in the acquisition of questions by monolingual children. Word 27, S. 261–310.

Wode, H. (1981): Learning a second language: An integrated view of language acquisition. Tübingen: Narr.

Wode, H. (1995): Lernen in der Fremdsprache: Grundzüge von Immersion und bilingualem Unterricht. Ismaning: Max Hueber.

Wygotski, L.S. (1986): Denken und Sprechen. Frankfurt a.M.: Fischer.

Wundt; W. (1968): Völkerpsychologie. Eine Untersuchung der Entwicklungsgesetze von Sprache, Mythos und Sitte. Zehn Bände. Leipzig: Kröner.

Zacharias, C. (1974): Sprecherziehung. Ein Leitfaden für Pädagogen. Berlin: Volk und Wissen Volkseigener Verlag.

Zitzlsperger, H. (1995): Spielformen, Handmotorik und Sprachentwicklung. In: Grundschule 9, S. 14–16.

Zimmer, R. (1995): Handbuch der Sinneswahrnehmung. Freiburg/Basel/Wien: Herder.

Zollinger, B. (2000): Wenn Kinder die Sprache nicht entdecken. Einblicke in die Praxis der Sprachtherapie. Bern/Stuttgart/Wien: Haupt.

Zwisig, F./Perren-Klingler, G. (1995): Lernen mit allen Sinnen. Neurolingusitsiches Programmieren in der Schule. Bern/Stuttgart/Wien: Haupt.

1. Zum Begriff Sprache

Die menschliche Sprache ist das zentrale Medium der zwischenmenschlichen Kommunikation und das wichtigste Werkzeug des menschlichen Denkens überhaupt. Sprache und Persönlichkeit, Sprache und Kognition, Sprache und geistige Prozesse, Sprache und Gehirn hängen aufs Engste zusammen. Das Kind eignet sich über, mit und in der Sprache seine Welt und an.

Die menschliche Sprache wird als komplexe und komplizierte Fähigkeit im Gehirn produziert und abgespeichert. Alle sprachlichen Äußerungen werden vom Gehirn aus initiiert, gesteuert, interpretiert und koordiniert. Das Gehirn ist die Basis aller sprachlichen Aktivitäten (vgl. Homburg 1995, S. 19).

Der Schweizer Sprachwissenschaftler Ferdinand de Saussure hat sich mit dem Begriff der Sprache beschäftigt und folgenden Definitionsvorschlag unterbreitet. Das Sprachvermögen des Kindes (le langage) umfasst zwei Dimensionen (vgl. Abb. 1): die Sprache (la langue) als ein definiertes System von Zeichen, das nach bestimmten Regel funktioniert, und das Sprechen (la parole) als individuelle Realisierung von Sprache. Das Sprechen setzt aber immer die Sprache als Zeichensystem voraus.

Die Sprache des Menschen besitzt im Sinne von Wilhelm von Humboldt eine unerhört dynamische und kreative Kraft. Alle Kinder auf dieser Welt haben das Bedürfnis nach einer Muttersprache. Sie wollen die Sprache ihrer Mutter erwerben und lernen, um mit anderen Menschen sprechen zu können.

Die Sprache ist ein Vorrat an Zeichen, die nach bestimmten grammatikalischen und syntaktischen Regeln eingesetzt werden. Diese Regeln müssen von den Kindern gelernt werden. Die gemeinsame Sprache einer Sprachgemeinschaft, wie z.B. des Deutschen, umfasst

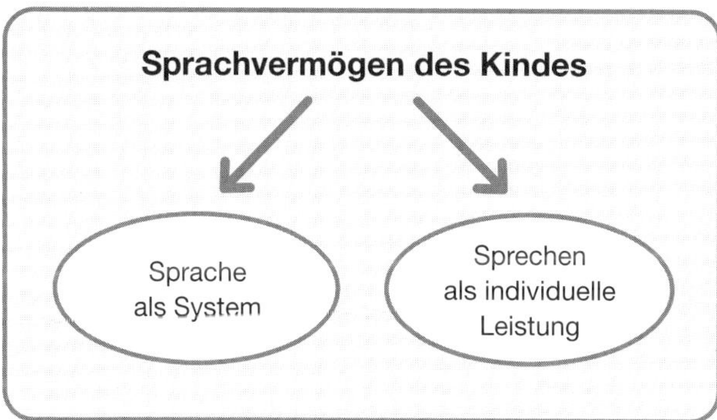

Abb. 1

das Inventar an Wörtern (das Lexikon) und die Regeln für die Kombination der Wörter in Sätzen (die Grammatik). Das eigentliche Sprachorgan ist das Gehirn mit dem Stirn- und Schläfenlappen (vgl. hierzu das Poster »Lauter Laute« im DIN-A2-Format in der Lasche auf der Innenseite des Ordners).

Das Sprechen ist die ausführende Tätigkeit, sozusagen die Umsetzung der Gedanken in hörbare Sprache (vgl. Bergmann/Pauly/Stricker 2005, S. 7). Sprechwerkzeuge sind u.a. die Lippen, die Zähne, die Zunge, der Gaumen sowie der Kehlkopf mit den Stimmbändern. Im Kehlkopf erhält die menschliche Sprache erst ihren Ton. Bei der Ausatmung werden die Stimmbänder gespannt und je nach Grad der Spannung entstehen dann unterschiedlich hohe und tiefe Töne (vgl. hierzu das Poster »Lauter Laute« im DIN-A2-Format in der Lasche auf der Innenseite des Ordners).

Als Einstieg zum Thema »Sprachförderung konkret« wird ein authentisches Fallbeispiel (S. 18ff.) kurz dargestellt, das der Autor vor wenigen Monaten so erfahren hat.

17

2. Fallbeispiel: Erna

Zu Beginn dieser Ausführungen möchte ich einen authentischen Fall vorstellen, der die pädagogische Fachkraft zum Nachdenken anregt. Nachdenken über die Ursachen der Problematik, über die Bedingungen im Umfeld des Kindes, aber auch über mögliche Maßnahmen der Kooperation mit anderen Fachleuten und Einrichtungen (vgl. hierzu ➜ KV 01 »Bündel von Problemen«) sowie der konkreten Förderung im Alltag von Kindergarten und Schule nach dem Prinzip »Was ist machbar und was bleibt Illusion«.

Anlass

Bei Erna wurde per Zufall erkannt, dass sie große Schwierigkeiten mit dem Sprechen hat. Ihre sprachlichen Leistungen sind der Erzieherin immer wieder negativ aufgefallen. Doch die Eltern glaubten an eine Phase, die wieder vorübergeht. Schließlich hat sich die Erzieherin gegenüber den Eltern durchgesetzt, und Erna wurde sprachlich gezielt und längere Zeit beobachtet. Erna wurde im Dezember 2004 – also etwa ein halbes Jahr vor der Einschulung im Kindergarten – durch die Erzieherin mit der Fitnessprobe beobachtet.

Anamnese

Erna ist fünfeinhalb Jahre alt und lebt in einer vollständigen Familie mit ihrem achtjährigen Bruder Karl und ihrer jüngeren Schwester Susi. Vater und Mutter sind Deutsche und sprechen selbst unauffällig.

Seit zwei Jahren besucht sie den Kindergarten in einem Dorf mit knapp 4000 Einwohnern. Beide Elternteile sind ganztägig berufstätig. Der Vater ist selbstständig und arbeitet meistens vom heimischen Büro aus. Er hat jedoch keine Zeit, sich sprachlich in besonderem Maße um seine Tochter zu kümmern. Erna ist in ihrer Freizeit meistens sich selbst überlassen und muss sich alleine beschäftigen. Es gibt tagsüber nur wenige Anlässe, bei denen bewusst und kontrolliert gesprochen wird (z.B. bei gemeinsamen Mahlzeiten). Im Verlauf des weiteren Anamnesegespräches sollten weitere Informationen zur bisherigen Biografie des Kindes eingeholt werden (siehe hierzu ➜ KV 01 »Bündel von Problemen«). Hier können erste Daten gesammelt werden, die zur Erhellung der Problematik beitragen.

Probleme des Kindes

- Erna verfügt über einen sehr begrenzten und nicht altersgemäßen Wortschatz. Sie sucht im Gespräch nach Wörtern und Begriffen und umschreibt immer wieder einfache Gegenstände (wie z.B. Kaffeemaschine) und Tätigkeiten (Geschirr abwaschen) aus dem Alltag.
- Sie spricht im Kindergarten nur sehr wenig mit anderen Kindern, ist scheu, zeigt soziale Hemmungen und ist zurückgezogen.
- Ihre Sprache ist sehr undeutlich, weil sie extrem nuschelt und Wörter nicht sinngemäß betont.
- Einige Laute und Lautverbindungen werden fehlerhaft gesprochen, wie z.B. /g/, /k/ in »Tinderdarten« und /r/ in Verbindung mit Konsonanten in »Skraße«.
- Erna hat Probleme beim Klatschen der Silben in mehrsilbigen Wörtern und beim Heraushören von Anlauten in Wörtern wie /O/ in Oma und /B/ in Baum.
- Beim Malen des Handposters sind etliche feinmotorische Defizite zu beobachten; die geschriebenen Wörter Erna, Mama und Papa zeigen eine krakelige Schrift.

Elterngespräch

Die Eltern von Erna waren bei einem Gespräch mit der Erzieherin der Meinung, ihre Tochter habe keine Schwierigkeiten, sondern sie sei in der Sprachentwicklung »einfach etwas später dran als andere Kinder«, und somit würde sich alles von selbst normalisieren.

Förderung während der Kindergartenzeit

Erna war auf Drängen der Erzieherin bis zum Eintritt in die Schule in logopädischer Behandlung. Sie besuchte am Nachmittag die logopädische Praxis in einer benachbarten Kleinstadt einmal in der Woche. Nach Auskunft der Erzieherin haben sich ihre sprachlichen Fähigkeiten danach leicht verbessert.

Grundschule

Erna besucht seit dem Schuljahr 2005/06 die 1. Klasse der Grundschule ihres Heimatortes. Bereits nach drei Monaten zeigen sich die ersten Schwierigkeiten im Sozialverhalten, beim Lesen und Schreiben. Wo liegen die Probleme im Einzelnen?

Kommunikationsmodell

Aus diesem Fallbeispiel heraus ergeben sich nun etliche Fragen und Probleme, die mit Ruhe und Sachverstand angegangen und geklärt werden müssen. Daher ist ein einfaches Kommunikationsmodell geeignet, sich noch einmal einige grundlegende Vorgänge klarzumachen (vgl. Abb. 2).

In diesem Fallbeispiel wird deutlich, dass es bei Erna einen sehr engen Zusammenhang gibt zwischen dem Sprechen und dem Hören bzw. dem Hören und Sprechen. Beim Sprechen liegen die deutlich hörbaren Probleme in der Aussprache von Wörtern, insbesondere bei den Lautverbindungen mit /g/, /k/ und /r/. Beim Hören haben wir es mit nicht hörbaren Problemen in der auditiven Wahrnehmungsverarbeitung zu tun. Das Aufnehmen von sprachlichen Informationen und die Verarbeitung des Gehörten im Sinne der Strukturierung und Segmentierung wie dem Erkennen von Silben bereitet Erna große Probleme. Weiterhin ist die phonologische Bewusstheit mit Defiziten behaftet, denn Erna hat Schwierigkeiten, die Anlaute in Wörtern zu erkennen.

Auffallend ist hier der enge Zusammenhang zwischen dem Hören und Sprechen. Andererseits wird deutlich, dass Hören und Sprechen eine Grundvoraussetzung sind für das Lesen und Schreiben. Die Laut-Buchstaben-Beziehung bzw. die Phonem-Graphem-Korrespondenz funktioniert nicht. Bereits nach wenigen Monaten zeigen sich bei Erna schon die ersten Probleme und Schwierigkeiten beim Lesen und Schreiben.

Pädagogische Konsequenzen

Konsequenzen für die weitere Diagnostik und Förderung von Erna sind:

– Gezielte Beobachtung der auditiven Fähigkeiten durch die Lehrerin (Fitness-Probe).
- Erneute Überprüfung des Hörens beim HNO-Arzt (Hörtest).
– Förderung der phonologischen Bewusstheit mit dem Schwerpunkt des Silbenklatschens und des Heraushörens von Anlauten, Inlauten und Auslauten. Erna kann auf Grund dieser Defizite Wörter und Sätze nur in begrenztem Umfang auditiv strukturieren. Die auditive Strukturierung, die Analyse und die Synthese sind nicht altersgemäß entwickelt.
– Förderung der Hörens und Sprechens, insbesondere der Aussprache. Hier sollten die spontanen sprachlichen Äußerungen von Erna mit dem Kassettenrekorder oder Diktiergerät aufgenommen werden und danach mehrfach abgehört werden. Die Schulung des Eigenhören bzw. der auditiven Selbstkontrolle kann dadurch erheblich verbessert werden.
– Förderung der Feinmotorik durch Musikmalen und einfache Fingerspiele zur Verbesserung der Hand- und Fingergeschicklichkeit.
– Einfache Kritzel-, Mal- und Schreibübungen zur Verbesserung der krakeligen Schrift von Erna (vgl. hierzu → KV 22, → KV 23 und → KV 24).

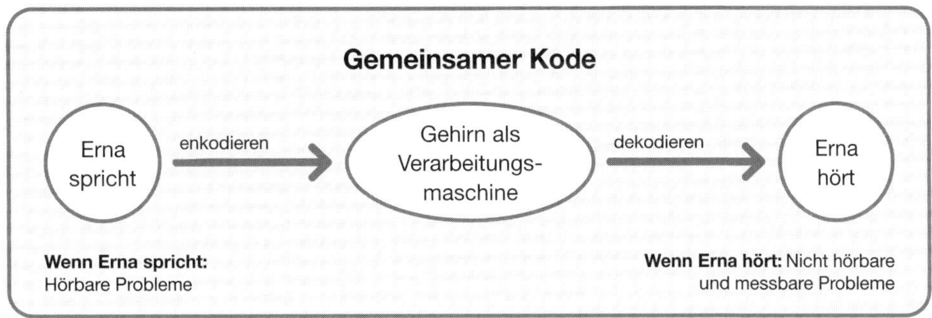

Abb. 2

3. Kindheit in der Bundesrepublik Deutschland

Die Erforschung der »Kindheit heute« will auf Veränderungen eingehen und einige wichtige Daten zum Leben der Kinder heute in Erinnerung rufen. Seit gut zwei Jahrzehnten beschäftigen sich Sozialwissenschaftler, Anthropologen und Pädagogen mit Fragen und Problemen über Kinder und der Kindheit (vgl. Bauer/Hengst 1984). Was die sozialgeschichtliche Betrachtung der Kindheit angeht, so haben sich hier zwei Forscher hervorgetan.

Während sich Philippe Aries mit der Kindheit als einer historisch gewachsenen Tatsache auseinander setzt, geht Lloyd de Mause auf die verschiedenen Beziehungsmuster zwischen Erwachsenen und Kindern ein und nennt verschiedene Perioden bzw. Phasen der Eltern-Kind-Beziehung.

Die anthropologisch-pädagogische Perspektive betont die Notwendigkeit der Erziehung und zeigt drei verschiedene Richtungen auf. Nach der Position der Protestanten soll das Kind als ein verdorbenes Wesen über die Erziehung und Bildung zu einem zivilisierten Menschen geformt werden. Nach der romantisch-reformpädagogischen Position im Sinne von Jean Jacques Rousseau ist nicht das Kind, sondern der »deformierte Erwachsene« (Postman 1987) das Problem. Das Kind ist unverdorben, ehrlich, spontan und neugierig. Nach der Auffassung von Jean Piaget, Lawrence Kohlberg und Erik Erikson ist das Kind ein sich allmählich entwickelnder Mensch. In unserer Zeit wird das Kind als Erkenntniswesen betrachtet, das mit seinen Lernstrategien und Organisationsprozessen seine eigene Welt konstruiert (vgl. Elschenbroich 2001).

Kindheit heute wird als eine eigene Entwicklungsphase betrachtet, die sich im Wandel befindet. Dabei werden Kinder als aktive Gestalter ihrer Welt und Zukunft angesehen (vgl. Kiper 2003, S. 28).

Bei den folgenden Zahlen und Befunden gibt es Unterschiede zwischen Ost- und Westdeutschland, sodass man durchaus von einem Ost-West-Gefälle sprechen kann (vgl. hierzu Deutsches Kinderhilfswerk 2001; Höflinger 2002; Nauck 1995; Otto/Bolay 1985; PISA Konsortium 2000).

- Kinder sind zu einer demographischen Minderheit geworden.
- Zu Beginn des 20. Jahrhunderts waren 27% der Gesamtbevölkerung in Deutschland Kinder im Alter zwischen 0 und 12 Jahren; im 21. Jahrhundert sind es nur noch 15% der Bevölkerung. Zwei Tendenzen machen uns zurzeit zu schaffen: späte Elternschaft jenseits der 30 und vermehrte Kinderlosigkeit in den Beziehungen und Lebensgemeinschaften. Die Konsequenzen liegen auf der Hand: Zahlenmäßig gibt es immer weniger Kinder, doch werden gerade Kinder für unsere Gesellschaft immer wichtiger und wertvoller.
- 10% der Wohnbevölkerung in Deutschland sind Ausländer (7,4 Millionen); die türkisch sprechenden Menschen bilden die größte Gruppe.
- 4 Millionen leben seit mehr als acht Jahren hier; fast drei Millionen seit mehr als fünfzehn Jahren, und etwa 50.000 ausländische Kinder werden in Deutschland jährlich geboren (vgl. Belke/Conrady 2005, S. 30).
- 83% aller minderjährigen Kinder in Westdeutschland und 75% der Kinder in Ostdeutschland stehen in einem Kindschaftsverhältnis, das dem Normalbild entspricht: verheiratete Eltern, eheliche Geburt, leibliches Kind, Eltern leben mit dem Kind in einer Familie.
- Bei einem Elternteil allein leben dauerhaft in Westdeutschland 2,6% und in Ostdeutschland 3,4%.
- In Westdeutschland verfügen 80% der Kinder über ein eigenes Kinderzimmer, in Ostdeutschland dagegen nur 60%.
- 25% der in der BRD lebenden Kinder haben einen Migrationshintergrund, das bedeutet, ein Elternteil oder beide Eltern sind im Ausland geboren.
- Jedes siebte Kind erleidet in der BRD das Elend der Kinderarmut, und jedes zehnte Kind ist bereits auf die Sozialhilfe angewiesen. Dabei sind Kinder aus kinderreichen Familien, Kinder allein erziehender Mütter und Kinder ausländischer und zugewanderter Familien überdurchschnittlich von Armut betroffen.
- Eine Million Kinder leben von Sozialhilfe, und über 2,3 Millionen Kinder werden von allein erziehenden Müttern großgezogen.
- Millionen von Kindern haben keinen Zugang zu Spielmaterialien und kindgerechten Lebenswelten.
- Kinder sind in rasch wachsendem Umfang von Neurodermitis, Asthma und allergischen Erkrankungen betroffen und bedroht.
- Kinder erleben den Übergang vom Kindergarten in die Schule als Identitätswandel und als Stresssituation.

- Mit der Einschulung beginnt die pädagogisch-psychologische Arbeit an den Entwicklungsdefiziten. Viele Kinder gehen bereits während des 1. Schuljahres zum Ergotherapeuten.
- Eine aktuelle Kindergarten-Studie aus Niedersachsen kommt zu dem Schluss, dass drei- bis sechsjährige Kinder stärker gefördert werden müssen. 20% der beobachteten Kinder zeigten emotionale Verhaltensauffälligkeiten. Ähnlich hoch war die Zahl der Kinder mit mangelhaften sozial-emotionalen Kompetenzen.
- 20% der beobachteten Kinder sind nach dieser Studie sprachlich auffällig: beim Verstehen, in der Aussprache, im Wortschatz, in der Satzbildung und im Gespräch (vgl. Kowalczyk/Ottich/Häring 2005, S. 20f.).

Als Fazit der bisherigen Befunde können wir festhalten, dass wir trotz aller kritischen Befunde und Hinweise zur Kindheit heute keine generalisierenden und pauschalisierenden Vereinfachungen vornehmen sollten. Es gibt Kinder, die unter schwierigen Bedingungen aufwachsen und große Probleme mit der Sprache und der Bildung haben, es gibt aber auch Kinder, die in einer anregungsreichen Umwelt groß werden und eine entwicklungsadäquate Förderung erleben und genießen. Dennoch können wir uns dem Trend anschließen, dass finanzielle und materielle Armut in der Kindheit zu Krankheit, Entwicklungsrisiken und Bildungsnotstand führen kann. Die enge Koppelung von sozialer Schichtzugehörigkeit und Bildung, Schulkarriere und beruflichem Erfolg kann zurzeit jedenfalls nicht geleugnet werden.

4. Wozu Theorie?

Immer wieder kommt der Einwand, dass Forschung für die Handlungsprobleme von Förderung, Unterricht und Schule zu wenig Hilfen anbietet. Niemand wird daran gehindert, aus den vielen empirischen Befunden Honig zu saugen. Doch bisher sind keine konkreten Hilfen erkennbar. Der direkte Weg vom experimentellen Forschungslabor und aus den mediensüchtigen Modellprojekten in den Kindergartenalltag und in das Klassenzimmer kann so nicht beschritten werden. Das Theorie-Praxis-Problem ist uralt und bis dato nicht gelöst worden. Nach wie vor eignen sich Erzieherinnen und Lehrerinnen in der ersten und zweiten Phase ihres Pädagogikausbildung Wissen an, das sie zum einen schnell wieder vergessen wegen fehlender Nachhaltigkeit und zum anderen in der Praxis nicht einsetzen und anwenden können. Wozu dann die ganze Menge graue Theorie als Ballast des Gehirns? Theoriewissen ist vorhanden, es kommt jedoch nicht zum Einsatz.

> Paulo Freire formuliert »Praxis ohne Reflexion führt zu Aktionismus«, d.h., theoretisches Wissen ist notwendig, um die praktische Arbeit mit den Kindern zu hinterfragen, zu korrigieren und zu modifizieren. Doch der Satz des Sozialpsychologen Kurt Lewin (1953) »Es gibt nichts praktischeres als eine gute Theorie« wird von vielen Praktikern nicht geteilt. Förderung ohne theoretisches Hintergrundwissen führt zum blinden Aktionismus nach dem Motto: »Für irgendetwas wird es schon gut sein.«

Praktiker üben teilweise herbe Kritik an der Wissenschaft, der pädagogischen Forschung und Theorie. Die Praktiker sind oft von den verbreiteten theoretischen Überlegungen enttäuscht. Vielfach erleben die Praktiker eine riesige Kluft zwischen Theorie und Praxis. Es ist ein steiniger Weg von den Höhen der Wissenschaft hinunter in die Niederungen der Praxis und umgekehrt von den Niederungen des praktischen Alltags hinauf in die Höhen von Wissenschaft und Forschung.

Der theoretische Hintergrund des Gegenstandes »Sprachförderung« setzt sich aus verschiedenen Blickwinkeln und Wissenschaftsbereichen zusammen (vgl. Abb. 3).

Theorie als Netz

Der englische Philosoph Karl Raymund Popper hat bei der Definition des Begriffes Theorie folgende Metapher benutzt: »Die Theorie ist ein Netz, das wir auswerfen, um die Wirklichkeit zu erhaschen.« Wir stülpen ein Netz an Theorien in Form von wissenschaftlich abgesicherten Sätzen über die Kinder in Kindertagesstätten und Schulen und schauen nach, ob es sich tatsächlich so verhält (vgl. Abb. 4, S. 23).

Beispiel: Entwicklung der kindlichen Sprache
So können wir in der Praxis der Frage nachgehen: »Wie lernen die Kinder sprechen?« Wir wissen, dass die Sprachentwicklung bei Kindern in verschiedenen Etappen und Phasen von der Geburt bis zum Schuleintritt abläuft Also: Erste Laute – Lallen – die ersten Wörter usw. Wir schauen genau hin und fragen uns, wo sind Probleme und Schwierigkeiten zu erkennen?

Beispiel: Bedingungen des kindlichen Spracherwerbs
Wir kennen die wichtigsten Theorien zur Erklärung des Spracherwerbs. Nativismus, Behaviorismus, Kognitivismus und Interaktionismus. Wir schauen bei dem Kind

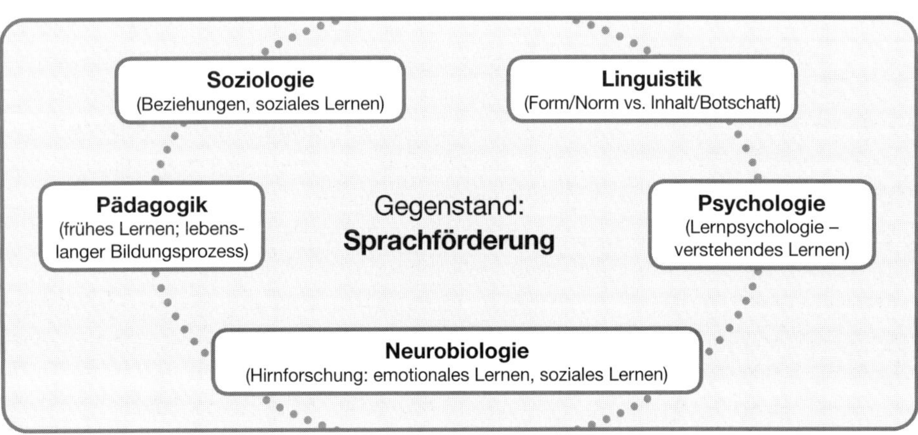

Abb. 3

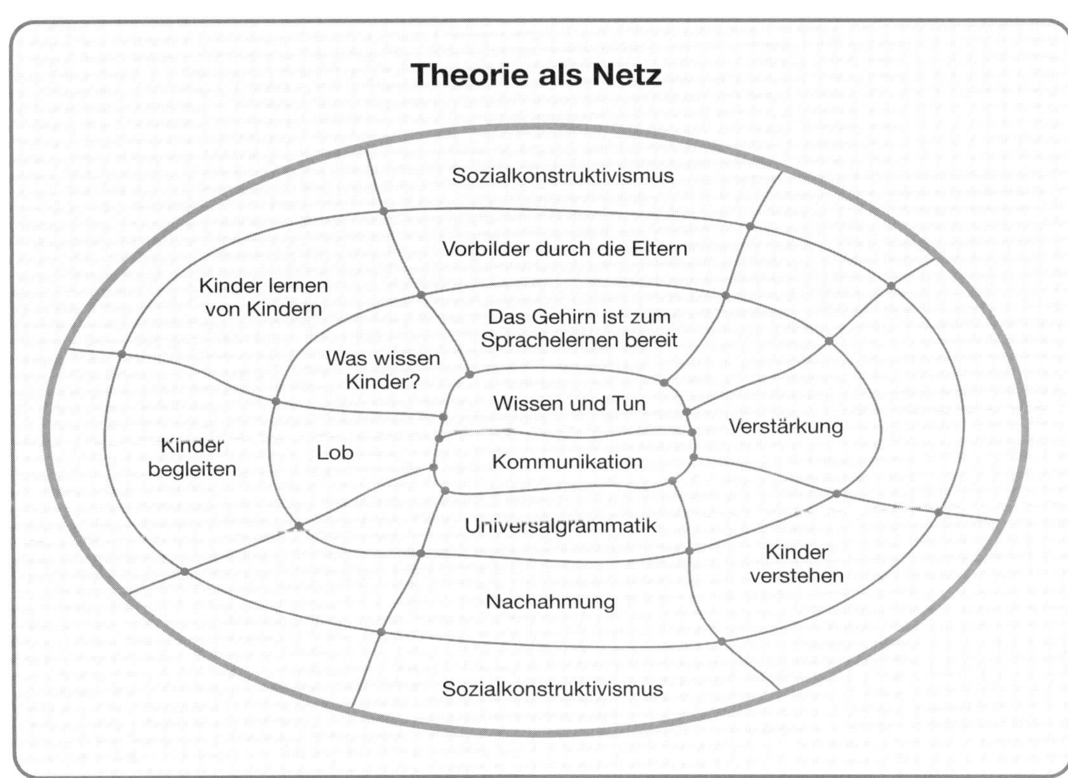

Abb. 4

genau hin und fragen uns, welche Bedingungen werden erfüllt und welche nicht. Daraus können wir Folgerungen für die praktische Arbeit ableiten.

Theorie als Brille

Die Theorie ist eine Art der »Draufsicht« auf ein pädagogisches Problem in der sozialen Wirklichkeit. Es geht zunächst um die subjektive Beobachtung des aktuellen Geschehens mit der Fragestellung nach Zusammenhängen und wo sich möglicherweise Eingriffsmöglichkeiten ergeben. Damit wird die Theorie zur Grundlage von Beobachtung, Planung, Durchführung und Reflexion eines Gegenstandes. Die klassischen Fragestellungen sind:

Drei Kernfragen aus der Perspektive der Theorie/Wissenschaft

- *Wie zeigen sich die Phänomene in der Sprache und beim Sprechen«?* Wie spricht das Kind in alltäglichen Situationen? Welche Sprache ist dominant – Muttersprache als Familiensprache oder Deutsch als Zweitsprache? Wechselt das Kind bei sprachlichen Äußerungen zwischen Muttersprache (Familiensprache) und Zweitsprache (Verkehrssprache in der Schule)? Wechselt das Kind sogar im Satz (code-switching)?
- *Warum ist das Problem der Sprache und des Sprechens so beschaffen?* Welche Störungen sind bei dem Kind zu erkennen – organische und/oder soziokulturelle

Auffälligkeiten? Gibt es sprechende, lesende und schreibende Eltern – Bildungsnähe oder Bildungsferne?
- *Wie kann das Problem verändert werden?* Eltern beraten und konkrete Anregungen für die tägliche Hilfe im Elternhaus mit auf den Weg geben – zeitlich ökonomische und praktikable Hilfen wie Vorlesen, Singen, Verse aufsagen usw. Bewusste Förderung im Sinne des Sprachbads – keine exklusiven Fördereinheiten anbieten.

Die Drei-Grade-Theorie

Erich Weniger hat sich in seinen Vorlesungen (1931) immer wieder mit dem Verhältnis von Theorie und Praxis beschäftigt. Er unterscheidet zwischen drei Graden der Theorie:

- *Theorie ersten Grades:* Hierunter versteht man die Erziehungsvorstellungen der Eltern, mit denen sie die Kinder erziehen. Diese entstehen durch eigene Erfahrungen, durch Aneignung von Allgemeinwissen, die als Kind und Erwachsener gesammelt wurden. Sie werden nicht verbalisiert, bewusst gespeichert und daher auch nicht kritisch hinterfragt.
- *Theorie zweiten Grades:* Unter der Theorie zweiten Grades versteht man das pädagogische Handlungswissen und die angewandten Fördermaßnahmen der Erzieher und Lehrer. Diese beruhen auf den eigenen bisherigen Erfahrungen und können häufig

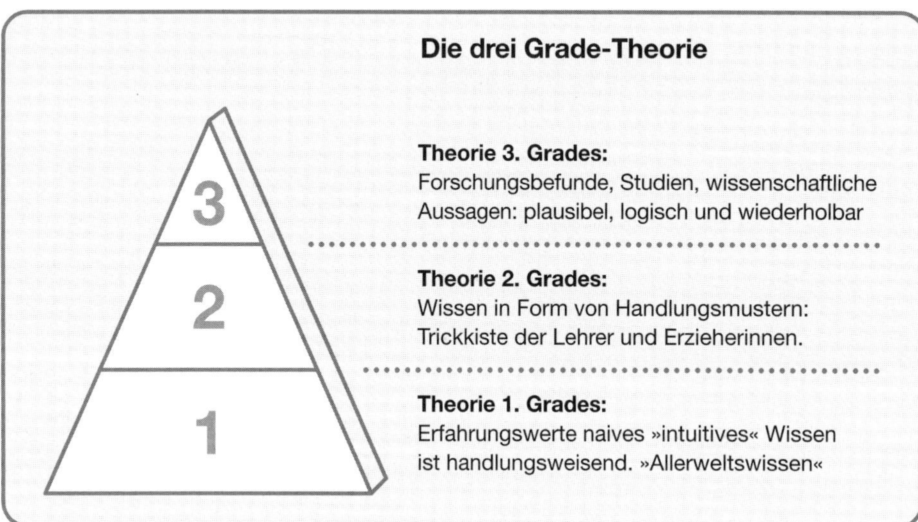

Abb. 5

ebenfalls nicht immer exakt und detailliert verbalisiert werden. Diese eigenen Erfahrungen und Handlungsmuster werden von den Erziehern und Lehrern als gültig betrachtet und an andere weitergegeben.

● *Theorie dritten Grades:* Darunter versteht man die Theorie des Wissenschaftlers. Das bedeutet, dass die pädagogische Fachkraft die wissenschaftlichen Erkenntnisse und empirischen Forschungsbefunde dazu nutzt, das eigene pädagogische Handeln zu planen, zu initiieren, in der Praxis des Alltags durchzuführen und zu reflektieren (vgl. Abb. 5).

Die Sprache als Schlüssel zur Welt

Die Metapher vom »Kind als Forscher« wird in der Entwicklungspsychologie immer wieder herangezogen. Kinder haben bereits mit ein, zwei Jahren intuitive Vorstellungen über bestimmte Phänomene der Welt. Im Grundschulalter verknüpfen die Kinder dieses intuitive Wissen mit ihren eigenen Wahrnehmungen, Beobachtungen und Erfahrungen zu eigenen Weltbildern. Die Erde ist eine Scheibe, und die Sonne kreist um die Erde. Dies ist ein weithin verbreitetes Weltbild am Schulanfang. Die Kinder sind aber auch in der Lage, über eigene Experimente neues Wissen zu erwerben (vgl. Sodian 2004, S. 55).

> **Beispiel:** Ist es besser, stark riechenden Käse oder schwach riechendes Futter in der Erde zu vergraben und zu schauen, ob das Tier das Vergrabene wieder findet? Das siebenjährige Kind, das befragt wurde, schlägt vor, schwach riechendes Futter zu vergraben, »weil den stinkenden Käse ja jedes Tier finden würde, dann wüsste man nicht, ob es eine feine Nase hat oder nicht«.

Kinder suchen nach Erklärungen für bestimmte Beobachtungen und Vorgänge in der Natur und in unserer Umwelt. Kinder entwickeln auch falsche Theorien und halten auch an ihnen fest, selbst wenn sie in der Realität widerlegt werden. So können die Kinder aber Einsicht bekommen in den persönlichen Prozess der Erkenntnis.

Die Körpersprache beherrschen die Kinder bereits von Geburt an. Im Laufe der kindlichen Entwicklung erweitern sie diese Ausdrucksformen der Kommunikation durch die gesprochene Sprache und durch die Schriftsprache. Die Kinder eignen sich im Rahmen ihrer Sprachentwicklung folgende Fähigkeiten an:

● Erfahrungen sprachlich zu verarbeiten,
● Beobachtungen verbal auszudrücken,
● ihr eigenes Handeln sprachlich zu begleiten,
● neue Begriffe und Äußerungen zu lernen,
● Zusammenhänge sprachlich zu formulieren,
● Thesen aufzustellen, zu diskutieren und zu verwerfen,
● neue Hypothesen aufzustellen und
● Sachverhalte zu benennen.

Theorie der Zeitfenster

Hirnforscher und Entwicklungspsychologen haben herausgefunden, dass die Reifung des Gehirns in einer bestimmten Reihenfolge sich vollzieht. Daher gibt es Entwicklungsphasen, in denen ein Kind spezielle Fähigkeiten wie gehen und sprechen besonders gut hinzulernen kann. Während einer solchen Phase ist ein bestimmter Bereich des Gehirns besonders aufnahmefähig und formbar. Das Kind wird daher alle Reize besonders gut aufgreifen, die in diesem Hirnareal verarbeitet werden. Die Wissenschaftler nennen solche Phasen »Kritische Fenster« (auch Zeitfenster, Entwicklungsfenster oder Lernfenster genannt). In der Tradition der Reformpädagogen, wie z.B. Maria Montessori, sprachen wir von »kritischen Perioden« oder »sensiblen Phasen«. So gibt es solche Lernfenster oder Entwicklungsfenster für grob- und feinmotorische Fähigkeiten, aber auch für das Sehen, Hören, Riechen und Fühlen. So gibt es auch Entwicklungsfenster für die Sprachentwicklung und zwar im Alter zwischen null und sechs Jahren (vgl. Nitsch/Hüther 2004).

> **Experiment aus der Tierforschung:** Klebt man einem Kätzchen unmittelbar nach der Geburt ein Auge zu, so lernt es, einäugig zu gucken. Wird die Augenklappe nach einigen Wochen abgenommen, so ändert sich nichts mehr am Sehverhalten. Das Kätzchen bleibt auf dem abgeklebten Auge für immer blind. Offenbar ist der Zeitraum, in dem es das Sehen lernen konnte, unwiderruflich verstrichen.

In der Spracherwerbsforschung werden Eltern und Praktiker noch immer von dem »Mythos der ersten drei Jahre« angetrieben. Ohne Frage ist das kindliche Hirn formbarer als das des Erwachsenen. Unbestreitbar ist auch die Erfahrung, dass Kinder mancherlei mühelos lernen, womit sich Erwachsene vergeblich mühen. Am Eindrucksvollsten zeigt sich dies beim Spracherwerb. Fast im Vorbeigehen und ohne jede Anstrengung lernen Kinder Tag für Tag ca. 30 neue Wörter hinzu. Erwachsene müssen dagegen Vokabeln büffeln und erlernen eine Fremdsprache wie Französisch oder Englisch nicht mehr akzentfrei.

Integrationsleistung

Die Sprachförderung in den Kindergärten und Schulen bewegt sich auf einem Terrain, das

- sich als ein interdisziplinäres Aufgabengebiet versteht, an der eine Vielzahl von Wissenschaftsdisziplinen beteiligt sind wie die Lern- und Entwicklungspsychologie, die Neurobiologie und Neurophysiologie sowie die Linguistik und Sprachwissenschaft mit den entsprechenden Teilbereichen (Phonetik, Phonologie, Semantik, Syntax, Lexik und Pragmatik);
- einer permanenten Veränderung und Weiterentwicklung unterliegt, man denke doch nur an die Halbwertzeit des heutigen Wissens.

Die Sprachförderung kann sich nicht auf eine in sich geschlossene Theorie stützen, sie ist vielmehr aufgefordert, die Zusammenhänge und Wechselwirkungen zwischen den Erkenntnissen einzelner Wissenschaftsdisziplinen herzustellen und für die konkrete Anwendung nutzbar und verfügbar zu machen. Es gibt verschiedene Theorieansätze aus verschiedenen Teildisziplinen, die je nach wissenschaftlicher Perspektive und Zielstellung unterschiedliche Teilbereiche untersuchen, Akzente setzen und Teilergebnisse und Erkenntnisse zu Tage fördern. Daher muss die pädagogische Fachkraft stets nach den neuesten Erkenntnissen der Forschung und Wissenschaft fragenund diese für den Alltag nutzbar machen.

25

5. Was sagt die Wissenschaft?

Immer wieder wird der Einwand vorgebracht, dass die Wissenschaft und die Forschung für die alltäglichen Handlungsprobleme im Kindergarten und in der Schule zu wenig Hilfen an die Hand geben. Der Sprung von den Höhen der Wissenschaft hinunter in die Niederungen der Praxis ist manchmal gerade für pädagogische Anfänger wie ein freier Fall. Dies betrifft die Erziehungswissenschaft und die Nachbardisziplinen der Pädagogischen Psychologie und der Soziologie. Die durchgeführten großen Studien der letzten Jahre wie PISA, TIMMS und IGLU sind hilfreich und für die Bildungspolitik wegweisend, für den Praktiker im Alltag bieten sie jedoch keine konkreten Hilfen an. Sie verbessern nicht die Qualität der Förderung wie vielfach immer noch angenommen wird. Diese Studien liefern zwar wichtige Parameter und Messungen zur Einschätzung der Situationen in Kindergärten und Schulen, führen uns theoretisch nicht weiter und sind keine Basis für gezielte Interventionen (vgl. Rauin 2005, S. 649).

Die Bedeutung der ersten Lebensjahre für die Entwicklung insbesondere von Sprache und Sprechen wurden in der Reformpädagogik des 18. und 19. Jahrhunderts und werden in der modernen Entwicklungspsychologie, in der kognitiven Lernpsychologie und insbesondere in der heutigen Hirnforschung hervorgehoben (vgl. Hüther 2004, Roth 2004, Singer 2003, Spitzer 2003).

Hirnforschung

Die Neurobiologie und die Neurophysiologie beschäftigen sich mit dem Gehirn des Menschen als zentrale Verarbeitungsmaschine von Sinneseindrücken. Beispielhaft ist der Aufschwung der kognitiven Neurowissenschaft in den letzten Jahren. Der Frankfurter Hirnforscher Wolf Singer betont, dass eine differenzierte Entwicklung kognitiver Fähigkeiten in entscheidendem Umfang von den sprachlichen Fähigkeiten des Kindes abhängig ist (vgl. Singer 2003, S. 74). Bereits Neugeborene suchen und brauchen die lebendigen Interaktionen mit anderen Menschen. Durch neue Erfahrungen, Beobachtungen und Wahrnehmungen werden die neuronalen Netzwerke miteinander verknüpft. »Immer dann, wenn später die gleichen neuronalen Netze erneut aktiviert werden, kommt es zum ›Wiedererkennen‹ der betreffenden Wahrnehmung.« (Hüther 2002, S. 11) Die Hirnforschung hat in verstärktem Maße auf den nachhaltigen Einfluss früher Bindungserfahrungen hingewiesen. Der Göttinger Neurobiologe Hüther weist darauf hin, dass bei Kindern im Alter zwischen drei und sechs Jahren psychosoziale Faktoren die Hirnentwicklung beeinflussen. Angst, Stress und fehlende emotionale Bindungen haben negativen Einfluss auf die Entwicklung der Persönlichkeit des Kindes. Die Trennung zwischen der Entwicklung des Gehirns und der Entwicklung des Verhaltens kann nicht länger aufrechterhalten bleiben. Um die Strukturen des Gehirns und damit die Potenziale des Kindes weiterzuentwickeln und auszuschöpfen, brauchen bereist Neugeborene die vielfältigen und lebendigen Interaktionen mit der Umwelt. Durch immer neuere Erfahrungen und Wahrnehmungen werden die neuronalen Netzwerke miteinander verknüpft. Werden die gleichen neuronalen Netze wieder aktiviert, kommt es zum Wiedererkennen der betreffenden Wahrnehmung, und geistige Bilder als Leitbilder werden wieder wach.

Die erste Erkenntnis besagt, dass frühe emotionale und soziale Erfahrungen einen nachhaltigen Einfluss für die positive Entwicklung des Gehirns haben.

Die zweite Erkenntnis geht davon aus, dass die Kinder sehr früh kulturell unterschiedliche Fähigkeiten und Fertigkeiten einschließlich von Werten und Normen aufnehmen und sich darin auch zurechtfinden. So führt Hüther (2002) das Beispiel der Eingeborenen des amazonischen Regenwaldes an, die in ihren frühesten Erfahrungen und Wahrnehmungen bis zu hundert verschiedene Grüntöne unterscheiden lernen, und die der Inuit am nördlichen Polarkreis, die ca. 12 verschiedene Formen von Schnee auseinander halten können.

Wir wollen mit diesen Hinweisen das zurzeit vorliegende Wissen in der Wissenschaft über das Gehirn in die Kindertagesstätten und Schulen tragen, damit die Fachkräfte inspiriert werden, die Sprachförderung zu überdenken und neue Akzente zu setzen. Wir sollten die Neurowissenschaften stärker mit der Pädagogik verbinden.

Visitenkarte des Gehirns

Das menschliche Gehirn ist ein lebendes System und eine sehr dynamische Einheit. Emotionen und soziale Erfahrungen haben bei der neuronalen Vernetzung eine bisher nicht bekannte Bedeutsamkeit. Die Fähigkeit des Kindes zum Lernen ist angeboren und genetisch programmiert. Das Gehirn ist von Geburt an neugierig, es sucht neue Erfahrungen und trachtet nach Lernprozessen. Über das erfolgreiche Lernen belohnt sich das Kind selbst, das Gehirn verschafft dem Kind lustvolle Situationen und Erlebnisse. Solche Lusterlebnisse und Glücksmomente braucht nicht nur das Kind, sondern auch die pädagogische Fachkraft im Kindergarten und in der Schule. Das Gehirn arbeitet immer, d.h., Lernen findet ständig und ganztätig statt und mit großer Wahrscheinlichkeit sogar im Schlaf. Das Lernen im Kindergarten und in der Schule muss ausgeweitet werden auf den gesamten Tagesablauf. Lernprozesse sollten Kinder auf keinen Fall unterfordern, denn das kindliche Gehirn braucht immer wieder neues Gehirnfutter in Form von sprachlichen Informationen und neuen Anstößen. Das Kind braucht nicht nur geistige, sondern vor allem in jungen Jahren eine intensive emotionale und soziale Förderung durch die Eltern und primären Bezugspersonen. Hier werden die Weichen für das spätere schulische Lernen gestellt. Ein altes chinesisches Sprichwort sagt: »Der Stock für das spätere Leben wird in jungen Jahren geschnitzt!« Auf Grund der vorliegenden Erkenntnisse brauchen wir erstens eine »gehirngerechte Pädagogik« und zweitens stärkere Impulse für Bildung und Lernen im vorschulischen Bereich. Die Aufbewahrung und Betreuung muss schnellstens ersetzt werden durch eine anregungsreiche und vielfältig fordernde Umwelt mit dem Ziel der individuellen Förderung(Roth 2004, S. 518). Wir wissen heute, dass Angst, Stress und äußerer Druck die Herausbildung neuronaler Muster im Gehirn ebenso behindert wie die permanente Unterforderung durch fehlende Anregungen, extreme Verwöhnung und Vernachlässigung durch die Eltern und pädagogischen Fachkräfte (vgl. Hüther 2004, S. 487). Das Gehirn unterliegt der permanenten Wechselwirkung zwischen seiner biologischen und genetischen Natur und der anregungsreichen Umwelt, die wiederum durch die menschliche Sprache und die Kultur entscheidend geprägt wird.

Sprache und Gehirn

Im 19. Jahrhundert haben der französische Arzt Paul Pierre Broca und der deutsche Psychiater Carl Wernicke bei pathologischen Untersuchungen an hirnverletzten Menschen in der linken Hirnhälfte die beiden Sprachregionen des Menschen entdeckt. In der Aphasieforschung und Sprachtherapie stützt man sich heute noch auf das Broca-Areal im hinteren Frontallappen und bezeichnet dieses Areal als motorisches Sprachzentrum. Bei Schädigungen dieses Zentrum ist die Produktion der Laute, Wörter und Sätze gestört. Das Kind spricht sehr langsam und mühevoll, die Aussprache ist schwerfällig und mühevoll, und die Sätze sind grammatikalisch falsch, unvollständig, aber dennoch sinnvoll (vgl. Radigk 1991, S. 20). Das Wernicke-Sprachzentrum liegt im hinteren Drittel der oberen Schläfenwindung und ist für sensorische Funktionen zuständig; daher spricht man auch von dem sensorischen Sprachzentrum. Bei Störungen dieses Areals ist das Verstehen von Sprache erheblich in Mitleidenschaft gezogen. Da Denken und Sprechen sehr eng miteinander verflochten sind, spielen sich geistige Operationen und kognitive Prozesse vorwiegend im Netzwerk der ca. 20 Milliarden Nervenzellen des Gehirns ab. Die neuen bildgebenden Verfahren der Medizin erlauben den Blick ins »lebende Gehirn«. Daher können wir heute die strenge Lokalisationslehre des 19. und 20. Jahrhunderts, was die Tätigkeiten des Gehirns angeht, nicht mehr aufrechterhalten. Luria hat bereits in der ersten Hälfte des vergangenen Jahrhunderts von einer dynamischen Lokalisationslehre gesprochen. Die sprachlichen Prozesse sind nicht nur in den genannten Arealen zu finden. Beim Denken, Sprechen und Verstehen von Sprache sind alle Hirnareale aktiv (vgl. Spitzer 2002). Das Gehirn steuert das Zusammenspiel verschiedener Organe und ist für unsere Sprache verantwortlich (vgl. DIN-A2-Poster »Lauter Laute«).

Verstehenspsychologie

Seit den Publikationen der PISA-Studien und dem schlechten Abschneiden der deutschen Schülerschaft im internationalen Vergleich besteht ein breites Interesse an Fragen des Lernens.

Der Hirnforscher Manfred Spitzer hat im Jahre 2004 in Ulm ein Transferzentrum für Neurowissenschaften und Lernen eröffnet. Es geht dabei um die Zusammenführung pädagogischer, psychologischer und neurobiologischer Erkenntnisse und deren Anwendung in der Praxis.

Wir erleben zurzeit in der modernen kognitiven Lernpsychologie eine kognitive Wende hin zum verstehenden Lernen; daher spricht Spitzer (2003) von der Verstehenspsychologie. Die Suche nach Sinn und Bedeutung und die aktiven geistigen Prozesses des Verstehens stehen im Blickpunkt der Diskussion. Nach Jerome Bruner (1990) konzentriert sich das Konzept der modernen Lernpsychologie auf die symbolischen Aktivitäten von Menschen, wie z.B. sprechen und schreiben. Mit diesen Fähigkeiten konstruieren die Kinder Deutungen und liefern Interpretationen, um der Welt und sich selbst einen Sinn zu geben.

Es geht darum, wie Kinder die Welt, in der sie leben, verstehen. Die Kinder sollen zum Denken und Nachdenken angehalten werden. Lernen gehört zum Leben des Kindes, und die Kinder brauchen Hilfen und Anregungen, um früh das Lernen zu lernen.

Symbolischer Interaktionismus

Die Grundidee des Symbolischen Interaktionismus stammt von dem Amerikaner George Herbert Mead (1863–1931). Der Symbolische Interaktionismus geht davon aus, dass

- das Kind nicht nur in einer natürlichen Welt, sondern auch in einer symbolischen Umwelt lebt und
- das Kind in dieser symbolischen Welt viele neue Wörter, deren Bedeutungen und sprachliche Äußerungen lernen muss.

Das menschliche Verhalten und die zwischenmenschlichen Interaktionen werden durch Symbole und deren Bedeutung bestimmt. Die Werthaltungen, die Normvorstellungen und das Rollenverhalten einzelner Mitglieder werden ebenfalls über Symbole ausgehandelt und abgestimmt. Die aktive Teilnahme aller Mitglieder einer Gesellschaft an der jeweiligen Kultur setzt kognitive und sprachliche Fähigkeiten voraus.

> Entscheidend ist bei dieser Sichtweise die verstehende Haltung der pädagogischen Fachkraft. Ihr Problem ist es nicht, soziales und sprachliches Handeln des Kindes zu beeinflussen, sondern sie betrachtet das, was das Kind macht, und spricht mit einem gewissen neugierigen Staunen. Das bedeutet weiter, dass die Position des Kindes im Handeln und Sprechen wahrgenommen und gedeutet werden muss. »Will das Kind mir etwas erzählen?«, »Will es eine Frage stellen?« »Hat es ein persönliches Bedürfnis?« oder »Braucht es vielleicht meine Hilfe beim Gespräch?« Dies hat zur Folge, dass die Fachkraft eine neue Einstellung hinsichtlich der Prozesse einnimmt, die im sozialen Kontext auf der sprachlichen Ebene ablaufen. Die Fachkraft geht davon aus, dass die handelnden Kinder Interpreten ihrer Wirklichkeit sind und in ihrer Welt handeln und leben. Die besondere Herausforderung für Pädagogen besteht darin, die jeweils im Kontext des Alltags der Kinder und der Kindertagesstätte/Schule anklingenden Bereiche aufzugreifen, weiterzuführen oder anzuregen und dabei kreative und der Situation angemessene Methoden und Materialien beim Sprechenlernen einzusetzen (vgl. Ministerium für Bildung, Frauen und Jugend Rheinland-Pfalz 2003, S. 6f.).

Sozialer Konstruktivismus

Der Konstruktivismus versteht Wahrnehmungsprozesse als Konstruktionen, d.h., die Welt wird nicht als Spiegelbild und Abbildung einfach unverändert übernommen, sondern in einem inneren Verarbeitungsprozess immer wieder neu strukturiert. So gesehen, wird die Welt in jedem Kind neu geschaffen. Das lernende Kind konstruiert sein Wissen auf der Basis des Aushandelns von Bedeutungen in effektiven Lernumgebungen. Insbesondere der Konstruktivismus bildet in der aktuellen Diskussion der Sprachförderung eine wichtige Grundlage und wird zur Fundierung von Förderunterricht herangezogen. Zu diesen Konzepten gehören der Projektunterricht, die handlungsorientierte Förderung, das bewegte Lernen und die bewusste und natürliche Sprachförderung.

Diese sozialkonstruktivistische Sichtweise basiert weitgehend auf den in den 60er-Jahren in den USA neu entdeckten Schriften und Arbeiten des russischen Sprachpsychologen Lew Wygotski (1886–1934). Nach Wygotski entwickeln sich höhere geistige Funktionen wie Denken, Problemlösen und Sprechen aus sozialen Handlungen heraus. Diese These hat Wygotski in seinem Grundgesetz der Entwicklung niedergelegt. Jede Funktion taucht in der kulturellen Entwicklung der Kinder zweimal auf. Zunächst erwirbt das Kind seine Sprache als soziale Kategorie durch die sozialen Handlungen und Tätigkeiten mit anderen Personen und danach erst als intrapsychische Kategorie. Das Kind erwirbt die Sprache – Erstsprache, Zweitsprache und die Fremdsprache –, indem es mit anderen Kindern und Erwachsenen spricht. Danach erfolgt im Vorschulalter eine Übergangsphase, in der die Kinder eine Art »Privatsprache« benutzen. Die Kinder sprechen oft laut vor sich hin, zu sich selbst z.B. beim Spielen. Die Sprache wird zunehmend verinnerlicht und zu einem Werkzeug des Denkens, das im Vorschul- und Grundschulalter, ohne laut zu sprechen, zum Einsatz kommt (vgl. Spitzer 2003, S. 24). Sprache wirkt im Sinne des Werkzeugcharakters auf das Kind ein, indem sie zunächst in der Beziehung zwischen Menschen vorhanden ist. Dies erlebt ein Kind jeden Tag mehrfach, wenn eine Erzieherin die Sprache benutzt, um die Kinder dazu zu bringen, eine bestimmte Tätigkeit, z.B. Singen eines Liedes, auszuführen.

Sprachförderprojekte

Studierende der Lehrämter für Grund- und Hauptschulen sowie für das Lehramt an Sonderschulen werden im Rahmen ihres Studiums an der Universität Koblenz-Landau, Abteilung Landau, theoretisch und praktisch vorbereitet, Sprachfördermaßnahmen in Kindergärten und in den ersten Klassen der Grundschulen zu planen, durchzuführen, zu dokumentieren und kritisch zu reflektieren. Diese Sprachfördermaßnahmen werden als Projekte mit einer Laufzeit von mindestens drei Monaten durchgeführt. Dabei gehen wir nach einem »Vorher-Nachher-Design« vor (vgl. Abb. 6).

In diesen Sprachförderprojekten wollen wir in Kindergärten und Grundschulen auch neue Wege beschreiten und Mut zu neuen Themen zeigen.

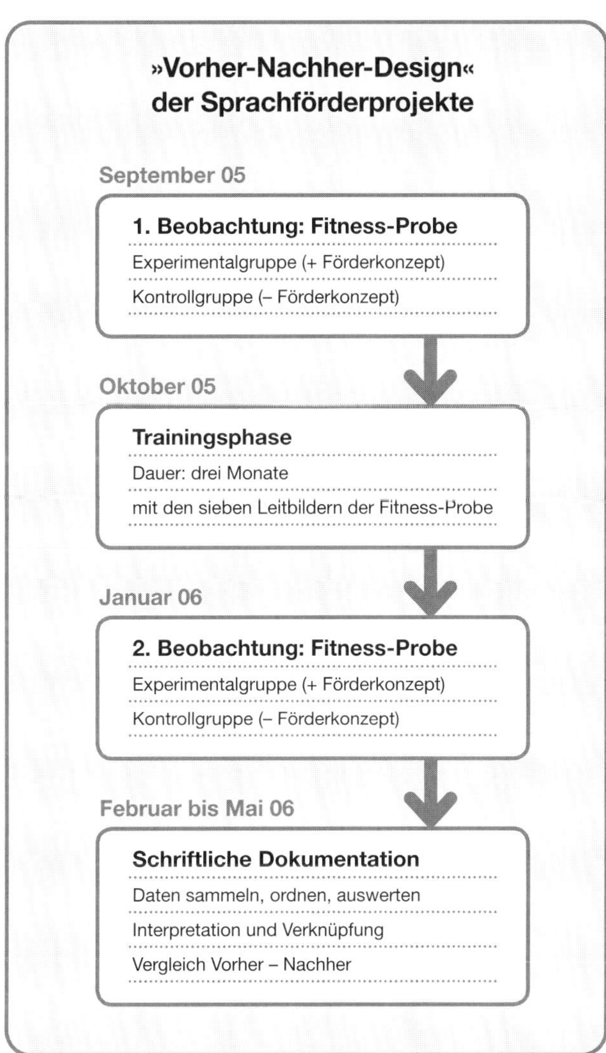

Abb. 6

Sprachförderprojekt »Feuerwehr – 112«

So haben wir in Rheinland-Pfalz in enger fachlicher Kooperation mit der Feuerwehr Sprachförderprojekte zum Thema Brandschutzerziehung in Kindergärten und ersten Grundschulklassen durchgeführt. In diesem »Feuerwehrprojekt« werden in Anlehnung an die Fitness-Probe (Günther 2003) folgende Kompetenzen im sprachlichen Bereich gefördert: das Sprachgedächtnis, wie z.B. das Merken und Behalten der Zahl 112, das genaue Zuhören und Hinhören beim Telefonat und Absetzen eines Notrufes mit der Feuerwehr im Brandfall, das Verstehen von Informationen und Sprache, die klare und deutliche Aussprache während des Telefonates mit dem Feuerwehrmann und die Atmung und die Stimme durch das Singen des Feuerwehrliedes. Dabei wurden folgende acht Unterrichtsstunden durchgeführt (vgl. Dittmann/Nardi-Ritrovato 2006):

1. Was weiß ich schon über die Feuerwehr
2. Das Feuer als unser Freund
3. Das Feuer als unser Feind
4. Wie zünde ich richtig ein Streichholz an
5. 112 – mein Anruf bei der Feuerwehr
6. Wie verhalte ich mich richtig, wenn es brennt
7. Wir besuchen unsere Feuerwehr
8. Unser Feuerwehrfest

Sprachförderprojekt »Friedrich Schiller, der Herr von Goethe und ich«

In enger Anlehnung an die Fitness-Probe (vgl. Günther 2003) und die dort empfohlenen Förderleitbilder haben wir in einem Kindergarten in Rheinland-Pfalz mit 24 Vorschulkindern bzw. Schulanfängern in heterogenen Kleingruppen die Bereiche Sprache, Bildung und Literalität schwerpunktmäßig in diesem Projekt umgesetzt (vgl. Groß-Schiegl 2006). Nach anfänglicher Skepsis dem doch sehr anspruchsvollen Thema gegenüber sind alle Beteiligten sehr zufrieden und begeistert: die Kinder, die Eltern und die Erzieherinnen. Die Kinder erhalten in diesem Projekt vielfältige Sprechanlässe, es werden auch unterschiedliche Schreibanlässe angeboten und die Kinder können aktiv handelnd lernen. Speziell geschult und gefördert werden die phonologische Bewusstheit wie z.B. das Reimen, das Silbensegmentieren und die Phonemanalyse. Das geschieht alles auf der Plattform der beiden großen deutschen Dichter Johann Wolfgang von Goethe und Friedrich Schiller. Die Kinder werden so neugierig gemacht auf die Literatur, sie erhalten neue Impulse und Anregungen zur Literatur, sie beschäftigen sich mit Gedichten wie dem »Heideröslein« von Goethe und tragen dazu fast unglaubliche Ideen und Gedanken zusammen. Die Kinder suchen außerschulische Lernorte auf, wie z.B. das ortsansässige Heimatmuseum, in dem eine Schreibstube den Kindern Einblicke verschafft, wie Goethe und Schiller noch vor 250 Jahren gelebt, gearbeitet und geschrieben haben. Das ganze Projekt dauerte 12 Wochen, und im Juni 2006 berichtete der Südwestfunk Mainz in einer Sendung über dieses interessante und viel versprechende Sprachförderprojekt.

6. Pädagogische Überlegungen zur Sprachförderung

Wie wir aus verschiedenen Studien heraus wissen, weist die Qualität der pädagogischen Arbeit in den Kindergärten der Bundesrepublik Deutschland Unterschiede auf (vgl. Tietze 1998). Manche Wissenschaftler behaupten, dass das Spielen und Betreuen in vielen vorschulischen Einrichtungen dominiert, und machen sogar eine bildungsfeindliche Haltung aus (vgl. Spitzer 2003). Diese unterschiedlichen pädagogischen Angebote können auch zu unterschiedlichen Entwicklungsverläufen und damit zu Kompetenzunterschieden bei den Kindern führen. In den Grundschule fordern die Bildungspolitiker als Konsequenz aus den vorgelegten PISA-Studien (Pisa-Konsortium 2001; Pisa-Konsortium 2005) sowie den TIMMS-Studien klare Bildungsstandards und harte Qualitätsmerkmale für Schule und Unterricht. Die Standardisierung mit dem Messen und Vergleichen gewinnt zunehmend an wissenschaftlicher und pädagogischer Bedeutung. Dabei sollten wir bedenken, dass die Standardisierungsversuche der individuellen Förderung entgegenarbeiten. Der Reformdruck auf den deutschen Kindergarten und die Grundschule nimmt zu und gipfelt in den neuen Erziehungs- und Bildungsempfehlungen der sechzehn Bundesländer sowie in den neuen Rahmenplänen für die Arbeit in den Grundschulen. Dabei kommt es immer wieder zu kontroversen Diskussionen und Spannungen zwischen den pädagogischen Fachkräften. Im Kindergarten stehen die Begriffe Spielen und Lernen oft diametral gegenüber, und in der Schule begegnen wir dem Begriffspaar Lernen und Bildung. Die genannten Begriffspaare Lernen/Spielen und Lernen/Bildung sollten sich nicht ausschließen, sondern ergänzen. Wir müssen stärker und gezielter als bisher die Potenziale aller Kinder nutzen und die notwendigen Bildungsprozesse einleiten (vgl. Abb. 7).

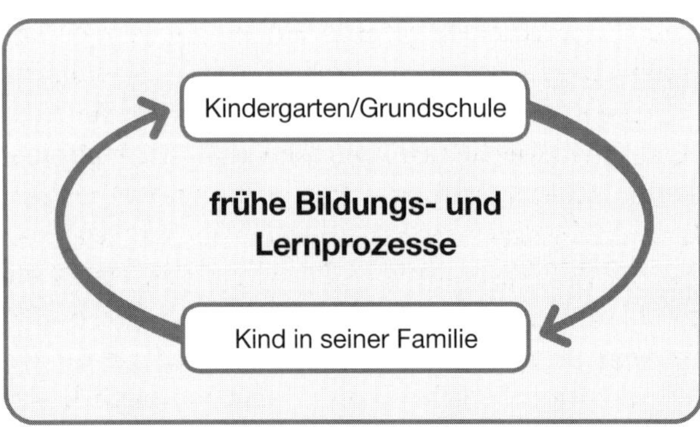

Abb. 7

Weiterhin erfahren wir aus den PISA-Studien immer wieder einen sehr alarmierenden Befund. Es gibt in Deutschland einen sehr engen Zusammenhang zwischen der sozialen Stellung der Familie und den Leistungen der Kinder, d.h., Kinder aus finanziell und materiell schlechter gestellten Familienverhältnissen erzielen einen weitaus geringeren Schulerfolg als Kinder aus Akademikerfamilien. Daher sollten wir uns in der Pädagogik stärker als bisher auf den engen Zusammenhang zwischen der sozialen Schicht und Sprachentwicklung konzentrieren. Die Stimulanz aus der Umwelt hat offenbar viel stärkere Auswirkungen auf das komplexe System Sprache, als wir bisher angenommen haben.

Lewinsche Formel

Der Sozialpsychologe Kurt Lewin beschreibt das soziale und sprachliche Verhalten des Kindes in der folgenden Formel:

$$V = f (P, U)$$

Das Verhalten (V) eines Kindes kann als Funktion, als Leistung, als Auswirkung (f) von einer Person (P), z.B. einem Lehrer und der Umwelt, dem Umfeld (U) des Kindes betrachtet werden. Das Verhalten ist immer als eine Leistung von einer Person in ihrem Umfeld zu sehen.

Die unterschiedlichen Bedingungen in unserer Gesellschaft wie Zuwanderung führen zu einer Erweiterung der Lewinschen Formel:

$$S = f (P, U, K)$$

S (= Sprache) wird um den beeinflussenden Faktor des Kulturkreises (K) erweitert.

Wissensgesellschaft/Wissensbegriff

Die Kinder werden in unserer Wissensgesellschaft mit vielfältigen Medien überschüttet. Sie bedienen sich Tag für Tag der Medien wie Fernsehen und Computer, ohne auf die Gefahren hingewiesen zu werden. Weder Eltern noch pädagogische Fachkräfte warnen vor der Manipulation und Suggestion dieser virtuellen Welt. Chic ist medial, was gefällt. Es geht jedoch um die Frage, welche

Fähigkeiten der Einzelne braucht, um in einer Gesellschaft bestehen zu können, die immer weniger von der Produktion und zunehmend mehr von der Verarbeitung und Speicherung von Informationen und Wissen lebt (vgl. Spitzer 2003, S. 22). Unter dem Begriff Wissen verstehen wir die Gesamtheit aller erworbenen Kenntnisse, über die ein Kind zu einem bestimmten Zeitpunkt in seiner Biografie als Resultat von Lernvorgängen verfügt. In der aktuellen Literatur finden wir eine Vielzahl verschiedener Wissensformen (vgl. hierzu den Begriff »Wissen« im Glossar):

- intuitives Wissen: Wissen, das nicht auf Erfahrungen basiert,
- deduktives Wissen: Wissen, dass von den erworbenen Erfahrungen und Kenntnissen abgeleitet wird,
- explizites Wissen: Wissen, dass sich sprachlich transportieren lässt,
- implizites Wissen: Wissen, dass sich sprachlich nicht exakt formulieren lässt, sondern eher unbewusst im Kind existiert,
- deklaratives Wissen: Wissen, das auf Fakten beruht,
- prozedurales Wissen: Wissen, das aufzeigt, wie man bestimmte Vorgehensweisen lernen kann.

Die genannten einzelnen Wissensformen sind jedoch nur formal zu trennen. In der Realität des Alltags gibt es ausschließlich Mischformen mit gewissen schwerpunktmäßigen Anteilen verschiedener Wissensformen. Das Wissen erhält eine immer kürzere Halbwertzeit, d.h., der Wissenszerfall schreitet immer schneller voran. Daher spricht Weinert (2000) auch nicht mehr von den Bildungs-Vorrats-Modellen, sondern von den Bildungs-Erneuerungs-Modellen. Es geht künftig nicht darum, Wissen anzuhäufen und abzuspeichern, sondern eher darum, Wissen ständig zu erneuern. Um dies leisten zu können, brauchen die Kinder lernmethodische Kompetenzen (vgl. Spitzer 2003).

Lernbegriff

Lernen ist ein ursprüngliches Phänomen der Menschheitsgeschichte. Was hat der Mensch im Laufe seiner Phylogenese und Ontogenese alle schon lernen müssen! Lernen ist eine gedankliche Konstruktion, die verschiedene innere geistige Prozesse subsumiert. Diese Prozesse sind nicht direkt beobachtbar. Ob ein Mensch gelernt hat, kann nur aus seinem Verhalten abgeleitet werden. Lernen wird definiert als Verhaltensänderung auf Grund von Interaktionen mit der Umwelt. Es gibt seit jeher verschiedene Perspektiven, unter denen der Lernvorgang erklärt werden kann. Bei diesen Erklärungsversuchen geht es darum, welche Informationen der Praktiker aus diesen Überlegungen für die tägliche Arbeit

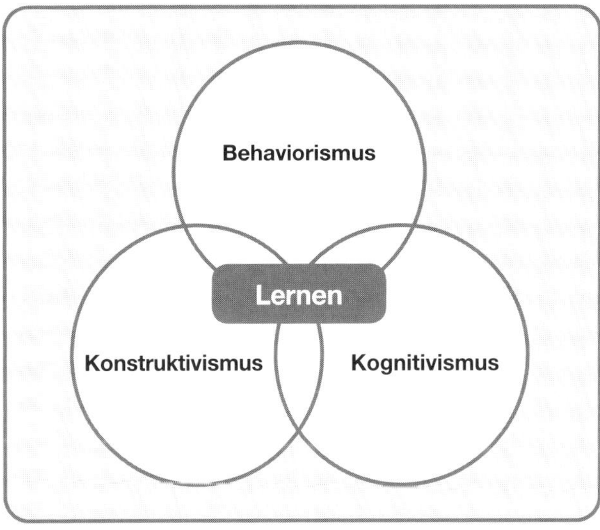

Abb. 8

mit Kindern und Schülern erhält. Drei Auffassungen haben sich in der gesamten Diskussion in den letzten Jahrzehnten herausgeschält (vgl. Abb. 8).

Behaviorismus

Die Behavioristen, wie z.B. Skinner, betrachten das menschliche Gehirn als Blackbox. Änderungen des Verhaltens werden auf Grund bestimmter Reize herbeigeführt. Sie unterscheiden zwischen negativen (Bestrafung) und positiven (Belohnung) Verstärkern. Die eingesetzten Verstärker erhöhen oder reduzieren die Auftretenswahrscheinlichkeit des Verhaltens. Die Umwelt und die Strukturierung von spezifischen Reiz-Reaktionen bilden die Grundlage des Lernvorgangs.

Kognitivismus

Die Kognitivisten, wie z.B. Piaget, machen den menschlichen Geist zum zentralen Gegenstand ihrer Forschungen. Das Gehirn wird als eine Verarbeitungsmaschine von Informationen betrachtet. Ankommende Reize werden über verschiedene Sinneskanäle aufgenommen (input), verarbeitet, gespeichert und wiedergegeben (output). Um das menschliche Denken zu erklären, brauchen die Kognitivisten weitere gedankliche Konstruktionen wie die Leistungsmotivation, die Wahrnehmung, das Gedächtnis, die Intelligenz und das Problemlösen. Bezogen auf den Spracherwerb, stellen die Kognitivisten die Frage: »Welche Denkleistungen muss ein Kind vollbringen, um die Sprache zu erwerben und in der Sprache sprechen zu können?« Grundlage für das Erlernen einer Sprache sind konkrete ganzheitliche Erfahrungen. Ein Kind begreift zunächst seine Umwelt mit all seinen Sinnen. Ein Kind lernt den Begriff Apfelsine am besten, wenn es die Apfelsine live sieht (nicht auf einem Bild), mit den Händen und Fingern anfasst, die Schale entfernt, die Apfelsine riecht und dann schmeckt. Diese konkrete, ganzheitliche Erfahrung wird durch das Wort Apfelsine repräsentiert. Erst später wird das Kind über Objektpermanenz und Symbolfunktion in der Lage sein, über ein Apfelsine zu sprechen, auch wenn sie nicht gegenwärtig ist. Daher ist die Muttersprache so wichtig für die weitere kognitive Entwicklung des Kindes.

Konstruktivismus

Die Konstruktivisten, wie z.B. Varela, gehen davon aus, dass die Wirklichkeit von den Menschen konstruiert wird. Die Grundidee besteht darin, dass kognitive Fähigkeiten untrennbar verbunden sind mit der Biografie des Kindes. Die Kinder entwickeln durch ihre geistigen Prozesse, die sie immer weiter vorantreiben, im Gehirn eine kognitive Landkarte. Sie konstruieren ihre eigene Sicht von der Welt. Dabei ist es für das Kind von Bedeutung, dass es immer wieder Handlungen in seinem Alltag produziert, die erfolgreich sind. Lernen wird hier erklärt als eine persönliche interne Konstruktion auf der Basis des vorhandenen Wissens und der bisher gemachten subjektiven Erfahrungen. Lernen kann daher nur in sinnvollen Handlungssituationen erfolgen. Das Kind lernt spezifisch, subjektiv und selbsttätig. Die pädagogische Fachkraft wird zum Lernhelfer und Lernbegleiter. Lernen wird verstanden als Prozess der Ko-Konstruktion und der Sinnkonstruktion, die schon bei Neugeborenen einsetzt.

Zentrale Erkenntnis: Eindruck schafft Erleben und Erleben schafft Ausdruck

Beim Erwerb der Muttersprache und Erlernen weiterer Sprachen zeigt uns die unten stehende Abbildung (vgl. Abb. 9) den Zusammenhang zwischen »Input« durch die Fachkraft von außen und »Output« des Kindes als beobachtbares und messbares Verhalten. Dazwischen und mittendrin liegt die »Blackbox« mit den zahlreichen undurchsichtigen und komplexen Prozessen des kindlichen Erlebens, Verarbeitens und Speicherns. Hier gilt nach wie vor der alte Spruch der Psychologen: »*Eindruck schafft Erleben und Erleben schafft Ausdruck!*«

In diesem Grundmodell der Kommunikation wird auch klar, dass wir es nicht nur mit hörbaren Problemen in der Sprache und beim Sprechen zu tun haben, sondern auch mit vielen nicht erkannten nichthörbaren Problemen insbesondere im großen Bereich des Sprachverstehens bzw. des Sprachverständnisses (vgl. hierzu das »Fallbeispiel Erna«, S. 18 ff.)

Lernmethodische Kompetenz

Nachdem wir uns ein wenig näher mit dem Lernvorgang beschäftigt haben, wollen wir uns im Folgenden mit dem Problem beschäftigen, wie eignen sich die Kinder Wissen an. Kinder brauchen die Fähigkeit zu lernen, wie man lernt. Hier spricht man heute von der lernmethodischen Kompetenz. Diese Kompetenz soll

- Fachwissen aneignen,
- das Wissen ständig aktualisieren und
- unwichtiges und überflüssiges Wissen wieder ausfiltern.

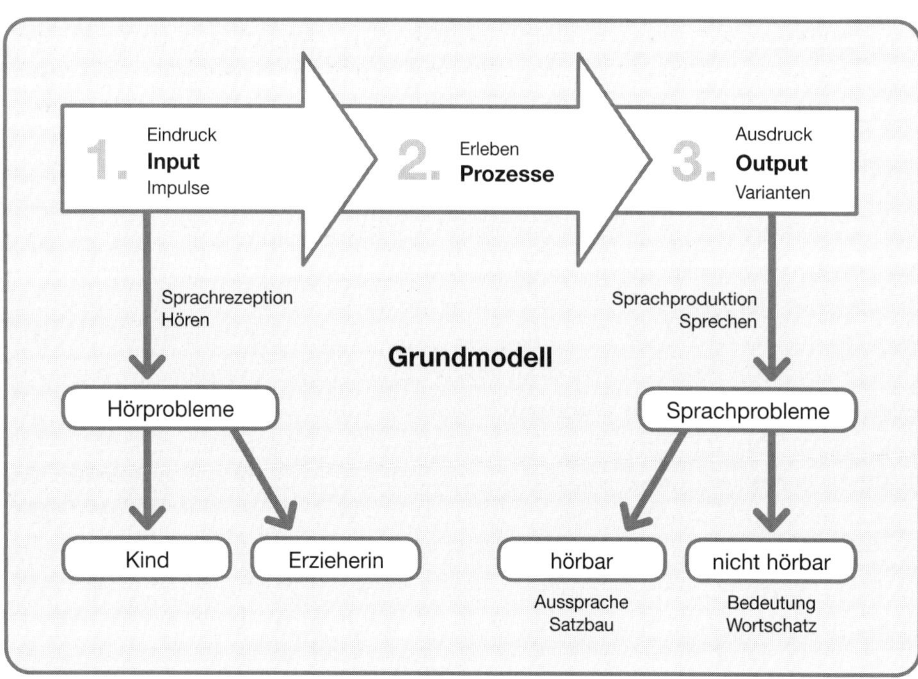

Abb. 9

Als lernmethodische Kompetenz werden solche Fähigkeiten bezeichnet, die Erwerb von Wissen fördern (vgl. Spitzer 2003, S. 23). Die Kinder sollen selbst lernen, wie man lernt. Wir sprechen dann von Selbst-Lernkompetenzen (vgl. Abb. 10).

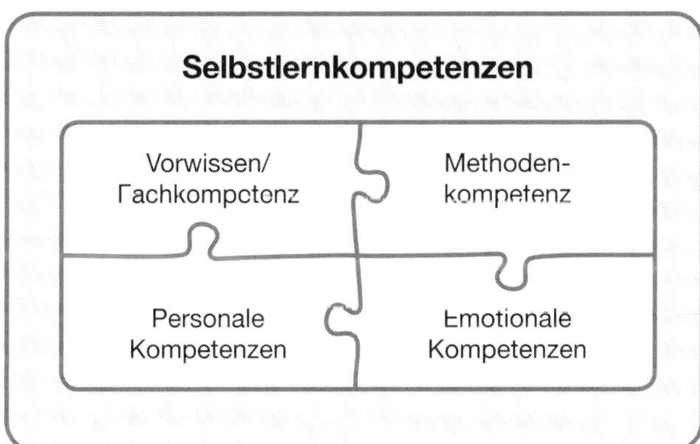

Abb. 10

Der Bayerische Erziehungs- und Bildungsplan für Kinder in Tageseinrichtungen bis zur Einschulung aus dem Jahre 2003, der sich zurzeit noch in der Erprobungsphase befindet, nennt folgende Kompetenzen, die in der lernmethodischen Kompetenz gebündelt werden:

- Fähigkeit zur Selbststeuerung, d.h. neue Informationen gezielt zu besorgen, zu verarbeiten, in das bestehende zu integrieren und so den Wissensbestand neu zu organisieren,
- Fähigkeit zu lernen, in welchen Situationen das Wissen einsetzbar und anwendbar ist,
- Fähigkeit über das eigene Tun und Denken nachzudenken, zu reflektieren, kritisch zu betrachten und zu bewerten,
- Fähigkeit, das eigene Verhalten zu beobachten.

Eine wichtige Voraussetzung für eine nachhaltige Vermittlung all dieser Fähigkeiten für Kinder ist, dass sie das Wissen in lebensnahen, sozialen und problemorientierten Situationen des Alltags im Rahmen ihrer Lebenswelt erwerben und anwenden können. Dies kann ausschließlich durch ganzheitliche Lernangebote erfolgen und alle Sinne beanspruchen.

In den letzten Jahren haben verschiedene Wissenschaftsdisziplinen wie die Neurobiologie und die Neurophysiologie verstärkt auf einige neue Perspektiven der kindlichen Förderung aufmerksam gemacht. Diese Erkenntnisse sind nicht grundsätzlich neu, sie sind lediglich neu akzentuiert und in den Fokus der Zusammenhänge von Hören, Sprechen, Lernen, Lesen und Schreiben gerückt worden.

Entwicklungsfenster

In der Wissenschaft wird die Metapher der Entwicklungsfenster immer häufiger benutzt, um das frühe Lernen und die frühe Bildung allen am Erziehungsprozess Beteiligten deutlich zu machen und im wahrsten Sinne des Wortes »vor Augen zu führen«. Bei der Erstellung einer Förderkonzeption im Kindergarten und im Anfangsunterricht der Grundschule müssen wir die Bedeutung der ersten Lebensjahre stärker berücksichtigen. Die einzelnen Fähigkeiten und Funktionen erreichen ihre eigentliche Wirkung nicht in der Isolation, im Nebeneinanderher, sondern nur und ausschließlich im integrativen Zusammenwirken, im Zusammenhang, in der Verzahnung miteinander. So ist eine Funktion auf die anderen angewiesen. Sprache und Sprechen können sich ohne die Wahrnehmungsfähigkeiten Hören, Sehen, Riechen, Schmecken und Tasten nicht entwickeln. Dabei durchläuft das Kind, zeitlich betrachtet, verschiedene Entwicklungsetappen, die aufeinander aufbauen und sehr eng miteinander verflochten sind (vgl. Abb. 11 auf Seite 34). Schauen wir uns dabei die abgebildete Entwicklungstreppe genauer an!

Wenn wir das Lebensalter von 0 bis 8 Jahre in den Blick nehmen (Spalte 1), dann können wir festhalten, dass sich in der Regel die Sprache und das Sprechen, vom Geburtsschrei ausgehend, über das Lallen und die ersten Wörter und Sätze bis zum Schuleintritt mit ca. 6 Jahren entwickeln (Spalte 2 Sprache/Sprechen). Wir können aber auch beobachten, dass das Lesen und Schreiben lange vor der Schulzeit beginnen (Spalte 3 und 4). Im Alter von 2 bis 3 Jahren (Spalte 3 Lesen) setzt bereits die Entwicklung des Lesens ein; ebenso verhält es sich mit dem Schreiben (Spalte 4).

Es ist wichtig zu wissen, dass die frühkindlichen Lernprozesse an die unmittelbare Lebensumwelt des Kindes gebunden sind. Es braucht Menschen, die sich um das Kind und seine Entwicklung kümmern (Eltern und Erzieherinnen), aber auch vielfältige Anregungen aus seiner unmittelbaren Umwelt: sprechende Bezugspersonen, Vertrauen, Liebe, Wärme, Lieder, Gedichte, Vorlesen aus Büchern, und vor allem singende, lesende und schreibende Eltern als Vorbilder. Wir können festhalten, dass die Entwicklungsfenster für das Sprechen der Muttersprache sowie die Wahrnehmung gegen Ende der Kindergartenzeit immer mehr zugehen (mit 6,7 Jahren) und für Lesen und Schreiben sich gegen Ende der Grundschulzeit schließen (mit 10,11 Jahren).

33

Entwicklungstreppe

Lebensalter		Sprache/Sprechen	Lesen	Schreiben
	0	→ Schreien/Lallen		
	1	→ Sprachverstehen/ Einwortsatz		
	2	→ Zwei-Wort-Satz		→ Malen/Kritzeln
	3	→ Mehr-Wort-Satz	→ Als-Ob-Lesen	→ Zeichen abmalen
	4	→ Fragealter	→ Ratelesen	→ Namen/Wörter
	5	→ Dialog	→ Anlautlesen	→ nach Gehör
	6	→ Sprachstil	→ Buchstabenlesen	→ Rechtschreibung
	7		→ Häufige Wörter	→ Regeln beachten
	8		→ Automatisierung	

Abb. 11

Magisches Viereck

Wir wollen das Kind vorbereiten und fit machen für einen erfolgreichen Schulbesuch. Im Blickpunkt der gesamten Elternarbeit stehen die Beziehungen zwischen den Eltern und dem Kind sowie die Förderung seiner individuellen Entwicklung. Für das Lesen und Schreiben sind insbesondere das Lauschen, aufmerksame Hinhören und Zuhören, der Umgang mit Symbolen wie Handzeichen, Gebärden und Signalen sowie die Sprache und das Sprechen von großer Bedeutsamkeit.

Wir sprechen von dem magischen Viereck: Hören, Sprechen, Lesen und Schreiben. Alle diese vier Bereiche sind für den erfolgreichen Schulbesuch wichtig und hängen sehr eng miteinander zusammen. Die Förderung dieser Entwicklungsbereiche gehört unbedingt in die tägliche Förderarbeit des Kindergartens (vgl. Abb. 12).

Frühes Sprachlernen

Wir alle kennen die alte Weisheit »Was Hänschen nicht lernt, lernt Hans nimmermehr«. Kinder sind in bestimmten frühen Zeitabschnitten für die Entwicklung spezifischer Fähigkeiten besonders anfällig und empfänglich. Man spricht dabei von kognitiven oder sprachlichen Fenstern und meint damit Zeitabschnitte, in denen die Entwicklung von menschlichen Fähigkeiten in diesem frühen Alter maximal ist. Man spricht auch von sensiblen Phasen oder kritischen Perioden der kindlichen Entwicklung. Werden in diesem Zeitraum entsprechende Anregungsmuster angeboten, wird diese

Fähigkeit ausgebildet. So ist es natürlich in ganz besonderem Maße mit den Sprachen, was die ersten Lebensjahre eines Kindes betrifft. Wir sprechen nicht umsonst in den ersten Lebensjahren von den stürmischen und rasanten Jahren der Sprachentwicklung. Wächst ein Kind in einer anregungsreichen sprachlichen Umgebung mit entsprechenden Vorbildmustern auf, kann man wohl kaum verhindern, dass es die Sprachfähigkeit entwickeln wird. Das Kind lernt dabei direkt und ohne bewusstes Überlegen die Sprache oder die Sprachen seiner Umgebung. Dieser natürliche Spracherwerb findet in normalen Alltagskontexten statt. Dabei entfalten sich

Abb. 12

Erwerbsprozesse, die von Natur aus angelegt sind und sich in der Interaktion mit der Umwelt weiterentwickeln. Allerdings müssen elementare Voraussetzungen wie Vertrauen, Sicherheit, Anregung und Liebe gegeben sein.

Eine wichtige Rolle bei der Sprachförderung spielen die pädagogischen Parameter wie Vertrauen untereinander, Anregungen von den Vorbildern, Sicherheit und Geborgenheit und eine spürbare pädagogische Liebe in allen Situationen des Alltags (vgl. Abb. 13).

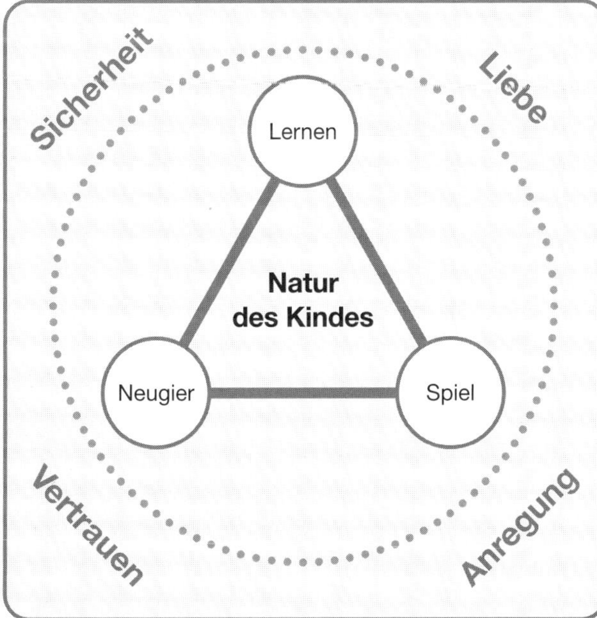

Abb. 13

Emotionales Sprachlernen

Die Sprachen, denen man als Erste begegnet, werden auf diese natürliche Weise erworben. Man spricht anschaulich von Muttersprache, damit wird die hohe Bedeutung der emotionalen Zuwendung der Mutter deutlich. Der amerikanische Sprachpsychologe Jerome Bruner (1987) bezeichnet die Mutter als die beste Sprachlehrerin der Welt und betont dabei die folgenden Anteile von Sprache und Sprechen:

- nonverbale Anteile (Mimik, Gestik, Blickkontakt, Kleidung, Ausstrahlung der Persönlichkeit, Emotionen),
- paraverbale Anteile (Stimme, Lautstärke, Modulation, Sprechgeschwindigkeit, Sprechpausen) und
- verbale Anteile (Dialekt, Hochsprache, Umgangssprache, Satzkonstruktionen je nach Lebensalter).

Gerade die menschlichen Emotionen der pädagogischen Fachkraft, die Ausstrahlung der Person und Per-

sönlichkeit, das zu spürende Engagement, die sprachliche Begeisterung und die gesamte Gesprächsatmosphäre beeinflussen in höchstem Maße die kindlichen Sprach-Lernprozesse: (vgl. Ciompi 1997, S. 95 ff.).

- Emotionen sind die entscheidenden Energielieferanten oder »Motoren« der kindlichen Entwicklung!
- Emotionen bestimmen die kindliche Aufmerksamkeit beim Sprechen!
- Emotionen wirken wie Schleusen, die den Zugang zu unterschiedlichen Gedächtnisspeichern öffnen oder schließen!
- Emotionen sind die Grundlage für nachhaltiges Sprachlernen.
- Emotionen, die den Zugang zu unterschiedlichen Gedächtnisspeichern öffnen, werden als »AHA-Erlebnisse« oder als »Geistesblitze« bezeichnet!

Doch was die Fensterthese angeht, so können wir festhalten, dass es kein kognitives Fenster gibt, das den zeitgleichen oder zeitverschobenen Erwerb von zwei oder mehreren Sprachen in der frühen Kindheit verhindert. Dies zeigen uns eindrücklich Kinder, die in zweisprachigen Familien oder in einer anderssprachigen Umgebung aufwachsen, oder Kinder in Kindertagesstätten, die weitere Sprachen erwerben. Das menschliche Gehirn hat keine Sprachsperre, es nimmt auf, was mit hohem emotionalen Wert verbunden werden kann – das menschliche Gehirn hat Platz für mehrere Sprachen.

Geräusche, Töne, Klänge, Musik und Sprache gelangen über unser Gehör zum limbischen System als dem menschlichen Gefühlszentrum schlechthin. Hier werden die ankommenden Reize als Informationen entschlüsselt und mit Gefühlen verknüpft. Was wäre ein Treffen mit Freunden ohne angenehme musikalische Umrahmung oder ein toller Spielfilm ohne Musik? Zu laute Musik mit verstimmten Instrumenten und vielen falsch spielenden Orchestermitgliedern wird zu Lärm und wirkt störend und unangenehm. Es kommt neben dem eigentlichen Hören auch auf den Kontext an. So ist z.B. ein Meeresrauschen mit einer Lautstärke von 60 oder 70 dB im Urlaub mit Sonne, Sandstrand und blauem Meer erholsam und angenehm, während der Baulärm, der Straßenverkehr oder der Fluglärm mit gleicher Lautstärke als sehr belastend wahrgenommen wird. Beim Hören von Geräuschen, Musik und Sprache sind also weniger die quantitativen Merkmale, sondern mehr die qualitativen Merkmale entscheidend. Da wir in den letzten Jahren das nachhaltige Lernen fordern, sollten wir die Emotionalität bei allen Lernvorgängen stärker berücksichtigen. Denn die Emotion ist hauptverantwortlich für die Speicherung von Informationen und die Erinnerungsfähigkeit des Menschen generell. Wir brauchen regelrecht unsere Gefühlswelt zum Lernen, denn die Erfahrung zeigt, dass wir Deutsch als

Fremdsprache oder eine Fremdsprache wie Französisch oder Englisch am besten von einer Freundin oder einem Freund lernen (vgl. Minning 2005, S. 7). Daher eignet sich Musik – insbesondere klassische Musik von Mozart, Bach und Beethoven – sehr gut, um Emotionen zu schüren und positive Reaktionen in unserem Körper hervorzurufen. Der Körper produziert in verstärktem Maße positive Transmitter, und der Dopaminspiegel steigt an. Damit werden optimale Voraussetzungen geschaffen für gute Konzentration, hohe Aufmerksamkeit und intensives Lernen von Sprache. Sprachliche Informationen, die mit starken Gefühlen verknüpft sind, werden leichter und besser gelernt. Sind diese Informationen mit sehr starken Emotionen verbunden, so können sie jederzeit auch schnell und leicht wieder abgerufen werden. Musik hat daher eine positive Ausstrahlung und Auswirkung auf das Lernen und die Merkfähigkeit der Kinder.

Personales Sprachlernen

Die Durchführung von zeitlich eng begrenzten Trainingsprogrammen an Kindertagesstätten, z.B. zehn Minuten täglich, steht im krassen Gegensatz zu einer offenen und persönlichen Sprachförderung, die als übergreifende und permanente Förderung zu verstehen ist. Darüber hinaus ist es sehr kritisch, die Förderung von Sprache und Sprechen an bestimmten auffälligen Symptomen festzumachen.

Dies ist ein Rückschritt in die 70er-Jahre, wo das technische, mechanische und symptomorientierte Fördern vorherrschend war. Die Beherrschung der deutschen Sprache ist zwar ein wichtiger Aspekt für den Bildungsgang der zugewanderten Kinder, doch wir müssen endlich realisieren, dass die mehrsprachige Entwicklung als Bestandteil der Persönlichkeitsentwicklung dieser Kinder zu betrachten ist. Wenn die Förderung der deutschen Sprache erfolgreich gelingen soll, ist die Mehrsprachigkeit als Teil der ganzheitlichen Entwicklung zu sichern. Eine so verstandene Sprachförderung kann aber nur und ausschließlich personal angelegt sein, d.h., die personale Zuwendung und Anregung steht im Zentrum der pädagogischen Bestrebungen. Dabei sind folgende drei Ebenen zu bedenken:

- *Erste Ebene:* Die Rekonstruktion des Migrationshintergrundes mit den individuellen biografischen Entwicklungsbedingungen anzustreben, um die bisherige Entwicklung seiner Sprache besser zu verstehen.
- *Zweite Ebene:* Die Erfahrungen des Kindes in den unterschiedlichen Lebenswelten zu erschließen (Familie, Kindergarten, Schule, Umfeld usw.), um daraus Hintergrundinformationen für die Planung und Gestaltung der Förderung ableiten zu können.

- *Dritte Ebene:* Die Beschreibung und Reflexion der Regelhaftigkeiten und Gewohnheiten des vom Kind verwendeten Sprachsystems (grammatisch, semantisch usw.) zu beschreiben, zu reflektieren, zu analysieren und sprachdidaktisch und methodisch in der Förderung zur Geltung kommen zu lassen.

Diese drei Ebenen sollten in der Praxis als tragende Aspekte einer Sprachförderung aufgefasst werden. Das Kind mit seinen individuellen Voraussetzungen und Möglichkeiten steht im Blickpunkt der sprachpädagogischen Betrachtung einschließlich der sprachlichen Erfahrungen und dem Netz der sozialen Bezüge. Es gilt, die künftigen Möglichkeiten auszuloten und die Zone der nächsten Entwicklung zu definieren.

Entwicklungsangemessenes Sprachlernen

In der Kindergartenpädagogik hat die Überzeugung Tradition, praktische Handlungen wie Spielen und Basteln würden dabei helfen, dass die Kinder auf einem allgemeinen Niveau etwas verstehen, beispielsweise über so abstrakte Konzepte wie Zeit, Formen oder Temperatur. Dass dies nicht immer der Fall ist, hat die schwedische Professorin für Frühpädagogik Ingrid Pramling (1990) von der Universität Göteborg mit ihren Untersuchungen gezeigt. Die Kinder wurden in herkömmlicher Weise über die unterschiedlichen Formen instruiert und anschließend nach ihrem Wissen befragt. Die Kinder hatten trotz intensivster Bemühungen das Konzept der Form nicht verstanden; sie dachten lediglich an die Formen, die in ihrem Projekt behandelt worden waren, nämlich die Grundformen Kreis, Dreieck, Quadrat und Rechteck. Über Äpfel, Eier, Birnen und Bananen, deren Form nicht behandelt worden war, nahmen die Kinder an, dass sie keine Form hätten. Als die Kinder gefragt wurden, wo sie die Grundformen in ihrem Alltag finden könnten, sagten sie, es gäbe sie nur im Kindergarten und nicht draußen. Eine Verallgemeinerung fand nicht statt, ebenso fehlte die Anknüpfung und Einbindung des Gelernten in ihre Welt.

Neuere Befunde über frühestes Lernen zeigen, dass bereits sehr junge Kinder in hohem Maße in der Lage sind, komplexe Sachverhalte zu erfassen. Zusammengefasst wird dies z.B. unter dem Stichwort des »kompetenten Säuglings«. Die moderne Säuglingsforschung hat in den letzten Jahren erstaunliche Ergebnisse zu Tage gefördert. So wissen wir heute, dass bereits Säuglinge über intuitives Wissen verfügen, d.h., dass sie über Wissen verfügen, mit dem sie noch keine Erfahrungen sammeln konnten. Säuglinge wissen beispielsweise, dass ein Objekt auch dann weiter existiert, wenn es verdeckt wird. Bis vor wenigen Jahren war man der Auffassung, dass Kinder die so genannte Objektpermanenz erst nach der ersten Hälfte des ersten Lebensjahres allmählich und langsam erwerben (vgl. Spitzer 2003, S. 24). Solche neuen Erkenntnisse legen für den Lernkontext nahe, dass man bei der Wissensvermittlung die Komplexität der zu vermittelnden Inhalte und Themen aufrechterhält, sie nicht in mundgerechte Portionen zerlegt und häppchenweise vermittelt nach dem bekannten und weit verbreiteten Motto in der Didaktik: Vom Einfachen und Leichten zum Schweren und Komplexen! In der konkreten Arbeit des Sprachlernens neigen wir dazu, im Rahmen der didaktischen Planung und methodischen Durchführung den Weg vom Einfachen zum Schweren zu gehen und die zu vermittelnden Inhalte portionsweise zu präsentieren.

Fremdsprachenlernen

Der Europarat und die Europäische Kommission hatten das Jahr 2001 zum »Europäischen Jahr der Sprachen« ausgerufen mit dem Ziel, das Bewusstsein für die sprachliche Vielfalt in Europa zu vertiefen. Es ist wohl eine uralte Weisheit, dass Kinder Sprachen dann am besten lernen, wenn sie gar nicht merken, dass sie lernen. Der traditionelle Fremdsprachenunterricht geht davon aus, dass Sprachen gelernt werden, um dann, wenn man sie beherrscht, damit etwas bewirken und tun zu können. Diese Auffassung zeigt, dass man erst eine Sprache erlernen muss, damit man in dieser Sprache handeln kann. Dieser Ansatz ist bis heute in fast allen schulischen Bereichen zu beobachten und beruht auf der Lebensfremdheit unseres Schulsystems. Unsere Schulen sind weitgehend durch einen rationalen-kognitiven Ansatz gekennzeichnet. Wissen, Können, Handeln wird über den Kopf, durch abstrakte Anschauung und über Bücher und nicht über den Bauch durch direktes Erleben und eigenes Handeln erworben.

Dies gilt auch weiterhin für den Fremdsprachenunterricht, der in vielen Fällen so beginnt: »Ich heiße… und wie heißt du?« Die Schülerinnen und Schüler wiederholen dann brav und artig reihum: »Ich heiße Tim.« oder »Ich heiße Katja.« Kinder werden bei dieser Art des Fremdsprachenunterrichts auch im Kindergartenalter gedanklich entmündigt und sprachlich unterfordert, da die Erzieherin ja eh schon weiß, wie das Kind heißt. Der Unterricht setzt sich fort mit dem Zeigen und Benennen von Gegenständen im Kindergarten oder der Schule. Wenn wir von Fremdsprachenunterricht im Kindergarten oder am Schulanfang sprechen, dann sollten die folgenden Aspekte bedacht werden:

Eine neue Sprache – auch Deutsch als Zweitsprache – brauchen wir nur, wenn wir es wollen. Kinder sollten die Chance haben, sie in einem emotional bedeutungsvollen Bezug zu verwenden. Alltagsnähe und Lebenswelt sollten den Kindern Gelegenheit bieten zu erfahren, dass man mit der neu gelernten Sprache für sich persönlich etwas bewirken und erreichen kann.

Eine neue Sprache sprechen kann nur Sinn machendes Sprechen bedeuten. Kinder sollten daher nicht sinnlos Nachplappern und immer wieder falsch gesprochene Wörter und Sätze wiederholen. Beim Lernen und Sprechen einer neuen und fremden Sprache sollten die persönlichen Erfahrungen, die Gefühle, die Erlebnisse und Handlungen des Kindes über und mit der neuen Sprache sinnvoll dargestellt und ausgedrückt werden. Erzieherinnen und Lehrerinnen können gemeinsam eine sinnvolle Sprache gestalten, verwenden und miteinander sprechen, wenn die Bedingungen der Lernsituation, die Rahmenbedingungen, die externen Umstände, der Kontext, in der die neue Sprache erlebt und erfahren wird, allen Beteiligten klar und bekannt sind. Sprache wird dann gelernt, wenn die Kinder am Kommunikationsgeschehen aktiv teilnehmen. Es scheint aber in vielen Fällen so zu sein, dass zwischen der Erzieherin/ Lehrerin und dem Kind die sprachlichen Beziehungen schwierig sind. Die Tür zwischen beiden ist geschlossen und muss mit dem passenden Schlüssel geöffnet werden. Es existiert ein Filter, und erst wenn dieser Filter durchlässig wird, können Informationen fließen, menschliche Beziehungen und sprachliche Kontakte entstehen. Im Sinne von Krashen und Terrel (1983) können wir diese Tür leichter öffnen, wenn wir die Kinder wirklich ernst nehmen, Motivation für die neue Sprache wecken, der ganzen Sache Bedeutung und Sinn verleihen und allen Beteiligten einen klar umrissenen Kontext in Verbindung mit einem emotionalen Thema anbieten.

Code-Switching

Bei einigen Kindern und Eltern können wir beobachten, dass sie beim Sprechen – manchmal sogar innerhalb eines Satzes – von einer Sprache in die andere wechseln, d.h. von der Erstsprache Türkisch in die Zweitsprache Deutsch. Hier haben wir die spezielle Situation, dass die Familiensprache, die das Kind in seinem Prozess der Identitätsentwicklung begleitet, sich aus einer Mischform von zwei Sprachen zusammensetzt. Unter Mischsprache verstehen wir das wahllose Mischen von sprachlichen Elementen aus zwei Sprachen, wie z.B. Türkisch und Deutsch. Code-Switching meint das Wechseln von der Erstsprache in die Zweitsprache oder umgekehrt mitten im Gespräch, mitten in einem Satz oder gegen Ende der sprachlichen Äußerungen. Kinder, die in solchen sprachlichen Umwelten aufwachsen, dürfen wir nicht zum Deutschsprechen drängen.

7. Ganzheitliches Vorgehen

Ganzheitliche Förderung und Bildung werden immer wieder gefordert; doch so einfach ist es nicht. Auf der einen Seite halten wir an der Unteilbarkeit des Personseins des Menschen zu Recht fest. Auf der anderen Seite akzeptieren wir aber auch die Komplexität und Verschiedenheit des Menschen ohne Wenn und Aber: Ganzheitliches meint ein Lernen in Zusammenhängen (vgl. Abb. 14).

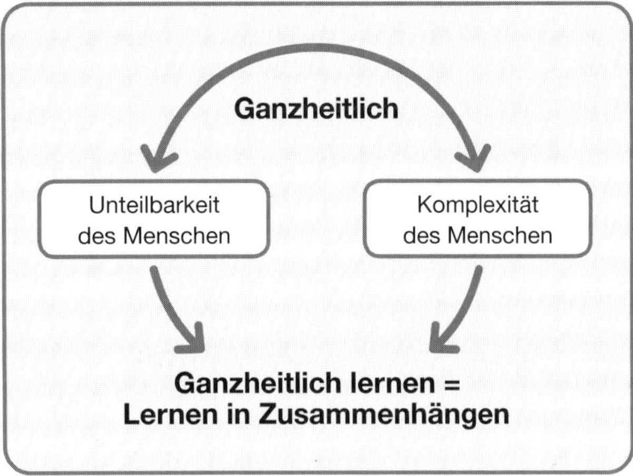

Abb. 14

Bei diesem Lernen in Zusammenhängen entstehen immer wieder neue Wechselwirkungen zwischen dem einzelnen Menschen, den einzelnen Entwicklungsbereichen und der Vielfalt der Gesellschaft, zwischen Kognitivem und Emotionalem und zwischen der Lebenswelt und dem System.

Die für die sprachliche Bildung und Förderung bereitgestellten Situationen aus dem Alltag des Kindergartens sollten auch in Spiel- und Handlungssituationen aus der Lebenswelt der Kinder eingebunden sein. Darüber hinaus ist es wichtig, alle Sinne anzusprechen und eine Integration der Wahrnehmungsfähigkeiten und der Sprache sowie des Sprechens anzustreben. Erst in der Wechselwirkung der einzelnen Faktoren kommt es zur Potenzierung der Entwicklungskräfte und damit zu einer erkennbaren Veränderung im Bereich Sprache und Sprechen. Dabei bilden Hören und Sprechen, Sprechen, Singen und Bewegen eine Einheit.

Die bewusste und gezielte Wahrnehmung von Informationen aus der Umwelt ist selektiv und begrenzt. Kinder und Erwachsene nehmen nur einen sehr kleinen Teil der Informationen auf. Das menschliche Bewusstsein ist in seiner Speicherkapazität begrenzt. So hat bereits 1956 der amerikanische Psychologe Georg Miller erkannt, dass wir maximal sieben Informationseinheiten zum gleichen Zeitpunkt aufnehmen und verarbeiten können., d.h. z.B. sieben Zahlen, sieben Wörter, sieben Begriffe oder sieben Einheiten von komplexen Tätigkeiten wie Fahrrad fahren usw. Bei Kindern müssen wir je nach Alter und Begabung weitere Abstriche machen. Die Wahrscheinlichkeit, dass Informationen und Inhalte besser gespeichert und behalten werden, hängt von der Art der Informationsaufnahme ab, wie die Abbildung 15 auf S. 39 verdeutlicht.

Wenn Kinder Sprache hören, das Gleiche noch einmal laut lesen und aufschreiben und dann auch noch anderen Kindern vortragen, wird der Inhalt besser behalten. Informationen, Wissen und Sprache werden dann besonders gut behalten, wenn sie von den Kindern über verschiedene Sinne erarbeitet worden sind.

Sprache als Ganzheit

Die einseitige Orientierung an der sprachlichen Norm und formalen Struktur der Sprache in den 70er-Jahren ist durch die »kommunikative Wende« der 80er-Jahre und das »Primat der Mündlichkeit« in den 90er-Jahren zurückgedrängt worden. Alle Bereiche der Sprache wie Wortschatz, Aussprache, Grammatik, Satzbau und der Gebrauch der Sprache im Alltag sollen zu gleichen Anteilen und mit gleicher Intensität im Rahmen der Sprachförderung berücksichtigt werden. Daher ist nur eine ganzheitliche Betrachtung der Sprache sinnvoll. Es geht um:

- die korrekte Artikulation,
- geeignete Situationen, in denen das Kind sprechen kann und darf,
- vertrauenserweckende Gesprächspartner, die genau zuhören,
- die Lust auf Sprache und die Freude beim Sprechen, denn der Zwang zum Sprechen nach dem Motto »Du musst Deutsch sprechen!« führt nicht zum gewünschten Erfolg
- das Nachdenken über das Gehörte (vgl. Abb. 16).

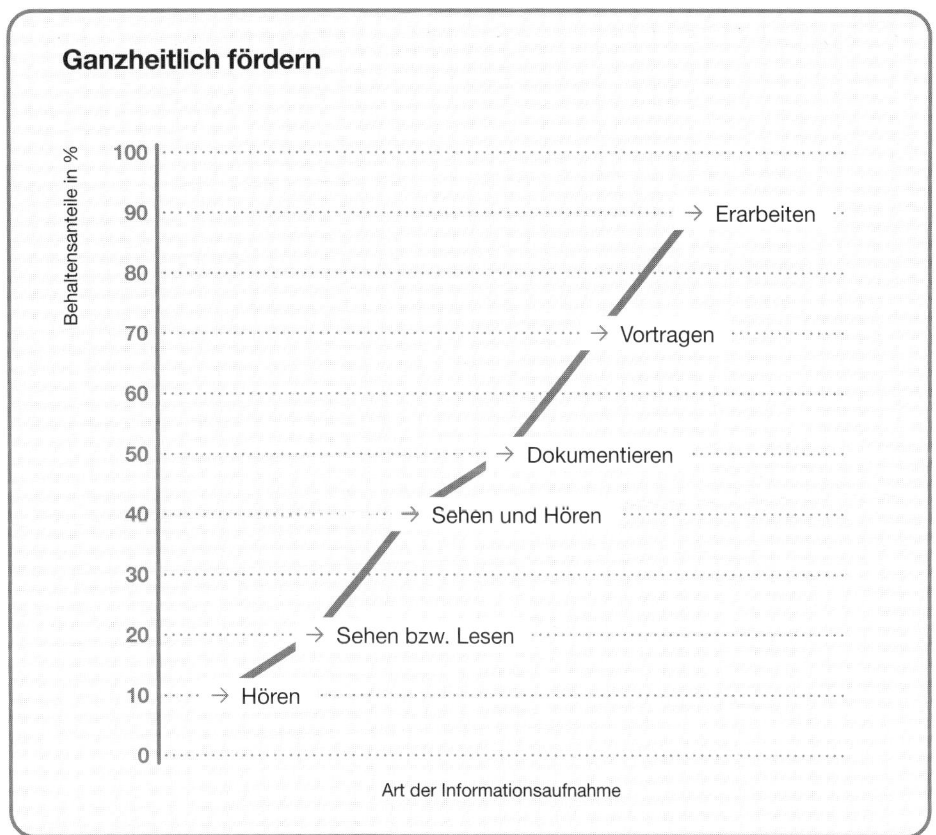

Abb. 15

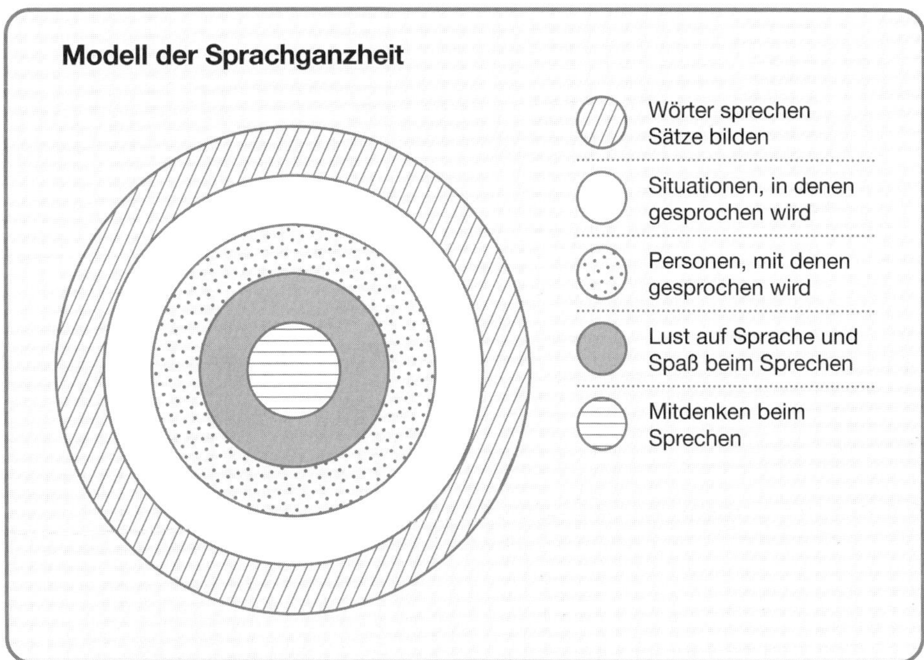

Abb. 16

In dem Modell der Sprachganzheit soll diese Integration und Verzahnung der einzelnen Bereiche noch einmal visuell dargestellt und betont werden. Von daher sind in der Sprachförderung nicht nur Wörter und Sätze einzuüben, sondern auch Dialoge und insbesondere Gespräche im kleinen Kreis vorzubereiten und die Kinder miteinander ins Gespräch zu bringen (vgl. Abb. 16, S. 39).

8. Gemeinsamkeiten beim Lernen von Sprachen

Wenn auch die organisatorischen Modelle und inhaltlichen Konzepte hinsichtlich des Sprachenlernens bei der Erstsprache als Muttersprache, bei Deutsch als Zweitsprache und bei den Fremdsprachen Französisch, Englisch und Spanisch kontrovers diskutiert werden, so gibt es in den einzelnen Sprachgemeinschaften neben gewissen Unterschieden doch viele Gemeinsamkeiten (vgl. Abb. 17).

und die verschiedenen Projekte zur Förderung der Muttersprache.

Beim Erlernen einer Zweitsprache können wir unterschiedliche Erwerbsmechanismen ausmachen (vgl. Abb. 18).

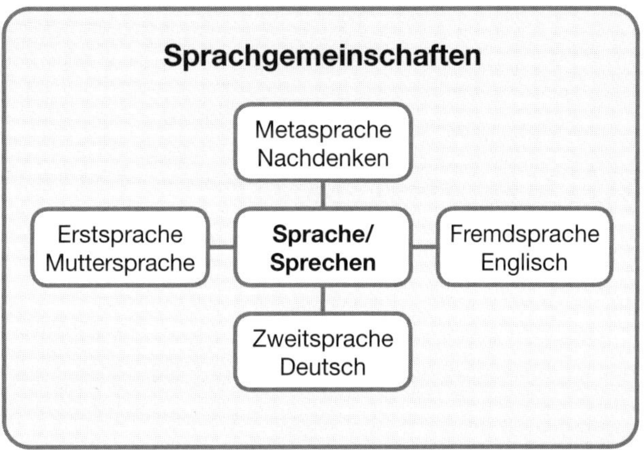

Abb. 17

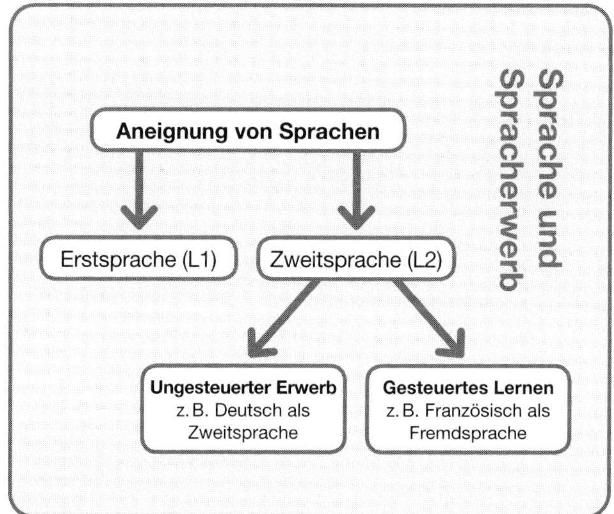

Abb. 18

Eine wichtige Gemeinsamkeit ist die Sprachreflexion, d.h. das bewusste und intensive Nachdenken über die gesprochene Sprache des Kindes. Im Folgenden werden einige aktuelle Befunde und Tendenzen zum Thema Sprachen vorgetragen.

Erstsprache

Beim Erwerb der Erstsprache haben mehr Kinder am Schulanfang Probleme als bisher angenommen. Die epidemiologischen Untersuchungsergebnisse aus Kindergarten- und Schuluntersuchungen der Jahre 2001 und 2002 der Schulärztinnen des Gesundheitsamtes des Stadtverbandes Saarbrücken kommen zu folgenden Sprachbefunden der Einschulkinder: 2001 hatten 25%, 2002 hatten 28% und 2003 sogar 31,4% der eingeschulten deutschen Kinder Sprachprobleme; davon haben zwei Drittel Probleme mit der Aussprache und ein Drittel mit der Konstruktion von Sätzen.

Die Instrumente der Früherkennung reichen nicht aus, ja sie versagen bei einem Drittel der Kinder, wie z.B. die Vorsorgeuntersuchungen U1 bis U9, die Beratungs- und Entwicklungsgespräche in den Kindertagesstätten

Zweitsprache

Etwa 70% der Weltbevölkerung benutzen täglich mehr als eine Sprache und über 50% der Kinder der Welt sprechen in der Schule eine andere Sprache als zu Hause. Mehrsprachigkeit hat, weltweit gesehen, für viele Menschen Normalitätsstatus (vgl. Schlösser 2001).

In Deutschland leben rund 1,6 Millionen Zuwandererkinder, deren Erstsprache nicht Deutsch ist. Da sie in den ersten Lebensjahren monolingual erzogen werden, weisen sie oftmals keine oder nur geringe Deutsch-Kenntnisse auf. In dem bereits erwähnten Kindergesundheitsbericht des Stadtverbandes Saarbrücken wurden auch die Deutschkenntnisse ausländischer Kinder durch die Schulärztinnen ermittelt; dabei wurden drei Kategorien unterschieden: ausreichende Deutschkenntnisse, Kinder, die gebrochenes Deutsch sprechen und Kinder ohne Deutschkenntnisse.

Es wurde auch notiert, wie lange die Kinder schon in Deutschland leben und wie viele Jahre sie einen Kindergarten besucht hatten. 36% der ausländischen Kinder zeigten unzureichende Deutschkenntnisse bis hin zu fehlenden deutschen Sprachkenntnissen. Immer wieder stellen Didaktiker und Pädagogen die Frage nach dem günstigsten Zeitpunkt des Zweitspracherwerbs. Hier gibt es erkennbare Trends. Keine Probleme bzw. nur geringe Schwierigkeiten sind zu erwarten, wenn sofort nach der Geburt zwei Sprachen angeboten und erworben werden. Ebenso verhält es sich, wenn der Erwerb der Muttersprache im Alter von fünf bis sechs Jahren abgeschlossen ist. Die größten Probleme finden wir immer dann, wenn der Erwerb der Muttersprache noch in den Anfängen steckt und bereits eine zweite Sprache hinzukommt (vgl. Abb. 19).

Wir sollten endlich damit anfangen, Vorurteile und Klischees gegenüber Kindern mit Migrationshintergrund abzulegen und die Verschiedenheit von Sprachen und Kulturen nicht als etwas Bedrohliches, sondern als etwas Normales betrachten. Wenn wir soziale und kulturelle Konflikte nicht entstehen lassen wollen, dann müssen wir die Sprache und Kommunikation der Menschen unter- und miteinander fördern. Der zentrale Förderbedarf liegt im Bereich der Sprache. Die Schule sollte die Sprache in den Mittelpunkt aller didaktischen und methodischen Überlegungen in allen Fächern stellen, da die gute sprachliche Kompetenz die Basis allen Lernens darstellt. Wir müssen auch die Diskussion beenden, ob die Förderung der Muttersprache, z.B. des Türkischen, den Erwerb der Zweitsprache Deutsch eher fördert oder behindert. Wir sind heute zu dem Ergebnis gelangt, dass die Gemeinsamkeiten überwiegen und anerkannt werden sollen. Die Muttersprache des Kindes (Türkisch, Kroatisch, Russisch, Französisch, Polnisch usw.) und der Erwerb des Deutschen als Zweitsprache sollten miteinander verzahnt und vernetzt werden. Wenn wir so vorgehen, fördern wir beide Sprachsysteme gleichermaßen und Deutsch als Zweitsprache im Besonderen (vgl. Schreiner 2006, S. 23 ff.).

Fremdsprache

Globalisierung und zunehmende Europäisierung drängen uns regelrecht zum Fremdsprachenlernen. In vielen europäischen Ländern sind die Bemühungen um Fremdsprachen in der Grundschule eingebettet in aktu-

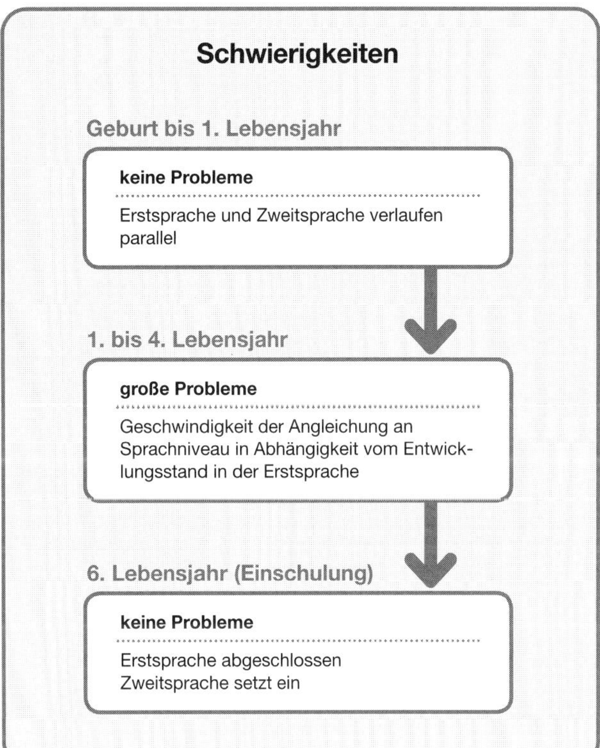

Abb. 19

elle Reformen. Es lassen sich weltweit Tendenzen erkennen, das Anfangsalter für das Lernen von Fremdsprachen generell herabzusetzen. In Österreich lernen bereits Schulanfänger in einem spielerischen Englischunterricht sowie in Baden-Württemberg flächendeckend ab dem Schuljahr 2003/2004. Im Saarland laufen solche Versuche bereits als Modellprojekte im vorschulischen Bereich. Die bekannten Konzepte wie der systematische Lehrgang, die Begegnungssprache oder der integrierte Fremdsprachenunterricht an Grundschulen wurden empirisch erprobt, diskutiert, evaluiert und ausgelotet. Eine Entscheidung für die eine oder andere Konzeption oder Methode ist jedoch noch nicht getroffen worden. Bei allen Sprachgemeinschaften finden wir übergreifende Strategien, die den Erwerb bzw. das Erlernen einer Sprache erleichtern.

9. Einteilung der Sprachlaute

Zum Wesen des Sprachlauts

Was die Sprachentwicklung bei Kindern angeht, so können wir davon ausgehen, dass die Säuglinge und Kleinkinder zunächst nur Wörter und Sätze, vielleicht noch Silben als Klangereignisse und komplexe Klanggestalten von der Mutter und den primären Bezugspersonen hörten. Die Mutter spricht ja keine isolierten Laute, sondern sie spricht einzelne Wörter und kleine Sätze in der so genannten Ammensprache bzw. Babytalk. Die Sprachlaute, die wir später von den Kindern im Rahmen der Hörerziehung und des Trainings zur phonologischen Bewusstheit im Kindergarten und in der Grundschule abverlangen, werden ihnen nie isoliert angeboten. Auf dieses Phänomen hat bereits der Wiener Phonetiker Felix Troja in seinem Buch »Zeichen und System der Sprache« im Jahre 1961 aufmerksam gemacht. So gesehen sind innerhalb der fließenden Rede des täglichen Sprechens die Silben die kleinsten Einheiten, die das Kind akustisch wahrnehmen kann. Innerhalb der Silben als sprechtechnische Einheiten können allenfalls die Lautübergänge mit dem Gehör wahrgenommen und erkannt werden. Der Sprachlaut entsteht erst mit und an der Silbe, z.B. beim Singen von einfachen Kinderliedern, beim Aufsagen von Reimen und Versen und beim Sprechen von Lautmalereien (Fachbegriff Onomatopoetica). Dennoch müssen wir den Sprachlaut isoliert betrachten, und zwar als kleinstes artikulatorisches Grundelement der Sprache (vgl. Zacharias 1974, S. 70). Wir müssen den Sprachlaut bzw. Sprechlaut von dem Phonem unterscheiden. Nicht jeder Sprachlaut (Phon) ist auch ein Phonem. Der Sprachlaut wird in den Phonemstatus gebracht, wenn er bestimmte Merkmale zur Bedeutungsdifferenzierung besitzt. Beim Phonem handelt es sich um ein phonologisches Konstrukt, dessen Struktur und Funktion in der Differenzierbarkeit liegt. Denken wir doch nur an die Minimalpaare, die sich nur minimal durch die Phoneme unterscheiden. Im Deutschen gibt es nach dem Duden Aussprachewörterbuch (1990, S. 30) 50 Phoneme.

Beispiele:
- Tim und Kim
- Tina und Nina
- Tanne und Kanne
- Leiter und Reiter

Unterscheidung Buchstabe und Laut

Die formale Betrachtung der deutschen Sprache führt über den Prozess der Segmentierung über die Begriffe Sätze, Wörter und Silben schließlich zu den Grundelementen der gesprochene Sprache – den Lauten.

Weiterhin ist darauf zu verweisen, dass wir Buchstaben und Laute im Sinne von Sprechlauten bzw. Sprachlauten nicht verwechseln sollten. Buchstaben werden ausschließlich geschrieben und können nicht gesprochen werden.

Beispiel: Baum
- 4 Buchstaben ⟨B⟩ ⟨a⟩ ⟨u⟩ ⟨m⟩ (= buchstabieren)
- 3 Laute: /b/ /au/ /m/ (= lautieren)

Beispiel: Kaffee
- 6 Buchstaben ⟨K⟩ ⟨a⟩ ⟨f⟩ ⟨f⟩ ⟨e⟩ ⟨e⟩ (= buchstabieren)
- 4 Laute: /k/, /a/, /f/, /e) (= lautieren)

Im Kindergarten und in der Schule sollten wir Wörter nicht buchstabieren, sondern immer nur lautieren!

Die Sprache des anderen kann nur dann verstanden werden, wenn das Kind in der Lage ist, die Fülle der gehörten Wörter und Laute zu entschlüsseln. Es muss die komplexen Klanggestalten in rhythmisch-melodische (z.B. Silben) und inhaltlich sinnvolle Einheiten (z.B. Wörter bzw. Wortgruppen) untergliedern. Eine falsche Segmentierung (Zerlegung, Untergliederung) führt in den meisten Fällen zu einem falschen Text- und Sprachverständnis (vgl. Bunk 2005, S. 14).

Erwerb des Lautsystems

Der Prager Sprachwissenschaftler Roman Jakobson (1941) beobachtete die Sprachentwicklung von Kindern verschiedener Völkersprachen und gelangte zu zwei wichtigen Erkenntnissen:

- Die Kinder erwerben ihre Muttersprache nach einer gewissen Systematik, die nach bestimmten Vorgängen und Phasen abläuft.
- Alle Kinder erwerben innerhalb der Muttersprache manche Laute früher, andere Laute später.

Im Rahmen der Sprachförderung und insbesondere innerhalb der Phonologischen Bewusstheit als einer wichtigen Vorläuferfertigkeit für das Lesen und Schreiben geht es um das bewusste und kognitive Erfassen der formalen Strukturen wie Wort, Silbe und Laut. Dabei spielen die Reihenfolge der Laute, das Phänomen der Ko-artikulation und die Lautposition eine zentrale Rolle.

Einteilung der deutschen Laute

(vgl. hierzu das große »Laute-Poster«)

Bei der Bildung der einzelnen Laute sind verschiedene Sprechwerkzeuge beteiligt. Es handelt sich bei der Bildung der Laute um ein sehr feines, differenziertes und harmonisches Zusammenspiel der einzelnen Organe, die eine bestimmte Stellung einnehmen müssen.

	stimmlos	stimmhaft
Vokale (= Selbstlaute)		a, ä, e, o, ö, u, ü
Diphtonge (= Doppellaute)		au, ei, eu
Explosive (= Verschlusslaute)	p, t, k	
Reibelaute	f, s, sch, ch1, ch2	w, j, s
Tremulant (= Zitterlaut)		r
Liquida		l
Nasale		m, n, ng
Hauchlaut	h	
Affrikata		pf, q, x, z
Anmerkung: Affrikata sind Doppellaute, die sich aus einem Explosiv- und einem Reibelaut zusammensetzen (vgl. Ja-worek/Zaborsky 1974, S. 7).		

Vokale

Vokale sind stimmhafte Öffnungslaute, die ihren typischen Klangcharakter durch die Resonanz im Mund-, Nasen- und Rachenraum erhalten. Vokale bereiten den Kindern meistens keine Probleme weder in der Sprachentwicklung noch später beim spontanen Sprechen. Bei der Vokalbildung strömt die ausgeatmete Luft ungehindert durch die Resonanzräume, und es kommt zur Bildung der Vokale. Die Vokale a, e, i, o und u spricht man unterschiedlich, je nachdem, ob sie lang oder kurz gesprochen werden. Nach Bunk (2005) gibt es hierzu einige Regeln:

- Doppelvokale und durch »h« gedehnte Vokale spricht man lang.
- »ie« wie in viel oder Spiel spricht man lang.
- Folgen auf einen Vokal zwei oder mehr Konsonanten, spricht man sie ebenfalls lang wie in Sonne, Tonne, rennen usw.

Umlaute

Neben den genannten Vokalen sind die drei Umlaute ä, ö und ü als eine Besonderheit des Deutschen zu nen-

nen, die insbesondere Kindern mit Deutsch als Zweitsprache Probleme bereiten, da sie in anderen Sprachen nicht oder nur selten vorkommen.

Diphtonge

Die Diphtonge ei, au und äu bzw. eu sind Doppellaute; man spricht sie als einen Laut aus, dabei wird der erste Vokal betont. Die Doppellaute werden von zugewanderten Kindern häufig als zwei Vokale ausgesprochen, insbesondere bei Namen oder Fremdwörtern. Die Kinder sprechen oft »au« statt »äu« (vgl. Bunk 2005, S. 58).

Das Vokaldreieck von Hellwag (1781), das heutzutage durch das Vokaltrapez ersetzt wird, gibt Hinweise auf die Lage und Bewegungsrichtung der Zunge. Zudem erhalten wir eine Übersicht über die Vokale (vgl. Abb. 20).

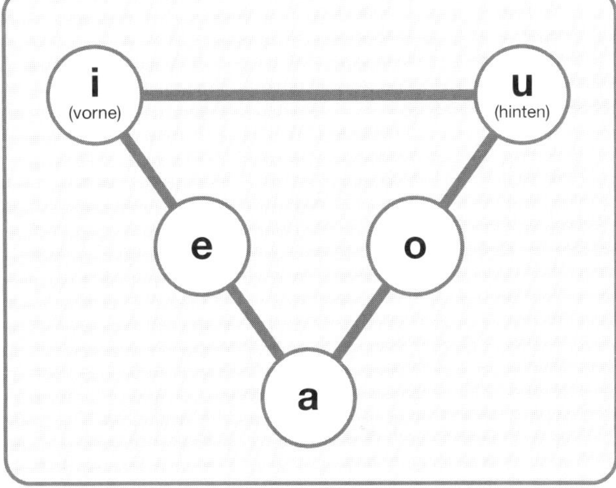

Abb. 20

E-Schwa-Laut als Besonderheit

Hier handelt es sich um die Aussprache des unbetonten »e« in verschiedenen Wörtern. Es erscheint gehäuft in Endungen und Vorsilben, meist jedoch nur in Wörtern mit mehreren Silben wie in /Hände/, /schönen/ und /gehören/. Es kommt jedoch nur in mehrsilbigen Wörtern vor. Dabei können verschiedene e-Laut-Sprechweisen unterschieden werden: e, ee, eh. Kompliziert ist die Sprechweise des »e« vor /l/, /m/ und /n/ am Wortende: Semmel, Esel oder Haken.

Konsonanten

Konsonanten werden als Mitlaute bezeichnet. Der Konsonant ist ein Laut, der mit Hilfe eines anderen Lautes ausgesprochen wird. Ein entscheidendes Merkmal der Konsonanten ist das Geräusch. Dieses Geräusch wird dadurch erzeugt, indem der aus dem Kehlkopf entweichende Luftstrom ein Hindernis oder eine Enge an verschiedenen Stellen der Artikulationsorgane zu überwin-

A		B		C	
	m		n		ng
p	b	t	d	k	g
f	w	s, z, sch	f	ch1, ch2	j
		r		r	
		l			

Abb. 21

44

den hat, wie z.B. bei der Bildung von s sind das Hindernis die Zähne. Die Konsonanten werden zum einen in stimmhafte und stimmlose unterteilt und je nach der Dauer in kurze und lange Konsonanten. In der folgenden Übersicht werden die Konsonanten nach den drei Artikulationsgebieten übersichtlich geordnet (vgl. Führing/Lettmayer/Elstner 1973, S. 20). Hier geht es um den Ort der Konsonantenbildung (vgl. Abb. 21).

- Das Artikulationsgebiet A konzentriert sich auf die Lippen und die Zähne.
- Das Artikulationsgebiet B erstreckt sich vom Zahndamm bis hin zum harten Gaumen
- Das Artikulationsgebiet C bezieht sich auf den weichen Gaumen, das Zäpfchen, den Rachen und den Kehlkopf.

Die Konsonanten können nun weiterhin je nach der Art und Weise ihrer Bildung folgendermaßen untergliedert werden:

1. Plosive (*Verschlusslaute)* werden auch als Explosivlaute bezeichnet. Bei der Bildung dieser Laute kommt es zu einem Verschluss, zu einer kleinen »Explosion« an bestimmten Artikulationsstellen, wie z.B. den Lippen bei der Bildung von /p/. Der Atem kommt zum Stillstand, die Luft staut sich hinter dem Hindernis und sprengt es schließlich. Verschlusslaute sind: p, b, t, d, g, k.
2. *Reibelaute* werden auch Frikative genannt. Bei der Bildung der Reibelaute ist das Reibegeräusch typisch, das dadurch entsteht, dass der Weg für den Luftstrom stark verengt ist. Reibelaute sind: f und w; Zischlaute: s, sch, ch1 (ich-Laut) und ch2 (ach-Laut). Der ach-Laut wird dabei weit hinten im Gaumen und im Rachen gebildet wie wach, Dach, Kuchen, kochen. Die Bildung des ach-Lautes liegt in unmittelbarer Nähe zum Rachen-R. Der ich-Laut wird etwas weiter vorne im Gaumen produziert. In vielen Regionen der Bundesrepublik (z.B. Saarland und Rheinland-Pfalz) bereitet der Unterschied zwischen dem ich-Laut und dem sch-Laut große Probleme.
3. Bei dem so genannten *Lateralengelaut bzw. Laterallaut l* (auch Liquida genannt) entweicht die Atemluft seitlich gegen die Mundwinkel, da das Hindernis, die Zunge, in der Mitte liegt.
4. Bei dem Zitterlaut r (auch *Schwinglaut genannt*) wird der tönende Luftstrom unterbunden, und so entstehen die Schwing- bzw. die Zitterlaute. In manchen Regionen wird das Zungen-R gebildet (z.B. Bayern); weit verbreitet in der Standard-Aussprache ist jedoch die Bildung des Rachen-R. Dabei unterscheiden wir weiterhin in das konsonantische »r« wie in *Türe* oder sparen und in das vokalische »R« wie in *Butter* oder *Mutter*.
5. *Nasale* sind Stimmlaute, deren charakteristischer Klang im Mund- und Nasenraum erzeugt wird. Nasale sind: m, n und ng. Bei der Bildung der Nasale strömt die ausgeatmete Luft zum Teil durch die Nase.
7. Die Affrikata sind weder vom Begriff noch von der Bildung her in der praktischen Arbeit kaum bekannt. Man versteht darunter Doppellaute, die sich aus einem Plosiv- und Reibelaut zusammensetzen, z.B. bei /pf/; weitere Affrikate sind /z/, /x/ und /q/.
6. Der Hauchlaut »h« wird im Rachen gebildet und steht oft als Aspirationslaut bei den Plosiven /p/, /t/ und /k/ sowie bei den Vokalen. Die Vokale erhalten durch das »h« ihre Länge. Während man am Wortanfang das »h« relativ deutlich ausspricht, hört man das »h« am Wortende meist nicht mehr so deutlich heraus. Hier haben wir es auch mit dem Phänomen der Aspiration zu tun (vgl. Bunk 2005, S. 44). So werden die Plosive p, t, und k behaucht und die Plosive b, d und g unbehaucht ausgesprochen.

Zur Lautposition

Die Position der einzelnen Laute innerhalb des Wortes spielt insbesondere am Schulanfang eine wichtige Rolle, wenn die Kinder Lesen und Schreiben lernen. Alle Fibelwerke und die dazugehörenden Materialien stützen sich auf diese Fähigkeit des Kindes. Diese Fähigkeiten sind jedoch nicht bei allen Schulanfängern vorhanden, sodass sie parallel zum Schriftspracherwerbsprozess erarbeitet werden müssen.

Bei den Lauten gibt es nun innerhalb eines Wortes verschiedene Positionen. Hier unterscheiden wir:

- den Anlaut,
- den Inlaut oder auch Binnenlaut genannt und
- den Auslaut.

Ort der Lautbildung

Die Entwicklung der Laute im Rahmen der kindlichen Sprachentwicklung unterliegt gewissen Regel- und Gesetzmäßigkeiten. Je nach dem Ort im Mundraum, an dem der jeweilige Laut gebildet wird, unterscheidet man verschiedene Artikulationsstellen, Artikulationsgebiete oder Artikulationszonen. Innerhalb der kindlichen Sprachentwicklung von 0 bis 6 Jahren können wir uns hinsichtlich der Lautentwicklung auf folgende Gesetzmäßigkeiten stützen:

- Im 1. Artikulationsgebiet werden im Bereich der Lippen und der oberen Zähne die stimmlosen f und p und die stimmhaften m, b und w gebildet.
- Im 2. Artikulationsgebiet werden im Bereich von Zähnen und Zunge die stimmhaften n, d, r und l sowie die stimmlosen t, s, z und sch produziert. Die letzten drei Laute bezeichnet man auch als Zischlaute.
- Im 3. Artikulationsgebiet werden im Bereich des weichen Gaumens, des Rachens und des Kehlkopfs die stimmhaften ng, g, r und j und die stimmlosen k, ch1 und ch2 gebildet.
- Der Hauchlaut h wurde in dieser Untergliederung nicht berücksichtigt, weil er nur schwer exakt einzuordnen ist. Bei der Aussprache von h wird nirgends eine Enge gebildet, sondern die Luft entweicht durch die Mundstellung eines Vokals und produziert ein zartes Reibegeräusch.

Erfassung der Lautstruktur

Das Kind durchläuft im Rahmen seiner Sprachentwicklung beim bewussten Erfassen der Lautstruktur in Anlehnung an Lewina folgende Stufen:

1. Stufe: *Undifferenzierte Wahrnehmung*, d.h., das Kind kann die einzelnen Laute noch nicht exakt erfassen und korrekt aussprechen.
2. Stufe: *Einsetzende Unterscheidung*, d.h., das Kind kann jetzt allmählich Laute voneinander trennen, die große Unterschiede aufweisen. Bei ähnlich klingenden Lauten hat es noch Probleme.
3. Stufe: *Übernahme von Merkmalen*, d.h. das Kind übernimmt jetzt kognitiv und bewusst einzelne Merkmale der Sprache. Es erkennt jetzt auch falsch gesprochene Wörter.
4. Stufe: *Annäherung an die Standardmuster*, d.h., das Kind übernimmt immer mehr die korrekten Laute und Wörter der Muttersprache als Zielsprache. Im Alter von 5 Jahren spricht das Kind fast alle Laute der Muttersprache korrekt.
5. Stufe: *Erfassen der Lautstruktur*, d.h., die phonematische Entwicklung der Lautübernahme und Abgrenzung ist im Alter von 6 Jahren weitgehend abgeschlossen. Das Kind hört und spricht alle Laute und Wörter korrekt aus.

Erarbeitung von Einzellauten

Die Bildung der Laute und insbesondere das Hören bzw. das Heraushören von Lauten bereitet vielen Kindern große Schwierigkeiten. Das hat verschiedene Gründe:

- *Normallaut:* Beim Sprechen von Wörtern können die einzelnen Laute nicht scharf voneinander abgegrenzt werden. Die Laute verschwimmen regelrecht, sie fließen ineinander über. Damit wird das Heraushören und differenzierte Wahrnehmen einzelner Laute erheblich erschwert. Der so genannte Normallaut wird nur dann in seinen Lautgrenzen exakt wahrgenommen, wenn er isoliert produziert wird. Der gleiche Normallaut verändert im Wort seinen klanglichen Charakter.
- *Koartikulation:* Der einzelne Sprachlaut kann aus dem Redefluss und dem Sprechablauf niemals isoliert herausgehört werden. Der Normallaut verliert in der Synthese, im Zusammenschleifen mit anderen Lauten seine Qualität. Man bezeichnet diesen Vorgang auch mit Koartikulation. In der Koartikulation wird die Bildung des Einzellautes durch den vorhergehenden und den nachfolgenden Laut artikulatorisch, stimmlich und melodisch verändert. Die Sprachlaute werden im Redefluss nicht einzeln artikuliert, sondern durch die Koartikulation zu Wörtern zusammengezogen und miteinander verbunden.

● *Assimilation:* Bei der Folge von Lauten innerhalb eines Wortes erfahren wir eine Tendenz des Angleichens. So werden einige Laute, die nach einem betonten Vokal folgen, stimmlich und artikulatorisch sehr nachlässig behandelt. Man bezeichnet dies auch als Relaxation.

Wenn im Rahmen der Sprachförderung an und mit den Lauten der Muttersprache gearbeitet werden soll, dann bietet sich das folgende Schema zur Erarbeitung von Lauten an (vgl. Kossow 1972):

1. Phase: Vokale a, e, i, o und u
2. Phase: Reine Stimmtonlaute m, n, l, r, und ng
3. Phase: Hauch- und Reibelaute h, f, v, w, ch1, ch2, j, sch und s
4. Phase: Verschlusslaute b, p, d, t, g und k

Die Erarbeitung eines Lautes sollte nach Kossow nach folgendem Schema ablaufen (Beispiel: Erarbeitung von Wörtern mit »t«):

● T im Anlaut: Tal, Tier, Teufel usw.
● T im Inlaut: Seite, Bote, Pate usw.
● T im Auslaut: rot, weit, mit usw.
● T bei nachfolgendem langen Vokal: Tafel, Taler usw.
● T bei nachfolgendem kurzen Vokal: Teller, Tonne, Tasse usw.
● Verdopplung des T: Ratte, Latte, Bett usw.
● T bei nachfolgendem Konsonanten: Trost, Treppe, Traube usw.
● T bei vorhergehendem Konsonanten: Ente, Amt, Tinte usw.

Probleme bei der Aussprache bestimmter Laute

Nicht wenige Kinder haben im Rahmen ihrer Sprachentwicklung Probleme mit der Bildung bestimmter Laute. Statistisch gesehen betrifft das ca. 20 bis 25% der eingeschulten Kinder (vgl. Kindergesundheitsbericht der Stadt Mainz und des Landkreises Mainz-Bingen 2003).

Seit vielen Jahren zeichnet sich folgender Trend im Vorschulalter und im Anfangsunterricht der Grundschule ab. Die meisten Probleme bereiten den Kindern die Gruppe der Zischlaute s und sch, insbesondere der S-Laut; hier spricht man von Stammeln und Dyslalie als Fachbegriffe und im Volksmund von »Lispeln«. Weiterhin werden die Laute bzw. die Lautverbindungen g, k, l und r sehr häufig falsch artikuliert.

Zusammenhang Sprechen und Schreiben

Kinder mit Problemen in der Aussprache der Laute neigen auch dazu, Lese- und Rechtschreibschwierigkeiten zu bekommen. Meistens stellen sich diese Probleme erst am Ende der zweiten und zu Beginn der dritten Klasse massiv ein. Diese Probleme können sehr hartnäckig und vor allem sehr nachhaltig sein, insbesondere die Rechtschreibschwäche. Von daher sollten alle Verantwortlichen dafür Sorge tragen, dass die korrekte Bildung der Laute im Elternhaus, im Kindergarten und am Schulanfang beobachtet, dokumentiert und falls nötig entsprechend trainiert und geübt wird. Wir müssen die Ausspracheprobleme so früh wie irgend möglich erkennen und sinnvoll üben. Diese Übungen dürfen jedoch nicht zu sehr mechanistisch im Sinne eines reinen Trainingsprogramms durchgeführt werden. Oft sind Hinweise, bezogen auf den Ort der Lautbildung und die Art und Weise der Lautproduktion, sehr hilfreich (vgl. DIN-A2-Poster »Lauter Laute«). Eine weitere wichtige und sinnvolle Hilfe bei Problemen mit der Lautbildung ist die Aufnahme mit dem Tonbandgerät bzw. dem Kassettenrekorder. Hier können spontan gesprochene Texte und kurze Gespräche aufgenommen und mehrfach mit den Kindern gemeinsam abgehört werden. Damit wird der intrapersonelle Kreislauf der Kinder geschult, und die Kinder erkennen oft dann selbst die Diskrepanz zwischen den selbst produzierten Lauten und den korrekt gesprochenen Lauten und Wörtern der Erwachsenensprache.

Sprachvorbild

Eine erfolgreiche zwischenmenschliche Kommunikation erfordert ein gutes Sprachvorbild hinsichtlich der Aussprache, des aktiven Wortschatzes und der Satzbildung. Zu dem sprachlichen Vorbild gehören auch die nonverbalen Anteile der Sprache, insbesondere die Fähigkeit zur Betonung von Wörtern und Satzteilen, die Intonation, d.h. die Veränderung der Tonhöhe und die Berücksichtigung einer dynamischen Satzmelodie sowie die Geschwindigkeit des Sprechens und das Einhalten von geeigneten Sprechpausen. Beim Sprechen mit einem durchschnittlichen Sprechtempo spricht man zwischen vier und sechs Silben pro Sekunde bzw. 20 Laute innerhalb einer Sekunde. Was das Sprachvorbild angeht, kann die ➡ **KV 02** »Sprachvorbild« eingesetzt werden. Hinsichtlich der individuellen Sprechweise der Fachkraft und des Kindes kann die ➡ **KV 03** »Checkliste Sprechweise« zur Analyse benutzt werden.

10. Unterschiede bei Deutsch als Muttersprache und als Zweitsprache

Immer häufiger beobachten wir die Tendenz, dass Kinder den Kindergarten oder die Grundschule besuchen ohne ausreichende Deutschkenntnisse. Manchmal können sie sich mit anderen austauschen, sie können sprechen und werden auch verstanden, manchmal ist die Situation jedoch so schwierig, dass sie von den deutschen Kindern nicht verstanden werden. Viele pädagogisch Verantwortliche bedrängen die Eltern dieser Kinder, künftig vermehrt, ja ausschließlich mit ihren Kindern Deutsch zu sprechen, damit sie auch die deutsche Sprache erlernen und sprechen können.

Diese Ratschläge und Vorschläge sind äußerst problematisch für die weitere Entwicklung der zugewanderten Kinder. Dabei wird leider übersehen, dass die Erstsprache und damit die eigene Muttersprache dieser Kinder nicht oder zu wenig beachtet wird. Die Muttersprache der zugewanderten Kinder ist zu einem festen Bestandteil ihrer Identität und ihres Bewusstseins geworden. Wir reißen ihnen regelrecht ein Stück aus ihrer Seele, wenn wir die Erstsprache dieser Kinder nicht würdigen, sie verdrängen oder gar verbieten. Die Erstsprache ist ein Teil ihrer selbst geworden. Die betroffenen Kinder leiden darunter, ihr Selbstwertgefühl sinkt, und Minderwertigkeitsgefühle bilden sich heraus, was die soziale Integration erheblich erschwert.

Erkenntnis

Die Erfahrungen der letzten Jahre im Umgang mit zugewanderten Kindern und die Erkenntnisse der Spracherwerbsforschung (vgl. Beauftragte der Bundesregierung für Ausländerfragen 2000, S. 15) machen deutlich, dass die Beherrschung der Erstsprache ein wichtiges Fundament ist für den Erwerb einer weiteren Sprache. Je sicherer und besser die Kinder ihre Muttersprache beherrschen, umso besser erlernen sie Deutsch als Zweitsprache.

Recht des Kindes auf seine eigene Sprache

In der UN-Kinderkonvention wird in Artikel 30 das Recht des Kindes auf seine eigene Sprache verankert: »In Staaten, in denen es ethnische, religiöse oder sprachliche Minderheiten oder Ureinwohner gibt, darf einem Kind, das einer solchen Minderheit angehört oder Ureinwohner ist, nicht das Recht vorenthalten werden, in Gemeinschaft mit anderen Angehörigen seiner Gruppe seine eigene Kultur zu pflegen, sich zu seiner eigenen Religion zu bekennen und sie auszuüben oder seine eigene Sprache zu verwenden.«

Versuch eines Sprachvergleichs

Die pädagogischen Fachkräfte in den Kindertagesstätten und in den Grundschulen sollten sich für die Sprache Deutsch und die Sprachen der zugewanderten Kinder interessieren und sich mit grundlegenden Unterschieden und formalen Strukturen ansatzweise beschäftigen. Es gibt einige grundlegende Unterschiede, die für eine Förderung wichtig sein können. Auf einige dieser Unterschiede will ich im Folgenden kurz eingehen.

1. Grundverständnis

Zunächst können wir davon ausgehen, dass sprachliche Äußerungen von Kindern in bestimmten Satzstrukturen geäußert werden. Die Kinder äußern Wünsche, stellen Fragen und geben Begründungen in und mit ihrer Sprache. Bestimmte Regeln und Ordnungskriterien müssen eingehalten und beachtet werden. Die einzelnen Wörter können nicht wahllos aneinander gereiht werden. Hier kommen die Grammatik und Syntax nun zum Tragen. Die Kinder müssen ein gewisses Grundverständnis für bestimmte sprachliche Ordnungsstrukturen erwerben und diese formalen Strukturen in der Spontansprache auch einsetzen können (vgl. Beauftragte der Bundesregierung für Ausländerfragen 2000, S. 17).

2. Einfacher Satzbau

Die Kinder benutzen am Anfang ihrer sprachlichen Karriere mit Deutsch als Zweitsprache einfache Sätze, die meist mit dem Hilfsverb sein gebildet werden, wie z.B. »Ich sein Mädchen«. Nach und nach werden die Sätze etwas länger und die Kinder benutzen jetzt Vollverben wie »gehen«, »essen«, »trinken« usw. Die Vollverben nehmen zu, und der Einsatz von Modalverben wie »sollen« und »können« gewinnt immer mehr an Bedeutung und Gewicht beim Satzbau. Der Satzbau wird mit zunehmender Dauer umfangreicher, schwieriger und komplexer. Zunehmend werden unterschiedliche Verbformen benutzt, und das Kind übernimmt immer mehr schwierige und komplexe Satzmuster in die natürliche Sprache des Alltags.

3. Funktionswörter – Inhaltswörter

Nach einigen Jahren des Umgangs mit Deutsch als Zweitsprache nähern sich die Kinder immer mehr der deutschen Standardsprache als Zielsprache an. Die Kinder produzieren jetzt immer mehr Sätze und imitieren Redewendungen und häufige Satzmuster der erwachsenen Sprachvorbilder. Beim Erwerb von Deutsch als Zweitsprache stützen sich die Kinder insbesondere auf Wörter, die viele Informationen enthalten, und lassen die Wörter weg, die wenig Informationen enthalten. Wörter mit wenig Informationsgehalt sind z.B. die Funktionswörter wie Personalpronomen »ich, du ...«, Präpositionen wie »in, mit über ...«, Artikel wie »der, die, das«, Konjunktionen wie »und, oder«, Hilfsverben wie »können, wollen, müssen, sein ...« und Flexionsendungen wie bei der Mehrzahlbildung »der Baum – die Bäume« und Endungen bei der Deklination wie »der Wald – des Waldes«. Die Benutzung der Inhaltswörter wie Substantive (Namenwörter), Verben (Tätigkeitswörter) und Adjektive (Eigenschaftswörter) wird beibehalten und weiter ausgebaut (vgl. Beauftragte der Bundesregierung für Ausländerfragen 2000, S. 18).

4. Besonderheiten

Bei der Sprachförderung von zugewanderten Kindern sollten wir folgende Punkte in der Vorbereitung und Planung und in der Beratung von Eltern und Kollegen berücksichtigen:

- Die Umlaute der deutschen Sprache ä, ö und ü kommen in den meisten Sprachen der zugewanderten Kinder nicht vor.

- Die Konjugation von Verben, die Mehrzahlbildung der Substantive und die Steigerung der Adjektive bereiten große Probleme, wie z.B. ich laufe – ich lief, der Bach – die Bäche oder lang – länger.

- Der Gebrauch der Artikel der, die und das gibt es ebenfalls in den meisten Sprachen der zugewanderten Kinder nicht, mit Ausnahme des Griechischen.

- Eine besondere Erschwernis auch für viele deutsche Kinder ist die so genannte Verbklammer, die insbesondere beim Gebrauch von zusammengesetzten Zeiten zum Tragen kommt, wie z.B. /Das Kind hört sehr aufmerksam der Lehrerin zu/ oder /Mein Vater ist gestern mit mir zum Sportplatz gegangen/ (vgl. hierzu Ministerium für Jugend, Kultus und Sport Baden-Württemberg 2003, S. 17).

5. Fehler

Beim Erwerb von Deutsch als Zweitsprache treten die folgenden Fehler gehäuft bei zugewanderten Kindern auf (vgl. hierzu Ministerium für Jugend, Kultus und Sport Baden Württemberg 2003, S. 17):

- *Interferenzfehler:* Darunter versteht man die Übertragung erworbener sprachlicher Strukturen – Satzkonstruktionen – aus der Muttersprache (Erstsprache) auf Deutsch als Zweitsprache. Hier finden wir gehäuft Verstöße gegen die korrekte Aussprache und Artikulation, den falschen Gebrauch der Artikel und Fehler in der Satzstellung (Syntax).

- *Regelfehler:* Regelfehler treten dann gehäuft auf, wenn die Erstsprache und die Zweitsprache sehr stark voneinander abweichen.

- *Generalisierungsfehler:* Diese Fehler finden wir meist im Zusammenhang mit der Konjugation von Verben, wie z.B. er fliegt – er ist gefliegt und wir essen – ich habe geesst.

- *Identifizierungsfehler:* Darunter versteht man die Verwechslung der Bedeutungen von einzelnen Wörtern wie *Wagen* und *der Wagen, er sucht – die Sucht* oder *die Birne* (Obst) und *die Birne* (Glühbirne).

11. Das Haus der Sprachförderung

Das Haus der Sprachförderung braucht ein solides und stabiles Fundament (vgl. Abb. 22). Dieses Fundament besteht aus den theoretischen Grundlagen. Damit aus der trockenen Theorie eine scharfsinnige Anwendung im praktischen Tun werden kann, hat der bekannte Sozialpsychologe Kurt Lewin bereits 1946 formuliert: »Es gibt nichts Praktischeres als eine gute Theorie.« Auf dem Boden einer gründlichen Diagnostik kommen wir dann erst im dritten und letzten Schritt zum eigentlichen pädagogischen Tun und Handeln. Das Ziel der Theorie liegt darin, die Praxis zu verändern. Sie bildet das Fundament für die (Förder-)Diagnostik und die anschließende Planung und Durchführung der Förderung.

Alle Daten des Kindes und seiner Umwelt werden in der Entwicklungs- und Bildungsmappe gesammelt.

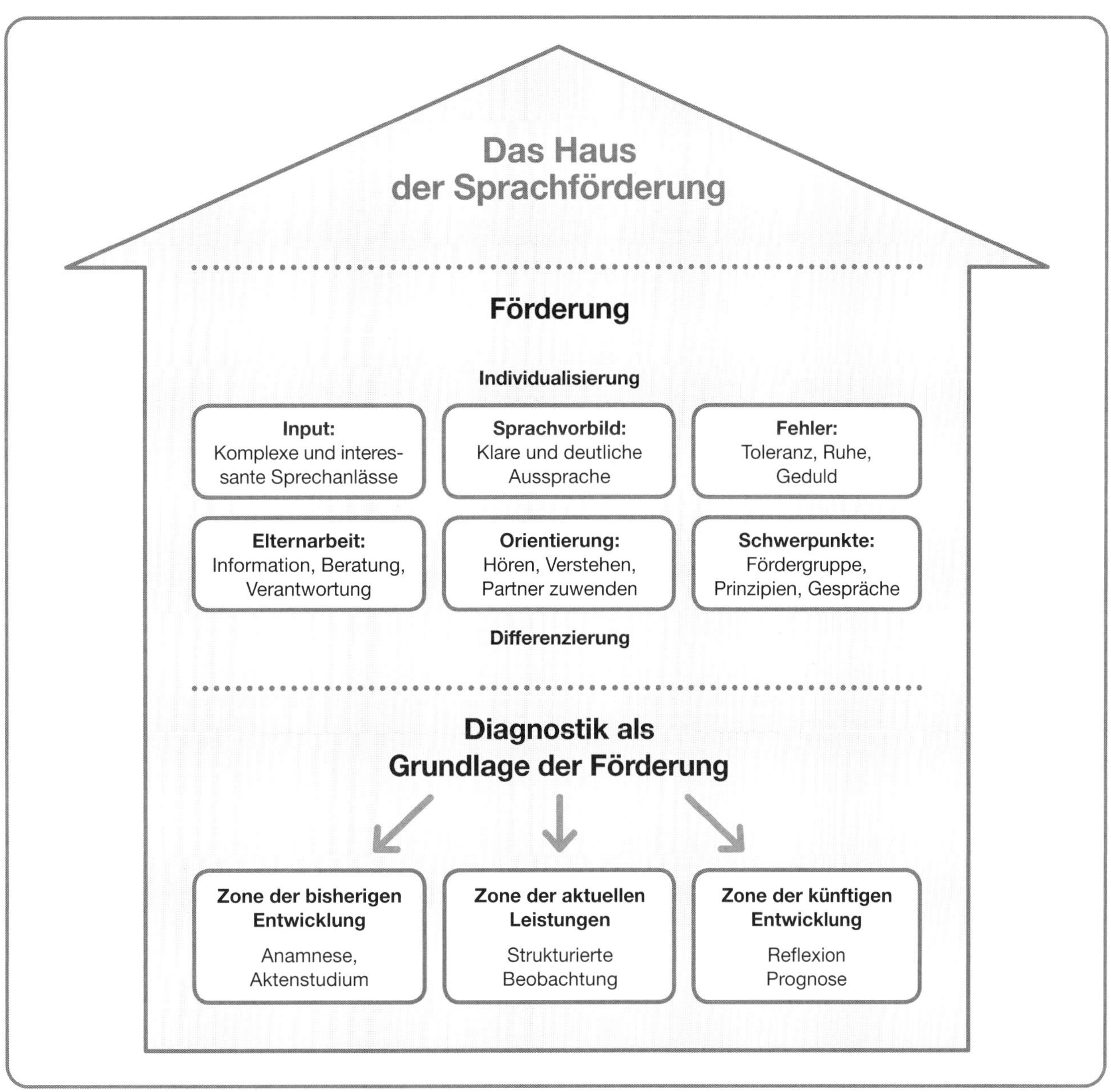

Abb. 22

12. Begriff und Aufgabe der Diagnostik

Der Begriff »Diagnostik« stammt aus der Medizin und ist über die Psychologie und Sonderpädagogik in die Pädagogik gelangt. Hier haben sich die Pädagogische Psychologie und die Pädagogische Diagnostik als wichtige Teildisziplinen herausgebildet. Diagnostik wird als Teilgebiet der angewandten Psychologie verstanden. Der Begriff stammt etymologisch vom Griechischen »diagnosis« und meint *erkennen* und *unterscheiden*. Diagnostik umfasst die Gesamtheit aller Maßnahmen, Methoden und Verfahren, die geeignet sind, das menschliche Verhalten zu erkunden, zu beschreiben und zu analysieren (vgl. Bundschuh 1999, S. 51).

Die moderne Diagnostik wird heute als Förderdiagnostik oder Prozessdiagnostik charakterisiert. Sie versteht sich als ein entwicklungsbegleitender und -unterstützender Prozess. Die Initiierung von Bildungs- und Lernprozessen von Kindern in den ersten Lebensjahren setzt gründliche entwicklungspsychologische, lernpsychologische und neurophysiologische Kenntnisse in Bezug auf Sprache und Sprechen voraus. Die aktuelle Förderung des Kindes braucht den Rückblick in die Vergangenheit des Kindes, d.h., hier geht es um die Eruierung biografischer Daten durch Gespräche mit den Eltern und anderen Bezugspersonen wie Geschwistern, Großeltern und Verwandten. Strukturierte Anamnesegespräche führen uns da weiter. Neben der aktuellen Leistungsbereitschaft im Sinne der Ist-Lage geht es auch um die Formulierung von Förderperspektiven für die nächsten Tage, Wochen und Monate. Die moderne Diagnostik sollte zurückschauen, den gegenwärtigen Förderbedarf kennen, im pädagogischen Auge behalten und eine Prognose abgeben können, wie die weitere Entwicklung des Kindes« geplant ist. Dies ist für das Kind selbst, für die betroffenen Eltern und für die fördernde Fachkraft von großer Bedeutung (vgl. Abb. 23).

In diesem Modell des russischen Sprachwissenschaftlers und Neuropsychologen Lew Wygotski (1886–1934) werden die Zonen der kindlichen Entwicklung dargestellt. Dabei wurde das ursprüngliche Modell von Wygotski durch den Autor um die »Retrospektive« als der Blick in die Vergangenheit erweitert.

Die Betrachtungseinheit ist nicht das Kind in seiner augenblicklichen Situation und Verfassung, sondern das Kind in seinen vielfältigen und komplexen sozialen und kognitiven Bezügen innerhalb seiner persönlichen Lebenswelt. Die diagnostische Methode ist damit eine sehr komplexe und differenzierte Zugangsweise zu dem speziellen Problem des Kindes. Das Kind ist als ein Mensch zu betrachten, der in einem System von sozialen und materiellen natürlichen Bezügen eingebettet ist (vgl. Sander/Hildeschmidt 2001). Die familiären und außerfamiliären Bezugssysteme beeinflussen in diesem Gesamtkontext das Kind, und umgekehrt beeinflusst das Kind durch sein persönliches Verhalten die anderen Mitglieder seines Bezugssystems. Diese wechselseitige und gegenseitige Beeinflussung ist ein zentraler Punkt der so genannten Kind-Umfeld-Diagnose. Hier müssen verschiedene Ebenen mit in die Diagnose einbezogen werden:

- das private Umfeld,
- die pädagogische Umwelt,
- primäre Bezugspersonen des Kindes wie Eltern und Geschwister,
- die sekundären Bezugspersonen wie Erzieherin und Lehrerin,
- Experten, Fachleute und Kontaktpersonen wie Sonderpädagoge, Schulpsychologe, Logopäde, Hausarzt, Kinderarzt und HNO-Arzt.

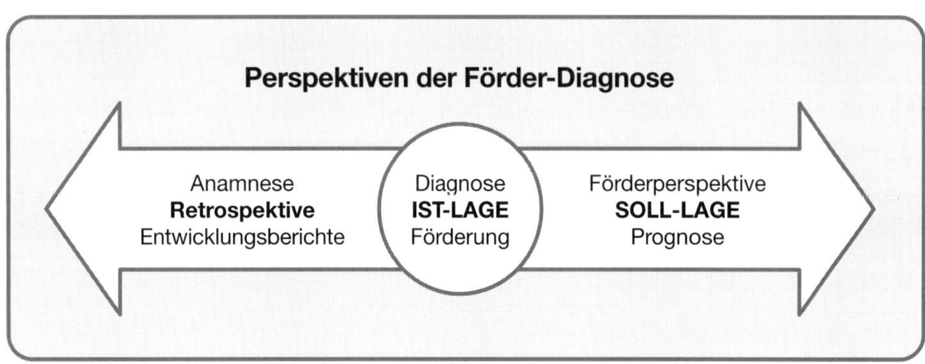

Abb. 23

Nach Hildeschmidt und Sander (2001)

- stellt die Diagnose einen explorativen Entscheidungsprozess von mehreren Personen dar und
- erfolgt die pädagogische Diagnose immer nur kind- und umfeldorientiert.

Die entscheidende Frage innerhalb des Kind-Umfeld-Ansatzes lautet: Wie kann das pädagogische Umfeld des Kindes so verändert werden, dass das Kind mit seinen Sprach- und Sprechproblemen besser zurechtkommt.

Ressourcen-Diagnostik

Der Begriff der Förderdiagnostik weist bereits in die richtige Richtung, doch durch den Begriff Ressourcen-Diagnostik soll noch mehr der Ansatz betont werden, dass wir nicht nur die Schwächen, sondern auch die Stärken eines Kinder erkennen und dokumentieren wollen. In der Sprachförderung dürfen wir uns nicht nur auf die Defizite und Unzulänglichkeiten des Kindes »stürzen«, wir müssen ebenso die Stärken und Möglichkeiten des Kindes in Betracht ziehen. Die kindlichen Ressourcen sollten daher herausgefunden und dokumentiert werden. Ausgangspunkt der individuellen Sprachförderung sind die Stärken und positiven Möglichkeiten, die das Kind besitzt und auch spontan einsetzen kann. So gibt es Kinder, die sprachlich große Probleme haben, jedoch mit ihrer Körpersprache und Pantomime sich sehr ausdrucksstark in der zwischenmenschlichen Kommunikation darstellen können.

Der Begriff Ressource kommt aus dem Französischen und bedeutet so viel wie Hilfsquelle, Einnahmequelle und Reserve. Die pädagogische Fachkraft soll an die kindlichen Reserven identifizieren und dokumentieren und mit den Stärken und Möglichkeiten in die Sprachförderung einsteigen. Alle Kinder, ob schwach Begabte oder Hochbegabte, haben ein unterschiedlich ausgeprägtes Kompetenzprofil mit Stärken und Schwächen. Die Ressourcen-Diagnostik soll dieses Profil herausarbeiten und damit die Grundlage schaffen für die einsetzende Sprachförderung (vgl. Abb. 24).

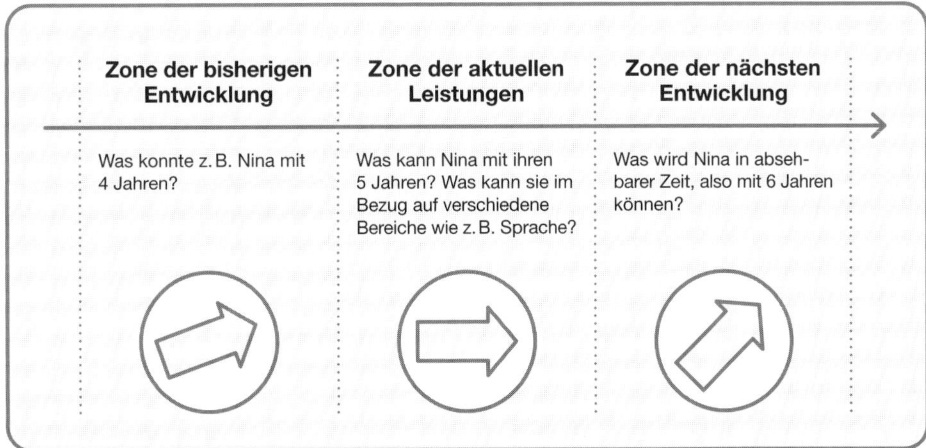

Abb. 24

13. Perspektiven und Modelle der Sprachförderung

Die Sprachförderung der Kinder im Alltag orientiert sich an den bisherigen Erfahrungswerten der Praktiker, an den aufgestellten Standards in der Ausbildung und Fortbildung und natürlich auch an den Studien und Erkenntnissen der Sprachwissenschaft und Linguistik. Dabei können wir historisch und aktuell drei unterschiedliche Entwicklungslinien und Förderkonzeptionen in den letzten Jahrzehnten ausmachen.

1. *Das medizinische Defizitmodell:* In den 60er- und 70er-Jahren des 20. Jahrhunderts dominierte die medizinisch-heilpädagogische Sicht auf Grund der geschichtlichen Entwicklung in der Auseinandersetzung mit der Diagnostik und Therapie von Sprachproblemen. In diesem Deifizitmodell wurde die Förderung an den kindlichen Defiziten ausgerichtet, wie z.B. an der Dyslalie als Aussprachestörung, am Dysgrammatismus als Syntax- und Grammatikproblem und an den vorliegenden Wortschatzdefiziten im aktiven und passiven Sektor. Die Förderung ist weitgehend symptomorientiert, d.h., die Auffälligkeiten und Störungen sollten durch die Förderung beseitigt werden.

2. *Das linguistische Modulkonzept:* In den 80er- und 90er-Jahren des vergangenen Jahrhunderts verlagerte sich die Betrachtung von Sprachproblemen weg von der Sonderpädagogik und Medizin hin zur Psychologie und Linguistik. Die psychologisch-linguistische Betrachtung von Sprachproblemen dominiert teilweise bis in unsere Zeit hinein. Das Denken in Kategorien, in Modulen und in Sprachebenen hat sich durchgesetzt. Als Orientierungsgrundlage in der Diagnostik und Förderung werden die phonetisch-phonologische, die morphologisch-syntaktische, die semantisch-lexikalische und die pragmatisch-kommunikative Ebene genannt. Diese modulspezifische Betrachtung führte zu einer formalen Reduktion der Betrachtung, die der Komplexität des Phänomens Sprache nicht mehr gerecht wird. Die einzelnen Störungen werden sehr sauber voneinander getrennt, obwohl seit Albert Liebmann (1901) bekannt ist, dass viele Sprachprobleme häufig auch gemeinsam vorkommen, wie z.B. die Dyslalie (das Stammeln) und der Dysgrammatismus. Das Denken in Kategorien und Modulen dominiert, und das Denken und Handeln in Zusammenhängen und Wechselwirkungen wird vernachlässigt.

3. *Das interdependente Förderkonzept:* In den 90er-Jahren mehrten sich die Stimmen, die Zusammenhänge, Wechselwirkungen und Abhängigkeitsverhältnisse zwischen den einzelnen linguistischen Kategorien sehen. So werden in letzter Zeit nicht zuletzt durch die Forschungsbefunde der Neurophysiologie und Neurobiologie die emotionale Gestimmtheit und die motivationale Haltung auf der Grundlage eines differenzierten sozialen Netzes verantwortlich für die Sprache und das Sprechen gesehen. Die Kinder verbessern beispielsweise die grammatikalische Komplexität und ihre Aussprache vor allem dann, wenn sie ein subjektives Interesse daran haben, von den anderen Gesprächspartnern verstanden zu werden (vgl. Masterson/Kambi 1991). Im deutschsprachigen Raum haben Bindel und Günther (1996) auf diese Perspektiven aufmerksam gemacht. In der Realität stellen wir immer wieder fest, dass zwischen den phonologischen und morphologischen Ebenen und Modulen komplexe und vielfältige Zusammenhänge und Wechselwirkungen bestehen. Die englische Nomenklatur hat bereits auf diese neue Sichtweise reagiert und entsprechende Begriffe aufgenommen: *development dysphasia*, *development language disorder* oder *specific language impairment*. Dadurch werden die komplexen und dynamischen Wechselwirkungen deutlich gemacht.

Im deutschsprachigen Raum verharren wir noch in diesem modulspezifischen und sprachebenenorientierten Denken und Handeln in der Diagnostik und in der Förderung. Wir müssen uns hier lösen und freimachen von dieser reduktionistischen Betrachtung und endlich dem Perspektivenwechsel hin zu einem wirklich sprachganzheitlichen Modell in der Sprachförderung Rechnung tragen.

Die Planung, Durchführung und Reflexion der Sprachförderung basiert auf den zurzeit neu erarbeiteten Bildungs- und Erziehungsempfehlungen aller sechzehn Bundesländer sowie den Lehrplänen bzw. den neu konzipierten Rahmenplänen für die Arbeit in der Grundschule. In allen Plänen der vorschulischen und schulischen Einrichtungen wird das Lernfeld Sprache und Sprechen in den Fokus der didaktischen Überlegungen gestellt. Sprache als Schlüssel zum schulischen Erfolg und zur beruflichen Karriere wird zu einer der wichtigsten Schlüsselkompetenzen überhaupt.

Orientierungsrahmen

Der Orientierungsrahmen des neuen Rahmenplans Grundschule für Rheinland-Pfalz sieht im Teilrahmenplan Deutsch für die Grundschule folgende Teilbereiche des Deutschunterrichts für die Klassen 1 bis 4 vor:

- Sprechen und Zuhören,
- Lesen, Umgang mit Texten und Medien,
- Schreiben,
- Sprache und Sprachgebrauch.

Alle diese vier Teilbereiche durchdringen sich gegenseitig und sollen in einem spiralförmigen Aufbau den Kindern in der Grundschule vermittelt werden. Die konkreten Überlegungen hinsichtlich der Planung, Durchführung und Reflexion der gezielten Förderung einzelner Kinder in Kleingruppen brauchen übergreifende didaktisch-methodische Leitbilder.

Prinzipien der Förderung

In Anlehnung an die Erziehungs- und Bildungsempfehlungen für die Arbeit in den Kindertagesstätten aller sechzehn Bundsländer (2004/2005) und den neuen Rahmenplänen für die Grundschule mit den entsprechenden Teilrahmenplänen Deutsch und Fremdsprache, wie z.B. in Rheinland-Pfalz aus dem Jahre 2005, orientiert sich die Sprachförderung an folgenden Grundsätzen:

- *Verknüpftes Lernen:* Kind bringen unterschiedliche Erfahrungen in quantitativer und in qualitativer Hinsicht mit. Diese Erfahrungen sind nicht nach Lernbreichen oder gar Fächern getrennt. Daher kann die Sprachförderung nicht losgelöst von anderen Lernfeldern und Fächern durchgeführt werden. Themen und Unterrichtsinhalte wie Kleidung, Ernährung und Tiere sollten fachlich miteinander verknüpft und sprachlich fächerübergreifend behandelt werden. Die Kinder sind in allen Lebenslagen auf die Sprache existenziell angewiesen.
- *Natürliches Lernen:* Erfahrungen werden in der Lebenswelt der Kinder auf sehr natürliche Art und Weise gemacht. Kinder hören Klänge, Töne und Geräusche, hören Muttersprache und Deutsch als Zweitsprache, aber auch noch andere Sprachen wie Englisch in Schlagern und in der Werbung. Kinder sind permanent visuellen Reizen im Fernsehen, in den Printmedien und am Computer bzw. Internet ausgesetzt. Das Sehen steht meistens im Vordergrund, von daher sollten wir das Hören, insbesondere das aktive und aufmerksame Zuhören bei Gesprächen, wieder verstärkt fordern und fördern.

- *Kommunikatives Lernen:* Die Entwicklung einer Gesprächskultur sollte von Anfang an die Sprachförderung in den Kindertagesstätten und in der Grundschule durchdringen. Sei es in einem kurzen Dialog bei der Begrüßung oder Verabschiedung im Kindergarten, im kleinen Gespräch in der Gruppe auf dem Spielplatz oder Schulhof oder in einer hitzigen Diskussion bei einer Auseinandersetzung. Hier gilt es verstärkt auf Regeln und Rituale zu achten. Insbesondere sollte die Sprache weiter differenziert werden. Der Aspekt der Menschlichkeit und Höflichkeit im täglichen Miteinander sollte durch Berücksichtigung der Zauberwörter wie *Entschuldigung, tut mir Leid, bitte* oder *danke* wieder stärker betont werden. Respekt für andere, Empathie und Akzeptanz als Grundhaltung der Kommunikation müssen stärker eingebracht werden.
- *Lernen mit allen Sinnen:* Diese Forderung wird nicht nur im Sinne der Motivation erhoben, auch für die Speicherung im Gedächtnis spielt die Methodenvielfalt eine ganz entscheidende Rolle. Die Rhythmisierung von Fördereinheiten und Unterrichtsstunden im Sinne eines geschickten Wechsels verschiedener Sinnesbereiche und Bewegungserfahrungen ist ein wichtiges Postulat für moderne Sprachförderung. Eigenaktivität kann durch den Wechsel verschiedener Sozialformen wie Partner- und Gruppenarbeit, Werkstatt- und Projektunterricht unterstützt werden. Im privaten Alltag der Kinder stehen meistens Bilder im Vordergrund. Die virtuelle Welt weckt Visionen und Illusionen. Die Kinder werden weitgehend mit visuellen Reizen durch ihren Alltag geführt. Game-Boy, Comics, Computerspiele, Fernsehen gesellen sich zu dem Umweltlärm und erschweren damit die Konzentrationsfähigkeit der Kinder erheblich. Diese eingeschränkte Wahrnehmung durch die Kinder soll durch den Kindergarten und die Schule ausgeglichen werden, indem sie alle Sinne ansprechen.
- *Umgang mit Fehlern:* Lernprozesse ohne Fehler gibt es nicht. Das Lernen an und mit dem Fehler wird zu einer wichtigen mentalen und praktischen Forderung. Fehler dürfen nicht nur angezeigt und mit entsprechenden Bewertungen versehen werden. Der Fehler wird verstanden als Hinweis auf spezielle Probleme beim Schüler. Fehler als wichtige Schritte im Lernprozess und als Indikatoren für den momentanen Entwicklungsstand des Kindes beim Sprechen. Die Form und Norm des Sprechens sollte nicht so sehr in den Mittelpunkt gerückt werden. Auch die Botschaften und Inhalte sollten stärker bewertet werden. Wir alle müssen an dieser neuen Fehlerkultur arbeiten, weil sie ein gute Voraussetzung ist für die Weiterentwicklung von Sprache und Sprechen.

- *Persönliche Beziehungen:* Kinder lernen die Sprache am besten in persönlichen Kontakten mit anderen Kindern oder anderen Bezugspersonen. Kinder lernen sprechen in der Beziehung zu Personen, die ihnen wichtig sind in ihrem Leben: Mutter, Vater, Geschwister, Großeltern, Verwandte, Bekannte, Freunde und Bezugspersonen aus dem Kindergarten und der Grundschule. Die Kinder brauchen ein soziales Netz an Kontakten, um sich sprachlich weiterentwickeln zu können. Persönliche Beziehungen und Handlungen im Alltag der Kinder, die Sinn ergeben, bilden eine wichtige Basis für die Entwicklung von Sprache und Sprechen.

- *Lernen, Üben, Arbeiten:* Die täglichen Übungen mit der Sprache und dem Sprechen führen zur Festigung des sprachlichen Wissens. Durch wiederholtes Üben in kurzen und regelmäßigen Abständen werden sprachliche Fähigkeiten bereitgehalten und nach einer bestimmten Zeit des Übens automatisiert und im Gehirn abgespeichert. Die Kinder sollen auf Gelerntem aufbauen und vor allem sinnvolle Anwendungsmöglichkeiten erhalten. Sie brauchen Situationen aus dem Alltag, die das sprachlich Gelernte abverlangen und zeigen, dass die Sprache und das Sprechen einen Sinn ergeben für das alltägliche Leben (vgl. **OH 03** »Jahresplan«).

  Zu den Formen des spielerischen Lernens treten jetzt zunehmend systematisierte Formen des Lernens, Übens und Arbeitens hinzu. Im Übrigen: Kinder wollen ab vier – fünf Jahren lernen und konzentriert arbeiten – vorausgesetzt man lässt sie. Zum erfolgreichen Lernen gehören nun einmal die Anstrengung und auch die Mühe. Der wichtigste Motor zum Lernen ist und bleibt die Freude. Freude und Spaß darüber, etwas zu tun, etwas zu leisten, etwas mit anderen zusammen zu Ende zu bringen und dann auch noch Erfolg haben. Dabei sollen Anspannung und Entspannung sich abwechseln und insgesamt die Waage halten.

- *Differenzierung:* Bei der Differenzierung unterscheiden wir zwischen der äußeren Differenzierung und der inneren Differenzierung. Die äußere Differenzierung bezieht sich auf spezielle Fördergruppen außerhalb der Kindergartengruppe bzw. der Schulklasse. Bei der inneren Differenzierung handelt es sich um Fördermaßnahmen, die innerhalb der Gruppe bzw. der Klasse geplant und durchgeführt werden. Wir sprechen hier auch von der Binnendifferenzierung (vgl. ➜ **KV 11**, ➜ **KV 12** und ➜ **KV 13**).

  Die sprachlichen Anforderung sollen so strukturiert sein, dass die Kinder sie als Herausforderung erleben. Weder eine starke Unterforderung noch eine starke Überforderung sind für erfolgreiches Lernen geeignet. Die gestellten Anforderungen sollen im Sinne einer dosierten Diskrepanz bzw. optimalen Passung so beschaffen sein, dass die Kinder sie mit einiger Anstrengung meistern. Die bereits erwähnte Heterogenität der Kleingruppe ist die Grundlage jeglicher sprachlichen Förderung im Kindergarten und in der Grundschule (vgl. **OH 02** »Gruppenbildung«).

Hinweise zur Sprachförderung

Als Einstieg in die Förderdiskussion sollen hier kurz drei wichtige Gedanken zur Förderung aufgegriffen werden:

- *Heterogenität:* Wir akzeptieren die Heterogenität und gehen anthropologisch und realistisch davon aus, dass jeder Mensch anders ist. Ob die individuellen Fähigkeiten und Fertigkeiten optimal genutzt werden, hängt in hohem Maße von den außerindividualen Voraussetzungen und Faktoren ab. Ob ein Kind sich hin zu einer Lernschwäche entwickelt oder ob es seine Potenziale zur Hochbegabung nutzt, hängt von den Reizangeboten und Lernsituationen der Umwelt ab (vgl. ➜ **OH 04** »Förderstern«).

- *Wirkungen:* Die Förderung darf sich auf keinen Fall an den Defiziten und Funktionsschwächen hochrangeln. Die technische Seite muss durch die inhaltliche Seite ergänzt und unterstützt werden. Wir erleben es in der praktischen Sprachförderung doch immer wieder, dass das gleiche Förderprogramm je nach den Bedingungen seiner Umsetzung im Kindergarten oder in der Grundschule und durch verschiedene Fachkräfte vermittelt unterschiedliche Effekte hervorrufen kann.

- *Handling:* Darunter verstehen wir den recht unterschiedlichen Umgang von Kindern mit derselben Problematik. So geht jedes Kind mit seiner Sprachschwäche doch irgendwie ein wenig anders um. Das eine Kind überwindet seine Sprachprobleme, indem es sich beispielsweise vermehrt anstrengt und fleißig übt. Das zweite Kind versucht die gleiche Sprachproblematik durch andere Tätigkeiten auszugleichen, indem es sich beispielsweise mehr auf die Bewegung konzentriert, so im Sinne des bewegten Lernens. Das dritte Kind mit den gleichen Sprachproblemen zieht sich zurück, wird depressiv, isoliert sich sozial völlig und leidet erheblich unter den sprachlichen Schwierigkeiten (vgl. ➜ **OH 02** »Gruppenbildung«).

Aus dem bisher Gesagten sollen der Fachkraft folgende Hilfen für die praktische Sprachförderung angeboten werden:

- *Anregungen anbieten:* Die pädagogischen Fachkräfte in den Kindertagesstätten und in den Grundschulen sollten die eigenen Aktivitäten beim Spielen, Essen

oder Basteln und die der Kinder sprachlich begleiten. Sie sollten den Kindern immer wieder neues
sprachliches Material anbieten, in sprachlich provo-
zierenden Situationen des Alltags und gleichzeitig
klar, verständlich und differenziert sprechen. Diese
sprachliche Differenzierung je nach sprachlichem
Potenzial des Kindes sollte besser genutzt werden.
Sprache braucht einen natürlichen Kontext aus dem
Alltag. Das Kind muss sich in diesem Rahmen thematisch zurechtfinden und orientieren können. Die
Fachkraft sollte daher Alltagssituationen bereitstellen, in denen Ereignisse und Begebenheiten zum
Denken, Handeln und Sprechen herausfordern und
damit sprachliche Lernprozesse ausgelöst werden.
Das Kind begleitet sein Denken und sein Handeln in
diesen Situationen mit Sprache.

- *Sprachgefühl entwickeln:* Sprache basiert nicht nur
auf geistigen Prozessen, sondern sie unterliegt in hohem Maße emotionalen und sozialen Vorgängen.
Diese Instanz bezeichnen wir als Sprachgefühl. Das
Sprachgefühl in unserer Muttersprache sagt uns in
jeder sprachlichen Situation, welches Wort jetzt gerade im Satz kommt oder welche Endung jetzt gerade korrekt ist. Das Sprachgefühl der Muttersprache
ist die Kontrollinstanz, die uns formal »richtig«
sprechen lässt. Dieses Gefühl können wir bei Kindern durch häufiges Hören und eigenes Sprechen einer Sprache in verschiedenen sozialen Kontakten
fördern.

- *Positives korrektives Feedback:* Die Fachkräfte sollten
sich früh in den sprachlichen Situationen einblen-
den, d.h. persönlich Stellung beziehen zu dem, was
das Kind gerade gesagt hat. Dabei sollten negative
Verstärker wie Stirn runzeln, Augenbrauen hochzie-
hen, schimpfen und auf die Fehler hinweisen vermieden werden. Es ist pädagogisch viel geschickter,
den falsch gesprochenen Satz des Kindes in ähnlicher Form richtig zu wiederholen. Das Kind darf
aber nicht merken, dass es hier um Fehlerkorrektur
und gezieltes Wiederholen von sprachlichen Äußerungen geht. Dieses positive korrektive Feedback
kann von den Kindern gehört und verarbeitet werden, ohne dass sie die Lust am weiteren Sprechen
verlieren. Das ist der ganz entscheidende Punkt. Die
Kinder sollen mit der Sprache spielen und experimentieren, und sie dürfen auch Fehler machen. Ein
negatives Feedback sollte aber vermieden werden.
Dies gilt in gleichem Maße für deutsche und zugewanderte Kinder.

14. Fazit in zehn Punkten

1. Netz
Theoretische Grundlagen sind eine notwendige Voraussetzung für eine gute Praxis. Die *Theorie ist ein Netz*, das wir auswerfen, um die Realität einzufangen.

2. Organisation
Die Qualität der Sprachförderung wird durch ein strukturell geplantes und *gut organisiertes* Vorgehen in der Praxis verbessert.

3. Vorbild
Das Sprechen in der Muttersprache wird durch *gute Sprachvorbilder,* sprachanregende Situationen, häufiges Hören von Sprache und das Sprechen einer Sprache in sozialer Interaktion gefördert.

4. Muttersprache
Die Muttersprache ist die Basis für alle weiteren Sprachen. Die Zweitsprache kann quantitativ und qualitativ-strukturell *immer nur so gut werden wie die Muttersprache selbst ist.*

5. Kleingruppe
Die Sprachförderung sollte in *heterogenen Kleingruppen* im täglichen Sprachbad erfolgen, wobei spezielle Räume und spezielle Materialien nicht unbedingt notwendig sind. Allerdings muss das Sprachbad bewusst und intensiv ausgenutzt werden. Sprache und Sprechen lernt man nur im aktiven Gebrauch in geeigneten Handlungssituationen.

6. Alle Beteiligten
Sprachförderung *geht alle an:* die Eltern, die Familie, die Verwandtschaft, den Freundeskreis, die Erzieherinnen im Kindergarten und die Lehrerinnen in der Grundschule.

7. Alle Kinder
Sprachförderung sollte auf keinen Fall auf sprachauffällige deutsche Kinder, auf schwach begabte Kinder, auf Kinder unterer sozialer Schichten oder auf zugewanderte Kinder begrenzt bleiben. *Alle Kinder* sollen in der Sprache und beim Sprechen gefördert werden – gleich welcher Herkunft und Begabung.

8. Dokumentation
Die Diagnostik muss sorgfältig und sehr umfangreich durchgeführt werden. Verschiedene Beobachtungen zu verschiedenen Zeitpunkten sind notwendig. Die familiäre Situation muss erkundet werden. Alle Daten müssen sorgfältig in einem kindbezogenen Entwicklungsbericht *dokumentiert* werden.

9. Differenzierung
Die Förderung in Kleingruppen kann nur dem Prinzip der Differenzierung folgen, d.h., *nicht alle Kinder können und sollen das Gleiche machen.* Die schwächeren Kinder brauchen oft längere Erklärungen und einfache Beispiele, die besser begabten sollen aber im Rahmen ihrer Möglichkeiten entsprechend gefordert werden.

10. Partner
Die Eltern sind Verbündete und *gleichberechtigte Partner,* insbesondere dann, wenn sie aus anderen Ländern und Kulturen kommen. Wir müssen die Sprache der Kinder in den Familien (Familiensprache) genauso schätzen wie Deutsch als zweite Sprache (Verkehrssprache und Alltagssprache).

1. Anregungen und Hilfen zur praktischen Arbeit

Die rapiden Veränderungen in der heutigen Kindheit mit dem Verlust an Primärerfahrungen, dem Lernen aus zweiter Hand, der Reizüberflutung durch die Medienberieselung, der steigenden Zahl von so genannten »Risikokindern« und der Zuwanderung von Kindern aus anderen Kulturen und Sprachgemeinschaften haben zu einer multikulturellen Vielfalt in den Kindergärten und Schulen beigetragen. Die sozialen und sprachlichen Unterschiede und die Leistungsschere am Schulanfang sind viel größer, als wir meistens annehmen und vermuten.

Zur Heterogenität der Kinder

Die anthropologische Grundaussage »Der Mensch ist ein soziales Wesen« und die pädagogisch und entwicklungspsychologisch akzeptierte Annahme »Jedes Kind ist ein Individuum« sollten wir ernst nehmen. Wir müssen die Verschiedenheit aller Kinder akzeptieren. Daher sollten wir die Kindergartengruppe bzw. die Schulklasse unter dem Aspekt der Heterogenität und nicht der Homogenität betrachten und analysieren (vgl. hier ➜ OH 02 »Gruppenbildung«).

Potenziale der Kinder

Alle Kinder haben in ihrer kindlichen Entwicklung gewisse Stärken und Schwächen. Es gilt, sowohl die Stärken als auch die Schwächen zu erkennen und hinsichtlich der Förderung an den Stärken des Kindes anzusetzen, damit Freude am Lernen und Spaß an der Anstrengungsbereitschaft von Anfang an gefördert werden. Wir sollten daher die Kinder lange und gezielt beobachten, um uns ein Bild von ihren Möglichkeiten, aber auch von ihren Grenzen zu machen. Die Förderbedürfnisse der Kinder dürfen sich nicht nur an den Defiziten und Unzulänglichkeiten orientieren, sondern sollten auch die Fähigkeiten, die Fertigkeiten, die Stärken, die Potenziale, die Interessen und die individuellen Möglichkeiten der Kinder fördern (vgl. hier ➜ OH 04 »Förderstern«).

Dialog der Kulturen

Deutschland ist ein Einwanderungsland, und die Zahl der zugewanderten Kinder steigt weiterhin an. Wir haben in bestimmten Kindergärten und Schulen einen hohen Ausländeranteil in den Kindergartengruppen und Schulklassen. Diese Tatsache dürfen wir nicht länger leugnen und ignorieren. Wir müssen uns dieser Ausgangslage positiv entgegenstellen und die verschiedenen Sprachen und Kulturen als Chance sehen, mit Menschen aus anderen Ländern und Kulturkreisen in einen konstruktiven Dialog einzutreten. Hierzu ist aber notwendig, dass wir wissen, aus welchen Ländern welches Kind kommt und welche kulturspezifischen Eigenheiten, Normen und Wertvorstellungen dort vorherrschen, damit wir niemanden verletzen. Dazu dient ➜ OH 01 (»Herkunft der Kinder«). Dort können wir das Herkunftsland der Kinder eintragen. Weiterhin sollte die Fachkraft die Kindergartengruppe bzw. die Schulklasse entsprechend den sprachlichen Möglichkeiten und kognitiven Fähigkeiten in verschiedene Gruppen einteilen können. Wir müssen uns intensiv mit der Verschiedenheit der Kinder auseinandersetzen, um individuelle Förderangebote machen zu können.

1. Jedes Kind ist anders. Eltern, die zwei Kinder haben, die unter den gleichen Bedingungen aufwachsen, werden diese These aus der Empirie heraus unterstützen.
2. Jedes Kind entwickelt sich anders. Die körperlichen, psychischen und geistigen Potenziale der Kinder werden meist nicht optimal genutzt, sodass die Heterogenität bereist im Elternhaus, im Kindergarten und später in der Schule beobachtet wird.
3. Jedes Kind geht mit der gleichen Stärke und Schwäche anders um. Das eine Kind überwindet seine Schwäche beim Sprechen durch das vorhandene Selbstvertrauen und durch erhöhte Anstrengungen beim Üben. Ein zweites Kind kompensiert die Schwäche durch andere Stärken, und ein drittes Kind hat gelernt, die Schwäche auszuhalten und zu ertragen.

Die Gaußsche Normalverteilung dient uns hier als Hilfe und Orientierungsgrundlage. In jeder Kindergartengruppe und in jeder Schulklasse finden wir sehr unterschiedlich begabte Kinder (siehe hierzu ➜ OH 02 »Gruppenbildung«).

Bereits zu Beginn der praktischen Arbeit müssen wir uns mit den Sprachvorbildern beschäftigen (vgl. hierzu ➜ KV 01 »Bündel von Problemen«) und die Sprechweise der Kinder analysieren (vgl. hierzu ➜ KV 02 »Sprachvorbild«).

2. Instrumente der Diagnostik

Grundsätzlich stehen dem Diagnostiker verschiedene Instrumente zur Verfügung. Dabei sollten wir uns im Alltag von den Aspekten der Praktikabilität und der Ökonomie, was die Zeit angeht, leiten lassen. Diagnostische Illusionen und visionäre Überlegungen spielen in diesen Ausführungen keine Rolle. Viele Methoden können jedoch nur von Spezialisten wie Kinder- und Schulpsychologen, Therapeuten wie Logopäden oder Fachärzten wie HNO-Ärzte oder Phoniater eingesetzt werden. In der folgenden Abbildung erhält der Leser einen Überblick über alle diagnostischen Methoden zum Thema Sprachprobleme bzw. Sprachstörungen (vgl. Abb. 25).

Methoden

Standardisierte Tests

Informelle Tests

Portfolio

Beobachtung

Entwicklungsberichte

Untersuchungsheft U1–U9

Gespräche mit den Eltern

Abb. 25

Bei allen Planungen der Förderdiagnostik ist es wichtig, dass alle am Diagnoseprozess beteiligten Personen zusammenarbeiten, Daten austauschen und sich gegenseitig informieren und unterstützen. Ideal ist die Konzeption der Team-Diagnostik, wo unter der Federführung eines Experten ein ganzes Team sich der Probleme des Kindes annimmt (vgl. Abb. 26).

1. **Daten**
über die Biografie des Kindes

2. **Informationen**
über die jeweilige Altersgruppe

3. **Angaben**
über die Struktur der Anforderungen bzw. Aufgaben

Abb. 26

Wir brauchen:

- Daten und Faktenwissen über das jeweilige Kind sowie das soziale Umfeld, in dem das betreffende Kind lebt,
- Informationen über die jeweilige Kindergruppe bzw. Schulklasse, in der sich das Kind befindet, und
- Informationen über die Anforderungen und Probleme im sprachlichen Bereich, mit denen das Kind offenbar nicht klarkommt.

Die gegenseitige Hilfe, kollegiale Beratung und kritische Reflexion helfen, notwendige Entscheidungen zu treffen und geeignete Fördermaßnahmen zu finden und einzuleiten.

In der praktischen Arbeit des Kindergartens und der Grundschule kommen jedoch bestenfalls praktikable und zeitlich ökonomische Verfahren und Instrumente zum Einsatz.

Instrument I: Aktenstudium

Hier geht es zunächst darum, alle zur Verfügung stehenden schriftlichen Unterlagen zu sammeln, zu sichten, zu ordnen, zu studieren und zu analysieren. Die wichtigsten Aspekte der kindlichen Entwicklung sowohl im positiven als auch im negativen Sinne sollen herausgestellt werden. Die gesamte Arbeit wird natürlich unter dem Diktat des Datenschutzes teilweise sehr erschwert, manchmal zum Nachteil des Kindes. Einsichtige Eltern sind jedoch bereit, den pädagogischen Fachkräften Daten zur Verfügung zu stellen und wichtige Informationen beizubringen. Hierbei könnten z.B. folgende Unterlagen eine wichtige Informationsgrundlage bieten:

- Untersuchungsheft für Kinder mit den ärztlichen Unterlagen, angefangen von der U1 bis zur U9 im 5. Lebensjahr,
- Befunde des Hausarztes bei Erkrankungen und Allergien,
- Bulletins nach Klinikaufenthalten oder nach operativen Eingriffen,
- psychologische Gutachten des Kinder- oder Schulpsychologen,
- schulärztliche Befunde im Rahmen der Schuleingangsuntersuchung,
- Entwicklungsberichte aus dem Kindergarten,

- therapeutische Berichte und Gutachten von Logopäden und Ergotherapeuten,
- Gutachten und Berichte von Fachärzten wie Kinderarzt, HNO-Arzt oder Phoniater.

Damit ist ein sorgfältiges und umfassendes Aktenstudium eine erste wichtige Informationsquelle, um personengebundene Daten über das betroffene Kind einzuholen.

Instrument II: Gespräche

Das Gespräch mit den Eltern bzw. den primären Bezugspersonen wie Lebenspartner ist ein Instrument zum Einschätzen von Kindern (siehe hierzu ➜ **KV 04** »Gespräche mit den Bezugspersonen des Kindes« und Abb. 27).
Man verfasst ein Erinnerungsprotokoll und rekonstru-

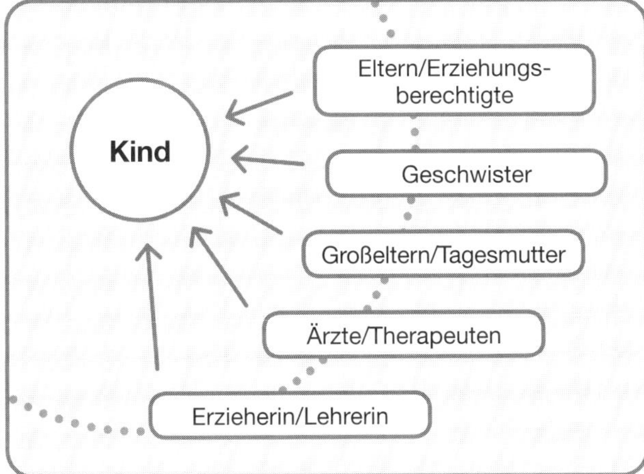

Abb. 27

iert so die Vorgeschichte. Man spricht auch von Anamnese und versteht darunter das Einholen von Informationen über den bisherigen Lebenslauf des Kindes. Im Englischen spricht man von »case history«. Diese Gespräche sollten mit allen pädagogisch Verantwortlichen geführt werden. Hier spricht man auch von so genannten Fallgesprächen und sondierenden Unterstützungsgesprächen

Als primäre Bezugspersonen bezeichnet man die Eltern, die Geschwister und die Großeltern, und als sekundäre Bezugspersonen versteht man Erzieherinnen in den Kindergärten, evtl. Therapeuten wie Logopäden oder Ergotherapeuten, Übungsleiter und Trainer aus verschiedenen Vereinen wie Turnverein, Fußballverein usw. sowie Haus- und Fachärzte, die das Kind betreuen. Für diese Gespräche können auch verschiedene Akten und Gutachten als Grundlage hinzugezogen werden, wie z.B.

- Phase der Schwangerschaft (Einnahme von Zigaret-

ten, Alkohol, Drogen) und besondere Erkrankungen wie Röteln;
- Geburtsverlauf mit möglichen Komplikation wie Zangengeburt, Kaiserschnitt oder Frühgeburt;
- körperliche und seelische Entwicklung in den ersten Stunden, Tagen, Wochen und Monaten;
- allgemeiner Verlauf der Kindheit;
- Kinderkrankheiten (Masern, Windpocken), Allergien (Neurodermitis) und Impfungen;
- Entwicklungs- und Förderberichte von Therapeuten und Erzieherinnen;
- familiäre Krisen und Konflikte innerhalb der Familie und Partnerschaften;
- Gewaltanwendung gegenüber dem Kind, möglicherweise auch sexuelle Gewalt.

In der praktischen Arbeit hat sich ein gut geplantes und vorstrukturiertes Gespräch bewährt. Ein Gespräch ist kein Verhör, und es geht auch nicht darum, bestimmte Fragen im Sinne eines Fragebogens auszufüllen.

Instrument III: Familiäre Situationsanalyse

Leitfragen

1. Sind in der frühen Kindheit Hör- oder Sehschäden beobachtet worden?
2. Hat das Kind häufiger mit Mittelohrentzündungen zu tun?
3. Verlief die Sprachentwicklung in den ersten Lebensjahren normal oder gab es irgendwelche Auffälligkeiten?
4. War das Kind im Kleinkindalter oder im Vorschulalter in einer logopädischen oder ergotherapeutischen Behandlung?
5. Hat das Kind mit fünf Jahren alle Wörter und Laute korrekt gesprochen?
6. Kann das Kind einfache Kinderlieder singen?
7. Kann das Kind seinen Namen und einfache Wörter durch Klatschen in Silben zerlegen? Behält das Kind kleine erste Lieder und Gedichte?
8. Hat das Kind Probleme mit der Koordination, beim Bewegen, beim Tanzen und beim Sport?
9. Lässt sich das Kind leicht ablenken und irritieren?
10. Kann das Kind kritzeln, malen, schreiben, basteln, mit der Schere ausschneiden und Blätter falten?

Oft haben die pädagogischen Fachkräfte keine oder nur unzureichende Informationen über die familiäre Situation im Elternhaus. Bei deutschen Problemkindern, aber auch bei zugewanderten Kindern aus anderen Sprachgemeinschaften ist die genaue und umfassende Kenntnis über die Sprachsituation im Elternhaus ganz entscheidend für die Beratung der Eltern sowie die Planung, Durchführung und Reflexion von Fördereinheiten mit dem Kind. Bei allen zur Sprachförderung anstehenden Kindern sollten wir der Einzigartigkeit eines jeden Kindes Respekt zollen und uns mit den vorhandenen Bedingungen auseinander setzen. Den Sündenbock für die aktuelle sprachliche Misere ausschließlich bei den Eltern zu suchen, bringt uns nicht weiter, im Gegenteil, es führt zur Verhärtung der Fronten, und das Kind leidet darunter. Bei zugewanderten Kindern müssen wir die andere Sprache, die aus anderen Kulturkreisen mitgebrachten Haltungen, Normen und Werte respektieren. Eine offene und tolerante Grundhaltung bei der Einschätzung der familiären Sprachsituation ist ein fruchtbarer Nährboden für den Aufbau vertrauensvoller Beziehungen. Alle pädagogisch Tätigen und Verantwortlichen müssen mehr Verständnis aufbringen für die Lebenssituation des Kindes. Im Gespräch mit den Eltern bzw. den Erziehungsberechtigten kann die familiäre Situation im Elternhaus noch einmal besprochen und gemeinsam durchleuchtet werden (vgl. hierzu die ➔ **KV 05** »Allgemeine Hinweise«).

Familiensprache

Ein wichtiger Schritt besteht in der Erkundung der Familiensprache, also der Sprache, die ausschließlich in der Familie gesprochen wird (siehe hierzu ➔ **KV 06** »Familiäre Sprachwelt des Kindes«). Bei einem türkischen Kind ist es die türkische Sprache. Türkisch ist damit auch die Sozialisationssprache des Kindes in seinem sozialen Umfald. Die amtliche Verkehrssprache bzw. die Umgebungssprache ist deutsch. Diese Sprache wird aber aus verschiedenen Gründen heraus meist nur unzureichend und unter Druck in Kindergärten und Schulen gesprochen. Spielen mehrere türkische Kinder auf dem Schulhof, dann sprechen sie wieder türkisch. Zugewanderte Kinder sprechen immer dann vermehrt Deutsch, wenn sie erkennen und erleben, dass sie damit Vorteile in ihrem Lebensalltag haben. Die Bedeutsamkeit der Verkehrssprache Deutsch muss sie überzeugen, z.B. wenn sie deutsche Freundinnen oder Freunde haben, mit denen sie gerne und oft am Nachmittag spielen. Die Motivation, Deutsch lernen zu wollen und Deutsch zu sprechen, muss aus einem inneren Bedürfnis heraus entstehen.

Instrument IV: Strukturierte Beobachtung

Die Beobachtung ist weit mehr als nur ein flüchtiges und zufälliges Hinschauen. Johann Heinrich Pestalozzi schreibt in *Lienhard und Gertrud*: »Recht sehen und hören ist der erste Schritt zur Weisheit des Lebens« (1962, 324). Beobachten ist ein sehr anspruchsvoller Prozess, der in keiner Diagnostik fehlen sollte. Für den Alltag in der Grundschule ist insbesondere aus ökonomischen und praktikablen Gründen heraus die Beobachtung des Kindes geeignet. Sie ist darüber hinaus die natürlichste Methode, die wir in der Pädagogik kennen. Sie ist das Kernstück der pädagogischen Diagnostik. Leider wird sie sehr häufig unbewusst und ohne spezielle Ziel- und Fragestellungen eingesetzt. Die wissenschaftliche Beobachtung ist eine Methode der empirischen Forschung, die auf der Fähigkeit des Pädagogen zur visuellen Wahrnehmung und kognitiven Interpretation des Wahrgenommenen basiert. Sie muss allerdings systematisch konzipiert, zielorientiert durchgeführt und vor allem schriftlich dokumentiert werden. Bei der Verhaltensbeobachtung unterscheiden wir *drei Phasen:*

Phase 1: Die *Wahrnehmung* des kindlichen Verhaltens in natürlichen oder simulierten Situationen durch einen definierten Beobachter.

Phase 2: Die exakte *Beschreibung* und schriftliche Dokumentation des beobachteten Verhaltens in einem definierten Bereich, wie z.B. Interaktion, Körpersprache, Sprachverstehen, auditive Wahrnehmung, Sprache und Aussprache durch den Beobachter.

Phase 3: Die *Bewertung* und Einschätzung des beobachteten kindlichen Verhaltens auf Grund festgelegter Verhaltensbereiche als Grundlage für die Erstellung eines Förderplans oder die Korrektur einer laufenden Fördermaßnahme.

Beobachtungsbögen

Bei der Arbeit mit Beobachtungsbögen kann sich die Fachkraft auf bereits erstellte Beobachtungsbögen stützen, wie z.B. die Beobachtung mit der Fitness-Probe von Günther (2003) und natürlich auf die freie Kurzzeitbeobachtung mit persönlichen Notizen. Folgende Bereiche können beobachtet werden (vgl. Abb. 28):

Zeitaufwand

Fitness-Probe

- Phonologische Bewusstheit
- Sätze konstruieren
- Aussprache
- Malen/Schreiben
- Sprachverstehen
- Auditive Wahrnehmung
- Sprachgedächtnis

Abb. 28

Der Zeitaufwand der Beobachtung sollte nicht zu kurz sein (ca. 10 bis 15 Minuten). Eine angemessene Beobachtungszeit liegt zwischen 30 und 45 Minuten, damit wir auch aussagekräftiges und umfangreiches Datenmaterial erhalten.

Beobachtungsfehler

Jede Beobachtung durch die Fachkraft ist erstens selektiv und zweitens immer subjektiv trotz aller Bemühungen und Anstrengungen. Verschiedene Beobachter kommen bei dem gleichen Kind zu unterschiedlichen Zeitpunkten zu verschiedenen Ergebnissen. Zahlreiche situative Einwirkungen wie aktuelle korperliche Verfassung, mögliche Erkältungen und Krankheiten, Stimmungslage, Interesse an den Aufgaben, momentane Situation können zu einer Verzerrung der Resultate führen. Je oberflächlicher, naiver und zufälliger eine Beobachtung ist, desto mehr Fehler schleichen sich bei der Datensammlung und Auswertung ein.

Basis für die Förderung

Das Ergebnis der Beobachtung ist die Basis für das spezifische Förderangebot für die Kinder und für die Beratung der Eltern. Die geplanten Fördermaßnahmen sollten in einem übersichtlichen Förderplan dargestellt werden, der auch den Eltern erläutert werden kann. Die Eltern können die Förderung durch entsprechende Mitarbeit unterstützen. Daher eignet sich die vorstrukturierte Beobachtung und Dokumentation zur Unterstützung der Lernprozesse.

Beobachtungen sollten
- den Entwicklungsprozess des Kindes begleiten und unterstützen,
- mit Eltern und Kollegen besprochen werden,
- im Team/Kollegium ausgetauscht werden,
- als eine Hilfe verstanden werden, um sich über bestimmte Aspekte der Sprache und des Sprechens besser verständigen zu können,
- eine systematische Auswertung ermöglichen,
- zu verschiedenen Zeitpunkten wiederholt und die Ergebnisse miteinander verglichen werden,
- eine solide Grundlage bilden, um Eltern zu beraten und das Verstehen des Kindes erleichtern.

Die Beobachtung und Überprüfung der Prozesse des Hörens, der auditiven Wahrnehmungsverarbeitung und des Verstehens von Sprache sind sehr komplex und schwierig (siehe hierzu ➜ **KV 07** »Probleme mit dem Hören«). Die Wahrnehmung des peripher aufgenommenen Schalls wird zunächst als elektrischer Reiz über die zentralen Bahnen zum Gehirn weitergeleitet. Erst danach kann das Verstehen von Sprache einsetzen. Wird die Aufnahme des Schalls und damit der Sprache bereits gestört, besteht die Gefahr, dass die gesprochene Sprache nicht oder nur unzureichend verstanden werden kann. Was die Probleme bei der Sprache und beim Sprechen angeht, gibt es viele Ursachen (siehe ➜ **KV 08** »Ursachenbündel von Sprachproblemen«). Zu einem guten Hören gehören eine gute auditive Wahrnehmung und Verarbeitung des Gehörten. Zur besseren Übersicht in diese Problematik dient die folgende vereinfachte Übersicht peripherer und zentraler Hörprozesse (vgl. Flöther 2003, S. 164ff.; Abb. 29).

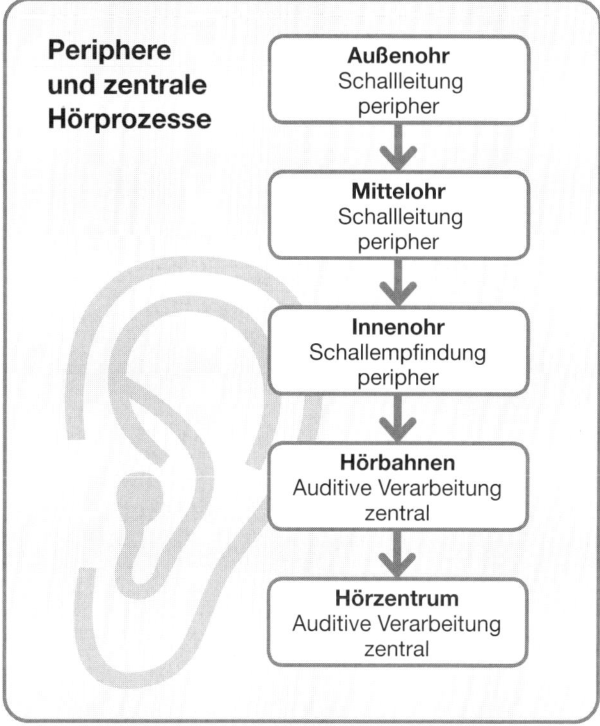

Abb. 29

Die Beobachtung kann sich auch auf vorhandene Checklisten stützen.

Checkliste Hören
(vgl. Leyendecker 1988 und von Konken 2000).

- gehäuftes Ausbleiben einer Reaktion auf eine sprachliche Anweisung oder Aufforderung wie »Komm doch her!«,
- äußerst angespannte Aufmerksamkeitshaltung beim Zuhören, wie z.B. zusammengekniffene Augen oder hochgezogene Augenbrauen,
- so genannte Horchhaltung, d.h. seitliche Neigung des Kopfes, leicht geöffneter Mund und hinter das Ohr gehaltene Hand,
- Schwierigkeiten bei der Differenzierung von ähnlich klingenden Lauten bzw. Lautverbindungen wie *Tanne* und *Kanne* oder *Drachen* und *krachen*.

Instrument V: Portfolio

Die Bewertung und Beurteilung der Kinder sollte heute in verstärktem Umfang über Portfolios erfolgen. In den neuen Teilrahmenplänen einiger Bundesländer (z.B. im Teilrahmenplan Fremdsprache in Rheinland-Pfalz) wird die Arbeit mit Portfolios bereits verlangt.

So muss man erst beobachten, bevor man einen Förderplan erstellt.

Ein Kind, das im Erstkontakt kein Wort spricht, muss nicht unbedingt »nicht sprechend« sein. Nach der Kontaktaufnahme sind wiederholte aktive Beobachtungsmomente (z.B. gemeinsame Gesprächs- oder Spielsituationen) oder auch passive (z.B. wird eine Spielsituation zwischen Kindern beobachtet) wichtig und ergeben erst gemeinsam das Gesamtbild. Erst nach dieser gründlichen Diagnose kann die Planung der Förderung von Sprache und Sprechen erfolgen.

Die individuelle Förderplanung bedeutet nicht unbedingt, dass nur ein einzelnes Kind gefördert wird: Dies kann, muss aber nicht der Fall sein. Der Förderung in einer Gruppe liegt auch für jedes teilnehmende Kind eine individuelle Zielsetzung zugrunde, die beachtet werden muss. Die Heterogenität kann für die gemeinsame Förderung durchaus Vorteile bieten, da sie neben der Sprachförderung auch den sozialen und kommunikativen Aspekt mit einbezieht. Zudem steht jedem Kind ungeachtet seiner Begabung ein Anspruch auf Förderung zu, der in der Differenzierung der Angebote in der Förderung beachtet werden muss.

Kritische Anmerkungen zu Sprachtests

Wir sprechen heute vermehrt bei deutschen und zugewanderten Kindern von Sprachstandserhebungen. Wir verstehen darunter den gezielten Einsatz standardisierter Testverfahren, wie z.B. der Heidelberger Sprachentwicklungstest HSET) von Grimm und Schöler (1991). Das Kind soll getestet oder wie man auch sagt »durchgetestet« werden, damit man genau weiß, was es sprachlich kann und wo es im Vergleich zu den Gleichaltrigen steht und eingeordnet werden kann. Das ist ein gut gemeinter Vorschlag und pädagogischer Ratschlag, der in der Realität sich als wenig ertragreich zeigt, da der Einsatz von Tests weder praktikabel noch ökonomisch ist.

Die Kritik speziell an Sprachtests entzündet sich zunächst an der Position, die davon ausgeht, dass Sprache keine statische Größe, sondern eine sich permanent verändernde Kraft ist (vgl. Energeia im Sinne Wilhelm von Humboldt). Von einem »Sprach-Stand« also von einem Stehenbleiben kann daher nicht die Rede sein. Zudem wurden die Sprachtests für einsprachig sprechende deutsche Kinder entwickelt. Von daher können Aussagen über mehrsprachig aufwachsende Kinder nur sehr

begrenzt und mit größter Vorsicht vorgenommen werden. Weiterhin dient die Mehrzahl der eingesetzten Testverfahren der Identifikation von speziellen Sprachstörungen oder gar Sprachbehinderungen wie Stammeln, Dysgrammatismus, Stottern, Sprachentwicklungsverzögerung usw. Darüber hinaus betrachten die Sprachtests meistens nur einen sehr begrenzten Ausschnitt der kindlichen Sprache, wie etwa den Wortschatz, die Aussprache, die Satzbildung oder die Grammatik. Tests sind zeitlich eng begrenzt und überprüfen die Sprache der Kinder in einer wenig natürlichen und alltäglichen Sprachsituation. Die eingesetzten Tests konzentrieren sich ausschließlich auf den sprachlichen Output, andere Elemente der Sprache wie Zuhören, Verstehen oder Partnerorientierung können nicht erfasst werden. Sie erfassen auch nicht das Interesse des Kindes an Sprache, seine Neigungen hin zum Bilderbuch oder zu Comicgeschichten, zu Liedern oder anderen Texten. Schließlich liefern die meisten Sprachtests nur sehr wenige hilfreiche Anregungen und Hinweise für die pädagogische Förderung im Kindergarten und in der Grundschule.

Instrument VI: Checkliste »Voraussetzungen zum Sprechen«

So wie wir unseren Körper pflegen, uns duschen und waschen und unsere Haare kämmen und unsere Haut eincremen, so sollten wir auch den Mund-, Nasen- und Rachenraum einer gründlichen Diagnose und entsprechenden Pflege unterziehen. Die so genannten Früherkennungsuntersuchungen auf Zahn-, Mund-, Kiefer-, Rachen- und Nasenraum gehören zu dem obligatorischen Vorsorgeprogramm. Das gehört zu den Aufgaben der Haus- und Kinderärzte sowie der Fachärzte wie Zahnärzte, HNO-Ärzte, Phoniater und Kieferorthopäden.

Termine für die Vorsorgeuntersuchungen	
(U-Untersuchungen genannt)	
U 1	sofort nach der Geburt
U 2	3.–10. Tag
U 3	4.–6. Lebenswoche
U 4	3.–4. Lebensmonat
U 5	6.–7. Lebensmonat
U 6	10.–12. Lebensmonat
U 7	21.–24. Lebensmonat
U 8	43.–48. Lebensmonat
U 9	60–64. Lebensmonat
U 10	11.–13. Lebensjahr

Die freiwilligen Vorsorgeuntersuchungen sind kostenlos; sie werden jedoch ab der U 7 nur noch zu 70 bis 75% der Kinder in Anspruch genommen. Von daher ist das Netz der Vorsorgeuntersuchungen löchrig geworden, da die Probleme vieler Kinder nicht oder zu spät erkannt werden.

Hinweis

Die Fachkraft und die Eltern sollten im Sinne einer groben Überprüfung und Beobachtung diese Art der Sprach-Hygiene vornehmen, um danach die Kinder den entsprechenden Fachärzten vorzustellen:

- Auffälligkeiten beim Zahnstatus, wie z.B. Frontlücke, d.h. Fehlen der Schneidezähne,
- Zahnfehlstellungen, wie z.B. Kreuzbiss,
- Karies,
- Zahnfleischentzündungen,
- Kieferanomalien, wie z.B. der verbreitete Überbiss,
- mangelhafte Zungenbeweglichkeit,
- halb offen stehender Mund in Verbindung mit Speichelfluss,
- Mandeln,
- Polypen,
- sonstige Wucherungen im Nasen- und Rachenraum,
- Kehlkopfentzündungen,
- gehäufte und länger andauernde (mehr als Wochen) Heiserkeit,
- auffallende Mundatmung.

Gesundheitsämter

Die kommunalen Gesundheitsämter sind für die Kindergärten die primären Ansprechpartner in allen Fragen der Gesundheit. Sie beraten kostenlos die Eltern und können geeignete Förderangebote wie Logopädie oder Ergotherapie empfehlen.

Weitere Aufgaben der Gesundheitsämter sind die medizinische Beratung, die Einleitung weiterführender Diagnostik sowie die Initiierung und Koordinierung von Förder- und Rehabilitationsmaßnahmen, die Kooperation mit verschiedenen Therapeuten und Institutionen sowie die nachgehende Fürsorge.

Die Gesundheitsämter führen die Einschulungsuntersuchungen als flächendeckende Reihenuntersuchungen durch, d.h. alle schulpflichtigen Kinder werden durch die Schulärztinnen und Mitarbeiter des Gesundheitsamtes untersucht. Als reguläre Einschulkinder werden Kinder untersucht, die im Jahr der schulärztlichen Untersuchung schulpflichtig werden oder Kinder, die von ihren Eltern zur vorzeitigen Einschulung angemeldet werden. Zurückgestellte Kinder sind bereits im Vorjahr schulpflichtig geworden. Sie wurden aus verschiedenen Gründen erst 1 Jahr später in die Grundschule aufgenommen (vgl. Stadtverband Saarbrücken 2003, S. 5f.). Bei diesen Einschulungsuntersuchungen werden Seh- und Hörtests durchgeführt und die Sprache und das Sprechen überprüft. Weiterhin werden durchgemachte Erkrankungen, die Einnahme von Medikamenten, Operationen, Unfälle, die Vorsorgeuntersuchungen, der Impfschutz, der allgemeine Entwicklungsstand, Entwicklungsauffälligkeiten und Schulempfehlungen, das Sozialverhalten, muskuläre Erkrankungen, Haltungsfehler, Körpermaße, Ernährung, Zahnstatus, Bauchorgane, Hautprobleme wie Allergien, Harn- und Geschlechtsorgane, Befunde im Bereich des Nervensystems, chronische Erkrankungen und Behinderungen erfasst, dokumentiert und untersucht.

Die Gesundheitsämter verfolgen die Gesundheitsprävention und die Gesundheitsförderung. Sie hoffen dabei auf die Unterstützung der pädagogischen Fachkräfte in den Kindergärten und Kindertagesstätten sowie in den Schulen. Darüber hinaus setzen die Gesundheitsämter auch auf die Einsicht und die Motivation der Eltern, vorgeschlagene Untersuchungen und empfohlene Fördermaßnahmen mit ihren Kindern durchzuführen.

3. Von der Beobachtung zur Förderung

Leider finden wir sowohl in den deutschen Kindergärten als auch in den Grundschulen nur wenig Anregungen und Hilfen der permanenten und gezielten Beobachtung und Dokumentation der kindlichen Entwicklung (vgl. Ulich/Mayr 1999). Im Bereich Sprache und Sprechen wird meist nur die Frage nach möglichen Sprachstörungen gestellt. Wichtiger wäre jedoch die Frage nach dem bisherigen Verlauf der kindlichen Sprachentwicklung und die Frage »Wie kann die Entwicklung unterstützt, begleitet und gefördert werden?« In dem Beobachtungsbogen der Fitness-Probe werden zentrale Entwicklungsbereiche beobachtet und Zusammenhänge zwischen Elternhaus und kindlicher Entwicklung dargestellt.

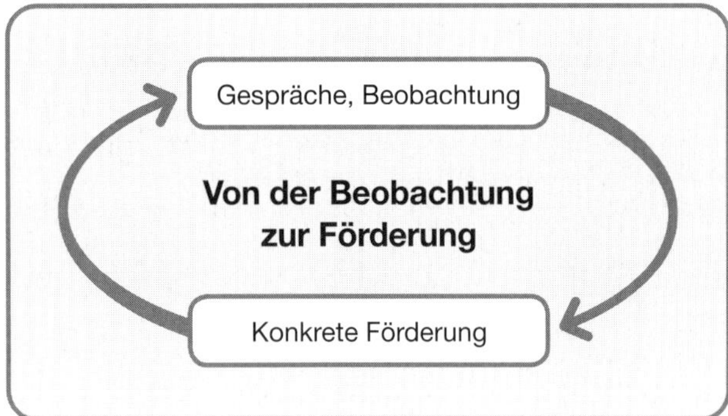

Abb. 30

Strukturierte Beobachtung und die anschließende Dokumentation in einem Beobachtungsbogen – zusätzlich einiger privater Notizen über das beobachtete Kind und sein Umfeld – sowie die anschließende Analyse und Einschätzung des sprachlichen Entwicklungsstandes bilden die Grundlage für die Planung, Durchführung und Reflexion von Fördereinheiten (vgl. Abb. 30). Hier ein geeignetes *Ablaufschema:*

- Beobachtung des Kindes bzw. der Kinder
- Dokumentation mit Hilfe des Beobachtungsbogens
- Analyse und Einschätzung der Beobachtungsdaten
- Bildung der Kleingruppe (Förderstern)
- Vorüberlegungen (Jahresplanung, Monatsplanung, Wochenplanung, Stundenplanung)
- Pädagogische Schritte

Zunächst müssen wir Daten sammeln, sichten, strukturieren und miteinander verknüpfen und theoretisch und inhaltlich in Beziehung setzen.

1. Quelle: Die Ergebnisse der biografischen Anamnese, basierend auf den Gesprächen mit den betroffenen Eltern, den Erziehungsberechtigten, der Tagesmutter, weiterer Bezugspersonen, den betreuenden Erzieherinnen und den Lehrerinnen bzw. den Lehrern.
2. Quelle: Die Erkenntnisse aus vorliegenden Entwicklungsberichten von Therapeuten und ärztlichen Gutachten wie die Untersuchung des körperlichen Status oder augenärztlicher oder pädaudiologischer Diagnostik.
3. Quelle: Die Beobachtungsdaten aus der Fitness-Probe ergänzen die bisherigen Daten aus der Verhaltensbeobachtung in der Familie, im Kindergarten oder in der Schulklasse.

Zentrale Botschaft

Die Förderphilosophie und zentrale Botschaft dieser Konzeption lautet: Wir beschäftigen uns zunächst nicht so sehr mit den Defiziten, Mängeln und Unzulänglichkeiten des beobachteten Kindes, sondern setzen an seinen persönlichen Interessen und individuellen Stärken an, um die Freude am Lernen zu wecken und den Spaß am Sprechen zu schüren. Die Förderung sollte stets als Zielrichtung vor Augen haben, dass Hören und Sprechen wichtige Voraussetzungen sind für das Lesen und Schreiben, das ja ebenfalls im Vorschulalter bereits einsetzt.

Weiterhin gilt der Grundsatz der individuellen Förderung des Kindes. Es geht nicht darum, das Kind in eine Sprachschablone zu pressen. Es geht auch nicht um ein Vergleichen der sprachlichen Leistungen der Kinder untereinander. Im Mittelpunkt steht die Förderung des einzelnen Kindes im Rahmen seiner persönlichen Möglichkeiten und den Möglichkeiten, die ihm sein Milieu bietet. Dabei geht es einerseits um die Verzahnung von Hören bzw. Zuhören und Sprechen und andererseits um die Vernetzung von Hören, Sprechen, Lesen und Schreiben. Dieser Zusammenhang gilt für die gesamte Grundschulzeit (vgl. Abb. 31, S. 65).

Förder-Trias

Wichtig für die Förderung des Kindes in der Kleingruppe sind die eingehende und gezielte Beobachtung des

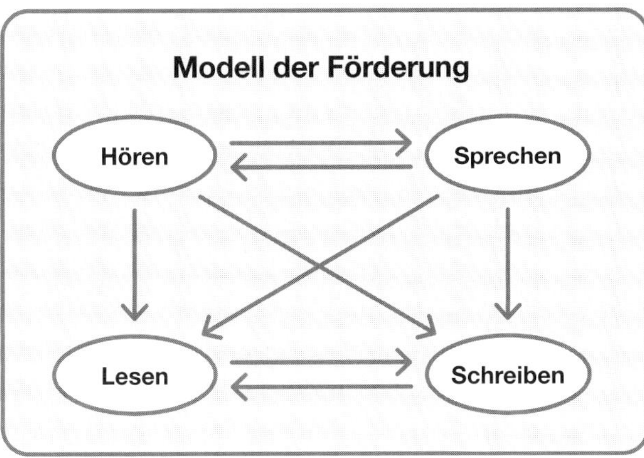

Abb. 31

Kindes und die auf den Beobachtungsdaten aufbauende Einschätzung der Stärken und Schwächen des Kindes im sprachlichen Bereich. Auf der Grundlage dieser pädagogischen Einschätzung der Fachkraft erfolgt dann die individuelle Förderung. Daher gilt der Grundsatz: »Erst genau hinschauen, dann die Situation pädagogisch einschätzen und danach erst in die individuelle Förderung des Kindes übergehen!« (vgl. Abb. 32).

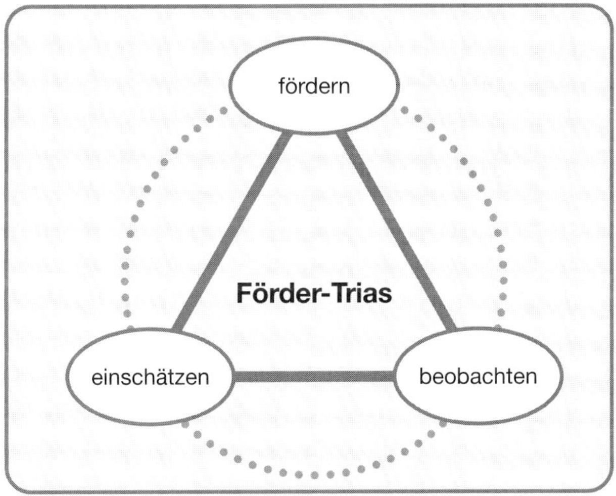

Abb. 32

Planung der Förderung

Jetzt stellt sich die Frage, wie soll eine Förderung erstens organisiert und zweitens inhaltlich und thematisch geplant und durchgeführt werden. Die organisatorische Struktur der Förderung ist durch die Forderung der Kleingruppe vorgegeben. Die inhaltlichen Schwerpunkte der Sprachförderung können aus dem individuellen Förder-Stern des Kindes abgelesen und in den Förderplan übernommen werden.

1. Schritt: Auf der Grundlage der Beobachtung werden alle Fähigkeiten und Fertigkeiten mit »+«, aber auch alle Schwächen und Defizite im

Förderstern mit »–« markiert und aufgeschrieben (vgl. ➜ OH 04 »Förderstern«).

2. Schritt: An den Stärken ansetzen. Danach beschreiben wir kurz, welche Fähigkeiten und Fertigkeiten das zu fördernde Kind besonders gut beherrscht und an denen wir die Förderung nun ansetzen und starten. Das zu fördernde Kind soll gleich zu Beginn der Förderung einen persönlichen Entwicklungsschub bekommen so im Sinne eines pädagogischen »pushs«. Die Stärkung des Selbstbewusstseins und des Selbstvertrauens in die eigenen Stärken und Fähigkeiten steht am Anfang der Förderung.

3. Schritt: *Förderplan erstellen.* Jetzt stellen wir einen Förderplan zusammen, der von den Stärken des Kindes ausgeht und die Schwächen nach und nach berücksichtigt und in die Förderung einbezieht.

Der Förderplan muss zeitlich in den allgemeinen Förderplan einer Woche (Monat, Jahr) im Kindergarten oder in der Grundschule eingepasst werden (siehe ➜ KV 09 »Wochenplan«, ➜ KV 10 »Monatsplan« und ➜ OH 03 »Jahresplan« von September bis Juni). Dabei sind einige *wichtige Aspekte* zu bedenken:

- Sprachförderung wird als *gemeinsamer Bildungsauftrag* verstanden und sollte in die Gesamtkonzeption integriert werden.
- Sprachförderung sollte sich wie ein *roter Faden* durch die gesamte Einrichtung ziehen.
- Sprachförderung *für alle Kinder* – für die schwach begabten in gleichem Maße wie für die besser und hoch begabten Kinder.
- Kinder im alltäglichen Miteinander in ihrer *Sprachentwicklung unterstützen* und natürliche Angebote unterbreiten.
- Das *Gespräch und das Erzählen* stehen im Mittelpunkt und nicht die Anbahnung oder das Heraushören von Lauten bzw. das Nachplappern von bestimmten erwünschten Satzmustern.
- Alle pädagogischen Fachkräfte sollten durch ihr Modellverhalten *Lust auf Sprache* und Sprechen erzeugen und die Motivation zum Sprechen mit anderen immer wieder neu entfachen.
- Neben den verbalen Anteilen der gesprochenen Sprache sollten wir die nonverbalen Anteile der Kommunikation, sprich die Körpersprache mit *Blick, Mimik, Gestik und Intonation* stärker in die Sprachförderung einbeziehen.
- Das *Bilderbuch* mit all seinen sprachpädagogischen Möglichkeiten als zentrales Medium in den Mittelpunkt stellen.

65

- Sprachförderung sollten wir nicht in die Hand von einzelnen »Zuständigen« und »speziell ausgebildeten Fachkräften« geben. *Alle Fachkräfte* sollen sich als sprachliche Modelle und Begleiter der Kinder betrachten.
- Das Sprachförderkonzept sollte *vom ganzen Team* getragen und didaktisch und methodisch in den Tagesablauf integriert werden.
- Die Sprachförderung sollte in *heterogenen Kleingruppen* (fünf bis maximal sieben Kinder) durchgeführt werden; dort sollten zugewanderte und deutsche Kinder, aber auch schwach, durchschnittlich und besser begabte Kinder zu finden sein.
- Die angesprochenen Themen und Inhalte müssen *Verbindungen herstellen* zu anderen Aktivitäten der Kinder, also nicht nur auf die Sprachfördersitzungen begrenzt bleiben.
- Die Sprachförderung muss einen Schwerpunkt auf das *aktive Zuhören* und die bewusste Hörerziehung legen.
- Alle pädagogischen Fachkräfte sollten selbstkritisch ihre *eigene Sprache prüfen und beobachten* lassen.

Die Phasen der Förderung sollte jede pädagogische Fachkraft in der Vorbereitung und Planung im Sinne der pädagogischen Antizipation (Vorwegnahme) geistig durchspielen und Probleme und Hindernisse in der Förderung berücksichtigen (vgl. Abb. 33).

Die in der Förderung dargestellten Phasen und Prozesse steuern unsere pädagogischen Vorüberlegungen, konkreten Planungen und die eigentliche Sprachförderung in der Kleingruppe (vgl. hierzu → **KV 11** »Sitzplan 5er-Gruppe«, → **KV 12** »Sitzplan 6er-Gruppe« und → **KV 13** »Sitzplan 7er-Gruppe«).

1. *Verstehen.* Zunächst müssen wir das Kind in einer ersten Phase in seiner momentanen Situation verstehen; dazu gehört eine ausführliche Anamnese.
2. *Motivieren.* Danach folgt die Phase der Motivation, damit das Kind Interesse am Lernen zeigt und zur

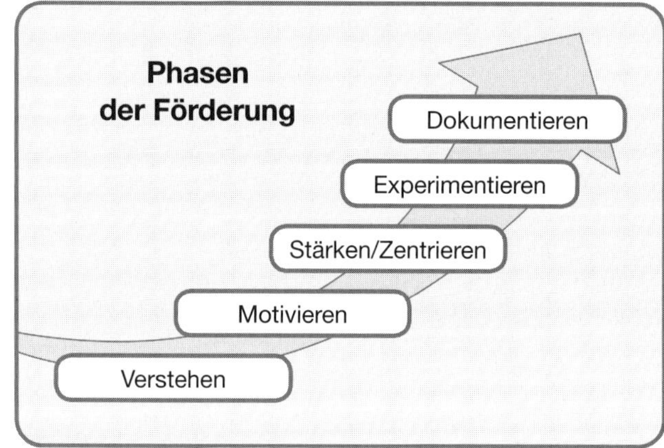

Abb. 33

Anstrengung bereit ist. Wir sollten uns über die Interessen und Neigungen des Kindes kundig machen.

3. *Stärken.* In der mittleren Phase der Förderung stellen wir die Stärken und Möglichkeiten des Kindes in den Vordergrund. Wir machen das Kind geistig und psychisch stark und robust, damit es kleine soziale Unartigkeiten im Sinne eines »dicken Fells« (heute sprechen wir von Resilienz) ertragen und aushalten kann.
4. *Experimentieren.* Erst danach beschäftigen wir uns mit seinen Problemen und Unzulänglichkeiten. Wir stellen dem Kind Räume zur Verfügung, in denen es frei und ungezwungen seine Sprache und sein Sprechen ausprobieren kann. Fehler sind erlaubt, und strenge und harte Kritik ist zunächst verboten. Das Loben dominiert, und die Lernprozesse des Kindes bzw. seine Schwierigkeiten werden registriert.
5. *Dokumentieren.* In der letzten Phase geht es um das Registrieren der Lernergebnisse und um Besonderheiten und Auffälligkeiten in der Entwicklung des Kindes. Diese Daten und Informationen sollten in der Entwicklungs- und Bildungsmappe dokumentiert und gesammelt werden (vgl. hierzu Kap. 9 »Entwicklungs- und Bildungsmappe«, S. 80).

4. Zur Organisation der Sprachförderung

Sprachförderung ist kein Zusatzangebot für bestimmte Kinder. Sie darf weder eine pädagogisch exklusive Veranstaltung noch ein externes teures Angebot sein. Alle pädagogisch Tätigen arbeiten im großen »Konzert der Sprachförderung« mit. Eltern, Erzieher/innen und Lehrer/innen sollten ihren Beitrag zur Sprachförderung leisten.

Zu Beginn scheint es angebracht, einige aus der praktischen Arbeit heraus resultierende kritische Anmerkungen vorzutragen.

Die Sprachförderung sollte nicht

- als isoliertes Trainingsprogramm verstanden werden;
- als medienwirksames Modellprojekt betrachtet werden;
- einmal in der Woche stattfinden;
- täglich zehn Minuten am Vormittag durchgeführt werden;
- auf bestimmte Teilbereiche abheben wie phonologische Bewusstheit oder Grammatik;
- das Einüben von Einzelaspekten wie Wortschatzerweiterung oder Satzmustertraining in den Mittelpunkt rücken;
- Kinder einzeln fördern;
- sprachlich homogene Gruppen von zugewanderten Kindern bilden;
- externe Sprachkurse abhalten mit »Sprachlehrern«;
- deutsche Kinder und zugewanderte Kinder in getrennten Gruppen fördern;
- mit speziellen didaktischen Fördermaterialien arbeiten, die im Alltag des Kindes zurzeit keine Rolle spielen.

Im Zentrum steht das Kind mit seinen sprachlichen und sozialen Bedürfnissen. Eine moderne Sprachförderung sollte folgende Aspekte berücksichtigen:

Häufigkeit und Intensität der Förderung

Sprachförderung sollte regelmäßig und daher täglich pädagogisch in den Alltag integriert werden. Natürlich gibt es verschiedene Förderschwerpunkte, die zum einen gut vorbereitet und systematisch durchgeführt werden sollten.

Kindergärten und Grundschulen sollten fächerübergreifend die Förderung von Sprache und Sprechen zu einer wichtigen Forderung erheben und diese Notwendigkeit den Eltern mitteilen.

Im Elternhaus können je nach spezifischem Förderbedarf des Kindes auch unterstützende und flankierend Maßnahmen durchgeführt werden. Die Förderung von Sprache und Sprechen erhält ihren Stellenwert und ihre Wirkung nur und ausschließlich dann, wenn sie täglich gezielt, bewusst und auf sehr natürliche Weise in den Kindergartenalltag und in den Unterricht der Grundschulen integriert wird. Sprache bildet die Persönlichkeit der Kinder, Sprache verbindet die Menschen untereinander, und Sprache macht stark im Umgang mit anderen.

Zum Tagesgeschehen

Damit Kinder sprechen, müssen sie sich zunächst einmal wohl fühlen. Sie brauchen ein gewisses Maß an Vertrauen und Sicherheit – also ein kommunikatives Klima, in dem Sprache entstehen kann. Der Tagesablauf kann hierzu ganz entscheidend beitragen.

Rhythmisierung

Im Kindergarten und im Anfangsunterricht der Grundschule ist ein ständiger Wechsel von offenen und geschlossenen bzw. gelenkten Situationen, von Anspannung und Entspannung, von konzentrierten Spielen und Arbeiten und lockeren Bewegungsphasen wichtig.

Regeln und Rituale

Gemeinsam festgelegte Regeln in der Gruppe und in der Schulklasse, stetig wiederkehrende Abläufe und Rituale wie die täglichen Begrüßungszeremonien, der Morgenkreis, der Abschlusskreis, der Einsatz verbaler und nonverbaler Höflichkeitsfloskeln und der Gebrauch der Zauberwörter wie »Entschuldigung, bitte, danke« beim täglichen Miteinanderumgehen, können hier genannt werden. All dies führt zur Geborgenheit und Sicherheit in der Klassengemeinschaft.

Organisatorische Flexibilität

Starre Tagesrhythmen reißen die Kinder aus alltäglichen Aktivitäten im Garten, beim Spielen, im Gymnastikraum heraus und bremsen damit das Engagement der Kinder erheblich. Die verpflichtende Teilnahme aller

Kinder einer Kindergartengruppe am täglichen Morgenkreis macht wenig Sinn, weil gerade in altersgemischten Gruppen die Dreijährigen noch Probleme haben, im Stuhlkreis konzentriert zuhören zu können. Viele Kinder sind daher im traditionellen Stuhlkreis überfordert, fühlen sich nicht wohl und können somit auch in ihrer Sprache nicht besonders gefördert werden.

Differenzierung

Die täglichen Angebote sollten auch unter dem Aspekt der Differenzierung hinterfragt werden: Müssen alle Kinder daran teilnehmen, oder sind nicht doch einige unterfordert, andere wiederum überfordert. Hierzu zählt auch, dass ein starres Festhalten an bestimmten Mahlzeiten wie Frühstück und Mittagessen zu bestimmten Zeiten überdacht werden sollte. Kinder, die aus interessanten Handlungen und Spielprozessen herausgerissen werden, sitzen eher missmutig am Mittagstisch und werden daher auch nicht viel sprechen wollen.

Damit die Kinder sich wohl fühlen, ist es erstens wichtig, dass die Kinder untereinander sich gut verstehen und vertragen, aber auch vertrauensvolle Kontakte zu den Fachkräften vorhanden sind. Der Tagesablauf sollte den Kindern ein angenehmes kommunikatives Klima bieten und sich an festgelegten Ritualen orientieren. Die Kinder brauchen Strukturen, damit sie frei und locker sprechen können. Je größer das Selbstbewusstsein der Kinder, umso offener und flexibler verhalten sie sich den ganzen Tag über. Entsprechend den unterschiedlichen Entwicklungsständen der Kinder sollte der Tagesablauf offen und flexibel gestaltet werden. Ein so verstandener Tagesrhythmus sollte durch eine differenzierte Gruppenarbeit unterstützt werden. Die Kinder müssen nicht in Gruppen zusammenarbeiten, sie können dies tun und sich je nach Situation eine Gruppe aussuchen. Die Kinder sollten auf keinen Fall gezwungen werden, innerhalb der Gruppensituation zu sprechen. Doch es gibt zahlreiche Situationen im Alltagsgeschehen der Kinder, die nur unzureichend sprachfördernd genutzt werden.

- das Bringen und Abholen der Kinder durch Vater, Mutter, Oma oder Opa,
- das Vorbereiten einer bestimmten Kinderaktivität, z.B. ein Brettspiel,
- verständliche Anweisungen geben und immer die Fragen der Kinder in angemessener Zeit beantworten,
- die Begrüßung der Kinder und Erwachsenen,
- das Sprechen über Konflikte,
- das Verhalten bei den Mahlzeiten,
- das Benutzen der Zauberwörter *Entschuldigung, bitte, danke* usw.

Sprachförderung lebt zum Zweiten von vertrauensvollen und angenehmen Kontakten aller Gesprächsteilnehmer untereinander. Das steckt ja auch in dem bekannten Begriff Kommunikation, der ja von dem lateinischen Wort »communicare« abgeleitet werden muss. Ohne einen solchen Türöffner sollte eine Sprachförderung nicht beginnen, d.h., die Fachkraft muss im richtigen Moment Kontakt zum Kind herstellen. Ein solches Netz sollte behutsam erarbeitet und ebenso erweitert werden, insbesondere für sprachauffällige deutsche Kinder und für zugewanderte Kinder aus anderen Sprachgemeinschaften. Als Eselsbrücken zur Herstellung von zwischenmenschlichen Kontakten sind zu nennen:

- offene Körperhaltung,
- Blickkontakt zum Kind herstellen,
- freundlich und ehrlich mit dem Kind sprechen,
- das Kind Engagement spüren und erleben lassen.

Drittens braucht die Fachkraft eingehende, detaillierte und umfängliche Informationen über die spezifische Situation der Familie. Auf Grund der hohen Benachteiligung von Kindern aus sozial schwächeren Familien was Bildung und Schulerfolg angeht, bedarf es darüber hinaus auch Hinweise zum aktuellen Sprechverhalten des Kindes in der Familiensprache. Die Fachkraft braucht eine plausible Einschätzung über die oft hochkomplexe Sprachsituation, in der das Kind lebt. Erst auf der Grundlage einer solchen Einschätzung, die ständig überprüft und möglicherweise wieder revidiert und modifiziert werden muss, kann die Zone der nächsten Entwicklung in den Bereichen Sprache und Sprechen angegangen werden.

Lernen durch Spielen

Im Kindergarten und im Anfangsunterricht der Grundschule sollten das Spielen und das Lernen seinen festen und bestimmten Platz haben. Lange Zeit dominierte im Kindergarten das Spiel und in der Schule das Lernen. Es geht nicht um ein Entweder-oder, sondern um das Sowohl-als-auch. Das eine schließt das andere keineswegs aus. Spielen erleichtert das Lernen sehr und bringt die Persönlichkeit in ihrer Entwicklung weiter.

- Spielen ist eine angemessene Form des Lernens im vorschulischen und schulischen Alter.
- Gerade in der Phase der Verzahnung von Kindergarten und Grundschule sollten Spielen und Lernen gleichberechtigte pädagogische Tätigkeiten sein.
- Spielerische Übungen erleichtern manchmal den Zugang zu einem schwierigen und komplexen Problem (vgl. Petillon 2000).

Geeignete Räume

Wir sollten im Alltag überlegen, welche natürlichen Sprachräume, Handlungsfelder und Alltagssituationen wir den Kindern bereitstellen können. Gerade die Räume sind es, die die Kinder zum Sprechen anregen und herausfordern. Räume sollen so strukturiert sein, dass sie die Kinder zum Sprechen regelrecht herausfordern. Manche Räume sind so gestaltet, dass es einem beim Betreten des Raumes regelrecht die Sprache verschlägt, weil es komisch riecht und keine angenehme Raumtemperatur vorherrscht. Kälte und unpersönliche Räume regen nicht zum Sprechen an. Ohne Frage wirkt sich die Gestaltung des Raumes auf die Sprache des Menschen aus. So ist es nicht verwunderlich, dass die Sprachförderung in Kellerräumen, Abstellkammern oder Besenkammern nicht gelingt. Die pädagogischen Fachkräfte sollten die Kinder bei der Gestaltung ihres Raumes mit einbeziehen, damit sie eigene Ideen entwickeln und sich später in ihrem Zimmer auch wieder finden und wohl fühlen.

Zur speziellen Förderung bei gravierenden Problemen wie Sprachstörungen oder massive Defizite und Ausfälle bei Deutsch als Zweitsprache ist die Einrichtung eines speziellen Raumes zu bedenken. Die Kinder brauchen einen vertrauten Raum, in dem sie alle notwendigen Sprachspiele und Materialien wie Diktiergerät, CD-Player und Kassettenrekorder finden, um die Sprache und das Sprechen zu fördern. Sprachräume sollen zum Sprechen motivieren, Vertrauen und Orientierung vermitteln und ein angenehmes Kommunikationsklima vermitteln.

Materialien und Medien

Immer wieder werden finanzielle und materielle Gründe ins Feld geführt, um zu erklären und zu rechtfertigen, warum sich die Sprachförderung so schwierig gestaltet. Um die sprachlichen Fähigkeiten der Kinder zu fördern, brauchen wir zunächst eine angenehme Atmosphäre. Weiterhin brauchen die Kinder Situationen, in denen ihre Sprechfreude aufgegriffen wird, ohne immer und ausschließlich auf die sprachliche Norm und Form zu achten. Kinder können sich über das tägliche Tun, über einfache Spiele, über Singen, Tanzen und Bewegen im Raum und auch außerhalb zum Sprechen herausgefordert fühlen, ohne dass die Fachkraft die Kinder immer wieder auffordert. Das Spiel mit Puppen und das Einbeziehen von bekannten Haustieren wie Hamster, Vogel, Katze oder Hund erleichtern die Kontaktaufnahme mancher Kinder zu anderen Kindern oder zu pädagogischen Fachkraft und erleichtert so das eigentliche Sprechen mit anderen.

Bei der täglichen Arbeit im Kindergarten und in der Grundschule finden sich zahlreiche Materialien und Medien, die sich ganz hervorragend zum Sprechen eignen. Die Kinder sollen an die Nutzung der zugänglichen Medien in Kindergärten und Schulen herangeführt werden: Kinderlexikon, Wörterbuch, Duden, CD-Player, Kassettenrekorder zur Hörkontrolle und Computer.

In den täglichen Spiel- und Handlungssituationen können die Kinder Dinge beobachten und Fragen zu bestimmten Gegenständen und Zusammenhängen formulieren. Jede Kindergartengruppe und jede Schulklasse besitzt ein eigenes sprachanregendes Milieu, dass genutzt werden sollte. Die Erfahrungen der Kinder müssen aufgegriffen und die unmittelbare Lebenswelt der Kinder muss berücksichtigt werden. Wichtige Medien sind z.B. der Kassettenrekorder oder das Diktiergerät, um die Spontansprache der Kinder aufzuzeichnen und im Rahmen einer Sprachanalyse zu reflektieren. Hier können wir den intrapersonellen Kreislauf (»Ich höre mich selbst.« und den interpersonellen Kreislauf (»Ich höre, wie andere sprechen.«) im Sinne der Hörkontrolle schulen. Der Ruf nach Sprachtrainingsprogrammen wird immer lauter, doch die kenntnisreichen Experten wissen schon lange, dass spezielle und isolierte Trainingsprogramme eine wenig effektive Methode sind. Kinder werden viel stärker im Kontext des Alltags zum Sprechen motiviert. Der Einsatz von Medien, wie z.B. Hörspielkassetten, kann dazu beitragen, dass verschiedene Sprachen wie Englisch, Französisch, Italienisch oder Türkisch und Russisch den Kindern in guter Qualität zum Hören angeboten werden können. Die selbst gebastelte Handpuppe oder Marionette begrüßt die Kinder und führt alle Kinder zum Gespräch hin.

Alle Materialien und Medien sollten

- anregende Impulse aussenden,
- sich an der Lebenswelt und dem Alltag der Kinder orientieren,
- interkulturelle Bezüge aufweisen,
- klare Strukturen haben und
- vielfältige Sprechanlässe bieten.

Zusammensetzung der Kleingruppe

Immer wird die Frage gestellt: »Fördern wir einzelne Kinder, eine Gruppe von Kindern mit Sprachproblemen oder die gesamte Kindergartengruppe bzw. die gesamte Schulklasse?« Hier haben wir in den letzten Jahren empirische Erfahrungswerte gewonnen und können folgenden Vorschlag anbieten: Die geschickte Einbindung der Sprachförderung in den Tagesablauf von Kindergarten und Schule und die bewusste und gezielte Nutzung der alltäglichen Sprechanlässe mit Erwachsenen (Eltern und Großeltern, die die Kinder bringen und abholen, und den Erzieherinnen und Lehrerinnen) und den Kindern eignet sich bestens zur Förderung von Sprache und Sprechen. Die Zusammensetzung der Kleingruppe sollte in der Regel nicht homogen, sondern heterogen sein (vgl. Abb. 34), und zwar hinsichtlich

- des Alters (Kinder zwischen drei und sechs Jahren),
- des Geschlechts (Jungen und Mädchen),
- der Begabung (schwach, durchschnittlich und hoch begabte Kinder).

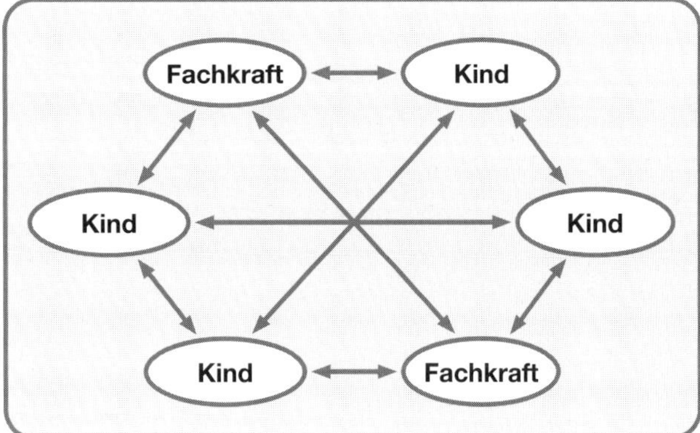

Abb. 34

Die heterogene Kleingruppe ist die Situation, die die Kinder im Alltag am meisten erleben und zwar in der Familie mit den Eltern, Geschwistern und Verwandten, beim Spielen im Kindergarten und im Unterricht der Grundschule. Die heterogene Kleingruppe bildet die Realität genauer ab als die homogene Gruppe (vgl. hierzu ➡ **KV 11** »Sitzplan 5er-Gruppe«, ➡ **KV 12** »Sitzplan 6er-Gruppe« und ➡ **KV 13** »Sitzplan 7er-Gruppe«).

Einzelförderung in Ausnahmefällen

Grundsätzlich wird die Förderung in der Kleingruppe von ca. fünf bis sieben Kindern aus sozialen und sprachlichen Beweggründen heraus favorisiert. In schwierigen Einzelfällen kann von dieser Regel Abstand genommen und eine Einzelförderung durchgeführt werden. Die Notwendigkeit einer solchen Einzelförderung ergibt sich aus den Förderbedürfnissen des Kindes heraus. So kann beispielsweise ein Kind mit einer schweren und umfänglichen Sprachentwicklungsstörung und weiteren Defiziten in mehreren Entwicklungsbereichen in der Einzelförderung beim Logopäden und im Kindergarten gefördert werden (vgl. Abb. 35).

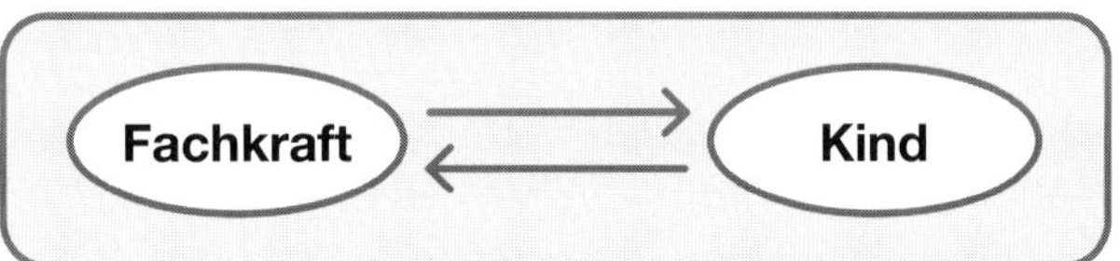

Abb. 35

Dies trifft in gleichem Maße auch für ein aggressives und hyperaktives Kind zu, dass nur sehr schwer in eine Gruppe zu integrieren ist. Die Einzelförderung sollte jedoch nicht grundsätzlich beibehalten werden. Es sollte der versuch unternommen werden, pädagogisch geschickt und sehr behutsam die Integration in die Kleingruppe vorzubereiten und zu realisieren.

Sozialformen/Sitzordnung

Als Sozialformen kommen folgende Formen in Frage:

- Einzelarbeit,
- Partnerarbeit,
- Gruppenarbeit,
- Frontalunterricht,
- Moderation im Plenum,
- Projekte: Tagesprojekte, Miniprojekte, Wochenprojekte.

Die Fachkräfte können in ➡ **KV 11** (»Sitzplan 5er-Gruppe«), ➡ **KV 12** (»Sitzplan 6er-Gruppe«) und ➡ **KV 13** (»Sitzplan 7er-Gruppe«) die Kinder mit ihrem Vornamen eintragen und zu ihren Unterlagen abheften.

Abb. 36

Lernmethoden/Arbeitstechniken

Als Lernmethoden bzw. Arbeitstechniken können eingesetzt werden:

- Impulsreferat von 3 bis 5 Minuten,
- Brainstorming zu Beginn eines Projektes,
- Mindmap an der Tafel,
- Megaplantechnik,
- Sprechübungen mit Hörkontrolle,
- Videografieren,
- Einsatz von Handzeichen und Gebärden.

Präsentationstechniken

Folgende Präsentationstechniken können mit den Kindern im Kindergarten und den Schülern in der Grundschule eingeübt werden:

- Skizze an der Tafel,
- Zeichnung auf der Tapetenrolle,
- Flipchart,
- PowerPoint (z.B. Demonstration eines Elfchens),
- Aufnahme mit dem Kassettenrekorder (z.B. Hörspaziergang).

Gruppengröße

Ein wichtiger Eckpfeiler der Förderung ist die angenehme und vertrauensvoll Atmosphäre, d.h. ein kommunikatives Klima zu allen Tageszeiten und nicht nur in bestimmten Fördersituationen. Die Gruppengröße sollte sich um fünf Kinder bewegen, sie sollte die Zahl sieben auf keinen Fall überschreiten. In der Kleingruppe kann sich die pädagogische Fachkraft auf wenige Kinder kon-

zentrieren und ihre sprachliche Vorbildfunktion besser überschauen und in den Griff bekommen als in der Hektik der Großgruppe. Die Erzieherin/Lehrerin kann die Kinder besser in den verschiedenen Sprechsituationen beobachten und auch einschätzen (vgl. ➜ **KV 11** »Sitzplan 5er-Gruppe«, ➜ **KV 12** »Sitzplan 6er-Gruppe« und ➜ **KV 13** »Sitzplan 7er-Gruppe«).

Hier haben insbesondere sprachlich gehemmte und sozial zurückhaltende Kinder eher die Chance, sich sprachlich einzubringen, an Dialogen und Gesprächen teilnehmen zu können. Gerade die jüngeren und zugewanderte Kinder brauchen einen überschaubaren Rahmen in organisatorischer und thematischer Hinsicht. Die Orientierung am einzelnen Kind und eine individuelle Förderung einzelner Kinder sollten ebenfalls in der Kleingruppe gut möglich sein, weil hier bessere Möglichkeiten der Differenzierung und gegenseitigen Hilfe möglich sind.

Anhand der Sitzpläne (KV 11, KV 12 und KV 13) kann die pädagogische Fachkraft dokumentieren, welche Nachbarn sich die Kinder der Fördergruppe über einen längeren Zeitraum (mehrere Wochen und Monate) aussuchen. Wenn es dennoch zu sozialen Spannungen und Konflikten zwischen einzelnen Tischnachbarn kommt, muss die Fachkraft die Sitzordnung so verändern, dass sich wieder eine angenehme und vertrauensvolle Gesprächsatmosphäre entwickeln kann. So ist z.B. darauf zu achten, dass Linkshänder und Rechtshänder sich beim Schreiben nicht gegenseitig stören. Der Rechtshänder sollte nicht links von einem Linkshänder sitzen. Die hier vorgeschlagene Sitzordnung im Halbkreis kann aber auch jederzeit in eine hufeisenförmige Sitzordnung als U-Form oder in eine Kreisform umgewandelt werden. Hier entscheidet die pädagogische Fachkraft je nach den situativen Bedürfnissen und sozialen Erfordernissen.

5. Mut zu neuen Themen

Bei der Auswahl der Themen und Inhalte der Sprachförderung müssen wir zum einen die aktuelle Lebenswelt und persönlichen Lebenslagen der Kinder und zum anderen die Neigungen und Interessen der Kinder berücksichtigen. Hierzu bedarf es immer wieder neuer Kompromisse.

Sprachförderung für alle!

Sprachförderung kann nicht nur für die schwächeren Kinder angeboten werden, auch die durchschnittlich und sprachlich besser begabten Kinder müssen in der Kindertagesstätte und in der Grundschule entsprechend ihren Möglichkeiten gefördert werden. Es ist wichtig, dass wir auf Grund der durchgeführten Beobachtungen und Einschätzung hoch begabte Kinder früh erkennen und fördern. Hoch begabte Kinder werden allein schon dadurch in ihren sprachlichen Kompetenzen gestärkt, wenn sie bestimmte Begriffe, komplexe Sachverhalte und schwierige Zusammenhänge in ihrer Kleingruppe erklären und besprechen. Hier müssen das gesamte Team des Kindergartens und das Kollegium einer Grundschule künftig einen neuen Schwerpunkt in der Sprachförderung erkennen und setzen. Wir müssen den Anspruch bei der Sprache und beim Sprechen steigern und daher auch anspruchsvolle Themen anbieten, wie z.B. »Wer waren Goethe und Schiller?« (Schillerjahr!) und »Wer war der bekannte Mann namens Einstein?« (Einstein-Jahr!).

Inhalte und Themen

Aus der Sprachheilpädagogik wissen wir, dass eine räumliche isolierte Einzelförderung, die thematisch von der Großgruppe abgekoppelt ist, zu einem Bruch führt. Die Kinder sprechen in der Einzelförderung eine von ihnen erwartete Übungssprache, die sie im Alltag nicht als Spontansprache übernehmen. Den Transfer von der Übungssprache in die Spontansprache schaffen die Kinder nicht. Daher scheint eine inhaltliche Themenorientierung über einen längeren Zeitraum (mehrere Wochen) für die gesamte Gruppe eine richtige Konsequenz. Die angebotenen Inhalte der Förderung sollten sich daran orientieren, was Kinder benötigen, um in alltäglichen Situationen in der Familie, in der Freizeit am Nachmittag, im Kindergarten oder in der Schule sprachlich handeln zu können. Die Sprache und das Sprechen sind Werkzeuge der Kinder zum Denken und zum Handeln.

Die Themenorientierung unterstützt das sprachliche Lernen durch sinnvolle inhaltliche Zusammenhänge. Das Thema stellt als Kontext eine inhaltliche »Rahmung« dar, und zu diesem Thema werden Lieder, Verse, Reime, Gedichte, Tänze und Geschichten angeboten. Eine so verstandene themenorientierte sprachliche Förderung und Bildung bieten dem Kind auch eine Vielzahl von Orientierungshilfen. Es kann sich mit allen Kindern über dieses Thema auseinander setzen, es kann Fragen formulieren, Antworten geben und sich interaktiv in diesem Thema bewegen. Bei der Auswahl der Themen ist darauf zu achten, dass die Themen aus der unmittelbaren Lebenswelt der Kinder entnommen werden. So können die Kinder intuitives Wissen und Vorerfahrungen einbringen. Im Übrigen können wir in vielen Fällen davon ausgehen, dass die Kinder mehr Wissen über bestimmte Themen haben, als wir annehmen.

Bestimmte vorgegebene und geplante Themen – das können jahreszeitlich orientierte, aus der Lebenswelt der Kinder entnommene, aber auch religiös ausgerichtete Themen sein – bilden die Grundlage der Sprachförderung in der gesamten Kindergartengruppe oder Schulklasse. Die Themen sollten sich an der realen Lebenswelt der Kinder orientieren. Wir brauchen Mut und innovativen Geist, um bisher nicht in der Sprachförderung eingesetzte Themen sprachlich aufzuarbeiten und zu behandeln.

Hierzu zählen – positiv oder negativ empfundene – Ereignisse im Alltag der Kinder wie die Fußballweltmeisterschaft oder die Olympischen Spiele, aber auch Unfälle, Krankheiten, kriegerische Auseinandersetzungen, Epidemien wie die Vogelgrippe oder Naturkatastrophen. Im Folgenden Orientierungsplan (S. 73) werden einige Themenbereiche aufgeführt, die im Alltag der Kinder eine Rolle spielen.

Die Bearbeitung dieser Themen sollte in Projekten durchgeführt werden. So können sich die Kinder mehrere Tage und Wochen mit einem bestimmten Thema beschäftigen. Das Thema dient als Kontext und Grundlage für die sprachliche Auseinandersetzung mit den oben genannten Themenfeldern. Hier gibt es keinen Anspruch auf Vollständigkeit und keine Hierarchie. Die Themen werden nach zeitlicher Notwendigkeit und lokaler Aktualität behandelt. In einer übersichtlichen Darstellung werden die Themen, Inhalte und Projekte

Orientierungsplan der Themen- und Lernfelder

- Das bin ich (mein Körper, meine Familie, unsere Wohnung …);
- Ich und du (meine Eltern, meine Geschwister, meine Freunde im Kindergarten oder in der Schule …);
- Etikette (Umgangsformen, feine Sitte, Zauberwörter wie Entschuldigung, bitte, danke …);
- aktuelle Themen (Vogelgrippe in China, Tsunami-Katastrophe in Indonesien, Hurrican in den USA …);
- Kleidung (Berufe wie Bäcker oder Schornsteinfeger, Urlaub in den Bergen oder am Meer, bei Festen …);
- Essen und Trinken (zu Hause, im Restaurant, bei Festen …);
- Orientierung durch Zeit und Räume (Stunde, Tage, Monate, Jahreszeiten …);
- Feste und Feiern im Jahr (Geburtstag, Kindergartenfest, Weihnachten …);
- übergeordnet für alle Themen wichtig: Zählen, orientieren, Farben kennen usw.;
- weltweite Sportereignisse (Olympia, Fußball-WM …);
- Verkehrsmöglichkeiten (Schulbus, Bahn, Flugzeug, Auto …);
- wichtige Hilfseinrichtungen (Polizei, Feuerwehr, Notarzt, Krankenwagen …);
- Deutschland – das Land der Dichter, Denker und Erfinder (Schiller, Goethe, Einstein …).

über das ganze Jahre als Jahresplan hinweg verteilt. Dabei bieten die Förderleitbilder der Fitness-Probe von Günther (2003) weitere nützliche Hilfestellungen bei der Auswahl geeigneter Inhalte der Sprachförderung (vgl. Abb. 37).

Inhaltliche Schwerpunkte

1. Interaktion
Lebendige und multiple Interaktionen

2. Verstehen
Symbolfähigkeit und Sprachverstehen

3. Körpersprache
Körpersprache und Prosodie

4. Sprache
Sprache und Sprechen

5. Fantasie
Fantasie und Sprachwitz

6. Literalität
Literale Erfahrungen und Literalität

7. Sprachbewusstsein
Sprachbewusstsein und phonologische Bewusstheit

Abb. 37

Die nonverbale Kommunikation und die Körpersignale werden in der Sprachförderung meistens zu kurz behandelt. Daher empfiehlt es sich, die nichtsprachlichen Anteile über die Stimme stärker zu berücksichtigen (vgl. Abb. 38).

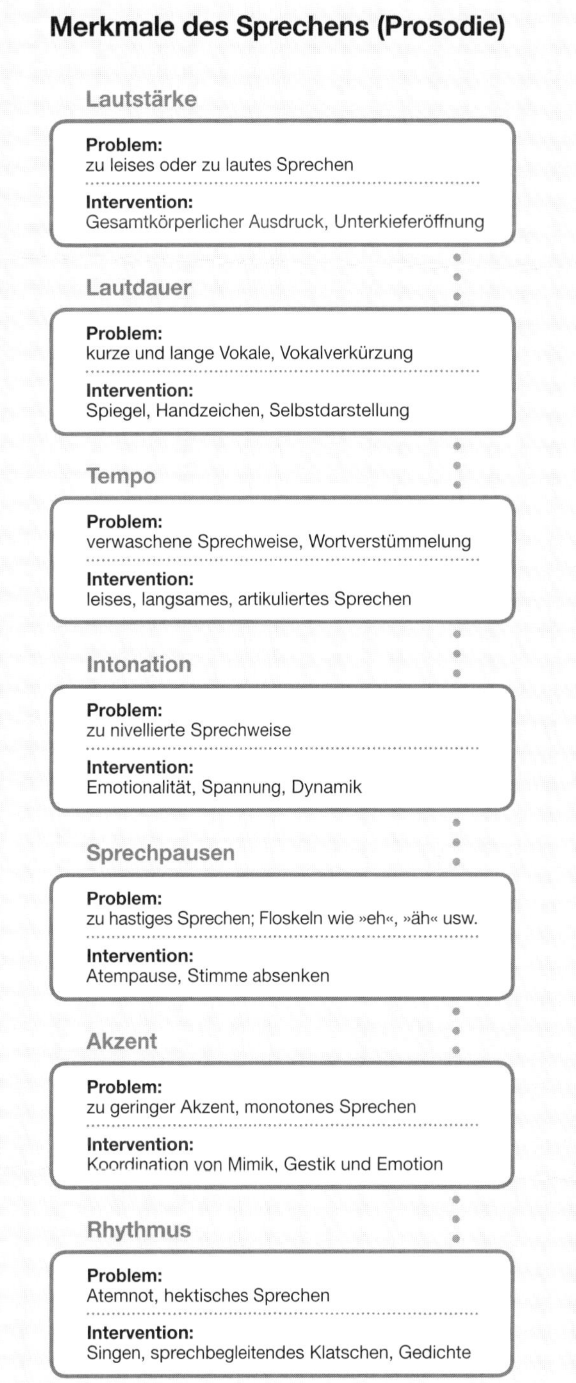

Abb. 38

73

6. Planungshilfen zur Sprachförderung

Die Sprachförderung kommt nun konkret in die letzte Phase der pädagogischen Planung der Förderung. In einem kurzen Brainstorming der Fachkraft sollen zunächst einige Voraussetzungen kurz noch einmal überdacht und dokumentiert werden (siehe hierzu ➡ **KV 14** »Förderdreieck«).

Im Folgenden kann sich die Fachkraft bei den weiteren Überlegungen zur Planung und Durchführung der Fördereinheit auf ein vereinfachtes Stufenmodell stützen (siehe hierzu ➡ **OH 05** »Grundmodell der Sprachförderung«). In dieser Arbeitshilfe können die einzelnen Intervalle der Förderung kurz beschrieben werden.

Als eine Weiterführung bzw. als eine Alternative können nun die folgenden Kopiervorlagen zur Planung und Durchführung der Sprachförderung eingesetzt werden (siehe ➡ **KV 15** »Aufbau einer Förderstunde«).

Im weiteren Verlauf der konkreten Planungsphase können die KV 16 (»Dokumentation einer Fördereinheit«), die KV 17 (»Fördereinheit zum Thema ›Vorlesen‹«), die KV 18 (»Fördereinheit zum Thema ›Phonologische Bewusstheit‹«) und die KV 19 (»Fördereinheit zum Thema ›Sprache verstehen‹«) als Anregungen herangezogen werden.

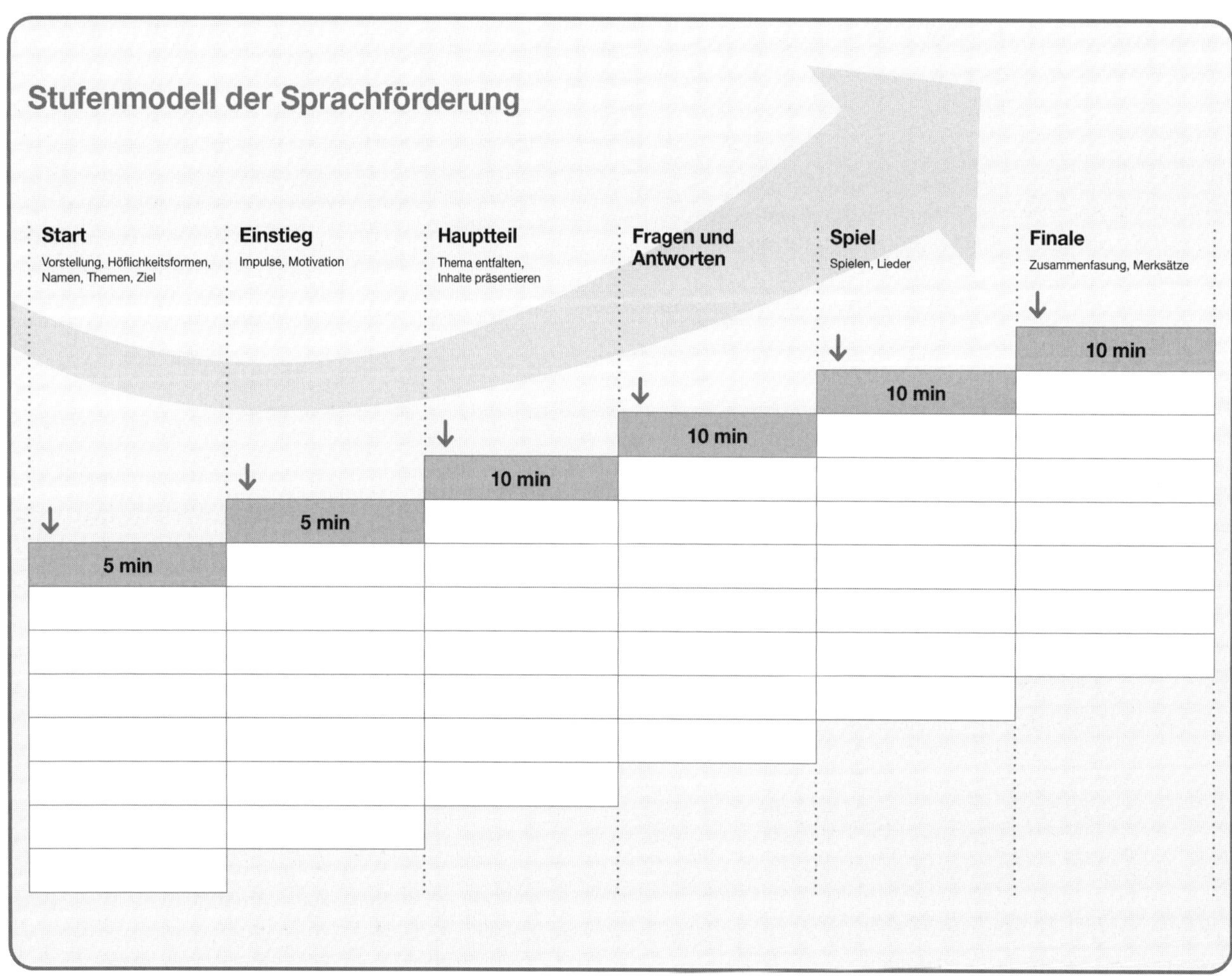

Abb. 39: OH 05 (Stufenmodell der Sprachförderung)

7. Beispiele von Fördereinheiten

Die Sprachförderung kann sich je nach den Förderbedürfnissen des Kindes auf unterschiedliche Themen einlassen und bestimmte Förderschwerpunkte in den Mittelpunkt rücken. Die Themen sollten der unmittelbaren Lebenswelt des Kindes entnommen werden; im weiteren Verlauf können aber immer abstraktere und anspruchsvollere Themen und Inhalte ausgewählt werden. Wir sollten die Kinder nicht permanent unterfordern. Ein erfolgreicher Lernvorgang beim Kind setzt voraus, dass die gestellten Anforderungen ein wenig über dem sprachlichen und kognitiven Niveau des Kindes liegen, das es gerade noch so schaffen kann. Wir sprechen hier von einer dosierten Diskrepanz zwischen dem, was das Kind bereits kann und was aus ihm noch »herauszuholen« ist. Wir sollten die zur Verfügung stehenden Potenziale des Kindes erkennen, ausloten und die Kinder entsprechend ihren Möglichkeiten fördern. Kinder sind im Allgemeinen wissbegieriger und schlauer als wir Erwachsene annehmen und vermuten. Trauen wir den Kindern einfach mehr zu!

Im Folgenden werden einige durchgeführte Förderbeispiele zum Ausprobieren angeboten.

1. Beispiel:
Hören einer Geschichte

1. Phase: *Begrüßung im Stehen* (ca. 5 Min.). Persönliche Begrüßung der Kinder mit Handschlag, Blickkontakt und Ansprechen mit dem Vornamen. Es folgt ein kurzes Gespräch über aktuelle Ereignisse oder persönliches Wohlergehen des Kindes. Diese Gespräche sollten als Rituale immer wiederkehren.
2. Phase: *Kennlernspiele in der Gruppe* (ca. 10 Min.). Spiele zum Kennen lernen oder zur Festigung der sozialen Kontakte untereinander. Hier bieten sich Kennenlernspiele wie »Hänschen, piep einmal«, »Mein rechter, rechter Platz ist frei« oder »Das Telefonfräulein« an.
3. Phase: *Erstes Hören als Globalhören im Sitzkreis* (ca. 10 Min.). Die Kinder sitzen im Kreis und sie hören eine spannende Geschichte, einen Hörkrimi, Auszüge aus einem spannenden Hörspiel oder ein Märchen. Anschließend können spontane Äußerungen der Kinder zum Inhalt, zu einzelnen Geräuschen und Liedern aufgenommen werden.

4. Phase: *Zweites Hören als Detailhören im Sitzkreis* (ca. 10 Min.). Nach dem zweiten Hören werden unbekannte Begriffe erklärt. Dabei sollen alle Sinne angesprochen werden. Die Klärung der Begriffe erfolgt über Geräusche, Töne, Klänge, Mimik, Gestik, Pantomime, Bilder, Modelle und Skizzen. Nach dieser so genannten Semantisicrung durch die Fachkraft sollte sich eine Re-Semantisierung durch die Kinder anschließen. Die Kinder sollen sprachlich ohne fremde Hilfe die einzelnen Begriffe und schwierigen Wörter noch einmal erklären.
5. Phase: *Zusammenfassung im Stehen* (ca. 5 Min.). Die Kinder sollen das Wesentliche noch einmal sprachlich zusammentragen und in der Gruppe formulieren und vortragen. Diese Zusammenfassungen der Kinder sollten mit dem Kassettenrekorder aufgenommen werden. Danach wird der Vortrag des Kindes noch einmal vorgespielt und von allen Kindern abgehört. Jetzt sollten Bewertungen des Vortrags und mögliche sprachliche Alternativen und Korrekturen folgen.

2. Beispiel: Musikmalen

1. Phase: *Vorbereitung* (5 Min.). Die Kinder stellen ihre Tische in den Halbkreis. Danach befestigen sie das Zeichenpapier (Tapetenrolle) auf den Tischen und legen die Stifte (Wachsmalstifte, Filzstifte) bereit. Der Kassettenrekorder bzw. der CD-Player ist funktionsbereit. Für das Musikmalen eignen sich klassische Musik von Mozart, Strauß und Haydn oder aktuelle Instrumentalmusik.
2. Phase: *Hören* (2 bis 3 Min.). Die Kinder sitzen im Halbkreis um den Kassettenrekorder bzw. CD-Player und hören aufmerksam der Musik zu.
3. Phase: *Darstellung* (5 Min.). Die Kinder hören die Musik jetzt ein zweites Mal und sollen nun, in Gedanken versunken, die Musik nachmalen, mit den Händen die Musik in die Luft malen und sich nach der Musik still im Raum bewegen, ohne andere anzustoßen.
4. Phase: *Malen* (10 Min.). Die Kinder sitzen im Halbkreis und Hören zum dritten Mal die Musik.

Sie können sich dann nach und nach an ihre Tische begeben und im Stehen oder im Sitzen die gehörte Musik aufzeichnen bzw. nachmalen. Die Kinder beenden ihr Malen zu unterschiedlichen Zeiten.

5. Phase: *Präsentation* (5 bis 10 Min.). Die Kinder hängen ihre Gemälde an einer Wäscheleine oder an der Wand auf. Sie schauen sich jetzt alle Zeichnungen an und dürfen sich spontan zu ihren eigenen, aber auch zu den Zeichnungen der anderen Kinder äußern.

3. Beispiel: Vorlesen/Lesen

In der Praxis im Kindergarten und in der Schule könnte man folgendes Vorgehen planen und in folgenden Phasen umsetzen: Die zeitlichen Angaben sind flexibel zu handhaben, je nach Konzentrationsfähigkeit und Lebensalter der zu fördernden Kinder. Die 45-Minuten-Einheit steht nicht mehr im Vordergrund.

1. Phase: *Ritual Lesen* (5 Min.). Tägliches Lesen im Sinne eines Rituals (ca. 5 bis 10 Minuten) zu Beginn der Fördereinheit. Die Kinder können sich ihren Lesestoff mitbringen oder aus der Leseecke aussuchen. Damit soll den Kindern die Bedeutung des Lesens deutlich werden.

2. Phase: *Input* (10 Min.). Vorlesen eines Textes (Geschichte, Erzählung, Märchen) durch die Fachkraft. Bei längeren und komplexen Texten sollte der Test mehrfach vorgelesen werden. Im Anschluss daran sollten erste Spontanäußerungen der Kinder gesammelt werden. Hier geht es um erste Versuche der Interpretation, der persönlichen Stellungnahme, der Bewertung durch die Kinder, aber auch um kritische Bemerkungen zum Gehörten.

3. Phase: *Semantisierung* (10 Min.). Danach sollte die sprachliche Klärung unbekannter Begriffe, schwieriger Zusammenhänge, komplexer Wechselwirkungen und von Teilzusammenfassungen erfolgen. Hier steht die kognitive und sinnerfassende Dimension im Vordergrund, d.h. die inhaltliche Beschäftigung und Auseinandersetzung mit dem gehörten Text.

4. Phase: *Übung und Anwendung* (10 Min.). Jetzt wird der Text entweder durch lesefähige Kinder gelesen oder eben noch einmal von der Fachkraft vorgetragen. Dabei können auch die Aussprache, die Betonung bestimmter Begriffe und Satzteile und die Sprachmelodie geübt werden.

5. Phase: *Gestaltung und Vertiefung* (15 Min.). Die Eindrücke der Kinder können jetzt durch entsprechende Ausdrucksmöglichkeiten dargestellt und vertieft werden. Durch die Übertragung des Textes auf andere Modalitätsstufen, wie z.B. die Einbindung in die musischen Bereiche, wird die Beschäftigung des Textes durch die Kinder weitergeführt. Hier können jetzt die persönlichen Interessen und Neigungen der Kinder berücksichtigt werden: Kinder malen ein Bild, stellen einen Sachverhalt pantomimisch dar, tanzen oder schreiben.

6. Phase: *Zusammenfassung* (5 Min.). Die Kinder sollen den Text noch einmal sprachlich zusammenfassen und die wesentlichen Lernergebnisse kurz vortragen.

8. Bewertung durch die Kinder

Die Kinder sollen sehr früh an die Bewertung und Beurteilung der eigenen Fähigkeiten und Fertigkeiten herangeführt werden. Sie sollen die eigenen sprachlichen Äußerungen mit dem Kassettenrekorder aufnehmen und immer wieder abhören. Durch dieses Anhören schulen sie die Fähigkeit, die eigenen sprachlichen Produkte zu analysieren und zu beurteilen. Die so genannte Hörkontrolle wird geschult und verbessert, und das Sprachgefühl für die Muttersprache entwickelt sich zusehends. Die Kinder sollen einzelne Anforderungen und Aufgabenstellungen der Sprachförderung bewerten. Dazu können die Kopiervorlagen → KV 19 und → KV 20 von der Fachkraft im Anschluss an die durchgeführte Fördereinheit eingesetzt werden.

Die Kinder sollen durch diese ersten Bewertungsversuche in der Wahrnehmung ihrer eigenen Fähigkeiten und Fertigkeiten gefördert werden. Sie sollen nach und nach selbst feststellen, ob sie etwas dazugelernt haben. Die bewusste Wahrnehmung von Lernzuwachs und Lernerfolg steht hier im Mittelpunkt der Förderung der Kinder. Diese Art der Selbstbewertung von Lernzuwachs durch die Kinder mündet ein in die künftige Arbeit mit dem Sprachenportfolio. Das Portfolio ist ein taugliches Instrument, um sprachliche Kompetenz zu dokumentieren. Durch die Selbstbewertung machen sich die Kinder ihre persönlichen Lernstile und individuellen Lernstrategien bewusst. Das selbst verursachte Lernen wird dadurch gefördert. Die Kinder sollen erfahren, dass sie selbst Verursacher von Lernprozessen sind. Die pädagogische Fachkraft kann dies unterstützen, indem sie regelmäßig Gespräche mit den Kindern über Ergebnisse ihrer sprachlichen Entwicklung führt.

Bewertungsbogen 1

Name des Kindes: Datum:

Aufgabe	☺	☹
1		
2		
3		
4		
5		

Die Kinder werden von der Fachkraft angehalten, einzelne Aufgaben der Förderung im Nachhinein zu bewerten. Wenn ihnen die Aufgabe gefallen hat, machen Sie ein lachendes Gesicht und kreuzen selbst in der entsprechenden Spalte an! Hat ihnen die Aufgabe nicht gefallen, dann sollen sie ein Kreuz in der Spalte des traurigen Smilies machen.

Bewertungsbogen 2

Eintragen der Pfeile nach oben (positive Entwicklung), waagerecht (Stagnation) und nach unten (negative Entwicklung durch die pädagogische Fachkraft.

Sieben Beobachtungsaspeke der Fittness-Probe

	↗	→	↘
Sprachgedächtnis	○	○	○
Auditive Wahrnehmung	○	○	○
Sprachverstehen	○	○	○
Aussprache einzelner Wörter	○	○	○
Konstruieren von Sätzen	○	○	○
Phonologische Bewusstheit	○	○	○

Malen/Schreiben

Der 4. Beobachtungsaspekt der Fitness-Probe »Malen/Schreiben« kann durch die Pfeile nur unzureichend bewertet werden. Von daher sollte die Fachkraft die Beobachtungen kurz handschriftlich notieren:

Trägt eine Brille

Kritzelt von links nach rechts

Schreibt einzelne Buchstaben richtig

Schreibt einzelne Wörter korrekt

Hat den korrekten Dreifingergriff

Schreibt rechts

Abb. 40: Bewertungsbogen KV 20
Die Kinder können mit den Smilies anzeigen, ob ihnen die einzelnen Aufgaben gefallen haben

Abb. 41: Bewertungsbogen KV 21
Die pädagogischen Fachkräfte können die Pfeile markieren und damit anzeigen, welche Aufgaben bewältigt wurden

9. Entwicklungs- und Bildungsmappe

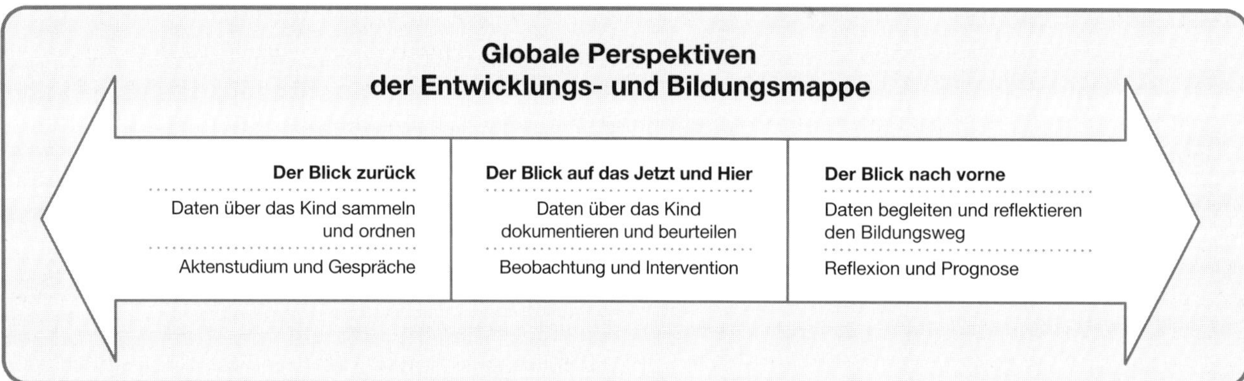

Abb. 42

Die Entwicklungs- und Bildungsmappe dient als Sammlung von Daten und Informationen über das Kind (vgl. Abb. 42). Die Bildungsbiografie des Kindes beginnt mit der Geburt und dauert ein ganzes Leben lang an. Bildung bedeutet einerseits die Kräftigung der inneren Kräfte des Kindes und andererseits den Erwerb von Schlüsselqualifikationen für die Übernahme von Rollen und Positionen in der Gesellschaft. Die Entwicklungs- und Bildungsmappe enthält eine Sammlung aller für das Kind relevanten Entwicklungsdaten und Bildungsfakten. Die Entwicklungs- und Bildungsmappe wird dem Kind bzw. den Eltern oder Erziehungsberechtigten mit dem Eintritt in den Kindergarten ausgehändigt. Die Eltern und die Fachkräfte können hier wichtige Informationen einheften und mit neuen Daten ergänzen. Später soll diese Entwicklungs- und Bildungsmappe von der aufnehmenden Grundschule weitergeführt werden. In der Entwicklungs- und Bildungsmappe sollten Daten zu folgenden Bereichen aufgenommen werden:

1. Allgemeine Daten zur Person
1.1 vorhandene Daten
1.2 selbst erhobene Daten
1.3 aktuelles Problem

2. Schwangerschaft und Geburtsverlauf
2.1 Komplikationen
2.2 Erkrankungen, Allergien
2.3 Klinikaufenthalte

3. Familiensituation
3.1 gegenwärtige familiäre Lebensumwelt
3.2 Außenkontakte
3.3 Freunde, Bekannte, Verwandte, Nachbarschaft und Wohngegend
3.4 Bedingungen bei ausländischer Herkunft
3.5 Interessen, Fähigkeiten und Auffälligkeiten
3.6 erkennbare Auffälligkeiten in bestimmten Entwicklungsbereichen
3.7 Persönlichkeit des Kindes: z.B. introvertiert versus extrovertiert; impulsiv versus reflexiv

4. Kindergarten
4.1 Eingewöhnung in die Gruppe
4.2 soziale Kontakte und Beziehungen in der Gruppe und außerhalb
4.3 Vorsorgeuntersuchungen und Gesundheit
4.4 besondere Talente und Begabungen im musischen oder künstlerischen Bereich

5. Schule
5.1 Übergang vom Kindergarten in die Grundschule
5.2 soziales Einzugsgebiet
5.1 schulische Lebensumwelt: die ersten Tage und Wochen
5.3 Probleme im Anfangsunterricht
5.4 Gestaltung der Freizeit und Vereine

Praktischer Hinweis: Die Erzieherin/Lehrerin sollte ab dem ersten Tage der Betreuung und Förderung des Kindes einen Ordner mit dem Namen und dem Geburtsdatum anlegen und damit auch das formale Entstehen einer Entwicklungs- und Bildungsmappe für das Kind und die Eltern nach außen hin dokumentieren.

10. Grundsätzliches zur Elternarbeit

Eltern sind gleichberechtigte Partner

Eltern sind gleichberechtigte Verbündete und Partner in Sachen Erziehung, Bildung und Lernen. Die Experten – Erzieherinnen und Lehrerinnen – sind Profis in Sachen Pädagogik und müssen mit den Eltern kooperieren. Hier gilt es, Vorurteile abzubauen wie »Die kommen ja doch nie zum Elternabend« oder »Die haben kein Interesse an unserer Arbeit«.

Die Eltern als die natürlichen und primären Bezugspersonen haben das natürliche Recht auf Erziehung und Pflege ihrer Kinder. Etliche Eltern kommen allerdings dieser Verpflichtung nicht nach; dies führt dann zur Verwahrlosung der Kinder oder, wie wir in den Medien gehört und gesehen haben, zum Tod. Eltern sind aber auch die ersten Spezialisten, die sich in Sachen Erziehung und Bildung mit dem Kind beschäftigen. Sie kennen ihr Kind bestens, und nicht selten verhalten sie sich in den Kindertagesstätten und im Unterricht der Schulen anders als in den Familien. Allein schon daraus ergibt sich die sachliche Notwendigkeit, dass Kindergärten und Grundschulen mit den Eltern zusammenarbeiten. Dabei sollten die pädagogischen Fachkräfte darauf achten, dass sie den pädagogischen Nerv der Zeit treffen und die Eltern mit ins Boot nehmen. Wir müssen die Eltern mitnehmen und ihnen zu verstehen geben, dass es nur gemeinsam gelingen kann, die Sprache und das Sprechen der Kinder zu fördern. Für eine offene Partnerschaft sind einige Voraussetzungen zwingend erforderlich:

Eltern in Augenhöhe begegnen

Zunächst sollten wir die bisherige Arbeit der Eltern anerkennen, ihre bisherige Erziehungsarbeit anerkennen und schätzen und ihr Lebensmodell mit den Grundhaltungen akzeptieren. Oberlehrerhaft wirkende Hinweise im Sinne einer schulischen Beratung mit Bohnerwachsmief schrecken die Eltern vor einer Kooperation ab. Wir müssen die täglichen Probleme der Kinder und die aktuellen privaten Bedürfnisse der Eltern analysieren, die zuweilen in wirtschaftlichen, finanziellen, beruflichen und sprachlichen Problemen versinken. Oft befinden sich Eltern in dramatischen Notlagen, doch die Fachkräfte kommen an diese Problemzonen einfach nicht heran. Die Eltern müssen spüren, dass wir uns als Fachkräfte mit ihnen auf die gleiche Stufe stellen und sie

nicht von oben herab betrachten. Gewinnen die Eltern Vertrauen, dann werden sie sich von innen heraus öffnen, und eine Partnerschaft in Sachen Erziehung und Bildung kann beginnen.

Sprachwelt der Eltern

Eine genaue Kenntnis der familiären Situation allgemein und speziell die aktuelle Sprachsituation sind wichtig, um weitere Überlegungen der gegenseitigen Hilfe folgen zu lassen. Sprechen die Eltern ausschließlich oder weitgehend Mundart oder eine dialektgefärbte Umgangssprache, dann fehlen geeignete Sprachvorbilder, um sich relativ früh die Standardsprache anzueignen. In vielen Familien erleben wir zuweilen einen permanenten Wechsel bei der Sprache der Eltern, d.h.n in manchen Situationen sprechen sie Dialekt, in anderen wiederum Hochdeutsch. Verschiedene Instrumente eignen sich:

- das Aufnahmegespräch bei der Anmeldung,
- der Türangelgespräch beim Bringen oder Abholen des Kindes,
- das geplante Gespräch in der wöchentlichen Sprechstunde,
- zuweilen eignet sich auch der angekündigte und von allen gewollte Hausbesuch,
- Gespräche mit dem Schulpsychologen, dem Jugendamt oder anderen Einrichtungen, die mit der Familie in Kontakt stehen.

Es ist jedoch für die Fachkraft wichtig, die familiären Sprachwelten zu kennen, damit möglicherweise Eltern informiert und beraten werden können.

Über die Arbeit sachlich informieren

Es gehört zu den vornehmsten Aufgaben der vorschulischen und schulischen Förderung, die Eltern eingehend und umfassend über die Arbeit in den Kindertagesstätten und in den Grundschulen sachlich zu informieren. Das klassische Modell »Elternabend« stellt dabei nicht immer die geeignete Form dar. Wir müssen nach neuen und alternativen Formen suchen, die eine zeitliche Flexibilität aufweisen. Die Fachkräfte sollten informieren:

- bei schwierigen und komplexen Verhältnissen, wie z.B. Trennung oder Scheidung einzelner Eltern,
- bei bi- und multikulturellen Gruppen von Eltern, wo eine Verwandte oder Bekannte mitkommt, um das Gesagte in die Muttersprache zu übersetzen,
- auf Elternnachmittagen oder Elternabenden, wo z.B. geplante Feste und Veranstaltungen besprochen und die mögliche Mitarbeit der Eltern diskutiert werden können,
- in kleinen überschaubaren Gesprächsrunden eine kurze Einführung über die bevorstehende und geplante Sprachförderung in den nächsten Wochen und Monaten.

Kompetenzen der Eltern nutzen

Die persönlichen und beruflichen Fähigkeiten der Eltern deutscher und ausländischer Kinder sollten mehr in die Förderung einbezogen werden. Damit übernehmen die Eltern auch konkret und praktisch Verantwortung für die Erziehung und Bildung ihrer Kinder. Gerade bei zugewanderten Familien können wir eine Reihe von lebenspraktischen, kulturellen und sprachlichen Kompetenzen in die Arbeit einbeziehen:

- Eine russische Familie kann in der Einrichtung über Leben, Wohnen und Arbeit in Kasachstan erzählen.
- Eine türkische Familie kann über die Sitten und Bräuche in ihrem Land berichten.
- Eine polnische Familie kann Lieder vorsingen, Tänze vorführen, Spiele vorspielen, Geschichte, Märchen, Mythen und Sagen vorlesen und mit dem Team, den anderen Eltern und den deutschen Kindern darüber sprechen.
- Ein deutscher Opa mit klarer Aussprache in rüstigem Alter kann jeden Monat als Erzählonkel aus früheren Zeiten in der Gruppe die Kinder begeistern.
- Eine nicht berufstätige junge Mutter kann wöchentlich einmal als Lesemama schwächeren Kindern beim Lesen Nachhilfe geben.
- Eine rüstige Rentnerin kann einmal im Monat als Märchentante Märchen vorlesen.

Dadurch bleibt die Wertschätzung und Achtung gegenüber der anderen Sprache und der fremden Kultur, und die zugewanderten Kinder einschließlich der Eltern gewinnen Vertrauen und Zuneigung und sind bereit, ihre Kompetenzen in die pädagogische Arbeit einfließen zu lassen. Die Anerkennung und Beachtung der zugewanderten Eltern und deren Kinder ist ein wichtiger Beitrag zur Entwicklung der kindlichen Identität. Dann werden wir auch die Tür öffnen, damit sich die Eltern mit schriftlichen Texten im Kindergarten und in der Schule beschäftigen, wenn sie nicht verstehen, dann nachfra-

gen, sich erkundigen, um den Text schließlich doch zu verstehen, wie z.B.:

- Einladungen zu Kindergarten- oder Schulfesten,
- Ankündigungen zum Besuch beim Zahnarzt, beim Bäcker oder im Zoo,
- Merkblätter zur Ernährung, Bewegung und Gesunderhaltung der Kinder im Eingangsbereich des Kindergartens,
- die pädagogische Konzeption der Einrichtung und
- Elternbriefe lesen und sich bemühen, diese Texte auch zu verstehen.

Sollen die Eltern ihr Kind verbessern?

Es ist ganz natürlich, dass die Eltern ihrem Kind helfen wollen, seine Sprache zu verbessern. Hierzu einige Tipps:

- Die Eltern sollen sich zunächst darüber freuen, dass das Kind etwas erzählt, etwas zu berichten hat und überhaupt ein Gespräch führt.
- Beim Verbessern besteht oft die Gefahr, dass die Eltern die Aufmerksamkeit auf die Form des Gesagten richten. Somit kann beim Kind der Eindruck entstehen, dass die Botschaft und der Inhalt des Gesagten niemanden so recht interessieren. Das Kind zieht sich allmählich aus solchen Gesprächssituationen zurück, weil es die Kritik am Gesagten nicht länger ertragen will. Es verliert nach und nach die Lust am Sprechen.
- Es ist daher wichtig, dass die Eltern dem Kind zu verstehen geben, dass sie es verstanden haben. Das können Eltern am besten tun, indem sie die sprachlichen Äußerungen richtig wiederholen: Kind: »Da Bibbendipp« – »Ja, das ist ein Lippenstift«.
- Damit versetzen die Eltern das Kind in die Lage, seine eigene Aussprache mit der korrekten Aussprache zu vergleichen. Sprechenlernen geschieht ausschließlich über das Hören korrekter Sprachvorbilder.

Können die Eltern ihr eigenes Sprachverhalten ändern?

Die Eltern sind als primäre Bezugspersonen zunächst die wichtigsten Ansprechpartner und Sprachvorbilder für ihr heranwachsendes Kind. Wenn in der Familie z.B. aus Zeitgründen, wegen familiärer Spannungen und Konflikte und Berufstätigkeit der Eltern wenig gesprochen wird, fehlen dem Kind Zuwendung und sprachliche Impulse. Da die Kinder in den ersten Lebensjahren sehr viel über die Nachahmung lernen (Behaviorismus), kann ein sehr schnelles und undeutliches Sprechen der Eltern die Sprachentwicklung hemmen und eine klare Aussprache erschweren oder gar verhindern. Ein gutes Sprachvorbild der Eltern zeichnet sich aus durch

- eine angenehme Atmosphäre,
- durch Ruhe,
- genügend Zeit,
- Blickkontakt,
- persönliche Zuwendung zum zuhörenden Kind,
- langsames Sprechtempo,
- genügend Atem- und Sprechpausen,
- deutliche und ruhige Aussprache,
- variablen Tonfall und sinnvolle Betonung und
- Wiederholungen.

Wie können wir unser Kind motivieren?

Zunächst sollen wir dem Kind zu erkennen geben, dass es Stärken beim Sprechen, aber auch einige kleinere Probleme hat. Doch die Stärken sind wichtig und überwiegen in der elterlichen Bilanz. Ein ehrlicher und offener Umgang ist eine wichtige Voraussetzung für dauerhafte Motivation. Daher sollen kleinere Erfolge beim Sprechen entsprechend gewürdigt und gelobt werden: »Ah, das hast du aber ganz toll gesagt.« Die beste Motivation ist und bleibt der Erfolg. Für den Erfolg gibt es keinen Ersatz, und eine erfolgreiche Entwicklung der Sprache kann nur über die kindlichen Erfolge laufen. Daher können kleinere Wort- und Sprachspiele, kleine Lieder und Kinderreime sowie einfach zu sprechende Zungenbrecher Wunder bewirken.

81

11. Elternabend zum Thema »Sprachförderung«

Anlass der Einladung

Einige Kinder aus der Gruppe bzw. Klasse werden sprachlich besonders gefördert. Vor Beginn der Sprachförderung findet ein Elternabend statt. Der Elternabend findet im September des neuen Kindergartenjahres bzw. Schuljahres statt. Die Eltern werden persönlich mündlich, telefonisch und auch noch schriftlich eingeladen (siehe hierzu ➜ KV 26 »Elternbrief«). Der Abend beginnt um 19.00 Uhr und endet gegen 21.00 Uhr. Zur Sprachförderung in der heterogenen Kleingruppe sind sieben Kinder eingeladen. Zum Elternabend werden 14 Erziehungsberechtigte erwartet.

Checkliste der Einladung

(Siehe hierzu auch ➜ KV 25 »Checkliste zur Vorbereitung des Elternabends«.)

- Thema des Elternabends;
- Datum;
- Uhrzeit;
- Ort des Elternabends;
- kurze Einführung in das Thema, wie z.B. »Sprachförderung«;
- persönliche Einladung am Vormittag oder per Telefon;
- schriftliche Einladung in einem kurzen Brief.

Eindruck

Die Erziehungsberechtigten sollen an diesem Abend den Eindruck gewinnen, dass sowohl die Väter und Mütter als auch die Kinder gern gesehen sind. Alle werden liebevoll aufgenommen, und es herrscht eine angenehme Atmosphäre. Alle geben sich Mühe, dass die Kinder bestens gefördert werden. Die Fachkräfte wollen, dass die Eltern wieder kommen. Die Anwesenheit einer Übersetzerin aus der Gruppe der Eltern oder deren Bekannten verbessert die Kommunikation mit den Erziehungsberechtigten. So werden auch Hemmungen und Ängste abgebaut.

Allgemeine Hinweise zur Vorbereitung:
- freundlich wirkender Raum;
- angenehme Raumtemperatur;
- Blumen und Bilder;
- Tische/Stühle im Halbkreis;
- Mineralwasser, Tee, Kaffee, Gebäck;
- Namenskarten/Fotos der Kinder;
- Flipchart zum Anschreiben/Tafel;
- Overheadprojektor/Folien;
- Kreide für Schultafel.

Ablaufschema in groben Zügen

1. Begrüßung der Erziehungsberechtigten.
2. Einführung in das Thema Sprachförderung (ca. 10 Min.). Dazu können die folgenden Kopiervorlagen und Folien entsprechend der Thematik ausgesucht und eingesetzt werden:

   ➜ Test für Eltern: Wie fit ist Ihr Kind? (KV 29 – KV 35 / F 01 – F 04)
   ➜ Sprachentwicklung (KV 36 / F 05)
   ➜ Die Entwicklung der Laute (KV 37 / F 06)
   ➜ Alarmsignale (KV 38 / F 07)
   ➜ Sprachstörungen (KV 39 / F 08)
   ➜ Was können Eltern tun? (KV 40 / F 09)
   ➜ Voraussetzungen zum Sprechen (KV 41 / F 10)
   ➜ Standardprogramm für Eltern (KV 42)
   ➜ Zauberwörter (KV 43 / F 11)
   ➜ Sprache macht fit und stark (KV 44 / F12)

3. Anonymes Fallbeispiel vorstellen/Datenschutz berücksichtigen (5 Min.).
4. Gespräch über den vorgestellten Fall (10 Min.).
5. Partner- und Kleingruppenarbeit der Eltern: Wie kann ich die Sprache zu Hause unterstützen? Welche Materialien eignen sich besonders gut?
6. Die Ergebnisse werden im Plenum auf der Flipchart oder an der Tafel vorgestellt (ca. 20 bis 30 Min.).
7. Zusammenfassung der Ergebnisse durch die Fachkraft (5 bis 10. Min). Hier kann das Eltern-Info »Sprache macht fit und stark« den Eltern ausgehändigt werden (vgl hierzu ➜ KV 44).
   So können die Eltern zu Hause noch einmal wichtige Aspekte der Sprachförderung nachlesen und gemeinsam besprechen.
8. Ende des Elternabends und persönliche Verabschiedung der Eltern, wobei die Eltern mit Namen angesprochen werden müssen.

Gespräch mit den Eltern

Das Gespräch mit den Eltern kann im Anschluss an den durchgeführten Elternabend terminiert und entsprechend vorbereitet werden. Sie können die Eltern darauf hinweisen, dass sie alle zur Verfügung stehenden Unterlagen suchen und bei dem Gespräch bereithalten sollten. Das Untersuchungsheft für die Kinder mit den Untersuchungen U 1 bis U 9 beim Kinderarzt, weitere Berichte und Gutachten von Ärzten und Therapeuten usw. Sie haben aber auch die Möglichkeit, den Eltern zur kritischen Reflexion zu Hause entsprechende Unterlagen mitzugeben. Hier eignet sich der Analysebogen ➜ **KV 27** »Sprechen in der Familie«. Die Fachkraft muss nun entscheiden, ob und welche Unterlagen sie den Eltern mitgibt. Wenn die Eltern diese Unterlagen zu Hause in Ruhe gelesen und gemeinsam besprochen und diskutiert haben, kann eine Woche später auf der Grundlage der ausgeteilten Unterlagen ein strukturiertes Anamnesegespräch erfolgen (vgl. »Leitfaden Anamnesegespräch ➜ **KV 28**).

Die Eltern bringen den ausgeteilten »Leitfaden Anamnesegespräch« mit in den Kindergarten bzw. in die Schule. Auf der Grundlage der dort gestellten Fragen und Antworten kann nun ein intensives und zielgerichtetes Gespräch mit den Eltern bzw. den Erziehungsberechtigten geführt werden. In diesem vertrauensvollen Gespräch sollten praktikable Ratschläge und zeitlich ökonomische Hinweise für die Förderung von Sprache und Sprechen innerhalb der Familie und im Elternhaus gegeben werden. Dabei sollen die Eltern jederzeit das Gefühl haben, dass sie ihrem Kind selbst helfen können. Die Hilfe und Unterstützung muss aber auch in der zur Verfügung stehenden Zeit möglich sein. Es darf nicht zu einer zeitlichen Überforderung der Eltern ausarten.

12. Eltern-Info – eine Serie zur Elterninformation

Hier sind die Kopiervorlagen ➔ **KV 29 bis KV 44** und Folien ➔ **F 01 bis F 12** vorbereitet, die am Elternabend zu dem Thema »Sprachförderung« eingesetzt werden können. Die Auswahl der Kopiervorlagen und der einzusetzenden Folien trifft die Fachkraft je nach Themenschwerpunkt des Elternabends bzw. nach den spezifischen und individuellen Förderbedürfnissen und Problemen der Kinder.

Test für Eltern: Wie fit ist Ihr Kind?
(➔ KV 29 – KV 35 / ➔ F 01 – F 04)

Dieser Test ist für die Hand der Eltern bzw. der Erziehungsberechtigten gedacht. Dieser Test dauert pro Kind 15 bis 20 Minuten. Es handelt sich hier um ein sehr einfaches Verfahren, das aus zwei Teilen besteht.

Im Teil 1 geht es um die korrekte Aussprache von Wörtern mit teilweise schwierigen Lauten und Lautverbin-dungen. Hier sollen die Kinder Bilder benennen und die Wörter aussprechen. Die falsch gesprochenen Laute wer-den angekreuzt. Hier sind zwei Bildtafeln vorgesehen (vgl. hierzu KV 30 und KV 31). Die Bilder können ausgemalt, ausgeschnitten und die Wörter auch laut vorgelesen werden.

Im Teil 2 geht es um die Bildung von einfachen Sätzen. Die Kinder sollen sich vier Bilder nacheinander anschauen und danach mündlich beschreiben (vgl. hierzu KV32 und KV 34). Die Eltern sollen dabei auf die grammatikalisch korrekte Bildung der Sätze achten. Die Texte zu den einzelnen Bildern werden auf der jeweils folgenden Kopiervorlage (vgl. hierzu KV 33 und KV 35) mitgeliefert.

Wörter nachsprechen
Die Kinder sollten im Alter von ca. fünf Jahren in der Lage sein, alle Laute und einfachen Wörter der deutschen Sprache deutlich und verständlich aussprechen zu können. Auf dieser Kopiervorlage bzw. Folie sind einige Wörter zu sehen, die die Kinder problemlos aussprechen sollten.

Sätze bilden
Die Kinder sollten an ihrem 5. Geburtstag in der Lage sein, ihre Gedanken, Wünsche und Gefühle in einfachen und kurzen Sätzen darstellen zu können. Mit dieser kleinen Bildergeschichte können wir diese Fähigkeit der Kinder überprüfen.

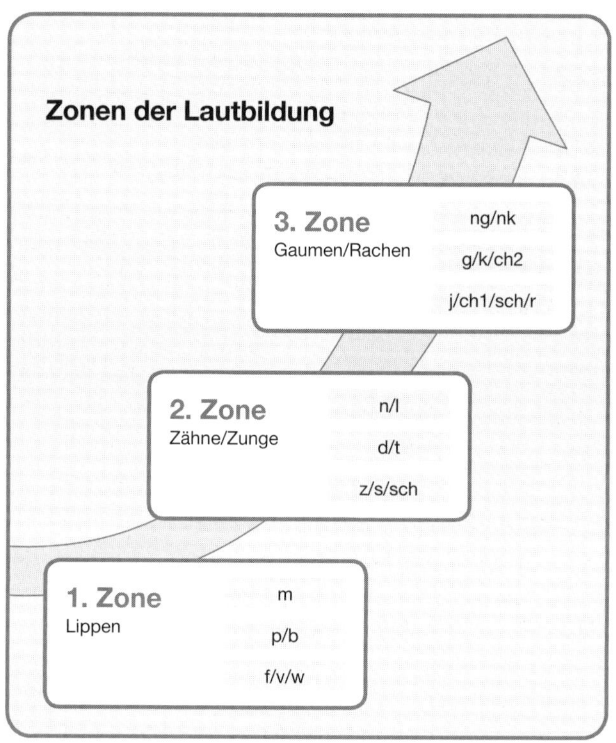

Abb. 50

Eltern-Info 1: Sprachentwicklung
(➔ KV 36 / ➔ F 05)

Die menschliche Sprache entwickelt sich in den ersten Lebensjahren auf sehr natürliche Art und Weise, sehr rasch und zügig. Dabei sind die Bereitschaft zur Sprache und das Interesse des Kindes zum Sprechen angeboren. Das Feuer der Sprache muss jedoch stets neu entfacht werden, damit der Funke in der zwischenmenschlichen Kommunikation auch auf den Gesprächspartner überspringt. Der Erwerb der Muttersprache vollzieht sich in aufeinander folgenden Phasen. Dabei gibt es Kinder, die früher sprechen, und andere, die später sprechen. Was die Geschwindigkeit und das Niveau der Sprachentwicklung angeht, gibt es große individuelle Unterschiede zwischen den Kindern.

Eltern-Info 2: Die zeitliche Entwicklung der Laute beim Kind von 0 bis 6
(➔ KV 37 / ➔ F 06)

Die Entwicklung der einzelnen Laute beim Kind unterliegt von der Geburt bis zur Einschulung bestimmten

Regeln. Da die Laute an einer bestimmten Stelle im Mund gebildet werden, unterscheidet man grundsätzlich verschiedene Gebiete oder Zonen der Lautbildung. In der Fachsprache spricht man von Artikulationszonen oder Artikulationsgebieten (vgl. Abb. 50).

Eltern-Info 3: Alarmsignale
(→ KV 38 / → F 07)

Im Laufe der kindlichen Sprachentwicklung, mit der Geburt beginnend bis zur Einschulung in die Grundschule, gibt es einige Alarmsignale, die als Anzeichen für eine gefährdete Sprachentwicklung zu betrachten sind. Bedenken Sie, dass die sprachliche Entwicklung Ihres Kindes leicht beeinträchtigt werden kann.

Eltern-Info 4: Sprachstörungen
(→ KV 39 / → F 08)

In Kurzform werden die häufigsten Sprachstörungen einfach und verständlich erklärt. Dieser Informationsbogen kann den Eltern vor oder nach einem Beratungsgespräch über Schwierigkeiten beim Sprechen ausgehändigt werden.

Eltern-Info 5: Was können Eltern tun?
(→ KV 40 / → F 09)

Die Eltern erhalten hier einige ausgewählte konkrete Hinweise, um zu Hause mit ihrem Kind sprachliche Übungen durchführen zu können. In einem eingehenden Beratungsgespräch können dann je nach Bedürfnislage weitere Hinweise gegeben werden.

Eltern-Info 6: Voraussetzungen zum Sprechen
(→ KV 41 / → F 10)

Die Eltern sollten vom Kleinkindalter darauf achten, dass die so genannten *Sprechwerkzeuge* wie Zähne, Mund, Lippen, Nasenraum, Kehlkopf, Rachenraum, Zäpfchen usw. intakt sind und funktionieren. Die tägliche Pflege und Beachtung der Hygiene dieser Sprechwerkzeuge ist daher wichtig für die Gesundheit Ihres Kindes. Achten Sie daher besonders darauf!

Eltern-Info 7 : Standardprogramm für Eltern
(→ KV 42)

Im folgenden kurz dargestellten Standardprogramm erhalten die Eltern Tipps und Hinweise für die sprachliche Hilfe und Unterstützung im Elternhaus für Kinder im Alter zwischen drei und sechs Jahren.

13. Sprachliche Höflichkeiten

Die aktuellen Integrationsprobleme von deutschen und zugewanderten Kindern und Jugendlichen sowie die zu-nehmende Gewaltbereitschaft von Schülerinnen und Schülern in den Schulen, wie z.B. in der Rütli-Hauptschule in Berlin und in anderen Großstädten Deutschlands, zwingen uns dazu, über das Zusammen-leben von Menschen aus verschiedenen Kulturkreisen und Sprachgemeinschaften nachzudenken. Natürlich finden wir unterschiedliche Herausforderungen zwischen Schulen in Großstädten mit hohem Migrations-anteil und kleinen Grundschulen in ländlichen Regionen. Dennoch müssen wir festhalten und endlich begreifen, dass die Sprache und das Miteinan-dersprechen in den Mittelpunkt aller schulischen Bemühungen gerückt werden muss. Wenn Menschen tolerant sind, freundlich miteinander umgehen und höflich miteinander sprechen, wird das Zusammenleben erheblich er-leichtert. Unsere Schulen brauchen ein gutes Image und einen guten Ruf. Dann wird in diesen Schulen auch mehr gelernt. Wenn die Kinder eine natürliche Freundlichkeit und Höflichkeit im Alltag, im Kindergarten und in der Schule erfahren und erleben, sind sie eher bereit, Menschen anderer Herkunft zu akzeptieren, zu tolerieren und zu respektieren. Die Kinder sollen bewusster mit der Sprache umgehen und lernen, die Spielregeln des Miteinander-sprechens zu einzuhalten.

Wir sollten künftig mehr Wert legen auf sprachliche Höflichkeiten im Umgang miteinander. Gerade in Zeiten der großen Probleme und Herausforderungen in unserer Gesellschaft ist es wieder an der Zeit, sprachlich fair und anständig mit und untereinander zu kommunizieren. Dadurch können auch die zwischenmenschlichen Beziehungen im Sinne der Kooperation und des Miteinanders verbessert werden.

Die Eltern sollten sich wieder auf bestimmte Formen der Höflichkeit im Umgang miteinander und untereinander besinnen. Im Rahmen der zwischenmenschlichen Kommunikation sind gewisse Formen des Umgangs verloren gegangen oder in Vergessenheit geraten. Zu Hause in der Familie sollten die Eltern verstärkt darauf achten, dass folgende zauberhafte Wörter häufiger im Alltag benutzt und sprachlich eingesetzt werden.

Eltern-Info 8: Zauberwörter
(➜ KV 43 / ➜ F 11)

Nach dem Motto »Was Hänschen nicht lernt, lernt Hans nimmermehr!« ist es wichtig, im Kleinkindalter und im Vorschulalter auf den Gebrauch dieser Wörter und Redewendungen im Sinne des Sprachvorbilds zu achten. Es ist wichtig, dass die Zauberwörter und Redewendungen im Alltag natürlich eingesetzt und gebraucht werden. Eine künstliche Übertriebenheit ist auf jeden Fall zu vermeiden, denn gerade hier ist die Aufrichtigkeit und Ehrlichkeit der Sprache notwendig.

Geeignete Situation sind:
- Beim täglichen Miteinandersprechen auf dem Schulweg, im Bus oder auf dem Schulhof.
- Bei den Mahlzeiten mit den Eltern.
- Trösten, wenn jemand traurig ist.
- Loben, wenn man etwas gut gemacht hat.
- Um Entschuldigung bitten, wenn man einen Fehler gemacht hat.
- Freundlich, mit einem Lächeln und einem Händedruck andere grüßen.

Eltern-Info 9: Sprache macht fit und stark
(➜ KV 44 / ➜ F 12)

Die Eltern sollen wissen, wie wichtig die Sprache und das Sprechen für die persönliche und schulische Entwicklung Ihres Kindes sind. Sie können in kurzer Zeit mit einem kleinen Sprachtest überprüfen, wie Ihr Kind spricht. Weiterhin erhalten die Eltern Hinweise und praktische Tipps, wie sie konkret Ihrem Kind helfen können.

14. Erinnerungen an die eigene Kindheit?

Hier werden einige einfache Beispiele gegeben, die von den Eltern zu Hause als Übung oder im Spiel durchgeführt werden können.

Die Eltern singen ein Lied vor (z.B. »Alle meine Entchen«, »Fuchs, du hast die Gans gestohlen« oder »Hänschen klein«, danach singen sie gemeinsam mit dem Kind oder lassen das Lied nachsingen!

> Auf der Mauer, auf der Lauer
> sitzt ne kleine Wanze.
> Auf der Mauer, auf der Lauer
> sitzt ne kleine Wanze.
> Seht euch mal die Wanze an,
> wie die Wanze tanzen kann!
> Auf der Mauer, auf der Lauer
> sitzt ne kleine Wanze.

> Suse liebe Suse,
> was raschelt im Stroh?
> Die Gänse gehen barfuß
> und haben kein Schuh.

> *Umgewandelt in den Namen des Kindes*:
> Laura, liebe Laura,
> was schreist du denn so?
> Sag es mir doch leise,
> dann klappt es auch so.

> Alle meine Entchen
> schwimmen auf dem See.
> Köpfchen in das Wasser,
> Schwänzchen in die Höh.

> Drei Chinesen mit dem Kontrabass
> saßen auf der Straße und erzählten sich was.
> Da kam die Polizei: »Ei, was ist denn das?«
> Drei Chinesen mit dem Kontrabass.

> *Melodie und Rhythmus nach dem Lied: Frere Jacques*
> Hallo Nina, hallo Nina!
> Komm doch her!
> Komm doch her!
> Hörst du nicht mein Rufen!
> Hörst du nicht mein Rufen!
> Bitte komm!
> Bitte komm!

Die Eltern sprechen Zungenbrecher vor, die Kinder sprechen sie laut und deutlich nach!

> In Ulm, um Ulm und um Ulm herum.
> Fischers Fritze fischt frische Fische.
> Frische Fische fischt Fischers Fritze.

> Blaukraut bleibt Blaukraut und Brautkleid bleibt Brautkleid.
> Zwischen zwei Zwetschgenzweigen zwitschern zwei Schwalben.
> Der Metzger wetzt das Metzgermesser.

Einige Hinweise zum guten Sprechen!

Eltern sind von Natur aus die besten Sprachlehrer ihres Kindes: Sie vermitteln körperliche Nähe, emotionale Wärme, und vieles kommt aus dem Bauch heraus. Und das ist auch gut so!

Eltern sollten den gesamten Tagesablauf besser und intensiver zur Sprachförderung nutzen.

Beispiele
- Intensivieren Sie die Gespräche zwischen Mutter und Kind!
- Führen Sie Gespräche mit dem Kind bei den einzelnen Mahlzeiten!
- Deutlich, langsam und nicht zu viel auf einmal sprechen!
- Immer wieder Wörter und Sätze nachsprechen lassen ist zwecklos!
- Falsch ausgesprochene Wörter oder Sätze selber richtig wiederholen!
- Sprechgeschwindigkeit überprüfen und reduzieren!
- Lassen Sie sich Zeit beim Sprechen mit Ihrem Kind!
- Lesen Sie Ihrem Kind jeden Abend eine Gute-Nacht-Geschichte vor!
- Schauen Sie mit Ihrem Kind Bilderbücher an!

Erste Schritte hin zum Lesen

Als erste Schritte hin zum Lesen sind zu nennen:

Das tägliche Vorlesen
Lesen Sie Ihrem Kind aus Bilderbüchern, Kinderbüchern, Märchenbüchern, aber auch aus Büchern für »große Leute« vor!
- Lassen Sie Ihr Kind ein Buch zum Vorlesen aussuchen!
- Lesen Sie Ihrem Kind eine kurze Geschichte vor!
- Sprechen Sie dabei übertrieben ausdrucksvoll!
- Verstellen Sie Ihre Stimme bei der wörtlichen Rede!
- Begleiten Sie den Text mit Mimik, Gesten oder Berührungen!
- Flüstern Sie die Geschichte noch einmal, und Ihr Kind soll sie nacherzählen!
- Lassen Sie Ihr Kind vermuten, wie die Geschichte weitergehen könnte!
- Ihr Kind soll den Ausgang der Geschichte voraussagen!

Sprachspiele einsetzen
Sprachspiele können das Kind hin zum Lesen führen. Hier eignen sich Reime, Verse, Such- und Silbenspiele sowie das Pseudolesen im Rollenspiel bestens. Pseudolesen heißt, die Kinder tun so, als ob sie lesen, in Wirklichkeit können sie aber nicht richtig lesen. Sie halten ein Buch völlig verkehrt herum und lesen den Eltern oder Geschwistern eine Geschichte vor. Hier handelt es sich auch um eine wichtige Phase der Sprach- und Leseentwicklung des heranwachsenden Kindes. So beginnen sich die Kinder für die Sprache und die Schrift zu interessieren. Sie sollen allmählich erkennen, dass wir mit Lauten und Wörtern sprechen, dass wir aber auch Buchstaben und Wörter aufschreiben und lesen können. Vielen Kindern bleibt dieser Sachverhalt lange Zeit unklar.

Das Bilderbuch-Betrachten
- Lassen Sie Ihr Kind ein Bilderbuch aussuchen!
- Setzen Sie sich Ihrem Kind gegenüber, sodass beide auf der gleichen Höhe sitzen!
- Betrachten Sie die Bilder gemeinsam!
- Sprechen Sie darüber und lassen Sie Ihr Kind Einzelheiten erkennen!
- Bevor Sie umblättern: Lassen Sie Ihr Kind raten, wie die Geschichte weitergehen könnte!
- Gehen Sie auf Fragen des Kindes ausführlich ein!
- Sie können während des Betrachtens auch Rätsel machen: Ich sehe was, was du nicht siehst, und das ist rund?
- Erklären und Begründen: Warum streiten die Kinder?
- Vorausdenken und logisch denken: Was passiert, wenn das Auto nicht bremst?
- Eigene Meinung bilden: Was würdest du bei dem Streit tun?
- Fantasie anregen: Stell dir vor, du könntest einen Kindergarten bauen. Wie würde der Kindergarten aussehen?

Abzählverse: Die Kinder lieben das Abzählen als ein festgelegtes Ritual zu Beginn eines Spiels oder einer Tätigkeit. Kinder spielen mit der Sprache, mit Lauten, mit unsinnigen Wörtern und bilden neue Wörter, so genannte Nonsenswörter. Aus dieser Freude an der Sprache heraus entstanden viele Abzählverse, die jeweils vor einem Spiel eingesetzt werden können. Hier wird festgelegt, wer »frei« ist bzw. wer mit dem Spiel beginnen muss. Beispiel: »Itzli-bitzli Rabenfuß, rate mal, wer suchen muss. Itzli-bitzli puh, nämlich du.«

Adrenalin: Das Hormon Adrenalin wird in Stress- und Angstsituationen verstärkt ausgeschüttet und bewirkt Blutdruckerhöhung, Gefäßverengung, eine Erhöhung der Herzschlagfrequenz und Steigerung des Blutzuckers. Darunter leiden besonders impulsive, aufbrausende, jähzornige und cholerische Kinder. Die vermehrte Ausschüttung von Adrenalin kann das fließende und ruhige Sprechen beeinträchtigen. Es kann zu Blockierungen, Hemmungen und Sprechversagen kommen.

Affekt: Dieser Begriff wird synonym gebraucht für Emotion und Gefühl. Wenn wir sagen »Er hat im Affekt gehandelt«, dann verstehen wir darunter eine gefühlsbetonte Reaktion unter erhöhter Erregung, d.h., die Atemfrequenz, der Herzschlag und der Blutdruck steigen. Die persönliche und soziale Kontrolle hat hier versagt. Sprache und Emotion sind aufs Engste miteinander verknüpft und beeinflussen sich wechselseitig sehr stark. Unter Affekten verstehen wir Gefühlsbewegungen wie Freude, Trauer, Angst, Euphorie, aber auch Niedergeschlagenheit und Entrüstung.

afferente Nervenbahnen: Die ankommenden Reize werden in den Nervenbahnen gebündelt und von der Peripherie des Körpers zum Gehirn als dem Speicher- und Verarbeitungszentrum weitergeleitet.

Affolter: Felice Affolter ist eine Schülerin von Jean Piaget und hat ein hierarchisches Modell der Wahrnehmung bzw. der Wahrnehmungsprozesse entwickelt. Die Entwicklung der Wahrnehmung vollzieht sich ihrer Beobachtung zufolge nach folgenden Stufen: Auf der modalen Stufe steht ein Wahrnehmungskanal im Mittelpunkt; auf der intermodalen Stufe werden zwei und mehrere Sinnesbereiche miteinander verknüpft, d.h. das Kind sieht die Rassel, hört das Rasselgeräusch und greift danach. Auf der serialen Stufe ist das Kind in der Lage, Gegenstände aneinander zu reihen und verschiedene Gegenstände mitei-nander zu kombinieren, wie z.B. das Umgehen mit Bauklötzen und Perlen und die zeitliche Einordnung von Ereignissen im Alltag oder gar im Rollenspiel zu vollziehen. Diese seriale Stufe ist eine wichtige Voraussetzung für die Sprache.

Affrikata: Der Begriff stammt vom Lateinischen »affricare« und bedeutet »anreiben«. Unter Affrikaten versteht man Konsonantenverbindungen, die sich aus der Verknüpfung zweier sehr eng ausgesprochener Konsonanten, einem Verschlusslaut (Explosivlaut) und einem Reibelaut (Spirant) zusammensetzt (z.B. z, x, q, pf, tsch). Die Lautbewegungen fließen ineinander, und es kommt zu einer Angleichung eines Lautes zu dem Nachbarlaut. Der Verschlusslaut ist artikulatorisch dominant. Phonetisch wird das verursachte Reibegeräusch so empfunden, als ob es zum Verschlusslaut gehört. Die Artikulation beider erfolgt fast an der gleichen Stelle. Die Frage, ob Affrikaten als Laute oder Doppellaute gelten, ist nicht geklärt (vgl. Lewandowski 1990, S. 31).

Aha-Erlebnis: Karl Bühler prägte diesen Begriff für das Erleben einer ganz bestimmten Situation innerhalb der kindlichen Entwicklung. Befindet sich das Kind in einer neuen Problemlösesituation, so kann es plötzlich und unverhofft zu der Einsicht in die Struktur des Problems und deren Lösung kommen.

Aktionismus: Der Begriff kommt aus dem Lateinischen »actio« und bedeutet Handlung. Damit ist das Verhalten gemeint, das ausschließlich auf die Handlung und die Tätigkeit ausgerichtet ist. Im extremen Fall spricht man innerhalb der Sprachförderung von blindem Förder-Aktionismus. Förderung sollte sich jedoch an den Bedürfnissen der einzelnen Kinder orientieren.

akustische Wahrnehmung: Dies betrifft die Sinnesempfindungen der Ohren als das periphere Hören, d.h. die Aufnahme der ankommenden Schallwellen über das äußere Ohr, das Mittelohr und das Innenohr. Akustische und auditive Wahrnehmung müssen voneinander unterschieden werden, da sie verschiedene Vorgänge bezeichnen.

Akzeleration: Darunter versteht man eine Phase der Entwicklungsbeschleunigung und verfrühung.

Akzent: Akzente der Sprache werden auch als Prosodie (= das Hinzugesungene) bezeichnet (vgl. Wirth 1983, S. 123). Die Betonung eines Wortes kann durch drei Elemente erzielt werden: die Stimmhöhe, die Lautstärke und die Dauer der Laute. Wirth untergliedert in drei Akzente: Der melodischer Akzent wird durch die Veränderung der Stimmhöhe erreicht, der dynamische Akzent durch die Veränderung der Lautstärke eines Wortes und der temporale Akzent durch die Veränderung der Tonlänge sowie der Sprechpausen zwischen einzelnen Wörtern.

Alarmsignale: Alarmsignale im Rahmen der kindlichen Sprachentwicklung sollten von Eltern und Fachkräften erkannt werden, um die notwendigen Konsequenzen einzuleiten. Als Teil einer Risikogruppe einer gefährdeten Sprachentwicklung können Kinder angesehen werden, die nicht lallen oder mit dem Lallen aufhören und verstummen, mit 18 Monaten noch nicht sprechen, mit drei Jahren noch keinen Satz sprechen, mit vier Jahren von fremden Personen nicht verstanden werden, mit sechs Jahren noch Laute wie sch, s, g oder k stammeln und mit sechs Jahren immer wieder grammatikalische Abweichungen produzieren.

Alltagspsychologie: Damit meinen wir eine einfache, naive und ohne wissenschaftliche Fundierung vorgenommene Erklärung menschlicher Verhaltensweisen; dies betrifft auch Erklärungsversuche hinsichtlich der kindlichen Sprache.

Alphabet: Der erste Buchstabe des griechischen Alphabets heißt Alpha und der zweite Beta. Unter einem Alphabet versteht man eine vorgegebene Reihenfolge der in einer Schrift benutzten grafischen Zeichen bzw. Buchstaben. Das deutsche Alphabet ist die geordnete Reihenfolge der 26 Buchstaben, die wiederum auf die Laute der deutschen Sprache übertragen worden sind. Der Name und die Reihenfolge der Buchstaben stammen von den Griechen. Das Alphabet ist aber nur unzureichend geeignet, die Laute unserer Sprache darzustellen. Das Alphabet enthält einerseits mehr Buchstaben, als wir benötigen (z.B. c, v, x, y), und andererseits wiederum weniger Buchstaben, denn wir haben keinen Buchstaben für den ch- und den sch-Laut. Ebenso fehlen im Alphabet die vorkommenden Diphtonge au, ei, eu und ai sowie die Umlaute ä, ö und ü. Das Alphabet trennt auch nicht zwischen kurzen und langen Vokalen. Eine notwendige Neuordnung des Alphabets hat bis heute nicht stattgefunden trotz aller Rechtschreibreformbemühungen. Wir lernen das Alphabet heut noch so wie es die Menschen im Mittelalter gelernt haben (vgl. Menzel 1991, S. 30).

Ammensprache: Damit wird die Sprache bezeichnet, die von den primären Bezugspersonen kleiner Kinder gesprochen wird. Sie zeichnet sich durch lautliche und grammatische Vereinfachung, ja Verniedlichung aus. Schwierige Konsonantenverbindungen und komplizierte Wörter werden vermieden. Mit Ammenton bezeichnet man die erhöhte Sprechstimmlage beim Sprechen mit dem Säugling und Kleinkind.

Analphabet: Dieser Begriff stammt aus dem Griechischen (an = nicht und alphabetos = die ersten beiden Buchstaben a und b des Alphabets) und versteht darunter einen Menschen, der weder lesen noch schreiben kann. In der Bundesrepublik schätzt man die Anzahl der Analphabeten auf ca. 4 Millionen.

Analyse: Ein wichtiger und grundlegender Prozess bei vielen Lernvorgängen. Hier geht es um die Zergliederung und Zerlegung sprachlicher Einheiten, wie z.B. Sätze, in die Untereinheiten und Elemente wie Wörter, Silben und Laute.

Anamnese: Der Begriff stammt aus der Medizin und dient der Erforschung der Vorgeschichte des Patienten. Das eingesetzte Instrument ist das Gespräch. In der Medizin unterscheiden wir den Anamnesekatalog nach Familienanamnese, pränataler, perinataler und postnataler Anamnese sowie der Entwicklungsanamnese. In der Pädagogik und Psychologie wird das Anamnesegespräch zur Erforschung wichtiger persönlicher, biografischer und häuslicher Daten des Kindes eingesetzt. Man unterteilt in die Familienanamnese, in die persönliche Anamnese des Kindes wie Entwicklungsverlauf, Therapien und Krankheiten, in die schulische und in die berufliche Anamnese. Anamnese bezeichnet das Sammeln und Einholen von Informationen und Daten über den bisherigen Lebenslauf des Kindes. Gespräche über Vorgeschichte und Biografie einer kindlichen Entwicklung, wie z.B. der Sprachentwicklung (vgl. Bundschuh 1999). Wichtig sind Fragen zu Schwangerschaft, Geburtsverlauf mit etwaigen Komplikationen, Kinderkrankheiten, Entwicklungsdaten, Verhalten und Gewohnheiten in der Familie.

Diese Daten ergänzen die Beobachtung und bilden die Grundlage z.B. für bestimmte Maßnahmen innerhalb der Sprachförderung. Im Rahmen der Sprachförderung kann die Anamnese nach folgendem Schema ablaufen: Befunde aus den Vorsorgeuntersuchungen U 1 bis U 9; vorliegende Entwicklungsberichte, vorliegende klinische Gutachten, therapeutische Entwicklungsberichte und die Elterngespräche.

Anekdote: Darunter versteht man eine kurze, aber witzige Erzählung, die meist eine bekannte Persönlichkeit treffend charakterisiert. In Deutschland wurden Anekdoten z.B. von Johann Peter Hebel oder Heinrich von Kleist verfasst.

Anglizismen: Darunter verstehen wir die Übertragung von Begriffen und kurzen Redewendungen aus dem britischen Englisch auf nichtenglische Sprachen im lexikalischen oder semantischen Bereich. Dieser Transfer von Wörtern kann sowohl fälschlicherweise als auch bewusst erfolgen (vgl. Duden Fremdwörterbuch 1982, S. 64). Beispiele für Anglizismen im Alltag sind: okay, bye-bye, Fastfood, Management, Handicap, Wellness, Training, Computer.

Anlage: Wir verstehen allgemein darunter die Gesamtheit der durch Gene festgelegten Merkmale und Persönlichkeitseigenschaften eines Menschen, die in Wechselwirkung mit der Umwelt das Erscheinungsbild des Menschen hervorbringen. Mit Anlage meint man eine komplexe Disposition für ein bestimmtes Merkmal der Persönlichkeit des Kindes, wie z.B. die Sprache und das Sprechen. Der Begriff der menschlichen Anlage wird oft mit dem Erbgut bzw. den genetischen Potenzialen gleichgesetzt. Anlage bedeutet hier die sehr komplexe genetische Disposition eines Kindes für die Herausbildung eines oder mehrerer individueller Merkmale. Die Träger der menschlichen Vererbung sind die Chromosomen. Auf den 23 Chromosomenpaaren sind ungefähr 10 Millionen Gene abgelagert, die für die Vererbung zuständig sind. Gene steuern die Entwicklung der körperlichen Eigenschaften.

Anlaut: Damit wird der Laut bezeichnet, der am Wort- oder Silbenanfang steht. Der Anlaut eines Wortes kann leichter analysiert werden als der Inlaut.

Ansatzrohr: Der Begriff ist der Orgelbaukunde entlehnt und nicht besonders geschickt gewählt, da man es beim Menschen nicht mit einem glatten Rohr zu tun hat. Es handelt sich beim Ansatzrohr um verschieden strukturierte komplexe Räume, wobei diese Räume voneinander abgeschlossen, aber auch miteinander verknüpft werden können. Das Ansatzrohr besteht aus zusammenhängenden Hohlräumen, und zwar aus dem Rachenraum (Kehl-, Mund- und Nasenrachen), der Mundhöhle und der Nasenhöhle. Im Ansatzrohr erhält der Ton den spezifisch menschlichen Stimmklang. Durch die Resonanzwirkung des Ansatzrohres kann der Stimmklang zu verschiedenartigen Lauten umgeformt werden (vgl. Zacharias 1974, S. 56).

Anspruchsniveau: Dieser Begriff wurde von dem Sozialpsychologen Kurt Lewin eingeführt. Gemeint ist das interne Bezugssystem des Kindes, das zur Selbsteinschätzung dient. Es ist so zusagen eine Norm bzw. ein Standard, auf den ein Kind seine Erfahrungen und seine Leistungen bezieht. Damit ist der Schwierigkeitsgrad gemeint, den sich ein Kind in einer ganz konkreten Situation abverlangt. Das Anspruchsniveau schwankt von Kind zu Kind erheblich

Anstieg: Der Anstieg der Sprach- und Sprechprobleme in den letzten Jahrzehnten hat neben den medizinischen Ursachen wie Hörstörungen insbesondere auch soziokulturelle Ursachen. Die familiäre Situation mit den sprachlichen Aktivitäten, die besonderen Lebensbedingungen einzelner Kinder, angefangen von Kinderarmut, über Verwahrlosung bis hin zur Überbehütung, und das Umfeld mit den fehlenden sprachlichen Vorbildern sowie den einseitigen Spielgewohnheiten und den unzureichenden Spielmöglichkeiten drinnen und draußen sind als Gemenge verantwortlich für die Probleme mit der Sprache und dem Sprechen bei deutschen und zugewanderten Kindern gleichermaßen.

APGAR-Index: Dieser Index ist nach der Ärztin Virginia Apgar benannt und beschreibt den Zustand des neugeborenen Kindes 1, 5 und 10 Minuten nach der Geburt. Dabei werden das körperliche Aussehen des Babys, sein Puls, seine Atmung und seine Reflexe beobachtet und auf einer Skala von 0 bis 10 eingestuft. Der Maximalwert beträgt 10 Punkte; Kinder mit geringen APGAR-Werten zwischen 1 und 3 überleben die erste Lebenswoche nur selten.

Artikulationsspiegel: Der Artikulationsspiegel kann im Sinne der visuellen Kontrolle eingesetzt werden, um den Kindern die Stellung der Sprechwerkzeuge bei Vokalen und Konsonanten deutlich zu machen. In Kindergärten und Schulen eignen sich Tischspiegel oder Wandspiegel in Gymnastikhallen.

Aspiration: Darunter versteht man die Behauchung von Vokalen und Konsonanten als phonetische Besonderheit. So spricht man die Plosive p, t und k mit einem leicht hörbaren auch spürbaren Hauchlaut h, also p-h, t-h und k-h.

Assimilation: Der Begriff kommt aus dem Lateinischen »assimilis« und bedeutet »ähnlich«. Bei der Artikulation eines Lautes an einen Nachbarlaut kommt es aus Gründen der Energieersparnis zu einer phonetischen Angleichung. Hier handelt es sich um eine typische Erscheinung beim Sprechen, denn ständig fließen Laute und Artikulationsbewegungen ineinander über (vgl. Lewandowski 1990, S. 98).

Atemspiele: Die Atmung setzt unmittelbar nach der Geburt ein und ist lebensnotwenig. Atmung ist ein Spiegel der körperlichen und seelischen Anspannung, Belastung und der menschlichen Eindrücke. Daher ist es wichtig, dass die Kinder richtig atmen lernen. Hierzu bieten sich verschiedene Atemspiele an. Atmen wir hörbar durch die Nase ein – dann hörbar durch den Mund aus – dazwischen achten wir auf eine kleine Pause!

Anschlussfähigkeit: Die Anschlussfähigkeit spielt beim Übergang vom Kindergarten in die Grundschule eine zentrale Rolle. Wir wollen die Kinder dort abholen, wo sie in ihrer Entwicklung stehen. So ist beispielsweise der Erwerb von Lesen und Schreiben in hohem Maße von der phonologischen Bewusstheit abhängig. Hier handelt es sich um eine Analysefähigkeit gegenüber der gesprochenen Sprache.

Anthropologie: Als fächerübergreifende Wissenschaft (logos) untersucht die Anthropologie das Wesen des Menschen (anthropos). Es geht u.a. um Fragen der Abstammung des Menschen bis hin zu organisch-biologischen und psycho-sozialen Eigenheiten. Die Stellung des Menschen in der Natur, Kultur, Gesellschaft und Geschichte wird untersucht. Bekannte Anthropologen wie Arnold Gehlen charakterisieren den Menschen als »biologisches Mängelwesen« oder wie Portmann als »biologische Frühgeburt«.

Aristoteles: Der griechische Philosoph Aristoteles (384–322 v. Chr.) gilt als Begründer der wissenschaftlichen Logik. Er war Schüler von Platon und gleichzeitig der Erzieher von Alexander dem Großen. Viele seiner philosophischen und pädagogischen Ideen sind bis in unsere Zeit hinein aktuell und modern geblieben. So z.B. die von ihm geforderten Tugenden beim

92

Gespräch: Freundlichkeit (Gesprächsklima), Aufrichtigkeit (Ehrlichkeit) und Heiterkeit (Humor). Aristoteles zeigte uns die beiden grundlegenden Wege zur Erkenntnis auf: Induktion und Deduktion. Induktion meint den analytischen Weg vom Einzelnen zum Allgemeinen und Deduktion den synthetischen Weg vom Allgemeinen zum Besonderen. Weiterhin hat er auf die Bedeutung der fünf menschlichen Sinne aufmerksam gemacht und die Wahrnehmung der Objekte als Voraussetzung für das weitere Denken bezeichnet Von Aristoteles stammt auch der berühmte und viel zitierte Satz: »Das Ganze ist mehr als die Summe seiner Teile.« Im Rahmen der Sprachförderung geht es nicht um die Addition verschiedener Förderbereiche, sondern um eine strukturelle Integration und Vernetzung aller Entwicklungsanteile. So können wir Aristoteles weiter zitieren: »Einen jungen Menschen unterrichten heißt nicht einen Eimer füllen, sondern ein Feuer anzünden.«

Artikulation: Gemeint ist die deutlich hörbare Aussprache, d.h. die Produktion von Sprachlauten durch die fein abgestimmte und harmonische Bewegung der Sprechwerkzeuge in den Resonanzräumen, in der Mundhöhle, im Rachenraum und in der Nasenhöhle. Die Sprachlaute werden mit Hilfe unserer Sprechwerkzeuge produziert. Der ausströmende Luftstrom, der aus der Lunge über die Stimmlippen kommt, wird über einen Widerstand in der Mundhöhle in Schwingungen versetzt.

Artikulationsbasis: Die Artikulationsbasis der deutschen Sprache ist nach Zacharias (1974, S. 102) durch folgende Merkmale charakterisiert: starke Lippenarbeit, mäßige Bewegungen mit den Kiefern, vielfältige Kontakte mit der Zungenspitze und eine lockere Beweglichkeit des Gaumensegels.

Artikulationsort: Durch die Angabe der Artikulationsorgane, die an der Lautproduktion beteiligt sind, kann man den Ort der Bildung genau angeben. Wir unterscheiden folgende Artikulationsorte:

bilabial – beide Lippen;

labio-dental – Lippen und Zähne;

dental-alveolar – Zähne;

palatal – vorderer Gaumen;

velar – hinterer Gaumen;

uvular – Zäpfchen;

glottal – Kehle.

Artikulationsstellen: Wir unterscheiden drei verschiedene Artikulationsstellen, wo Laute gebildet werden:

1. Lippenlaute: zwischen den Lippen oder zwischen Unterlippe und oberer Zahnreihe: p, b, m, f und w;
2. Zungen-Zahn-Laute: zwischen Zungenspitze und oberer Zahnreihe: t, d, n, ch1, l, u, s, sch;
3. Rachen-Gaumen-Laute: zwischen Zungenrücken und hinterem Gaumen:
g, k, ch2, ng, r.

Artikulationsstörung: Darunter versteht man eine Auffälligkeit bzw. Störung des motorischen Ablaufs des Sprechens. Die Aussprache gelingt nicht in angemessener Weise und nicht altersgemäß. Man spricht bei Artikulationsfehlern auch von einer Lauterwerbsstörung.

Assoziation: Darunter verstehen wir die Verknüpfung mehrerer seelischer und geistiger Inhalte, aber auch die Verknüpfung von Inhalten mit Gegenständen oder Personen.

Atmosphäre: Kinder brauchen eine wohlwollende und sprachfördernde Atmosphäre im Raum hinsichtlich der äußeren Bedingungen wie Sitzgelegenheit, Raumtemperatur und Lichteinfall, aber auch hinsichtlich der Gesprächsatmosphäre. Ein gutes Gesprächsklima schafft Beziehungen untereinander, fördert das persönliche Vertrauen, baut Hemmungen ab und fördert das Sprechen mit- und untereinander.

Atmung: Die Atmung ist eine menschliche Grundfunktion, ohne die es kein Leben auf dieser Welt gibt. Das Leben beginnt mit dem ersten Schrei und endet mit dem letzten Atemzug des Sterbenden. Atmung vollzieht sich als Vorgang unbewusst am Tag und in der Nacht, ja sogar in der Ohnmacht. Atmung wird beim Singen und Sprechen benötigt (vgl. Friedrich/Bigenzahm 1995, S. 25). Die primäre Aufgabe der Atmung ist die Versorgung des Körpers mit Sauerstoff durch den Gasaustausch zwischen Luft und Blut in der Lunge. Die sekundäre Aufgabe der Atmung liegt bei der Stimmerzeugung.

Audiogramm: Darunter versteht man zunächst eine grafische Darstellung in Form einer Hörkurve der mittels der Audiometrie erfassten Daten der Hörfähigkeit. Die Überprüfung der Hörfähigkeit eines Kindes, d.h. die Hörprüfung, erfolgt mit Hilfe eines Audiometers. Dem Kind werden nacheinander für jedes Ohr verschiedene Töne angeboten, wobei die Lautstärke von unten nach oben langsam ansteigt, bis das Kind durch das Heben der Hand reagiert. Dieser Wert wird dann in einem Diagramm eingetragen, wodurch nach und nach ein Audiogramm entsteht.

Audiometer: Das ist ein elektroakustisches Hörprüfgerät zur Erzeugung von Tönen bis zu einer Höhe von 8.000 Hertz und bis zu einer Lautstärke von bis zu 120 Dezibel. Die messbaren Tonhöhen werden in Hz angegeben, so benannt nach dem Physiker Rudolf Hertz (1857–1894). Der Audiometer überprüft die Hörfähigkeit jedes einzelnen Ohres, wobei ein Ohr jeweils mit einem Kopfhörer zugehalten, d.h. vertäubt wird. Die wahrgenommenen Töne werden vom Kind durch Handheben angegeben.

Audiometrie: Darunter versteht man all jene Methoden, die zur quantitativen und qualitativen Erfassung der menschlichen Hörfähigkeit, der Hörgrenzen sowie der Hörschärfe beitragen. Das Audiometer erfasst die so genannte Hörschwelle, d.h. der vom Kind gerade noch so wahrnehmbare Schalldruck in unterschiedlichen Frequenzlagen.

Auditive Wahrnehmung: Die auditive Wahrnehmung hat seit jeher in der Sprachförderung einen ganz zentralen Stellenwert. Eine auditive Wahrnehmungsstörung bei Kindern liegt dann vor, wenn zentrale Prozesse des Hörens beeinträchtigt sind (vgl. Ptok u.a. 2000). Die auditive Wahrnehmung setzt sich zusammen aus dem, was Ohr und Gehirn gemeinsam aus einem akustischen Signal machen (vgl. AUDIVA 2005, S. 4). Bei der auditiven Wahrnehmungsstörung handelt es sich meist auch um eine Verarbeitungsschwäche. Das Sprechen des Kindes setzt die Aufnahme, Speicherung und Verarbeitung des Gehörten voraus. Diese Fähigkeit erfordert ein genaues Zuhören und die differenzierte Wahrnehmung von Lauten, Silben und Wörtern sowie aller prosodischen Merkmale. Im Gegensatz zur akustischen Wahrnehmung (Hören über das Ohr als peripheres Hörorgan) wird hier das zentrale Hören, d.h. die Aufnahme, Verarbeitung und Interpretation des Gehörten im Gehirn gemeint. Verschiedene Probleme können hier auftreten: Figur-Grund-Wahrnehmung, Lokalisation, Sequenz.

Auditive Wahrnehmungsstörungen: Die auditive Wahrnehmung umfasst die gesamte Wahrnehmung, Verarbeitung, Speicherung und Interpretation von Tönen, Klängen, Geräuschen und Sprache. Eine auditive Wahrnehmungsstörung liegt jedoch nur dann vor, wenn das Ohr intakt ist. Auditive Wahrnehmungsstörungen können sich äußern in Sprach- und Sprechproblemen, in Schreckhaftigkeit und Lärmempfindlichkeit und in Lese-Rechtschreib-Schwierigkeiten.

Aufmerksamkeit: Aufmerksamkeit ist eine wesentliche Voraussetzung für erfolgreiches Lernen im Kindergarten und in der Schule. Sie ist die spezifische Fähigkeit des Menschen, sich auf einen bestimmten Reiz zu konzentrieren. Ganz bewusst und gezielt werden bestimmte Informationen aus der Umwelt entnommen, die danach mit einer erhöhten Verarbeitungs- und Speicherkapazität analysiert werden.

Aufmerksamkeitsstörung: Aufmerksamkeitsstörungen zählen zu den häufigen psychischen Problemen im Kindesalter (vgl. Döpfner u.a. 2000). Das Bayerische Staatsinstitut für Schulpädagogik und Bildungsforschung (2000) geht davon aus, dass in jeder Kindergartengruppe und Grundsschulklasse mindestens ein Kind unter dieser Störung leidet. Drei Begriffe werden synonym benutzt: die Hyperkinetische Störung (HKS), das Aufmerksamkeitsdefizitsyndrom (ADS) und Attention deficit/hyperactivity disorder (ADHS), im Deutschen als Aufmerksamkeitsdefizit/ Hyperaktivitäts-Syndrom benutzt. Als Ursache wird eine Störung des Hirnstoffwechsels vermutet, bei dem der Botenstoff Dopamin in nicht ausreichendem Umfang zur Verfügung steht. Dopamin leitet die Impulse in Gehirn und Nerven weiter. Mangelt es jedoch an Dopamin, so kann dies zu einer mangelhaften Übertragung von Sinneseindrücken führen (vgl. Bruns/ Wetjen 2001, S. 1). Merkmale des Aufmerksamkeitsdefizitsyndroms ADS mit und ohne Hyperaktivität sind leichte Ablenkbarkeit, kurze Aufmerksamkeitsspanne, erhöhte motorische Unruhe, eine deutliche Impulsivität und ein geringes Durchhaltevermögen bei der Erledigung bestimmter Aufgaben und Anforderungen. Alle Störungsbilder werden vielfach auch als »Zappelphilipp-Phänomen« beschrieben. Bereits im Struwwelpeter, ein von dem Frankfurter Nervenarzt Heinrich Hoffmann geschriebenes Buch vor 150 Jahren tauchte der Begriff Zappelphilipp erstmals auf. Zentral handelt es sich um eine motorische Unruhe mit vielen Facetten. Leitsymptome sind die Hyperaktivität, die Aufmerksamkeitsstörung, die Impulsivität und Spontaneität und die permanente motorische Unruhe. In den 1970er- und 1980er-Jahren wurde in der Medizin der Begriff der minimalen cerebralen Dysfunktion (MCD) für diese Problematik benutzt. Kinder mit ADHS-Symptomen sind sehr empfindsam, sensibel, emotional wenig belastbar, leicht ablenkbar. Damit sind diese Kinder leicht anfällig für Probleme mit der Sprache, dem Sprechen und hinsichtlich der auditiven Wahrnehmung. Eltern und Pädagogen befinden sich hinsichtlich der Therapie, Behandlung und Heilung in einem Zwiespalt. Einerseits gibt es eine medikamentöse Therapie mit Retalin und andererseits psychologisch-pädagogische Hilfen. Oft wird eine Kombination verabreicht. Die exakte Diagnostik bereitet Schwierigkeiten, da es ein Gemenge von Verursachungsfaktoren gibt. Nicht die phosphathaltige Nahrung und die Sonneneinstrahlung, sondern eher die Reizüberflutung durch die modernen Medien werden u.a. als Ursachenkomplex angeführt.

Auge-Hand-Koordination: Damit ist die Verknüpfung von visuellen Reizen mit der Motorik, insbesondere der Hand- und Fingermotorik gemeint, wie z.B. beim Ausschneiden mit der Schere oder dem Ausmalen eines Bildes.

Ausländische Kinder: Diese Kinder sind in Folge der internationalen Arbeits- und Flüchtlingsmigration Bestandteil der deutschen Schule. Ausländerkinder unterliegen der deutschen Schulpflicht und haben die gleichen Rechte und Pflichten wie deutsche Schüler. Lediglich die Kinder von Asylbewerbern sind in einigen Bundesländern noch von der Schulpflicht ausgenommen (vgl. Sandfuchs 1993, S. 18). Man spricht auch von Migrantenkindern oder zugewanderten Kindern und meint Kinder, die aus einem anderen Land, aus einer anderen Kultur und aus einer anderen Sprachgemeinschaft zu uns gekommen sind. In den

93

letzten Jahren hat sich Deutschland zu einem Einwanderungsland entwickelt. Die Motive der Migration sind meist sehr verschieden und können im Nachhinein oft nicht mehr rekonstruiert und überprüft werden. Zugewanderte Kinder leben in Deutschland meist in zwei nebeneinander her existierenden verschieden Kultur-, Werte- und Sprachwelten. Da ist zum einen die muttersprachliche Welt der Familie, Verwandten und Freunde. Parallel dazu existiert die Welt der deutschen Kultur-, Werte- und Sprachgemeinschaft. Die Familie wohnt in dieser neuen zweigeteilten Wirklichkeit. Die Eltern arbeiten hier und sind beruflich weitgehend integriert. Die Kinder kommen in unterschiedlicher Quantität und Qualität über die Medien, die Freizeit und den Konsum in Berührung mit einer neuen Sprache. Ausländische Kinder brauchen für ihre Personalisation, Identität und Sozialisation sowohl ihre Muttersprache als auch Deutsch als Zweitsprache. Was die Sprachförderung angeht, so wissen wir heute, dass die Zweitsprache nur so gut werden kann, wie die Erstsprache ist.

Aussiedlerkinder: Aussiedler sind Deutsche, die nach dem Zweiten Weltkrieg aus Ostblockstaaten in der Bundesrepublik Deutschland eingereist sind. Als Aussiedler werden bis heute Personen anerkannt, die die deutsche Staatsbürgerschaft durch Geburt erworben haben, weil mindestens ein Elternteil Deutsche bzw. Deutscher war. Die Merkmale sind Abstammung, Sprache, Erziehung und Kultur. Während die Großeltern und Eltern noch über deutsche Sprachkenntnisse verfügen, sind die Kinder in einer Umgebung aufgewachsen, in der die deutsche Sprache unterdrückt worden ist (vgl. Glumpler 1993, S. 20). Die Aussiedlerkinder haben Sprachprobleme und brauchen in den Kindergärten und in den Grundschulen entsprechende Sprachförderung.

Aussprache, Entwicklung: Der Fötus im Mutterleib und das Neugeborene experimentieren mit den Sprechwerkzeugen und gehen spielerisch mit der Sprache um. Sie produzieren Geräusche, lautähnliche Klanggebilde, gurren und lallen und erproben so die eigene Stimme. Sie machen erste Erfahrungen mit Geräuschen, Klängen, Tönen und Lauten, auch wenn diese noch nicht mit bestimmten Dingen oder Sachverhalten verbunden sind. Das Kind probiert so die ersten Sprechbewegungen. Nach und nach stellt das Kind nun Vergleiche an mit den Sprachlauten der Mutter und den anderen Bezugspersonen. So passt das Kind seine Laute den Sprachlauten, der Zielsprache bzw. der Erwachsenensprache immer mehr an.

Äußerung: Die sprachliche Äußerung ist ein Oberbegriff für gesprochene und geschriebene Produkte aller Art. Die sprachliche Äußerung ist eine in sich abgeschlossene Einheit der Pragmatik bzw. der frz. parole (vgl. hierzu de Saussure, 1857–1913). Die Äußerung besteht aus einem oder mehreren Sätzen, aber auch aus Teilen von Sätzen. Eine sprachliche Äußerung muss nicht immer ein vollständiger Satz sein, wie z.B. Äußerungen in der Jugendsprache. Sprachliche Äußerungen verweisen stets über sich hinaus, sie weisen auf andere Personen hin, auf eine Sache oder auf einen Zusammenhang (vgl. Ministerium für Bildung, Frauen und Jugend 2005, S. 4).

Auszählverse: Bei den Auszählversen wird das exakte und deutliche Sprechen gefordert. »Ene meine Muh – und raus bist du!« Von diesen Versen gibt es eine ganze Menge, aber ebenso kann man solche Auszählverse selbst erfinden.

Autismus: Darunter versteht man eine Kontaktstörung, deren Ursache oft nicht exakt abgeklärt werden kann. Diese Störung beinhaltet das völlige Sich-Abkapseln und Isolieren gegenüber allen anderen Menschen, auch gegenüber den engsten Verwandten und Vertrauten. Dieses sozial sehr auffällige Verhalten ist dann oft noch verbunden mit der Unfähigkeit oder Weigerung zu sprechen.

Autogenes Training: Autogenes Training kann übersetzt werden als eine Art der konzentrierten Selbstentspannung. Durch gezielte Übungen werden die Menschen in eine Art Selbsthypnose gebracht bzw. bringen sich selbst in diesen Zustand, der dann zu einer Entspannung und Entkrampfung führen soll. Dieses Training kann im Rahmen der Sprachförderung jedoch nur von ausgewiesenen Experten durchgeführt werden. Einfache Übungen in der täglichen Sprachförderung könnten sein: »Ich bin ganz ruhig! Ich atme langsam und gleichmäßig! Ich horche in meinen Körper hinein! Mein Herz schlägt gleichmäßig!« usw.

Axon: Der Begriff Neurit wird synonym gebraucht. Es ist ein bis über 1m langer Fortsatz der Nervenzelle, der die Erregungen vom Zellkörper bis hin zur Synapse weiterleitet.

Ayres: Die amerikanische Physiotherapeutin Anna Jean Ayres (1920–1989) beschreibt in ihrem Buch »Bausteine der kindlichen Entwicklung« aus dem Jahre 1984 die sensorische Entwicklung bei Kindern. Diese Konzeption hat bis heute enorme Auswirkungen auf die Förderung und Therapie von sprachauffälligen Kindern, da sie sich von der »Tischtherapie« weg hin zu einer »Teppichtherapie« wendet. Ayres plädiert sehr stark für das gegenständliche Tun und Handeln und weniger für die Konzentration auf Arbeitsblätter und Papierprogramme. Bei Jean Ayres spielt der Gleichgewichtssinn eine ganz wichtige Rolle (vgl. Holtz 1994, S. 45).

Babbling: Darunter verstehen wir die Phase der Sprachentwicklung, die nach dem Schreien und dem einsetzenden Lallen etwa ab der sechsten Lebenswoche einsetzt. Gundermann (1983) spricht hier auch von primärem Lallen.

Baby talk: Man spricht von im Englischen von »Baby talk« oder auch »Motherese« und versteht darunter die Sprache der Erwachsenen, die an das neugeborene Kind und später das Kleinkind gerichtet ist. Diese naive, kindliche Sprache unterscheidet sich von der Erwachsenensprache in der Satzbildung, in der Lautstärke, in der Stimmgebung, Melodieführung und Sprechgeschwindigkeit, in der Grammatik und im Wortschatz. Baby talk orientiert sich an den momentanen Alltagssituationen, den kindlichen Bedürfnissen und den sprachlich-geistigen Möglichkeiten des Kindes.

Bedingungsanalyse: In der Diagnostik geht es ständig um die systematische Abklärung der Bedingungen und Ursachen komplexer menschlicher Tätigkeiten, wie z.B. der Sprache des Kindes. Das Kind spricht mit anderen Kindern oder das Kind spricht nicht oder das Kind spricht im Alter von sechs Jahren immer noch fehlerhaft.

Begabung: Seit den 1960er-Jahren hat der Begriff der Begabung eine Schlüsselrolle in der bildungpolitischen Diskussion übernommen und bis heute erhalten. Einen entscheidenden Beitrag hat Heinrich Roth mit seinem bis heute aktuellen Buch »Begabung und Lernen« aus dem Jahre 1968 beigesteuert. In diesem Zusammenhang ist auch zu erwähnen, dass sich die Diskussion zwischen Anlage, d.h. genetischen Potenzialen, und Umwelt, d.h. Ergebnis von Umwelteinflüssen, bis heute gehalten hat. Bei dem Begriff Begabung handelt es sich weiterhin um einen viel diskutierten Begriff. Begabung ist ein Konstrukt zur Erklärung der kindlichen Fähigkeiten und Talente. Wir unterscheiden den statischen und den dynamischen Begabungsbegriff. Der statische Begabungsbegriff betont die Unveränderlichkeit der kindlichen Fähigkeiten. Der dynamische die Umwelteinflüsse, die für die Höhe und Art der Begabung zuständig sind. Kinder erwerben Begabung durch Erziehungs- und Bildungseinwirkungen. Begabungen können sich jedoch nur dann entfalten, wenn sie früh erkannt und entsprechend gefördert werden. Zurzeit konzentriert sich die Diskussion in der BRD auf die Identifikation und Förderung der hoch Begabten.

Behaviorismus: Behaviorismus wird vom amerikanischen behavior = Verhalten abgleitet und meint die Lehre vom Verhalten. Weiterhin versteht man darunter die wissenschaftliche Position, die eine objektive Erfassung von Eigenschaften und Merkmalen des Kindes anstrebt. Die Methode zur Erfassung dieser Merkmale ist die Beobachtung des rein äußerlichen Verhaltens. Watson (1924) betrachtet die menschliche Sprache als eine Fähigkeit, die wie alle anderen Verhaltensweisen des Kindes erlernt wird. Der Behaviorist interessiert sich nur für die äußerlich sichtbaren Verhaltensweisen. Skinner vertritt in seinem Buch »Verbal Behavior« (1957) die gleiche Position und prägte den lerntheoretischen Ansatz. Das Erlernen von Sprache und Sprechen sind an bestimmte Reizbedingungen gebunden. Das Kind erwirbt die Sprache, indem es sprachliche Vorbilder nachahmt. Dabei wird das Kind von der Mutter gelobt und bekräftigt, was sein sprachliches Verhalten verstärkt. Das Kind lernt am Erfolg. Wenn es nicht korrekt spricht und Fehler macht, bleiben die Verstärker aus, ja, es wird bestraft.

Bekräftiger: Bekräftiger sind Verstärker des kindlichen Verhaltens. Als Bekräftiger werden alle Verhaltenskonsequenzen und Ereignisse gewertet, deren Vorkommen die Wahrscheinlichkeit des Auftretens von bestimmten Verhaltensweisen beschleunigt. Positive Bekräftiger sind das Lächeln der Mutter und das Loben des Vaters, wenn das Kind die ersten Wörter spricht. Macht die Mutter ein zorniges Gesicht und schimpft der Vater, wenn das Kind nicht oder nicht so gut spricht, dann sprechen wir von negativen Bekräftigern oder Verstärkern.

Beobachtung: Die Beobachtung ist das wichtigste Instrument der Förderdiagnostik. Über die Beobachtung können wir das sprachliche Verhalten des Kindes erkennen, beschreiben und erfassen bzw. dokumentieren. Weiterhin unterscheiden wir zwischen der naiven, alltäglichen und wissenschaftlichen Beobachtung. Darüber hinaus unterscheiden wir die unstrukturierte und strukturierte Beobachtung. Die unstrukturierte Beobachtung hat einen weit gesteckten Rahmen mit einer Hauptkategorie, wie z.B. Sprache. Die strukturierte Beobachtung dagegen richtet sich auf ganz bestimmte Beobachtungskategorien wie Körpersprache, Aussprache, Satzbildung, auditive Wahrnehmung, Sprachbewusstsein und phonologische Bewusstheit. Die Beobachtung ist neben dem Gespräch und den Testverfahren eine diagnostische Methode, um über den Ausprägungsgrad eines bestimmten Merkmals bei Kindern, wie z.B. die Sprache des Kindes, Angaben machen zu können.

Beobachtungsbogen: Damit ist eine Form der Dokumentation gemeint. Man versteht darunter ein Kategoriensystem, anhand dessen die ermittelten Beobachtungsdaten systematisiert, strukturiert und dokumentiert werden. Ein praktikables und ökonomisches Beispiel für eine standardisierte und erprobte Beobachtung ist die Fitness-Probe (Günther 2003).

Beobachtungslernen: Eine Form der Aneignung von Verhaltensweisen. Beobachtungslernen meint den Erwerb von sprachlichem Verhalten, das an einem Vorbild beobachtet wird. Vorbilder sind für das Kind: die Mutter, der Vater, die Geschwister, die Großeltern, Verwandte, Bekannte, Freunde, die Nachbarn, die Erzieherin und die Lehrerin.

Beratung: Beratung wird als Methode betrachtet, durch die Veränderungen bei bestimmten Personen hervorgerufen werden sollen, z.B. im Rahmen der Sprachförderung bei den Kindern selbst, bei den betroffenen Eltern und bei den Fachkräften. Beratung gehört unmittelbar zur Förderung des Kindes hinzu, denn gerade die Sprachförderung braucht die Mitarbeit und Hilfe der Eltern, damit Veränderungsprozesse herbeigeführt werden können. Dabei stehen persönliche und soziale Bedingungen im Vordergrund. Beratung wird damit zu einem interpersonalen Prozess, zu einer Beziehung zwischen zwei Personen.

Bereicherungsmodell: Dieses Modell der Sprachförderung betrachtet die Zweitsprache nicht als Gefahr für die Erstsprache, sondern als eine sprachliche, soziale und geistige Bereicherung von Kindern. Sprache ist ein Teil der Identität des Kindes. In Kanada z.B. lernen englisch sprechende Kinder Französisch als Unterrichtssprache.

Bergspitzenmodell: Dieses Modell wurde von Bishop und Edmundson (1987) anschaulich beschrieben. Die Höhe der Bergspitzen weist auf das Ausmaß der sprachlichen Probleme hin. Die Anzahl der gestörten Sprachebenen steht dabei in einem direkten Zusammenhang zu dem Schweregrad und der Komplexität der Sprachproblematik.

Beschäftigungstherapie: Diese Therapieform ist aus dem großen Feld der Arbeitstherapie entstanden und wird heute als Förderangebot für Kinder mit Wahrnehmungsstörungen, motorischen Unzulänglichkeiten und Sprachproblemen durch Ergotherapeuten in freien Praxen, Beratungsstellen oder Kliniken angeboten.

Besonderheiten: In der deutschen Standardsprache bzw. Hochsprache gibt es einige Besonderheiten und Eigenarten, mit denen zugewanderte Kinder, die Deutsch als Zeitsprache lernen, Schwierigkeiten haben. Aus der Vielzahl der Probleme haben wir drei wichtige Elemente herausgegriffen: Erstens: Die Aussprache von kurzen und langen Vokalen und von den drei Umlauten ä, ö und ü. Bei den Konsonanten bereitet das /ch/ und die Bildung der Zischlaute Probleme. Zweitens: Die Grammatik beinhaltet eine komplexe, wenig transparente und damit verwirrende Formenvielfalt. Drei Artikel, dazu bestimmte und unbestimmte, die Deklination, die Konjugation starker und schwacher Verben und die Adjektivendungen mit bestimmtem und unbestimmtem Artikel. Drittens: Lexikalische Besonderheiten, die den Wortbestand und die Wortbildung betreffen: aus Schule und Tasche wird Schultasche; aus turnen und Schuhe wird Turnschuhe und aus bunt und Stifte wird Buntstifte. Häufigkeitswörter und Füllwörter wie ja, nein, doch, mal besitzen keine Eigenbedeutung, sind aber dennoch entscheidend für das Verstehen eines Satzes (vgl. hierzu Beauftragte der Bundesregierung 2000).

Bewegung: Bewegung ist der erste und wohl stärkste Reiz, der auf das Neugeborene einwirkt und für die Ausreifung und Differenzierung des Nervensystems wichtig ist. Die Motorik bietet dem Neugeborenen die stärkste Anregung, weil eben andere Reize wie die Sprache noch nicht zur Verfügung stehen (vgl. Senf 2003, S. 20). Bewegung ist als Schlagwort in aller Munde. Bewegtes Lernen, übergewichtige Kinder, Bewegungsarmut, Bewegungskindergarten und bewegte Grundschule können als Beispiele angeführt werden, die die Beschäftigung mit diesem Thema verdeutlichen. Bewegung steigert die Hirndurchblutung, es kommt zu einer verbesserten Sauerstoffversorgung und damit zu einer Verbesserung des Lernens allgemein. Das Bedürfnis und die Lust zur Bewegung sind dem Menschen in die Wiege gelegt worden. Der Mensch braucht die Bewegung zum Leben und zur Entwicklung. Dennoch halten sich viele Kinder hinsichtlich der Bewegung zurück oder werden unbewusst von den Erwachsenen zurückgehalten. Viele Kinder können ihre motorischen Kräfte nicht erproben, können sich nicht austoben und bleiben Stubenhocker mit eingeschränkten Bewegungserfahrungen. Aus der Neurophysiologie wissen wir, dass gerade das bewegte Lernen die Durchblutung des gesamten Körpers und des Gehirns animiert und dadurch die Konzentration und Ausdauer trainiert werden. Kinder, die viel in Bewegung sind, sind intelligenter, gesünder, sozial reifer und vor allem selbstbewusster als Kinder, die sich nur wenig oder überhaupt nicht an der freien Luft bewegen. Die Sprachförderung kann daher das Spielen im Garten, im Park, in der Wohnanlage, auf der Straßen und im Wald zum Thema machen und sprachlich begleiten. Kinder, die viel in Bewegung sind, werden selbstsicherer, sind meist auch spontaner, insgesamt flexibler und mobiler, sozial einfühlsamer und umgänglicher.

Bewegungsdrang: Bewegungsdrang bei Kindern zeigt sich in einer motorischen Unruhe in Verbindung mit einem ungerichteten, ziellosen Verhalten. Kinder mit einem starken und teilweise ungestümen Bewegungsdrang fallen uns meistens sofort auf. Bekannt ist der Zappelphilipp, der einfach nicht still sitzen kann. Diesen Kindern gelingt es nicht, ihre Bewegungen bewusst zu kontrollieren, insbesondere dann nicht, wenn sie emotional erregt sind. In solchen Fällen reißen die Kinder Vasen von den Tischen, werfen Stühle und Tische im Zimmer um und rempeln andere Kinder an. Diese Kinder reagieren sofort bei besonderen Empfindungen. Bei Freude entfachen sie regelrecht einen Bewegungssturm, bei Trauer sind sie meist untätig, und bei Ärger und Wut reagieren sie mit wütenden Gesten oder Strampeln und Treten. Oft tritt zu sprachlichen Auffälligkeiten und Schwierigkeiten ein übergroßer, nicht zu erklärender Bewegungsdrang hinzu.

Bewegungstherapie: Im Sinne einer integrativen und ganzheitlich ausgerichteten Therapie wird der ganze Körper des Kindes mit all seinen möglichen Bewegungsfunktionen in dieser Therapieform beansprucht.

Beziehungen: Im Mittelpunkt der Sprachförderung steht die emotionale Erzieherin-Kind- bzw. die Lehrer-Schüler-Beziehung. Diese Beziehung prägt die gesamte Fördermaßnahme. Sie entscheidet darüber, was das Kind gerne tut und wie diese Tätigkeiten ausgeführt werden, z.B. zügig und gewissenhaft. Permanent schlechte Beziehungen zwischen der Fachkraft und dem Kind trüben die gesamte Atmosphäre und führen oft zu Disziplinschwierigkeiten einzelner Kinder in der Fördergruppe. Schmidt-Denter (1999, S. 125) unterscheidet zwischen symmetrischen und asymmetrischen Beziehungen. In symmetrischen Beziehungen sind die Partner gleichberechtigt, in asymmetrischen Beziehungen gibt es eine Hierarchie und ein soziales Statusgefälle.

Bezugsgruppe: Darunter verstehen wir die Gruppe von Personen, deren Normen, Werte und Einstellungen z.B. für die Sprache, das Sprechen und die Kultur von Kindern für wichtig und verbindlich betrachtet werden. Das sind für die Kinder meistens die primären und sekundären Bezugspersonen (Erzieherin und Lehrer).

Bezugsperson: Im Rahmen der kindlichen Entwicklung und Sozialisation spielen die Bezugspersonen des Kindes als Vorbildfunktion eine wichtige Rolle. Wir unterscheiden in primäre Bezugspersonen (Eltern bzw. Erziehungsberechtigte) und sekundäre Bezugspersonen (Erzieherinnen und Lehrer). Bezugspersonen sind auch Personen, mit denen sich das Kind identifiziert. Das Kind ahmt die Wertvorstellungen, Normen, Einstellungen, die Sprache und das Sprechen nach.

Bezugsnorm: Wir unterscheiden grundsätzlich drei verschiedene Bezugsnormen: 1. die soziale Bezugsnorm, d.h., es wird ein Vergleich mit den Lernergebnissen anderer Kinder angestellt; 2. die individuelle Bezugsnorm, d.h., das Ergebnis wird mit früheren Lernresultaten des Kindes verglichen, und 3. die sachliche Bezugsnorm, d.h., es wird ein Vergleich mit den definierten Lernzielen vorgenommen (vgl. Ingenkamp 1997, S. 44).

Bilderbuch: Das Bilderbuch besteht, wie der Name schon sagt, aus Texten und Bildern. Gerade die Komposition bzw. das Arrangement zwischen Wort und Bild erleichtert das Verstehen von Sprache und Zusammenhängen. Das Bilderbuch ist ein zentrales Medium jeglicher Sprachförderung deutscher und zugewanderter Kinder, weil es vielfältige Möglichkeiten der Förderung bietet: zuhören, aufnehmen, verarbeiten, benennen und spontanes Sprechen (vgl. Fendrich 2000, S. 139). Es eignet sich bestens, um von der gesprochenen Sprache zur Schriftsprache zu gelangen. Zwischen Eltern und Kind fungiert es als interaktives Medium. Als illustriertes Buch für Kinder im Kindergarten- und Schulalter bietet es Zeichnungen, Skizzen, Illustrationen zu längeren Texten und Bildergeschichten an. Die Textlänge und das Sprachniveau müssen dem Alter und dem sprachlichen Entwicklungsstand des Kindes angepasst werden, d.h., Text und Bild müssen im richtigen Verhältnis zueinander stehen. Bilderbücher greifen die direkte Umwelt, aber auch die fiktive illusionäre Welt und virtuellen Räume der Kinder auf. Die Kinder können beim Betrachten verschiedene Sinne einsetzen: Sie können hören, sehen, miterzählen, vorausraten, wiederholen, Erklärungen geben, neue Begriffe entdecken, Wörter umschreiben, Begriffe besser verstehen, logisch denken, die Fantasie anregen, in der direkten Rede sprechen, Dialoge üben, Tonfall, Mimik und Gestik besser einsetzen lernen.

Bildung: Der Begriff der Bildung stellt die kindliche Persönlichkeit in den Mittelpunkt und wird in zweierlei Hinsicht diskutiert. Da ist zum einen das Verständnis von Bildung als ein Kanon von Fähigkeiten und Kompetenzen, die in einem Curriculum zusammengefasst und dokumentiert werden. Bildung wird dabei von den gesellschaftlichen Anforderungen her definiert und durch gesellschaftliche Gruppen gesteuert und geplant. Zum anderen wird Bildung betrachtet als Entwicklungsförderung des Einzelnen. Das Kind ist der Konstrukteur seiner eigenen Bildung, die behutsam gefördert werden muss und nur langsam wachsen kann. Bildung wird verstanden als ein geistiger Prozess der Aneignung der Umwelt. Das Kind bildet sich nach von Hentig selbst. Nach Wilhelm von Humboldt geht es schwerpunktmäßig bei der Bildung um die Anregung aller menschlichen Kräfte im Menschen.

Bildungs- und Erziehungsplan: Als eine Konsequenz der PISA-Studien können die Bildungs- und Erziehungsempfehlungen der sechzehn Bundesländer betrachtet werden. Dies ist auch eine gesellschaftliche Aufwertung des Kindergartens und der gesamten vorschulischen Förderung und wird als Beitrag zur neuen Qualitäts- und Bildungsoffensive betrachtet. Diese Pläne bzw. Empfehlungen sollen in den Kindertagesstätten bis zur Einschulung umgesetzt werden. Dabei wird dem Lernbereich Sprache eine zentrale, übergreifende und entwicklungsfördernde Rolle zugesprochen. Kinder sollen im Kindergarten weiterhin spielen, sollen daneben aber gezielt und bewusst frühe und differenzierte Lern- und Bildungsprozesse angeboten bekommen, um den persönlichen kindlichen Förderbedürfnissen gerecht zu werden. Im Mittelpunkt all dieser neuen Pläne steht das Kind, das sich in seiner spezifischen Lebensumwelt zu einer Persönlichkeit entwickeln soll (vgl. Bayerisches Staatsministerium für Arbeit und Sozialordnung, Familie und Frauen 2003, S. 7ff.). Hinsichtlich der Förderung der Kinder benutzt man verstärkt den Kompetenzbegriff und spricht in diesen Plänen verstärkt von personalen, motivationalen, physischen, sozialen, kognitiven, emotionalen, kommunikativen sowie lernmethodischen Kompetenzen des Kindes.

Bilingualismus: Bilingualismus bedeutet Zweisprachigkeit bzw. der Gebrauch zweier Sprachen (bi = zwei und lingua = Sprache). Man versteht darunter die Fähigkeit, sich in zwei Sprachen auszudrücken und beide Sprachen zu verstehen, und zwar von Geburt an. Analog dazu wird der Begriff der Mehrsprachigkeit benutzt. Viele Kind wachsen heutzutage in einem mehrsprachigen Umfeld auf. Diese Kinder haben die Chance, in frühester Kindheit schon mehr als eine Sprache zu lernen. Für den erfolgreichen Besuch der Schule und die spätere berufliche Karriere ist das Erlernen und Beherrschen der deutschen Sprache als Verkehrssprache notwendig. Mehrsprachig aufwachsende Kinder müssen sowohl in ihrer Erstsprache als auch beim Erwerb der zweiten Sprache durch geeignete Fördermaßnahmen unterstützt werden.

Blackbox-Modell: Blackbox heißt wörtlich übersetzt »schwarzer Kasten«. Hier wird die theoretische Vorstellung zu Grunde gelegt, dass es für das Zustandekommen von Verhaltensweisen wie Sprache geistige Prozesse und Operationen im Gehirn gibt, die uns weiterhin verborgen bleiben. Wir können den Input und Output hören, sehen und messen. Der Blick in die Blackbox bleibt weiterhin verschwommen und geheimnisvoll.

Blackout: Das ist jener Moment im Leben eines Menschen, der eine geistige Abwesenheit, eine Erinnerungslücke bzw. ein völliges Versagen in einer Lernsituation meint. Es wird einem regelrecht »schwarz« vor den Augen, man ist nicht mehr »bei allen Sinnen.«

Blickkontakt: Der Blickkontakt ist vom ersten Lebenstag an das entscheidende Ereignis in der Beziehung zwischen Mutter und Kind. Wenn das Neugeborene den Blickkontakt sucht, bahnt sich bereits die zwischenmenschliche Kommunikation an. Der Blickkontakt gehört zur nonverbalen Kommunikation und ist somit das wirkungsvollste Signal der menschlichen Körpersprache. In der Sprachförderung ist er ein wichtiges Signal, über das wir Zuspruch, Freundlichkeit, Vertrauen, Sympathie, aber auch Antipathie, Drohungen und Dominanzgehabe ausdrücken können. Wir können den Blick als positive und negative Verstärker in der zwischenmenschlichen Kommunikation einsetzen.

Blitzlicht: Diese Übung kann zu Beginn eines Gesprächs oder aber auch am Ende einer Sprachförderung eingesetzt werden. Die Fachkraft gibt einen Begriff vor, zeigt einen Gegenstand oder sagt einen Satz. Die Kinder haben in der Kleingruppe jetzt die Gelegenheit innerhalb von zwei bis drei Minuten spontan all das zu sagen, was ihnen gerade durch den Kopf geht. Das Thema wird wie im Blitzlicht eines Scheinwerfers gedanklich erhellt im Sinne von »Geistesblitzen« und sprachlich dargestellt.

Brain-Gym: Brain-Gym ist ein Teilgebiet der Edu-Kinestik. Darunter versteht man Gehirngymnastik oder Lerngymnastik, die von den Brüdern Paul und Gail Dennison entwickelt worden ist, um Lernblockaden durch entsprechende Bewegungsübungen zu beheben. Dabei werden drei Arten von Brain-Gym-Übungen unterschieden. Erstens Energieübungen sollen Körper und Gehirn miteinander verknüpfen. Zweitens Dehnungsübungen sollen bessere Voraussetzungen für die Lerntätigkeit schaffen durch bessere Wachsamkeit, Aufmerksamkeit, Wahrnehmung, Gedächtnisleistung und Körperhaltung. Drittens sollen Überkreuzbewegungen die grob- und feinmotorischen Fertigkeiten, die ganzheitliche Körperkoordination verbessern als Grundlage für das bevorstehende Lesen und Schreiben.

Brainstorming: In einem Brainstorming sucht man zu einem Problem oder einer Frage all die Gedanken zusammen, die einem gerade durch den Kopf gehen. Brainstorming kann ich alleine betreiben, diese Methode kann aber auch in der Gruppe eingesetzt werden. Alle sprachlichen Äußerungen werden zunächst ohne Kommentare und Interpretationen notiert. Das Verfahren Brainstorming sollte nicht länger als drei bis fünf Minuten andauern. Die Methode des Brainstorming kann zu Beginn einer Sprachförderung eingesetzt werden, wenn es beispielsweise darum geht, einen Begriff zu erklären.

Bruner: Der amerikanische Psychologe Jerome Bruner (1915–1987) ist ein Vertreter des interaktionistischen Ansatzes. Er vertritt die Meinung, dass die Mutter intuitiv die beste Sprachlehrerin des Kindes ist. Ausgangspunkt der kindlichen Sprache und der Sprachentwicklung sind die vorsprachlichen Kommunikationsformen, d.h. die Interaktionen zwischen Mutter und Kind. Für Bruner ist die Interaktion grundlegend, und der Säugling wird als aktiver Partner betrachtet, der über Mimik, Gestik, Blickkontakt und verschiedene hörbare Signale seiner Stimme mit der Mutter und der Umwelt kommuniziert. Diese vorsprachlichen frühen Kommunikationsformen sind die Vorläufer der Sprache. Sprache wird im gemeinsamen Handeln zwischen dem Kind und seinen primären ersten Bezugspersonen (Vater/Mutter) erworben.

Brückensätze: Wir erleben immer wieder, dass Kinder in neuen Gruppen gehemmt sind und sich beim Sprechen zurücknehmen. Insbesondere gilt dies für sprachauffällige deutsche Kinder, aber in gleichem Maße für zugewanderte Kinder aus anderen Sprachgemeinschaften, die mit der deutschen Sprache noch Probleme haben. Um die Integration und Eingewöhnung zu fördern, werden so genannte »Brückensätze« vorgeschlagen. Die Fachkräfte sollten einfache Satzmuster sprechen. Diese Brückensätze sind als Hilfsmittel zu verstehen, damit das Kind die Hemmungen und die anfängliche Sprachlosigkeit verliert. Solche Brückensätze können sein: Guten Morgen, Guten Tag, Guten Abend, Auf Wiedersehen, Was ist mit dir los? Warum weinst du? Möchtest du mitspielen? Hast du Hunger oder Durst? Kann ich dir helfen? Musst du auf die Toilette? Diese Brückensätze werden z.B. in der Sprachförderkiste vorgeschlagen (vgl. Arslanoglu u.a. 2004).

Buch: Die Hinführung der Kinder zum Buch, zum Märchenbuch, zu Kinderbuch oder zum Bilderbuch ist ein wichtiges Ziel der Sprachförderung generell. Buch ist ein größeres Werk von gedruckten und illustrierten Papierbögen, d.h. ein größeres Druckwerk. Johannes Gutenberg (1397–1468) hat 1452 in Mainz die erste Bibel gedruckt und ist damit als Erfinder des Buchdrucks in die Geschichte eingegangen. 1812 erfindet Koenig die Buchdruck-Schnellpresse, mit der dann ab 1814 die Londoner »Times« gedruckt wird.

Buchstabenschrift: Die einzelnen Buchstaben selbst sind bedeutungslos. Die Schrift repräsentiert die lautlichen Anteile der Sprache. Das zentrale Problem der Buchstabenschrift besteht darin, dass die Lautsprache mehrere Hundert Laute (Phone) enthält, demgegenüber jedoch nur 26 Buchstaben bzw. 29 Buchstaben mit den drei Umlauten ä, ö und ü. Viele der unterschiedlichen Laute sind für die Unterscheidung von Wörtern nicht relevant. Im Deutschen verbleiben ca. 40 solcher Laute (Phoneme). Die schriftlichen Zeichen dieser Phoneme sind die Buchstaben; sie werden als Grapheme bezeichnet. Die Buchstabenschrift schreibt nicht jedes einzelne Wort durch ein bildhaftes Zeichen auf, sie orientiert sich an den gesprochenen Lauten der Sprache. Von daher spielt die Laut-Buchstaben-Beziehung (= Graphem-Phonem-Korrespondenz) eine zentrale Rolle beim Lesen- und Schreibenlernen. Die Buchstabenschrift ist eine ökonomische Erfindung, die es ermöglicht, jedes neue Wort mit Hilfe der 29 Buchstaben aufzuschreiben. Diese Beziehung zwischen dem Laut und dem Buchstaben erfordert vom Kind eine hohe Abstraktionsleistung (vgl. Menzel 1990, S. 15).

Buchstabieren: In der Geschichte des Lesen- und Schreibenlernens ist die Buchstabiermethode die älteste Methode des Schriftspracherwerbs. Die Schrift ist ein System grafischer Zeichen (Grapheme = Buchstaben), die mit sprachlichen Zeichen (Phoneme = Laute) verknüpft, d.h. kodiert und dekodiert werden. Die Buchstabenschrift besteht aus 26 Buchstaben, mit den Umlauten aus 29. Buchstabieren heißt, dass wir ein gesprochenes oder geschriebenes Wort in die einzelnen Buchstaben zerlegen und die Buchstabennamen nennen. Beispielwort »Kaffee« in Ka, a, ef, ef, e, e. Bei phonolgischen Übungen im Kindergarten und beim Lesen- und Schreibenlernen in der Schule sollten wir nicht buchstabieren, sondern immer lautieren.

Buchstabiermethode: Die Buchstabiermethode stand am Anfang des systematischen Lesen- und Schreibenlernens. Die Kinder lernen im Mittelalter die einzelnen Buchstabennamen wie z.B. a, be, tse, de, eff usw. Die Buchstaben wurden dabei silbig ausgesprochen wie z.B. »be« für b. Dazu wurden sie auch angehalten, die Buchstaben in der Reihenfolge des ABC zu lernen. Die Kinder mussten zunächst die Buchstabennamen lernen und danach erst zusammenziehen, also synthetisieren. Die Buchstabiermethode orientierte sich in den damals bekannten ABC-Büchern an den Anfangsbuchstaben. Bekannt sind das »Lutherische ABC und Namenbüchlein für Kinder« und die »Augsburger Fibel« aus dem Jahre 1486 (vgl. Menzel 1990, S. 16).

Bühler: Der deutsche Psychologe und Sprachforscher Karl Bühler (1879–1963) entwickelte in Anlehnung an den griechischen Philosophen Platon (427–347 v. Chr.) das Organon-Modell. Organon bedeutet, Sprache als Werkzeug zu benutzen, um dem anderen etwas über die Dinge in der Welt mitzuteilen. Das Organon-Modell geht davon aus, dass jede sprachliche Aussage drei Funktionen beinhalten sollte: Darstellung, Ausdruck und Appell. Das Modell von Bühler ist kommunikativ ausgerichtet, d.h., Sprachzeichen werden zwischen Sender und Empfänger gewechselt.

Chancengleichheit: Ende der 1960er- und Anfang der 1970er-Jahre war der Abbau der Chancenungerechtigkeit zwischen den einzelnen sozialen Schichten ein Ziel der Bildungspolitik. Doch laut PISA ist die Herkunft bis heute ein entscheidender Faktor geblieben für die Schulbildung und spätere berufliche Karriere. Lesen und Schreiben sind in unserer Gesellschaft eine Grundvoraussetzung für die Persönlichkeit des Kindes. Nicht nur die Kinder aus zugewanderten Familien, nein, alle Kinder aus bildungsfernen und kommunikationsarmen Familien benötigen eine sprachliche und auf den Schriftspracherwerb vorbereitende Förderung. Als Folge von PISA wird viel über die soziale Disparität und damit über die fehlende Chancengleichheit in unserer Gesellschaft gesprochen. Es geht hinsichtlich der Sprachförderung um die Verbesserung der Startchancen für Kinder aus bildungsfernen und sprachschwachen Familien und um die Verbesserung der Rahmenbedingungen unterprivilegierter Schichten in unserer Gesellschaft.

Cocktailparty-Effekt: Dieser Begriff stammt aus der akustisch-auditiven Wahrnehmung. Damit ist die erworbene Fähigkeit des Kindes gemeint, aus einem vielfältigen akustischen Angebot, wie z.B. viele Stimmen auf einer Kinderparty, diejenigen Stimmen wahrzunehmen, die das Kind gerade interessieren. Alle anderen Stimmen kann das Kind wegfiltern und unterdrücken und somit nicht hören, wenn es das bewusst und gezielt so will.

Cochlea-Implantat: Das Cochlea-Implantat ist eine Prothese im Innenohr des Kindes. Dieses winzige Gerät besteht aus einem Sprachprozessor, aus Sender- und Empfangselektroden. Die Empfangselektroden werden operativ in die Cochlea (= Hörschnecke) eingesetzt. Der Sprachprozessor wird außen getragen. Das Cochlea-Implantat kann den Hörnerv reizen. Dadurch kann das Hörzentrum im Gehirn besser stimuliert werden. Das Cochlea-Implantat ist eine eindeutige Verbesserung gegenüber dem Hörgerät. Heute wird bereits gehörlosen Kleinkindern dieses Cochlea-Implantat eingesetzt, vorausgesetzt der Hörnerv ist intakt.

Code Switching: Code Switching meint das Wechseln von der Erstsprache in die Zweitsprache oder umgekehrt. Das Wechseln passiert mitten im Gespräch, mitten in einem Satz oder gegen Ende der sprachlichen Äußerungen.

Collage: Unter einer Collage versteht man eine Klebearbeit aus Papier. Der Begriff hat sich auch in der Literatur festgesetzt und so gibt es Wort- und Satzcollagen.

Comenius: Johann Amos Comenius (1592–1670) war der erste große Didaktiker und Klassiker der Pädagogik. Er betonte in seinen Schriften die Bedeutung der frühkindlichen Erziehung und Bildung. In seiner gemalten Welt »Orbis sensualium pictus« schuf er ein geniales Unterrichtsbuch, das über 100 Jahre Bestand hatte. Selbst Goethe hat mit diesem Buch gearbeitet und gelernt. In der »Didactica magna« verfasste Comenius eine große Unterrichtslehre. Mit seinem Bilder-, Sach- und Sprachbuch »Orbissensualium pictus« kam er einem nachahmenden Sprachunterricht nahe. Hier sollten insbesondere Naturlaute gehört und nachgeahmt werden wie »das Schaf blöcket – be ee, der Wolf heulet lu ulu, der Beer brummet – mm mm usw.«. Die genannten Tiere repräsentierten Laute bzw. Wörter. Comenius betonte die Notwendigkeit der feinsinnigen Beobachtung des Kindes, die Bedeutung der anregungsreichen Umgebung für die kindliche Entwicklung, in der das Kind aufwächst, und die Relevanz der Emotionalität beim Lernen.

Daten: Im Rahmen der Sprachförderung verstehen wir all jene sprachlichen Äußerungen, die vom Beobachter in spontanen Alltagssituationen aufgezeichnet und notiert worden sind. Wir sollten die »harte Daten« im Sinne von nachweisbaren Fakten als zuverlässiges Datenmaterial von den »weichen Daten« trennen, die oft im Dunstkreis von Gerüchten und Vorurteilen liegen. Die Qualität der Hypothesen ist abhängig von Theorien und empirischen Befunden, aber auch von der Qualität und Güte der ermittelten Daten. Wenig zuverlässige Daten erschweren die Überprüfung der aufgestellten Hypothesen. Folgende Datenbereiche können wir unterscheiden: 1. Dokumente wie Schulzeugnisse, Entwicklungsgutachten, 2. Gutachten wie ärztliche Gutachten des Haus-, Kinder- oder Facharztes und von Therapeuten wie Logopädinnen oder Ergotherapeutinnen 3. Testergebnisse von Schul- und Kinderpsychologen, Sonderpädagogen, Beratungsstellen oder kompetenten Experten wie Kinderpsychiater.

Darstellende Spiele: Das ist eine Sammelbezeichnung für unterschiedliche Spielformen, in denen Rollen und Figuren szenisch umgesetzt werden. Es können verschiedene Gestaltungsmittel wie Kostüme, Schminke und Masken benutzt werden. Beim darstellenden Spiel sind alle Kinder gleichzeitig beteiligt und sind individuell aktiv und kreativ. Im darstellenden Spiel können sich die Kinder ganzheitlich entfalten und die Kinder können ihre intuitiven und kreativen Kräfte ausleben. Im darstellenden Spiel werden die Kinder zu partnerschaftlichem und kooperativem Handeln, zu Toleranz und zur Dialogfähigkeit erzogen. Bei dieser Spielform ist der Prozess wichtiger als das Produkt (vgl. Wardetzky 1995, S. 8). Das darstellende Spiel wird im Rahmen der Sprachförderung recht stiefmütterlich behandelt.

Datenschutz: Alle pädagogischen Fachkräfte sind verpflichtet, die Einhaltung des Datenschutzes umfassend sicherzustellen. Für alle Personen wie Mediziner, Psychologen und Pädagogen, die mit dem Kind und deren Eltern konferieren, gilt die Schweigepflicht. Die Weitergabe und der Austausch von persönlichen Daten kann nur vom Ratsuchenden bzw. deren Erziehungsberechtigten freigegeben werden.

Defizithypothese: Darunter verstehen wir die Annahme, dass eine anregungsschwache und reizarme Umwelt zu geistigen Mängeln und Unzulänglichkeiten in der frühkindlichen Entwicklung von Kindern führen kann. Diese Mängel können zu Beeinträchtigungen der weiteren kindlichen Entwicklung führen.

Dendrit: Ein mehrfach verzweigter Fortsatz der Nervenzelle, der die Erregung anderer umliegender Nervenzellen aufnimmt. Ein Neuron hat meist zahlreiche Dendritenbäume, die als Antennen oder Empfangsstationen Signale empfangen und verrechnen.

Denken: Synonym wird der Begriff der Kognition gebraucht. Sprache und Denken hängen sehr eng zusammen und beeinflussen sich wechselseitig (vgl. hierzu die Ausführungen von Piaget 1972). Denken ermöglicht u.a., wahrgenommene Informationen aus der Umwelt im Gedächtnis zu speichern, Gesprochenes zu verstehen und neue Begriff zu bilden. Weiterhin müssen diese neuen Begriffe in das vorhandene Lexikon des Kindes integriert werden. Sprache ist für die Entwicklung des Denkens sehr wichtig. Das Denken entwickelt sich aus der sensomotorischen Phase der ersten beiden Lebensjahre heraus.

Deprivation: Dem Kind werden Dinge, Gegenstände und Personen vorenthalten, die für die kindliche Entwicklung wichtig sind. Somit können nicht alle für die Entwicklung wichtigen Bedürfnisse befriedigt werden. Man spricht von Nahrungsdeprivation, wenn das Kind Hunger leidet und eine Mangelernährung erlebt. Ebenso spricht man von sozialer Deprivation, wenn das Kind von bestimmten Bezugspersonen isoliert aufwächst. Solche Deprivationssymptome können zum Hospitalismus und damit zu schweren Entwicklungsverzögerungen führen.

Dezibel: Dies ist eine Maßeinheit zur Messung der Intensität des Hörereignisses bzw. des Höreindrucks. Die Maßeinheit wurde nach dem Erfinder des Telefons, dem Amerikaner A.G. Bel bezeichnet: Dezibel = dB = 1/10 Bel.

Diagnose: Es geht um die Identifikation und Benennung einer Krankheit als Ergebnis einer medizinischen, psychologischen oder pädagogischen Untersuchung. Die vorliegenden Befunde und Daten sind die Grundlage für die Erstellung eines Förderplans.

Diagnostik: Die Diagnostik in der Pädagogik verfolgt das Ziel, über eine bestimmte Menge gut ausgewählter Daten ein Bild über das zu fördernde Kind zu bekommen. Diagnostik will einerseits das aktuelle Verhalten erklären und zukünftiges Verhalten im Sinne der Zone der nächsten Entwicklung des Kindes voraussagen. Die Kritik an der Selektionsdiagnostik hat den Blick für die Förderdiagnostik geöffnet. Heute sprechen wir von der Ressourcendiagnostik und verstehen darunter die Förderung der kindlichen Stärken und Schwächen. In der Sprachförderung sprechen wir von Förderdiagnostik oder Prozessdiagnostik, die den Prozess der kindlichen Förderung und Entwicklung begleiten soll. Die Diagnostik verfolgt das Ziel, Grundlagen zu schaffen für eine qualifizierte und pädagogisch begründete Entscheidung. Es geht nicht um die Unterschiede zwischen einzelnen Kindern oder gar Gruppen bzw. Schulklassen oder um Selektion und Platzierung des Kindes, sondern vielmehr um die persönliche Hilfe für das einzelne Kind. Diagnostik will die Komplexität der Sprache und des Sprechens transparent machen, dennoch weiterhin das Kind als Ganzheit betrachten und über die Analyse und Reduktion der komplexen Wirklichkeit zur Ursachenfrage beitragen, konkrete Förderhinweise geben und Prognosen für die weitere Sprachförderung abgeben.

Diagnostischer Prozess: Der diagnostische Prozess im Rahmen der Sprachförderung bildet die Ausgangslage und stellt die Grundlagen für jedes weitere sprachpädagogische sinnvolle Handeln und Tun. Die Struktur des diagnostischen Prozesses lässt sich in folgende Phasen unterteilen:

1. Ein Auftraggeber (z.B. die Eltern) braucht eine Entscheidungshilfe für ein Problem.
2. Es werden Hypothesen über das aktuelle sprachliche Verhalten aufgestellt.
3. Daten werden beschafft, um die Hypothesen zu überprüfen.
4. Bleibt die Fachkraft bei den Hypothesen, so können eine Prognose und ein Förderplan erstellt werden.
5. Die durchgeführte Sprachförderung wird dokumentiert, und der Prozess der Förderung bzw. die erreichten Ergebnisse werden reflektiert.
6. Der aufgestellte Förderplan wird beibehalten oder modifiziert.

Dialekt: Wir verstehen darunter die Mundart, d.h. eine auf ganz bestimmte Regionen (Landstriche, Dörfer und Städte) begrenzte Sprache von Menschen. Bei vielen Kindern haben wir im Kindergarten und in der Grundschule das Problem, dass sie sich vom regionalen Dialekt nicht lösen können. Die mangelnde Beherrschung der Standardsprache (Hochsprache, Zielsprache) wird dann zu einem Problem, wenn sich Dialekte lautlich, grammatisch und ausdrucksmäßig sehr stark von der Hochsprache unterscheiden. Problematisch ist die Tatsache, wenn die Kinder zu Hause ausschließlich dialektal sprechen, im Kindergarten oder in der Schule ausschließlich hochdeutsch sprechen sollen.

Dialog: Unter dem Begriff Dialog verstehen wir allgemein ein Gespräch zwischen zwei oder mehreren Personen. Die Rede wechselt zwischen zwei Personen hin und her, und die Gesprächsanteile können unterschiedlich verteilt sein. Der Dialog kommt in der Sprachentwicklung zeitlich lange vor dem eigentlichen Sprechen. Gemeint ist der Dialog zwischen Mutter und Kind. Damit die Sprache sich in Dialogen weiterentwickeln kann, braucht das Kind geeignete und kompetente Gesprächspartner und sozial-kommuni-

kative Situationen. Der Dialog zwischen den Gesprächspartnern wird damit zum zentralen Ziel und gleichzeitig zum Prinzip der Sprachförderung. Die Eltern und die Fachkräfte sollten sich bemühen, permanent eine gesprächsbereite und dialogorientierte Haltung im Umgang mit den Kindern zu zeigen.

Dichotisches Hören: Darunter versteht man das beidohrige Hören; hier gelangen gleichzeitig über Kopfhörer ein Wort auf das linke und ein anderes Wort auf das rechte Ohr. Dadurch wirkt das Wort des jeweils gegenüberliegenden Ohres wir ein Störgeräusch. In einem dichotischen Hörtest wird überprüft, ob das Kind beide Ohrsignale gleich gut erkennen und verarbeiten kann oder ob möglicherweise ein Ohr benachteiligt ist (vgl. Minning 2005, S. 16).

Didaktik: Der Begriff Didaktik wird etymologisch abgeleitet vom griechischen Verb »didaskein«. Er trägt eine doppelte Bedeutung: Zum einen bedeutet es Lehren als Tätigkeit der Erzieherin bzw. des Lehrers und zum anderen Lernen als Tätigkeit des Kindes bzw. des Schülers (vgl. Kron 1994, S. 328). Der große Pädagoge und Didaktiker Comenius (1592–1670) definiert Didaktik als »Lehrkunst« bzw. als »Kunst, allen Menschen alles zu lehren« (vgl. Comenius 1657). Didaktik hat sich nach Kron in unserer Zeit zu einer wichtigen Teildisziplin der Pädagogik entwickelt und bildet für die pädagogischen Fachkräfte eine wichtige und notwendige Orientierung für das tägliche Arbeiten in Kindergarten und Schule. Man unterscheidet Didaktiken für die einzelnen Schulformen, für einzelne Bereiche und spricht von Fachdidaktiken einzelner Fächer wie Deutsch und Mathematik. So kann man auch von einer Didaktik des Sprachunterrichts und der Sprachförderung sprechen, wenn auch die Konturen sehr unscharf sind.

Didaktisches Dreieck: Die Zusammenhänge und Wechselwirkungen zwischen Lehr- und Lernprozessen lassen sich für die Planung und Durchführung einer Sprachförderung in dem Triangel gliedern: Kind – Pädagoge – Stoff bzw. Themen und Inhalte. Die pädagogische Fachkraft sollte zunächst die Voraussetzungen und Bedürfnisse des Kinder herausarbeiten, dann die eigenen didaktisch-methodischen Kompetenzen und Möglichkeiten ausloten und bei der Planung von Fördereinheiten die Themen und Inhalte aus der unmittelbaren Lebenswelt der Kinder aussuchen. Die Inputs sollten interessant, redundant, komplex und vielfältig sein.

Differenzierung: Differenzierung stammt von dem lateinischen »differentia« und bedeutet Unterschied. Differenzierung ist ein altes Prinzip, auf das schon der Philosoph und Pädagoge Johann Friedrich Herbart (1776–1841) hinwies, als er von der »Verschiedenheit der Köpfe« sprach. Differenzierung stellt die individuelle Förderung der Kinder in den Mittelpunkt. Es ist ein wichtiges und komplexes Unterrichtsprinzip, das zwischen den organisatorischen (Schulart, Klasse, Lerngruppe, Fördergruppe) und didaktisch-methodischen (Ziele, Inhalte, Methoden, Medien) Aspekten unterscheidet. Differenzierung huldigt der Heterogenität und beschäftigt sich mit den unterschiedlichen Voraussetzungen und Lernmöglichkeiten des Kindes in der Fördersituation (vgl. Kasper 1993).

Diphtong: Der Begriff wird aus dem Griechischen »diphtongos« abgeleitet und bedeutet »Zweilaut«. Man spricht auch von Doppellaut. Hier handelt es sich um eine Silbe, die sich aus zwei Vokalen zusammensetzt: /au/, /ei/ und /eu/. Ein Vokal ist dominant (vgl. Lewandowski 1990, S. 227).

Diskrimination: Der Begriff stammt aus der Lernpsychologie und bedeutet so viel wie Unterscheidung. Die Verarbeitung von aufgenommenen Sinnesreizen erfordert ein Unterscheiden, Vergleichen und Zuordnen im Sinne von Wiedererkennen (vgl. DIFF 1988, S. 55). Diskrimination ist dann gegeben, wenn ein Kind gelernt hat, auf einen Reiz, wie z.B. das Wort »Mama«, in spezieller Weise zu reagieren und auf einen Reiz, wie z.B. »Muna«, nicht zu reagieren. Das Diskriminationslernen spielt in der Wahrnehmung eine zentrale Rolle und wird umso schwieriger, je ähnlicher die zu unterscheidenden Reize sind wie z.B. bei dem Minimalpaar /Tanne/ und /Kanne/. Man spricht von Lautdiskrimination und weiß, dass dies eine wichtige Phase im Spracherwerbsprozess des Kindes darstellt.

Distinktive Merkmale: Phoneme unterscheiden sich durch distinktive Merkmale. Im Folgenden werden einige ausgewählt: vokalisch – nicht vokalisch; konsonantisch – nicht konsonantisch; stimmhaft – stimmlos; nasal – oral; scharf klingend – sanft klingend; dunkel – hell.

Dominanz: Hierunter versteht man das Überwiegen einer Körperseite, die durch die funktionelle Asymmetrie der beiden Hemisphären entsteht. Die beiden Gehirnhälften übernehmen im Laufe der kindlichen Entwicklung jeweils bestimmte höhere Funktionen, wie z.B. die Sprache bei Rechtshändern in der linken Hirnhälfte und die Wahrnehmung von Stimmungen und Gefühlen bei Rechtshändern in der rechten Hirnhälfte.

Duden: Konrad Duden (1829–1911), Gymnasialdirektor in Schleiz (Thüringen), entwickelte ein Wörterbuch, das 1880 im Anschluss an die I. Orthographische Konferenz als Wörterbuch der deutschen Sprache erscheint. 1955 werden die im Duden festgelegten Schreibweisen von der Kultusministerkonferenz der Bundesrepublik Deutschland (KMK) als verbindlich anerkannt. Somit ist der Duden eine wichtige orthographische Normierungs- und Kontrollinstanz in Deutschland.

Dysfunktion (MCD = Minimale Cerebrale Dysfunktion): Damit ist eine leichte frühkindliche Hirnfunktionsstörung mit oder ohne Intelligenzdefekt gemeint. Bestimmte Verhaltensweisen des Kindes können auf eine minimale Beeinträchtigung der Hirnfunktionen zurückgeführt werden. Symptome sind oft Wahrnehmungsstörungen, Entwicklungsrückstände, Lernstörungen, Verhaltensstörungen, Sprachstörungen, Konzentrationsstörungen und motorische Defizite in der Hand- und Fingergeschicklichkeit.

Dysgrammatismus: Es handelt sich hier um eine Sprachaufbaustörung. Das Kind hat Probleme bei der Bildung der Sätze. Diese Kinder sprechen wie Kleinkinder in Zweiwortsätzen, benutzen gehäuft die Infinitivform und beachten nicht die korrekte Stellung der Wörter innerhalb des Satzes. Dysgrammatismus kommt in der reinen Form fast nie vor. Meist tritt er in Verbindung mit Stammeln oder Symptomen der Sprachentwicklungsverzögerung auf.

Dyslalie: Eine Störung der kindlichen Sprachentwicklung. Das Kind hat Schwierigkeiten, die Laute bzw. Lautverbindungen der deutschen Sprache korrekt zu bilden. Man spricht hier auch von Artikulationsstörung oder Stammeln. Folgende Laute werden häufig fehlgebildet: s, sch, g, k, l, r.

Echolalie: Damit ist das Nachplappern, Nachsprechen von Lauten, Wörtern und Sätzen gemeint. Das ist eine nicht zu unterschätzende Phase in der kindlichen Sprachentwicklung im ersten Lebensjahr.

Efferente Nervenbahnen: Darunter versteht man die Weiterleitung von Erregungsmustern des Gehirns zu den einzelnen Organen, wie z.B. aus dem ZNS zur Peripherie, vom Gehirn zu den Sprechwerkzeugen.

Edu-Kinästetik: Der amerikanische Pädagoge Paul E. Dennison ist der Begründer der Educational Kinesiology, eingedeutscht als Edu-Kinästetik (EK). Der Begriff stammt von dem lat. educare = heranziehen und dem griech. kinesis = Bewegung. Es handelt sich um die Lehre von der Bewegung des menschlichen Körpers. Zusammen mit seinem Bruder Gail E. Dennison hat er Bücher und Skripten zur Edu-Kinästhetik herausgegeben. Sie gehen von der Erkenntnis aus, dass es zwischen der Entwicklung, dem Spracherwerb und den Fähigkeiten und Leistungen einen sehr engen wechselseitigen Zusammenhang gibt. Das gesamte Konzept dient dazu, durch bestimmte Bewegungen und Berührungen die im Körper verborgenen Potenziale herauszuholen und verfügbar zu machen. Drei Lerntypen werden unterschieden: der visuelle Lerntyp, der auditive Lerntyp und der kinästhetische Lerntyp.

Egozentrische Sprache: Dieser Begriff geht auf den Schweizer Psychologen Jean Piaget zurück. Er unterscheidet drei Kategorien:

1. Die Wiederholung im Sinne einer Echolalie als Restsymptome des Lallens, d.h. das Kind wiederholt Silben und Laute.
2. Der persönliche Monolog, d.h., das Kind spricht laut und denkt dabei, das Kind denkt laut, wendet sich dabei nicht an andere Personen.
3. Der kollektive Monolog, d.h., zwei oder drei Kinder sprechen zwar miteinander, der Standpunkt des Gesprächspartners spielt jedoch keine Rolle.

Eidetik: Das ist die Fähigkeit, Gegenstände, die nicht im Wahrnehmungsbereich liegen, bildhaft vor sich zu sehen. Manche Kinder und Erwachsene haben diese seltene Fähigkeit.

Einschulung: Die Einschulung ist in der Bundesrepublik Deutschland in allen sechzehn Bundesländern gesondert geregelt. Unter Einschulung verstehen wir die Aufnahme des Kindes in die vierjährige Grundschule – in Berlin und Brandenburg dauert die Grundschule sechs Jahre. Die Kinder werden in den Monaten August oder September schulpflichtig. Stichtag ist in vielen Bundesländern der 30. Juni bzw. 1. Juli. Kinder, die bis zum 31.12. des Jahres sechs Jahre alt werden, können auf Antrag der Erziehungsberechtigten vorzeitig in die Grundschule aufgenommen werden, wenn sie die notwendigen körperlichen, geistigen und sozialen Voraussetzungen der Schulfähigkeit erfüllen. Die Feststellung der Schulreife (= Schulfähigkeit) erfolgt in der Schuleingangsuntersuchung, die durch den Jugendärztlichen Dienst (= Schulärztin des regionalen Gesundheitsamtes) durchgeführt wird. Man spricht hier von den »Kann-Kindern«. Kinder, die schulpflichtig, aber noch nicht schulfähig sind, können vom Schulbesuch vorerst ausgeschlossen und ein Jahr zurückgestellt werden. Die Zurückstellung muss aber mit einem detaillierten Förderplan verbunden sein, damit die Kinder im Schulkindergarten oder in einer Vorschulgruppe des Kindergartens vorhandene Defizite ausgleichen können. Die Entscheidung über die Schulfähigkeit trifft der Schulleiter auf der Grundlage pädagogischer, psychologischer und schulärztlicher Untersuchungsergebnisse. Die Sprachförderung sollte spätestens in den letzten beiden Jahren der Kindergartenzeit einsetzen, damit nachhaltige sprachliche Erfolge erreicht werden. Zwei Tendenzen sind hinsichtlich der Einschulung erkennbar: Erstens können Kinder in einigen Bundesländern, wie z.B. Rheinland-Pfalz, auf Antrag der Eltern bereits mit fünf Jahren eingeschult werden. Zweitens werden in einigen Bundesländern alle Kinder in die neue Schuleingangsphase eingeschult (siehe das Projekt Sachsen), von Erzieherinnen und Lehrerinnen zwei Jahre begleitet und gefördert (vgl. Hacker 2003, S. 24).

Einwanderungsland: Deutschland hat sich in den letzten Jahrzehnten zu einem Einwanderungsland entwickelt. Viele wissen es noch nicht, und manche wollen es nicht wahr haben. Knapp 10% der Wohnbevölkerung in Deutschland sind Ausländer (7,4 Mill.). Ungefähr 4 Millionen leben hier seit mehr als acht Jahren, fast 3 Millionen seit mehr als fünfzehn Jahren. Jährlich werden etwa 50.000 ausländische Kinder in Deutschland geboren. Insgesamt haben ca. 30% der nachwachsenden Generation einen Migrationshintergrund (vgl. Belke/Conrady 2005, S. 30). 21% aller 15-Jährigen haben ein Elternteil, das nicht in Deutschland geboren ist, und bei 15% sind beide Eltern im Ausland geboren. In Deutschland gibt es vier Migrationsgruppen (vgl. Nottbusch 2003, S. 1):

1. Arbeitsmigranten aus Süd- und Südosteuropa,
2. deutschstämmige Aussiedler,
3. Bürgerkriegsflüchtlinge und Asylbewerber und
4. Zuwanderer aus der EU.

Einwortsatz: Damit ist die Phase in der Sprachentwicklung bei Kindern gemeint, die sich um das erste Lebensjahr herum einstellt. Die ersten Wörter, die ein

Kind äußert, wie Mama, Papa, dada usw. haben die Funktion von Sätzen. »Mama« steht für »Mama, gib mir Tee!« Sofern Kinder diese Phase erst mit 18 Monaten und später erreichen, kann eine Verzögerung der Sprachentwicklung vorliegen. HNO-Arzt und Logopädin sollten dann um Rat gefragt werden.

Einzelkind: Im Rahmen der veränderten Kindheit haben sich die familiäre Strukturen und die Formen des Zusammenlebens in den letzten Jahrzehnten erheblich verändert. Fast jedes dritte Kind wächst heute als Einzelkind auf. In den städtischen Ballungszentren, den sozialen Brennpunkten und in Eineltern-Familien ist der Anteil besonders hoch. Bei ledigen und berufstätigen Müttern liegt der Anteil bei 90% (vgl. Fölling-Albers 1993, S. 40). In den Forschungen und Studien konnten die pauschalierenden Vorurteile, dass nämlich Einzelkinder unsozial, verwöhnt und egozentrisch sind, nicht nachgewiesen werden. Nach Fölling-Albers ist jedoch die Gefahr, dass sich extreme Verhaltensweisen ausprägen, viel größer als bei Geschwisterkindern.

Elektronische Kommunikationshilfen: Diese Hilfen sind ergänzende Möglichkeiten der zwischenmenschlichen Kommunikation, wie z.B. Kommunikationstafeln mit Symbolen, Bildern und Fotos. Stationäre Computer sind bedingt einsetzbar, günstiger sind die tragbaren Notebooks und Laptops mit einer speziellen Software zum Einsatz von speziellen Textverarbeitungs- und Symbolprogrammen. Besonders wichtig sind die elektronischen Kommunikationshilfen, die entweder mit natürlicher und/oder synthetischer Sprachausgabe arbeiten (vgl. Kristen 1996, S. 145).

Elfchen: Elfchen dienen der Vorbereitung der Kinder auf den Umgang mit Gedichten. Elfchen sind kleine Gedichte, die aus elf Wörtern bestehen. Diese elf Wörter werden auf fünf Zeilen verteilt. Mit den Elfchen sollen Bilder des Augenblicks sprachlich wiedergegeben werden. Beispiel: Ich schaue zum Fenster raus, und es ist neblig, es schneit, es regnet, oder es ist sehr heiß. Elfchen sind eine lyrische Kurzform und haben folgenden Bauplan:
1. Zeile – ein Wort: Schau;
2. Zeile – zwei Wörter: Es schneit;
3. Zeile – drei Wörter: Es fallen Flocken;
4. Zeile – vier Wörter: Flocken fallen vom Himmel und letzte und
5. Zeile – ein Wort: Hurra!

Elfchen können im Rahmen der Sprachförderung im Kindergarten und in der Grundschule eingesetzt werden.

Eltern: Die Eltern sind die ersten und wichtigsten Kooperationspartner in Sachen Erziehung und Bildung. Bei allen pädagogischen Überlegungen müssen wir die Eltern »mit ins Boot nehmen«. Ohne die Eltern geht es nicht. Eine positive Einstellung der Eltern z.B.

zugewanderter Kinder gegenüber der Gesellschaft, der neuen Kultur und der deutschen Sprache ist die absolute Grundvoraussetzung für die erfolgreiche Sprachförderung im Kindergarten und in der Schule. Wird die Muttersprache zugewanderter Kinder negativ belegt oder gar verboten, sind die Kinder nicht motiviert, und die Sprachförderung kann nicht erfolgreich gestaltet werden.

Elternbeteiligung: Die Familie ist die erste und wichtigste Sozialisationsinstanz des Kindes in seiner Bildungskarriere. Geborgenheit, Vertrauen, geeignete Vorbilder und Liebe sind die Garanten für die sprachliche Entwicklung. Die Zusammenarbeit mit den Eltern ist daher ein sehr wichtiges Instrument der Sprachförderung. Ohne die Zusammenarbeit mit den Eltern macht die Sprachförderung wenig Sinn, weil das Interesse, die Motivation und die häusliche Unterstützung durch das Elternhaus ein wichtiger Pfeiler der Sprachförderung sind. Die Information der Eltern über Ziele und Möglichkeiten der Förderung ist eine selbstverständliche Voraussetzung. Die aktive Elternarbeit beinhaltet das Vorlesen aus Märchenbüchern, das gemeinsame Betrachten von Bilderbüchern und das Auswendiglernen von kleinen Reimen, Versen und Kindergedichten.

Emotionale Bindung: Der bekannte englische Psychoanalytiker John Bowlby vertritt die Position, dass die soziale Bindung beim Menschen die Funktion hat, in der Nähe einer Person zu leben, die ihm Sicherheit und Schutz gewährleistet. Daher besitzt das Neugeborene auch eine Reihe von angeborenen Reflexen und Verhaltensweisen wie Schreien, Lächeln, Hand- und Fußgreifreflexe. Bowlby unterscheidet vier Phasen der Entwicklung der emotionalen Bindung eines Kindes an die Bezugsperson:
1. Der Säugling kann zunächst noch nicht zwischen verschiedenen Personen unterscheiden.
2. Nach einem halben Jahr weiten sich die sozialen Beziehungen auf vertraute Personen wie Mama, Papa und die Geschwister aus.
3. In den ersten drei Lebensjahren verstärkt sich die Bindung an primäre Bezugspersonen quantitativ und qualitativ erheblich.
4. Nach dem dritten Lebensjahr sind die Kinder in der Lage, die Abwesenheit von Bezugspersonen ohne Weinen zu verkraften.

Emotionale Stabilität: Damit meint man die Fähigkeit eines Kindes, mit belastenden Gefühlen und Stresssituationen umgehen zu können, ohne Störungen und negative Auswirkungen für die Persönlichkeit zu erleiden. Emotional stabile Kinder sind auch Kinder mit einem positiven Selbstkonzept und einem gesunden und realistischen Selbstvertrauen. Resilienz, verstanden als persönliche Widerstandskraft, wird in allen Erziehungs- und Bildungsempfehlungen gefordert.

Empirie: Darunter verstehen wir Wissenschaften, die sich auf die menschliche Erfahrung stützen. Die Methode der Wissensaneignung ist die Beobachtung der natürlichen Vorgänge in der Welt, d.h. die mit unseren Sinnen wahrnehmbaren Dinge und Vorgänge. Dabei sind die Wissenschaften auf die Beobachtung von Eigenschaften, die Messung von Merkmalen und das Experiment angewiesen.

Empirismus: Der Empirismus unterscheidet sich von der Empirie. Er vertritt die wissenschaftliche Auffassung, dass die Eigenschaften und Fähigkeiten des Kindes weitgehend auf die Bedingungen in der Umwelt des Kindes zurückgeführt werden können.

Endogen: Die Anlage-Umwelt-Diskussion ist uralt, wird aber immer wieder neu entfacht. Endogen bedeutet, dass menschliche Fähigkeiten und Fertigkeiten auf Grund der genetischen Ausstattung im Körper entstanden sind. Ein Beispiel ist der nativistische Ansatz von Chomsky, der davon ausgeht, dass die menschliche Sprache angeboren ist. Das Gegenteil zu endogen ist exogen.

En-Face-Position: Darunter verstehen wir eine bestimmte Position und Haltung von Kindern, die mit dem Hören und Zuhören Probleme haben. Das Verstehen der Sprache wird erheblich erleichtert, wenn man sich als Fachkraft vom Kind nicht wegdreht oder mit dem Rücken zum Kind spricht. Blickkontakt und gegenseitiges Anschauen erleichtern dem Kind das Ablesen von den Lippen und vom Mund und fördern so erheblich das Sprachverständnis.

Enkulturation: Darunter versteht man die Übernahme von kulturspezifischen Inhalten und Fertigkeiten einer bestimmten Kultur und Sprachgemeinschaft.

Entfremdung: Der ursprünglich auf den Philosophen Hegel zurückgehende Begriff meint hier einen konfliktartigen Zustand dergestalt, dass auf Kinder von Seiten der Eltern und Fachkräfte Druck ausgeübt wird. Bei zugewanderten Kindern erleben wir den Druck aus der Umwelt, verstärkt, ja ausschließlich deutsch zu sprechen. Die Muttersprache wird abgewertet, und die Identität des Kindes geht mehr und mehr verloren. Ebenso leidet darunter das Selbstkonzept des Kindes, was für die weitere sprachliche Entwicklung fatale Auswirkungen haben kann. Das Kind ist nicht in der Lage, den von der Umwelt ausgelösten Druck und die übermächtige Forderung nach einem Sprachverbot hinsichtlich der Muttersprache zu verarbeiten und zu verkraften.

Entwicklung: Ein viel gebrauchter, jedoch recht weit gefasster Begriff in der frühen Kindheit. Gemeint ist die fortschreitende Veränderung der biologischen Merkmale und psychischen Eigenschaften eines Kindes. Innerhalb der menschlichen Biografie verstehen wir darunter eine Reihe von miteinander zusammenhängenden Faktoren, Bedingungen und Veränderungen. Entwicklung zeigt sich offen für die Entfaltung genetisch strukturierter und programmierter Anlagen sowie die Beeinflussung von Faktoren, die in der Umgebung des Kindes liegen. Dabei spielen die beiden Faktoren Anregung und Zuwendung quantitativ und qualitativ eine zentrale Rolle. In der kindlichen Entwicklung unterscheiden wir die motorische, sprachliche, emotionale, soziale und kognitive Entwicklung. Mögliche Schwankungen in der Entwicklung können in Folge von schweren Erkrankungen, Todesfällen innerhalb der Familie, Familienstreitigkeiten und massiven Konflikten auch spontan eintreten. Es kann beispielsweise zu Verzögerungen bei der Sprachentwicklung kommen; dann sprechen wir von einer verzögerten Sprachentwicklung.

Entwicklung der Sprache: Die bekannte Schweizer Sprachwissenschaftlerin und diplomierte Logopädin Barbara Zollinger, die in Winterthur im »Zentrum für kleine Kinder« arbeitet, beschreibt in ihrem Büchlein »Wenn Kinder die Sprache nicht entdecken« die Sprache als Dreiecksverhältnis. Sprache kommt von einem Menschen, ist an ein Du gerichtet und bezieht sich auf einen Gegenstand, ein Thema oder einen gedanklichen Zusammenhang. Um die Sprache als Medium der Kommunikation zu entdecken, muss das Kind sich in diesem Dreiecksverhältnis Ich, Du und Gegenstand bewegen und Beziehungen erkennen und herstellen. Es muss lernen, die Welt der Dinge mit den Personen zu verknüpfen (vgl. Zollinger 2000, S. 12).

Entwicklungsalter: Darunter verstehen wir den individuellen Entwicklungsstand, der sich auf ein bestimmtes Alter des Kindes bezieht. In manchen Entwicklungstests ist das auch ein Maß zur Beurteilung und Einschätzung kindlicher Fähigkeiten innerhalb einer Eichstichprobe. Wir unterscheiden das chronologische Lebensalter (LA) des Kindes vom Entwicklungsalter (EA). Das Entwicklungsalter ist ein statistisches Vergleichsalter, in dem eine bestimmte Fähigkeit wie das Sprechen normalerweise vorkommt. Ein dreijähriges Kind kann bezüglich seiner Feinmotorik ein Entwicklungsalter von ein oder zwei Jahren aufweisen und ein fünfjähriges Kind hinsichtlich der Sprache ein Entwicklungsalter eines dreijährigen Kindes aufweisen. Das Entwicklungsalter ist ein statistischer Annäherungswert.

Entwicklungsbereiche: Im Rahmen der Sprachförderung schauen wir zunächst auf die einzelnen Entwicklungsbereiche, wie z.B. die Motorik (Grob-, Fein- und Sprechmotorik), die Wahrnehmung (Hören, Sehen, Fühlen, Schmecken und Riechen), die Kognition (Denken, Intelligenz, Gedächtnis), die Emotionalität (innere Ausgeglichenheit, Stress, Angst, Leistungsdruck, psychisches Wohlbefinden) und die Interaktion (Beziehungsfähigkeit, Kooperation, Toleranz, Partnerorientierung, Konfliktbereitschaft, Offenheit dem Partner gegenüber). Diese Bereiche stützen die Sprache und das Sprechen von Geburt an und werden daher sowohl in der Diagnostik bei Sprachproblemen und in der Förderung immer berücksichtigt. Alle diese Entwicklungsbereiche bilden das Fundament von Sprache und Sprechen.

Entwicklungsdefizit: Damit meinen wir den Entwicklungsrückstand eines Kindes im Vergleich zum durchschnittlichen Entwicklungsstand der entsprechenden Altersgruppe. Im Bereich Sprache sprechen wir von einer verzögerten Sprachentwicklung oder sagen bei einem sechsjährigen Kind: Es besitzt den Wortschatz eines dreijährigen Kindes.

Entwicklungsfenster: In der Zeit der Reformpädagogik wurde der Begriff der »Sensiblen Phasen« und »Kritischen Periode« geprägt. Heute sprechen die Hirnforscher und Entwicklungspsychologen von »Zeitfenstern«, »Lernfenstern« »Kritischen Fenstern« oder »Entwicklungsfenstern« und verstehen darunter Entwicklungsphasen des Kindes, in denen sie für bestimmte Reize bzw. Reizkonfigurationen besonders empfänglich und anfällig sind. Ein Beispiel ist die Sprache in den ersten Lebensjahren des Kindes. Während dieser Zeit ist ein bestimmter Bereich des Gehirns formbar, sofern bestimmte Anreize aus der Umgebung auf das Kind treffen. Die Erfahrungen mit der Sprache und dem Sprechen prägen sich in dieser Zeit am leichtesten in Form von spezifischen Nervenverschaltungen ein.

Entwicklungsquotient (EQ): Darunter versteht man die Abweichung der individuellen Entwicklung eines Kindes, z.B. eines siebenjährigen Kindes, vom durchschnittlichen Entwicklungsstand der betreffenden Altersgruppe, d.h. aller siebenjährigen Kinder. Ein EQ von 100 entspricht dem durchschnittlichen Entwicklungsstand der Kinder der betreffenden Altersgruppe. Der EQ wird definiert als Entwicklungsalter, geteilt durch das Lebensalter, mal 100.

Entwicklungstempo: Das unterschiedliche Entwicklungstempo von etwa gleichaltrigen Schulanfängern wird u.a. von der Erziehung und Bildung in den Familien und im Kindergarten beeinflusst, hängt jedoch in verstärktem Umfang von den biologischen Gegebenheiten der Reifung des Gehirns und der genetischen Potenziale ab. Wir kennen aus der Erfahrung heraus die Probleme mit den Früh- und Spätentwicklern. Die Heterogenität gerade am Schulanfang kann sich bei gleichem Lebensalter auf zwei bis drei Entwicklungsjahre erstrecken.

Entwicklungszone: Dieser Begriff geht auf den russischen Sprachforscher und Neuropsychologen Wygotsky zurück, der von der Zone der aktuellen Leistung und der Zone der nächsten Entwicklung spricht.

Epik: Das Wort stammt aus dem Griechischen und meint Wort, Erzählung und Vers. Epik ist im weitesten Sinne eine erzählende Form der Dichtung in distanzierter und addierender Art. Man unterscheidet die Großformen der Epik wie Roman und Epos und die Kleinformen wie Kurzgeschichte, Satire oder Fabel. Die Kurzgeschichte und die Fabel sollten in der Sprachförderung eingesetzt werden.

Episode: Unter einer Episode versteht man ein relativ belangloses kürzeres Ereignis, das aber dennoch eine in sich geschlossene Einheit darstellt. Man spricht daher auch von einer kurzen Episode oder Affäre, wo das Verhalten von Personen ausführlicher beschrieben wird wie z.B. in einer Liebesaffäre oder politischen Affäre.

Erfahrungen: Erfahrungen sind das »Salz in der Suppe« der Pädagogen und ein guter Nährboden für die Entwicklung des Kindes. Darauf hat u.a. Jean Jacques Rousseau in seinem »Emile« hingewiesen. Erfahrungen regen die Hirntätigkeit an und fördern die Entwicklung. Nicht die bunten und kurzen Reize wie das Fernsehen, der PC oder die Videobilder fördern die Entwicklung, sondern eher die immer wiederkehrenden Reizmuster der liebevollen Mutter, aber auch des Waldes und der Natur sind von entscheidender Bedeutung für das Wohl des Kindes. Nachhaltiges Lernen erfolgt über immer wiederkehrende Erfahrungen und sich wiederholende Eindrücke im emotionalen, sozialen und kognitiven Bereich.

Ergotherapie: Darunter verstehen wir eine therapeutische Maßnahme, die einzeln oder in kleinen Gruppen die Motorik, die Beziehungen zu anderen und die Wahrnehmung fördert, indem sie verschiedene Werktechniken an Holz, Papier oder Glas einsetzt. Ergotherapie kann auch mit Beschäftigungstherapie übersetzt werden. Innerhalb der Ergotherapie werden für Erwachsene z.B. Kochkurse, Tanzkurse oder Stadttrainings, freies Spiel und konstruktive und sinnvolle Beschäftigung angeboten.

Erleben: Damit ist ein Gefühlszustand des Kindes gemeint, der durch Emotionen ausgelöst wurde und von Gefühlszuständen begleitet wird. Die Hirnphysiologen weisen in letzter Zeit verstärkt auf das emotionale Lernen hin.

Erzählen: Erzählen erlebt zurzeit eine didaktische Renaissance und steht als Konsequenz der ernüchternden PISA-Ergebnisse hoch im Kurs. Erzählen ist ein ganz natürliches Motiv des Kindes und gehört zur alltäglichen Kommunikation, ohne dass wir uns dessen immer bewusst sind. Aus der Sprachentwicklung wissen wir, dass ein Kind mit dem Erzählen beginnt, obwohl es noch nicht korrekt sprechen kann. Das Erzählen ist daher ein fester Baustein und Bestandteil der täglichen Sprachförderung. Eines der wichtigsten Ziele der Sprachförderung ist das Erzählen in der Gruppe. Dabei spielen die Atmosphäre im Raum, das Vertrauen der Kinder untereinander und die Partnerorientierung eine wichtige Rolle. »Welche Reaktionen zeigen die anderen Kinder, wenn ich etwas erzähle« ist eine wichtige Frage. Beim Erzählen übernimmt der Erwachsene eine wichtige Vorreiterrolle und Vorbildfunktion. Das Erzählen bereitet Spaß und Freude, ist etwas Angenehmes und wird so dann auch leichter von den Kindern nachgeahmt. Die Fähigkeit des Erzählens ist die Grundlage der gesamten mündlichen Sprachförderung. Die Kinder müssen jedoch behutsam auf ein höheres Erzählniveau geführt werden. Beim Erzählen sollten die Kinder drei wichtige Aspekte beachten:

1. Die zeitliche Reihenfolge der Ereignisse ist wichtig.
2. Die Erzählung soll lebendig und engagiert vorgetragen werden.
3. Der Erzähler sollte spannend und interessant erzählen. So entstehen dann im Kopf immer wieder neue innere Bilder.

Das Erzählen fördert den Ausdruck, die Artikulation und das logische Denken. Für das Erzählen braucht man jedoch Zeit und eine angenehme und ruhige Atmosphäre für sich selbst und die Kinder. Erzählen als tägliches Ritual kann methodisch auf dem »Geschichtenteppich« in der Kuschelecke, mit einer »Erzählkerze« im Sinne einer täglichen »Erzählrunde« angeboten werden. Dabei können bekannte Geschichten und Märchen, aber auch frei erfundene Geschichten oder die Lügengeschichten des Baron Münchhausens erzählt werden.

Erziehung: Unter Erziehung werden alle Maßnahmen verstanden, die das Kind unterstützen, lebenstüchtig und gesellschaftsfähig, d.h. erwachsen und mündig zu werden. Pestalozzi sprach von der »Hilfe zur Selbsthilfe«, und Krieck unterscheidet in intentionale und funktionale Erziehung. Wir unterscheiden dabei die intentionale Erziehung, die beabsichtigt durch die Familie, den Kindergarten, die Schule und die Kirchen erfolgt, und die funktionale Erziehung, die unbeabsichtigt durch informelle Gruppen, die Medien und die Gesellschaft insgesamt geleistet wird (vgl. Haarmann 1993, S. 57).

Erziehungsstil: Darunter verstehen wir die Gesamtheit von Erziehungsmaßnahmen, die miteinander in Verbindung stehen. Man nimmt an, dass alle Erziehungsmaßnahmen, die zu einem bestimmten Erziehungsstil gehören, untereinander hoch korrelieren, mit anderen Erziehungsstilen jedoch nur wenig oder überhaupt nicht korrelieren. Man unterscheidet verschiedene Erziehungsstile: den autoritären, den demokratischen und den »Laisser-faire Stil«.

Experiment: Eine wissenschaftliche Methode der Naturwissenschaften, die die planmäßige Manipulation von Variablen zum Zwecke der Beobachtung durchführt. Es gibt unabhängige und abhängige Variablen. Die unabhängige Variable wird während des Experiments verändert, die abhängige bleibt immer gleich.

Experten: Experten, die sich sowohl in der Diagnostik als auch in der Förderung von Sprache und Sprechen bestens auskennen, sollten in schwierigen Fällen um Rat gefragt werden: die Eltern bzw. die Erziehungsberechtigten, die Erzieherin, die Lehrerin, der Sonderpädagoge für Sprach- und/oder Hörbehinderte, der Hausarzt, der Kinderarzt, der Hals-Nasen-Ohrenarzt, die Logopädinnen, der Phoniater und der Pädaudiologe als Arzt für kindliche Stimm-, Sprach- und Hörstörungen, der Linguist, der Kinderpsychologe, der Schulpsychologe, die Therapeuten wie Musiktherapeut, Physiotherapeut, Heilpädagoge, und die Ergotherapeutin

Exploration: Exploration ist ein Instrument der Diagnostik und bedeutet ein diagnostisches Gespräch zur Erfassung zurückliegender und momentaner Ereignisse im bisherigen Leben des Kindes. Diese Daten werden im Rahmen der Diagnostik weiterverwendet und fließen in die Förderung mit ein.

Explosivlaut: Der Begriff stammt aus dem Französischen »explosive« und bedeutet »zerplatzend«. Man spricht auch von Verschlusslaut. Der Konsonant entsteht durch ein plötzliches Öffnen, sodass die angestaute Atemluft explosionsartig entweicht: Dabei unterscheiden wir in die stimmlosen /p, t, k/ und die stimmhaften /b, d, g/ (vgl. Ulrich 1987, S. 54f.).

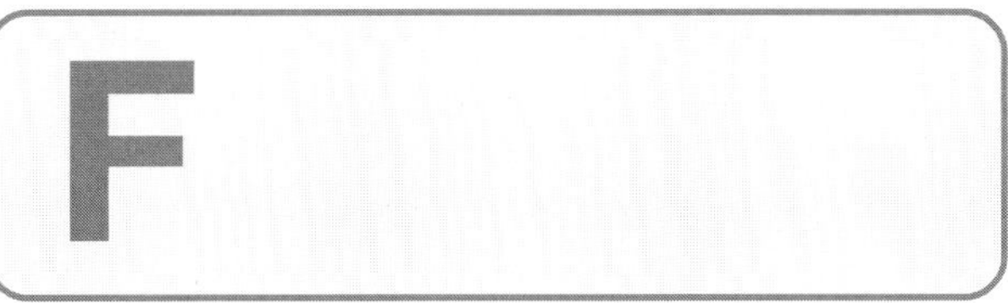

Fachkräfte: Als pädagogische Fachkräfte meinen wir Erzieherinnen und Erzieher in Kindertagesstätten und Lehrerinnen und Lehrer in Grundschulen. Die Fachkraft übernimmt innerhalb der Sprachförderung zunächst die Rolle der Beobachterin. Der Förderbedarf wird ermittelt, d.h., es geht um die Stärken und Möglichkeiten, aber auch um seine Defizite und Schwierigkeiten mit der Sprache und dem Sprechen. Auf der Basis dieser Situationsanalyse wird ein geeigneter Förderplan erstellt und nach der Durchführung überprüft, bewertet und kritisch reflektiert. Danach werden alle Ergebnisse dokumentiert und die Prognose für die weitere Förderung festgelegt.

Fähigkeit: Darunter verstehen wir ein grundlegendes Potenzial des Kindes in einem bestimmten Entwicklungsbereich, wie z.B. Wahrnehmung, Motorik oder Sprache.

Familiäre Sozialisation: Damit ist der Einfluss der Familie bzw. der Familienmitglieder auf die Sozialisation des Kindes gemeint, durch den das Kind die in der Familie gültigen Normen, Wertvorstellungen erwirbt und sich damit auseinander setzt.

Familiendynamik: Im Rahmen der Sprachförderung spielen die Familienmitglieder hinsichtlich der Zeit und der Anregungen, die zur Verfügung gestellt werden, eine zentrale Rolle in der Unterstützung des Spracherwerbs. Unter Familiendynamik versteht man die Gesamtheit aller wechselseitigen Interaktionen innerhalb der Familie.

Familienklima: Darunter versteht man die familiären Erziehungsbedingungen, die für das emotionale und soziale Klima innerhalb einer Familie verantwortlich sind. Hier spricht man auch von dem sozialen Nahbereich des Kindes. Das Familienklima kann entweder positive Züge oder aber negative Merkmale aufweisen. Ein positives Familienklima liegt dann vor, wenn innerhalb der Familie eine harmonische Atmosphäre vorherrscht, gegenseitiges Vertrauen und Toleranz gelebt werden und intakte Beziehungen zwischen den Eltern und den Eltern und Kindern bestehen. Ein negatives Familienklima kann dann registriert werden, wenn permanent eine gereizte und angespannte Situation vorherrscht, Streit und Konflikte zwischen den einzelnen Familienmitgliedern an der Tagesordnung sind und gestörte Eltern-Kind-Beziehungen vorliegen.

Familienkonstellation: Damit sind die einzelnen Rollen der Familienmitglieder gemeint, die das augenblickliche System der Familie hinsichtlich der ablaufenden Interaktionen widerspiegeln. Dabei spielen das Geschlecht, das Alter, die Anzahl der Familienmitglieder, die zur Verfügung stehende Zeit und das Anregungsniveau für die sprachliche Entwicklung des Kindes eine wichtige Rolle. Die Geburt eines Kindes in der Familie kann sich zuweilen negativ auf die Sprachentwicklung auswirken, weil die Eltern sich zumindest vorübergehend auf das Neugeborene konzentrieren und sich ihm verstärkt zuwenden. Zuweilen können sich, bedingt durch die Geburt eines Kindes, Stotterersymptome bei Geschwistern einstellen.

Fantasiereise: Unter Fantasiereisen versteht man das Erzählen von Geschichten, die die kindliche Kreativität anregen und fördern, indem sie geistige Bilder bei der Kindern provozieren. Dadurch wird das Kind in eine visionäre und fiktive Welt versetzt, in einen sprachfreien Raum, in dem es seine Gefühle, Wünsche, Bedürfnisse und Ideen ausleben kann. Es übernimmt fiktive Rollen und entwickelt illusionäre Geschichten (z.B. »Was erzählt der Baum?«). Die Kinder können ihren Gedanken freien Lauf lassen, ein Feuerwerk von Ideen produzieren und später in ihre eigene Sprache fassen. Die Kinder malen gedanklich Bilder, entwerfen Szenen, begeben sich in Tagträumereien und. wecken Gefühle. Zum großen Feld der Fantasiereisen zählen wir auch Unsinnsätze, Lügengeschichten, Quatschverse, Bild- und Sprachwitze und die Welt der Sagen, Legenden und Märchen. Kinder erleben Spaß und Freude im Umgang mit der Sprache und dem Sprechen und bauen Leistungsdruck, Ängste, Verspannungen und Stress ab. Fantasiereisen führen zur Ruhe, Entspannung und erweitern die Vorstellungswelt der Kinder. Bekannt sind Rituale wie der »Fliegende Teppich«, »Auf der Sommerwiese«, »Im tiefen Wald« oder »In der dunklen Höhle«.

Feedback: Darunter versteht man die Rückkopplung, ein Echo auf die gemachten sprachlichen Äußerungen. Nach einer sprachlichen Äußerung gibt die Mutter, die Erzieherin oder die Fachkraft eine Antwort, die dem Kind klarmacht, ob seine sprachliche Äußerung sprachlich korrekt oder weniger korrekt war. Das Feedback vermittelt dem Kind das Gefühl, verstanden worden zu sein oder eben nicht. Die Umweltreaktionen sind wie ein Spiegel für das sprechende Kind. Wir sprechen in der Sprachförderung von dem »korrektiven Feedback«.

Felduntersuchung: Man spricht auch von dem Feldexperiment. Die Daten werden in weitgehend natürlichen Situationen, wie z.B. in der Kindergartengruppe oder im Klassenzimmer, erhoben. Die Zuordnung der Versuchspersonen (VP) zu den einzelnen Versuchsgruppen (VG) erfolgt durch die Stichprobenauslese. Hier geht es um Alter, Geschlecht, Sprache, soziale Schicht, Kulturkreis u.a.

Fibel: Die Fibel ist ein illustriertes Buch für die ABC-Schützen und seit dem Mittelalter untrennbar mit dem Lesen- und Schreibenlernen verbunden. Die Fibel ist auch heute noch für viele Kinder das erste Buch, das sie in Händen halten. Das Wort selbst ist von dem Wort Bibel abgeleitet worden, weil in den Anfängen im 15. Jahrhundert Lesen und Schreiben eine kulturelle Aufgabe der Mönche und des Klerus waren. Von daher wurden in der »Bibel« für die Kinder zunächst religiöse Texte aus der Heiligen Schrift und dem Katechismus ausgesucht, um den Kindern über die Buchstabiermethode das Lesen und Schreiben zu vermitteln. Die Fibel ist damit nicht nur ein Buch, um das Lesen und Schreiben zu vermitteln, sondern auch gleichzeitig ein Spiegel der Geschichte, der Kultur und der Sozialisationsweise der Epoche. Die Fibel ist bis zum heutigen Tage ein Instrument der Erziehung, der Sozialisation und der Vermittlung des Weltbildes geblieben (vgl. Menzel 1990, S. 12).

Figur-Grund-Wahrnehmung: Dies ist eine wichtige Fähigkeit der Wahrnehmung, wobei das menschliche Gehirn in der Lage ist, aus der Vielzahl von einströmenden Reizen eine begrenzte Anzahl auszuwählen. Diese Reize gelangen ins Zentrum der kindlichen Aufmerksamkeit, d.h., sie bilden die Figur, und alle anderen Reize treten in den Hintergrund. So können zwei Kinder auf dem Spielplatz miteinander sprechen, obwohl drum herum viele Kinder schreien, spielen und laut miteinander sprechen. Es fällt einem fünfjährigen Kind oftmals noch schwer, sich auf die Stimme eines Einzelnen in einem lärmerfüllten Raum zu konzentrieren, wenn gleichzeitig viele Kinder und Erwachsene miteinander reden. Hier spricht man von dem Cocktail-Party-Phänomen. Kinder müssen lernen zwischen der Figur und dem Hintergrund unterscheiden zu können.

Fingerspiele: Fingerspiele haben eine kulturelle Tradition und unterscheiden oft die Fantasie von der Realität. Es gibt im Gehirn eine direkte Verbindung zwischen den Sprachzentren und den motorischen Zentren, insbesondere mit dem Handmotorik-Zentrum. Von daher erleben wir, dass die Förderung der Hände- und Fingermotorik auch zu einer Verbesserung der Sprache und des Sprechens führen kann. Die phylogenetische Entwicklung des Menschen hin zum Bildungs- und Kulturwesen wäre ohne die Hand und die Finger nicht möglich gewesen. Hände sind wichtige Sinnesorgane, und gleichzeitig gehören sie zur Köpersprache des Menschen. Man denke etwa an die sprachbegleitenden Gesten mit der Hand. So können wir bei Kleinkindern beobachten, dass die Entwicklung des Zangengriffs zwischen dem Daumen und dem Zeigefinger in unmittelbarem Zusammenhang steht mit der Nachahmung von Lauten und dem einsetzenden Sprechen (vgl. Zitzlsperger 1995, S. 14).

Fingerspieltexte werden rhythmisch gesprochen und dabei die einzelnen Finger bewegt wie z.B.: »Das ist der Daumen, der schüttelt die Pflaumen, der hebt sie alle auf, der trägt sie nach Hause und der kleine isst sie alle auf.« Dabei sollten nicht nur die dominante Hand, sondern die linke und die rechte Hand abwechselnd und gleichzeitig zusammen die geforderten Fingerbewegungen ausführen. Aus der Sprachheilpädagogik und Logopädie wissen wir, dass tägliche Fingerübungen zu einer deutlichen Verbesserung der Sprachmotorik und der Sprache beigetragen haben.

Flüstern: Die Stimmlippen vibrieren nicht; es wird lediglich das Ausströmen der Luft durch die genannten Artikulationsorgane verändert.

Förderbedarf: Die Sprachförderung orientiert sich an den individuellen Förderbedürfnissen der Kinder. Diese Bedürfnisse werden über gezielte und strukturierte Beobachtung in alltäglichen und künstlichen Situationen erhoben. Auf der Grundlage dieser Beobachtungsdaten werden die Ziele und Möglichkeiten der Förderung definiert. Diese führen zu konkreten Förderangeboten, den Planungseinheiten. Die Planungseinheiten beschreiben, mit welchen Materialien, Medien, Methoden und Sozialformen die festgelegten Ziele erreicht werden sollen.

Förderdiagnostik: Förderdiagnostik ist eine Antwort auf die Kritik an der Selektionsdiagnostik, die insbesondere in den 1970er-Jahren ihren Höhepunkt erlebte. Die Förderdiagnostik orientiert sich nicht nur am Kind, sondern auch in gleichem Umfang an sozialen Bedingungen, unter denen das Kind lebt und lernt. Die Förderdiagnostik setzt daher nicht nur Tests ein, sondern orientiert sich an informellen Verfahren, an Screening-Verfahren, Proben, an Beobachtungen und an biografischen Daten des Kindes. Auf der Grundlage dieser Daten will die Förderdiagnostik dann eine Entscheidung für die Förderung treffen und entsprechende Förderpläne ausarbeiten und einsetzen. Doch Förderdiagnostik braucht Zeit und Geduld in der Phase der Datengewinnung und kompetente und kooperative Fachkräfte, die den Eltern den Prozess der Diagnostik transparent machen und entsprechend vermitteln.

Förderbereiche: Im Rahmen der Sprachförderung gibt es einige zentrale Förderbereiche, die je nach kindlichem Entwicklungsstand berücksichtigt werden sollten: Wahrnehmungsförderung mit allen Sinnen, Bewegungserziehung und Bewegungsspiele, rhythmisch-musikalische Erziehung z.B. mit ORFF-Instrumenten, Literacy-Erfahrungen z.B. im Umgang mit dem Bilderbuch, Vorlesen, Erzählen, Dialoge führen, Geschichten erzählen, Spiele, wie z.B. Kennlernspiele, Stimmspiele, Atemspiele, Sprachspiele und Regelspiele.

Fördergruppe: Die Kinder werden in heterogenen Kleingruppen von fünf bis maximal sieben Kindern gefördert. In der Fördergruppe sollen zwei bis drei sprachlich schwache Kinder, aber auch durchschnittlich und hoch begabte Kinder vertreten sein. Die Heterogenität ermöglicht es, dass Kinder nicht nur von den Erwachsenen, sondern auch von Kindern lernen. Die Fachkraft sollte darauf achten, dass alle Kinder der Kindergartengruppe zu bestimmten Zeiten der Förderung in der Fördergruppe vertreten sind.

Förderhinweise: Die Förderung und Unterstützung sollte in der Familie, im Elternhaus beginnen und danach im Kindergarten gezielt weitergeführt werden. Dabei können folgende Hinweise auch unter dem Aspekt der chronologischen Sprachentwicklung eine Rolle spielen:

1. Wichtig ist bereits die Zeit der Schwangerschaft. Hier sollten schädigende Einflüsse wie Alkohol-, Drogen und Nikotinkonsum, aber auch starke Lärmbelastungen und permanente Konfliktsituationen innerhalb der Familie vermieden werden.
2. Nach der Geburt ist es zunächst von großer Bedeutung, alle notwendigen und geplanten Vorsorgeuntersuchungen (z.B. APGAR-Werte) durchzuführen, um Risiken, wie z.B. Hör- und Sehschäden, früh zu erkennen und vorzubeugen.
3. Im Säuglingsalter sollten die primären Bezugspersonen, allen voran die Mutter, sich intensiv und zeitlich ausreichend mit dem Kind beschäftigen, d.h. sprechen, spielen und das Kind in den Alltag handelnd und sprachlich einbeziehen. Alle Formen der gemeinsamen Beschäftigungen am Tag sollten sprachlich begleitet und unterstützt werden. Dieser Austausch ist fundamental für die weitere sprachliche Entwicklung des Kindes.
4. Sprache überträgt Inhalte und sprachliche Botschaften, aber auch Emotionen und Stimmungen. Das Kleinkind spürt dies alles, nimmt solche Gefühle auf und entwickelt auch darüber sein eigenes Gefühl zur Sprache, sein individuelles Sprachgefühl.
5. Im Vorschulalter sollten wir die Kinder in verstärktem Umfang an den täglichen Handlungen und Tätigkeiten des Alltags teilnehmen lassen und in den Tagesrhythmus integrieren. Alle Handlungen sollten sprachlich begleitet und unterstützt werden. Weiterhin bieten sich im Vorschulalter zur Förderung der Sprache und des Sprechens insbesondere auch die Bilder-, Kinder- und Märchenbücher. Hier haben wir einen großen Nachholbedarf im Elternhaus und im Kindergarten.
6. Im Kindergarten sollte die Sprachförderung sich schwerpunktmäßig konzentrieren auf die Kommunikation in Dialogen und im Gespräch miteinander, das Vorlesen aus Märchen- und Kinderbüchern, das sprachliche Begleiten bei alltäglichen Handlungen und beim Spielen, dem Erklären von einfachen Zusammenhängen und Vorgängen, dem Kommentieren und Interpretieren von Aussagen und sprachlichen Äußerungen und der Weckung der Sprechfreude.

Förderkonzeption: Ein Förderkonzept sollte sich auf jeden Fall von Tätigkeiten wie Nachhilfe und Training abgrenzen. Die Förderkonzeption enthält Förderziele, und eine Strategie bzw. einen Plan, um diese Ziele zu erreichen. Auf die folgenden Elemente sollte größter Wert gelegt werden:

1. Die spezifischen Förderbedürfnisse des Kindes angeben (Beobachtung).
2. Betonung der individuellen Förderung; dies bedeutet allerdings nicht Einzelförderung. Die individuelle Förderung sollte in der heterogenen Kleingruppe erfolgen.
3. Die Förderung sollte differenzierende Angebote machen.
4. Lernen mit allen Sinnen betont die Ganzheitlichkeit.

Förderkonzepte: Die Zahl der Förderkonzepte steigt stetig an. Aus der Vielzahl der vorliegenden Konzepte für Kinder mit Deutsch als Erstsprache können die folgenden ausgemacht werden:

1. die spielorientierte Förderung (das Spiel bzw. das Spielen steht dabei im Mittelpunkt),
2. die wahrnehmungsorientierte Förderung (Lernen mit allen Sinnen),
3. die situationsorientierte Förderung (soziale Situationen aus dem Alltag und der Lebenswelt des Kindes stehen im Mittelpunkt),
4. die funktionsorientierte Förderung (spezielle Fähigkeiten wie die phonologische Bewusstheit werden in Trainingsprogrammen gefördert).

Förderort: Der Förderort ist in der Regel die Kindergartengruppe, ein geeigneter Förderraum oder die Schulklasse. Die Kinder brauchen eine bekannte und vertraute Umgebung mit bekannten Bezugspersonen.

Förderplan: Der Förderplan ist eine Planungs- und Strukturierungshilfe, mit der konkrete Fördermaßnahmen für die spezifischen Förderbedürfnisse der Kinder entwickelt und dokumentiert werden. Für jede Förderung ist ein Förderplan zu erstellen, der während und nach der Förderung reflektiert wird. Die Reflexion sollte ebenfalls dokumentiert werden.

Freies Spiel: Das freie Spiel finden wir gehäuft im Kindergarten und in der Grundschule in bestimmten Phasen des Alltags, wie z.B. vor der eigentlichen Förderung bzw. vor Unterrichtsbeginn oder während des Tagesablaufs in Phasen, wo die Kinder Erholung und Entspannung brauchen. Die Kinder erhalten die Chance, Spiele frei zu wählen. Dabei können die Kinder auf ihre Lieblingsspiele zurückgreifen.

Freiwilligkeit: Eltern und deren Kinder sollten freiwillig an der Sprachförderung teilnehmen. Es werden ausschließlich Kinder gefördert, die freiwillig an dieser Sprachförderung teilnehmen wollen. Die Eltern sollten informiert und mit der Förderung einverstanden sein.

Fremdsprache: Fremdsprachen sind Sprachen, die auf bewusst gesteuerte Art und Weise in künstlichen Situationen gelernt werden. Der Begriff Fremdsprache ist meistens auf das Lernen in schulischen Kontexten hin ausgerichtet. Eine Fremdsprache wie Französisch oder Englisch ist eine zusätzliche Sprache, die nicht nach den Regeln und Strukturen der Erstsprache erworben werden kann. Das Erlernen einer Fremdsprache erfolgt nicht in natürlichen Kontexten, sondern in künstlich herbeigeführten Unterrichtssequenzen. Die Fremdsprachendidaktik untersucht dabei das Lehren und Lernen von fremden Sprachen.

Fremdsprachendidaktik: Die Fremdsprachendidaktik als Forschungsdisziplin untersucht das Lehren und Lernen von fremden Sprachen. Sie beschäftigt sich mit den Theorien des Unterrichts von Fremdsprachen. Sie reflektiert die Praxis im Alltag und will neue Konzeptionen entwickeln und empirisch evaluieren. Die Fremdsprachendidaktik bewegt sich in dem Dreieck von Unterrichtsstoff bzw. Themen, Lernen und Lehren.

Fremdsprachenlernen, Konzepte: Einige bekannte und praktisch erprobte Konzepte werden hier genannt:

1. Das Begegnungssprachenkonzept arbeitet nach dem Motto: »Lerne die Sprache deines Nachbarn«.
2. Das Lehrgangskonzept aus den 1960er- und 1970er-Jahren will als geschlossenes Konzept die Kinder auf das schulische Lernen vorbereiten und sprachliche Kompetenz vermitteln.
3. Das Konzept der Integrierten Fremdsprachenarbeit (IFA) wird in Rheinland-Pfalz favorisiert und will sprachliches, soziales und kulturelles Lernen in offenen Unterrichtsformen miteinander verknüpfen.
4. Das Immersionskonzept taucht die Kinder ein in das »Sprachbad«, das bedeutet, dass mehr als die Hälfte des Vormittags die fremde Sprache gehört und gesprochen werden soll.
5. Das bilinguale Konzept, wobei zwei Sprachen, Deutsch und z.B. Französisch, zu gleichen Anteilen im Kindergarten und in der Schule gehört und gesprochen werden. Ideal und sehr günstig ist natürlich der Einsatz von Muttersprachlerinnen, »native speaker«.

Frequenz: Im Bereich der Sprache und der Physik meint der Begriff die Anzahl der Schwingungen pro Sekunde. Die Maßeinheit der Frequenz Hertz (= Hz) ist eine Schwingung pro Sekunde und wurde nach dem deutschen Physiker Rudolf Hertz (1857–1894) benannt. Ein Ton wird umso höher wahrgenommen und empfunden, je höher die Frequenz ist. Wir können Schallwellen nur dann hören, wenn die Luftteilchen schneller als 16-mal und langsamer als 20.000-mal pro Sekunde schwingen. Was darunter liegt, nennt man Infraschall, und was darüber liegt, nennt man Ultraschall.

Frostig: Das Konzept von Marianne Frostig (1906–1985) versteht sich als ein ganzheitlicher Ansatz zur Förderung der kindlichen Entwicklung und zur Behandlung von Lernstörungen. Dabei werden die Wahrnehmung, schwerpunktmäßig die visuelle Wahrnehmung, die Motorik, die emotional-soziale Entwicklung und die geistig-kognitiven Funktionen als Einheit betrachtet. Marianne Frostig hat sich dabei auf die Arbeiten und Erkenntnisse u.a. von Maria Montessori und Charlotte Bühler gestützt. Das Konzept von Marianne Frostig setzt sich aus folgenden Schwerpunkten zusammen: Erstens die Förderung von Kindern mit Teilleistungsstörungen, zweitens die Entwicklung des Frostig Entwicklungstests der Visuellen Wahrnehmung (FEW) und der auf diesem Test aufbauenden Förderprogramme zur Förderung der Visuellen Wahrnehmung und drittens die Neuentwicklung des Tests der Motorischen Entwicklung (FTM) und des darauf aufbauenden Förderprogrammes »Bewegen-wachsen-Lernen.

Fröbel: Friedrich Fröbel (1782–1852) war sehr stark von Pestalozzi im Sinne der Volkserziehung und der mütterlichen Erziehung inspiriert worden. Nach seiner Försterlehre hat Fröbel mehrfach bei Pestalozzi hospitiert. Sein Weltbild kulminiert in der harmonischen Einheit von Mensch, Natur und Gott. Fröbel wurde als Vater des Kindergartens bekannt. Er entwickelte eine beeindruckende Kindergartenpädagogik und hat damit der pädagogischen Nachwelt eine umfassende Erziehungslehre geliefert, die die heutige Kindergartenpädagogik entscheidend mitgeprägt hat. Das Spiel und die dazugehörenden Spielgaben stehen im Mittelpunkt seiner Pädagogik: Ball, Kugel, Würfel, Walze.1840 gründete Fröbel in Bad Blankenburg (Thüringen) den »Allgemeinen deutschen Kindergarten« und die erste Kindergärtnerin Deutschlands stellte Fröbel 1843 ein: Ida Seele. Fröbel hat die Kindergartenpädagogik in Deutschland, in Europa und Amerika nachhaltig beeinflusst.

Frustration: Die Erwartungen eines Kindes werden enttäuscht, weil bestimmte Ziele nicht realisiert werden können. Die Frustration verhindert die Befriedigung der kindlichen Bedürfnisse. Oftmals sind aggressive Verhaltensweisen gegen Dinge und Personen die unausweichliche Folge. Kinder können aber auch durch ständiges Herumnörgeln, Schimpfen und Herabwürdigen ihrer Leistungen und Fähigkeiten durch

Baustein 38: Tipps zum Vorlesen

Das Vorlesen wird in der internationalen und nationalen Literatur als den Wegbereiter für das Lesen betrachtet. Durch das Vorlesen aus Büchern wird bei den Kindern das Interesse für das Gedruckte und Geschriebene geweckt. Sie erfahren, dass sich hinter den Sätzen, Wörtern und Zeichen interessante Inhalte und Bedeutungen verbergen, die es zu entdecken gilt. So werden die Kinder auf dem Weg zur gesprochenen und geschriebenen Sprache weiter unterstützt. Gerade für Vorschulkinder lassen sich wichtige Voraussetzungen für das spätere Lesenlernen in der Schule vorbereiten.

Wenn die Erzieherin beim Vorlesen mit dem Finger das Gelesene zeigt, gewöhnt sich das Kind unbewusst an die Lese- und Schreibrichtung von links nach rechts und an den Zeilensprung.

Weiterhin kann die Erzieherin auf Überschriften, bestimmte Wörter und auch schon Buchstaben hinweisen und aufmerksam machen.

Es bereitet den Kindern Spaß und Freude, selbst die Punkte zu suchen und mit dem Finger mitlesen zu dürfen.

In Untersuchungen wurde immer wieder bestätigt, dass gute und eifrige Leser aus gesprächsfreudigen Familien kommen, in denen viel gelesen und vorgelesen wird. Die wichtigste Voraussetzung ist zweifellos die Freude am Lesen und an Büchern. Diese Art der Vorbereitung auf das spätere Lesen- und Schreibenlernen ist viel wichtiger als den Kindern das Lesen oder Schreiben bereits im Kindergarten beizubringen.

Methodische Hinweise zum Vorlesen (vgl. Roß 2000, S. 32):

- Beim Vorlesen deutlich, klar und übertrieben ausdrucksvoll – z.B. mit verstellter Stimme bei der wörtlichen Rede sprechen!
- Den vorgelesenen Text mit Bewegungen, Gesten und Berührungen unterlegen. Wenn es in der Geschichte bitterkalt ist, dann kann man das mit dem Körper demonstrieren!
- Beim Vorlesen nicht zu schnell lesen, denn das Zuhören und Verstehen braucht nun einmal viel Zeit und Ruhe!
- Man sollte auch wichtige und spannende Textstellen wiederholen, um dem Kind die Wichtigkeit zu zeigen.
- Bevor man beim Vorlesen die Seite umblättert, stellen sie Vermutungen über den Fortgang oder Ausgang der Geschichte an!
- Fremdwörter und selten vorkommende Redewendungen muss man dem Kind erklären!
- Beim Wiederholen einer bereits vorgelesenen Geschichte soll man auf die gleiche Art und Weise wieder vorlesen! Kinder lieben Wiederholungen und die sprachlichen Muster prägen sich auch besser ein!

Das Vorlesen von Märchen und Geschichten ist eine sehr aktive Form der zwischenmenschlichen Kommunikation. Kinder haben tausend Fragen im Kopf, auf eine Frage folgt die nächste und schon sind sie mittendrin im Gespräch. Das Kind wird beim Vorlesen sprachlich gefördert in den Bereichen Wortschatz, Fantasie, Kreativität und Konzentration. Gerade das Vorlesen von Märchen und Geschichten muss durch die Erzieherin oder Lehrerin gut geübt werden. In den meisten Fällen gelingt es einem nicht, ein Märchen oder eine Geschichte ohne Vorbereitung wirkungsvoll vorzulesen. »Wirkungsvoll vorlesen« bedeutet nämlich die Geschichte »erzählend« und »mit Gefühl« vorzutragen und die Figuren dabei »lebendig« werden zu lassen und das Märchen nicht einfach »herunterzulesen«.

Baustein 39: Bilderbuch

Der Umgang mit dem Kinderbuch oder Bilderbuch stellt nach Hurrelmann (1994) einen Schaukelstuhl zwischen der gesprochenen und geschriebenen Sprache dar. Das Bilderbuch funktioniert wie ein interaktives Medium, bei dem Eltern und Kinder im Rahmen eines Dialogs die Bedeutung des Textes unter sich ausmachen.

Das Bilderbuch ist ein illustriertes Kinderbuch für zwei- bis achtjährige Kinder und bietet Bildergeschichten, Zeichnungen oder Illustrationen zu längeren Texten zum Vorlesen an (vgl. Duden 1983, S. 200). Sehr umfangreich ist das Angebot von Bilderbüchern mit Geschichten. Nach Grömminger (1977, S. 19) kann man dabei zwei Arten unterscheiden. Zum einen gibt es Bücher mit mehreren illustrierten Geschichten und zum anderen gibt es Bilderbücher mit einer einzigen Erzählung; dann spricht man von einer Bilderbuchgeschichte. Als weitere Bilderbuchgattungen werden genannt:

- Umweltbilderbuch (hier wird die Lebensumwelt des Kindes dargestellt)
- Sachbilderbuch (hier wird durch Bilder Wissen vermittelt)
- Fantasiebilderbuch (hier werden Fantasieerzählungen erzählt)
- Tierbilderbuch (hier werden Erlebnisse von und mit Tieren erzählt)
- Abenteuerbilderbuch (hier erleben Hauptpersonen interessante und spannende Abenteuer)
- Problembilderbücher (hier werden schwierige Themen aufgegriffen und Vorschläge zur Problemlösung angeboten) (vgl. Hollstein 1999, S. 71).

Bücher auswählen

Zunächst sollte die Erzieherin allein, im Team mit ihren Kolleginnen und vielleicht den Eltern geeignete Bilderbücher für die Kindergruppe aussuchen. Natürlich können auch die Kinder mit in diesen Entscheidungsprozess einbezogen werden, indem sie Vorschläge machen und Bilderbücher von zu Hause mit in den Kindergarten oder die Schule bringen.

Interesse wecken

Die Erzieherin sollte sich bemühen, im Rahmen der alltäglichen Arbeit im Kindergarten, durch ihr eigenes Verhalten die Kinder für den Umgang mit Bilderbüchern zu motivieren. Sie kann die Kinder dazu ermuntern, Bilderbücher mitzubringen und im kleinen Kreis Bilderbücher zu betrachten. Eine ganz entscheidende Rolle spielt hierbei das wirkungsvolle und motivierende Vorlesen. Das Lesetempo muss dem Charakter der Geschichte entsprechen, Pausen an bestimmten Stellen verstärken die Wirkung des Textes, die Variationen von Stimme im Hinblick auf Lautstärke und Tonlage erhöhen die Wirkung, und der Einsatz von Mimik und Gestik unterstützen ganz entscheidend das Verstehen der Geschichte.

Atmosphäre schaffen

Um die Kinder für den selbstständigen und auch freiwilligen Umgang mit Bilderbüchern zu interessieren und zu motivieren, ist es notwendig, eine bilderbuchfördernde Atmosphäre herzustellen. Die Bilderbücher sollten im Gruppen- oder Klassenraum so deponiert werden, dass sie den Kindern jederzeit frei zugänglich sind und auch immer gesehen werden können. Hier eignen sich bestens Regale in Augenhöhe der Kinder, die in einer Leseecke mit Sofa, Matratzen, Decken und Kissen angebracht werden können.

Rituale einführen

Kindergarten-, Vorschul- und auch Schulkindern fällt es schwer, sich an bestimmte Regeln der Unterhaltung zu halten. Um ihnen die Einhaltung von Gesprächsregeln zu erleichtern, können verschiedene Hilfsmittel eingesetzt werden wie der »Redestab«, der »Gesprächsstein« oder der »Regelteddy«. Es wird verabredet, dass nur dasjenige Kind, das diesen Stab in der Hand hält redet, während die anderen Kinder zuhören. Danach gibt das Kind seinen Stab, seinen Stein oder seinen Teddy an ein anderes Kind weiter, das jetzt sprechen darf. Hier ist aber auch der Einsatz von festgelegten visuellen Symbolen wie Regelkärtchen möglich. Die Erzieherin bereitet verschiedene Kärtchen vor, auf denen bestimmte Regeln bildlich dargestellt sind, wie z.B. ein Kind, das den Finger auf den Mund legt, bedeutet, dass alle Kinder ab sofort nicht mehr sprechen dürfen.

übermäßig pedantische und perfektionistische Fachkräfte in ihrem Drang nach Aktivitäten frustriert werden. Durch solche gehäuft auftretenden Situationen kann die kindliche Entwicklung gefährdet werden.

Frühgeburt: Man spricht auch von »Frühchen« oder »High risk-Kindern« und versteht darunter Neugeborene mit einem Geburtsgewicht unter 2500 Gramm und einer Schwangerschaftsdauer von unter 37 Wochen.

Frühkindliche Hirnschäden: Das reifende Gehirn wird während der Schwangerschaft pränatal – ab dem 5. Schwangerschaftsmonat – perinatal und postnatal – bis zum 4. Lebensjahr beeinträchtigt. Als Ursachen kommen eine lang andauernde Geburt, Sauerstoffmangel, Vergiftungen, erhöhter Drogenkonsum der Mutter, mechanische Einwirkungen oder Unfälle in Frage.

Frühes Lernen: Das frühe Lernen wird heute insbesondere durch die Hirnforschung als bedeutsam herausgestellt nach dem Motto: Was Hänschen nicht lernt, lernt Hans nimmermehr. Bereits im Elternhaus und im Kindergarten sollten die zentralen Fähigkeiten des Kindes wie zuhören, verstehen, malen, kritzeln, singen, basteln, spielen, denken, behalten und natürlich sprechen intensiv und in allen möglichen familiären Situationen trainiert werden. Daraus entwickeln sich dann die Vorläuferfertigkeiten wie Gedächtnis, Sprache, Wahrnehmung, Motorik, Intelligenz und Denken, die die Kinder mit in die Schule bringen sollen.

Funktionsansatz: In den 1970er-Jahren etablierte sich in der Psychologie und Pädagogik der Sprachförderung der Funktionsansatz. Dieser Ansatz rückte die Stimulation bestimmter psychischer Funktionen und das Training bestimmter Bereiche wie Wortschatz, Satzbildung und Artikulation in den Mittelpunkt der Sprachförderung, um das Kind in seiner sprachlichen Entwicklung voranzubringen. Spezielle Trainingsprogramme mit festgelegten Abläufen zur Wahrnehmung, zur Sprache, zum Denken und zur Intelligenz wurden konzipiert und konsequent eingesetzt.

Ganzheit: Dieser Begriff stammt aus der Ganzheitspsychologie der Leipziger Schule und steht für Erlebnisganzheiten, deren komplexe Ganzheit nicht auf einzelne Faktoren oder Elemente reduziert werden kann. In der Gestaltpädagogik und innerhalb der Sprachförderung ist der Begriff des ganzheitlichen Lernens weit verbreitet. In der Praxis des Alltags lässt er sich jedoch nur schwer umsetzen. Ganzheit bedeutet, den Menschen als eine personale Einheit zu betrachten innerhalb der sozialen und ökologischen Lebenswelt. Die körperlich-biologischen, die psycho-sozialen und kognitiv-geistigen Potenziale und Fähigkeiten des Menschen sind untrennbar miteinander verbunden. Alle diese genannten Ebenen und Bereiche stehen in einem permanenten Wechselwirkungsprozess, d.h., sie beeinflussen sich gegenseitig. Quantitatives Ausmaß und qualitativ-struktureller Umfang dieser Wechselwirkung sind jedoch nur schwer auszumachen.

Ganzheitlichkeit: Der schillernde Begriff der Ganzheitlichkeit wird oft benutzt, jedoch selten exakt definiert. Ganzheitlichkeit ist sehr facettenreich und hat viele Bedeutungen. Ganzheitlichkeit meint oft auch ein Gemengegelage der Sinneseindrücke und wird als »Lernen mit allen Sinnen« bezeichnet. Beim Lernen mit allen Sinnen geht es nicht so sehr um das zeitliche Nacheinander der Sinneseindrücke, sondern mehr um das gleichzeitige Auftreten von zwei und mehr Sinnen und um die Wechselwirkung dieser Vorgänge auf die kindliche Entwicklung. Stellt man dem Begriff der Ganzheitlichkeit den Begriff der Isolation gegenüber, dann wird noch mehr der ganzheitliche Charakter der Sprachförderung deutlich. Die Konzentration der Förderung gilt nicht der beeinträchtigten Sprache und dem in Mitleidenschaft gezogenen Sprechen, es geht vielmehr um das Kind in seiner personalen und sozialen Ganzheit. Daher darf sich die Sprachförderung nicht nur mit den hörbaren Problemen beschäftigen, sondern sollte sich auch mit den nicht hörbaren Sprachproblemen im Bereich der Rezeption, des Verstehens und der Reflexion beschäftigen.

Ganzwortmethode: Darunter versteht man eine Form des analytisch-synthetischen Leseunterrichts, bei der von ganzen Wörtern ausgegangen wird.

Gedächtnis: Damit ist die Fähigkeit des Gehirns gemeint, Signale aufzunehmen, zu speichern und zu reproduzieren, um sie so für die tägliche Arbeit nutzen zu können. In der Anatomie des Gedächtnisses ist dafür der Hippokampus wichtig. Es ist ein Speichersystem für alle ankommenden Signale aus den verschiedenen Sinneskanälen, wobei man das Ultrakurzzeitgedächtnis, das Kurzzeitgedächtnis und das Langzeitgedächtnis unterscheidet. Das Ultrakurzzeitgedächtnis speichert Informationen sehr kurzzeitig für nur bis zu 250 Millisekunden, das Kurzzeitgedächtnis bis zu 20 Sekunden, und das Langzeitgedächtnis ist für die langfristige Speicherung von Informationen zuständig. Das Ultrakurzzeitgedächtnis und das Kurzzeitgedächtnis können als Filter betrachtet werden, die die Informationen abhalten oder weiterleiten (vgl. Klix 1992; Vester 1975).

Gedichte: Gedichte werden kaum in der Sprachförderung behandelt, da viele Fachkräfte persönlich negative Erfahrungen im Umgang mit Gedichten gemacht haben. Dabei liegt das Gedicht in vielfältigen Vorformen in der Natur des Menschen. Hans Magnus Enzensberger bezeichnet die ersten Verse, denen das Kind begegnet, als »prima poesia eines jeden Menschenlebens« (vgl. Enzensberger 1966, S. 349). Im Laufe seiner Entwicklung kommt das Kind mit vielfältigen Vorformen des Gedichts und der Kinderpoesie in Kontakt. Da sind die Krabbelverse beim Baden und Wickeln, die Gute-Nacht-Verse, die Einschlaflieder, die Reime, die Fingerspiele, die Kinderreime, die Abzählverse, die Klatschverse und die Elfchen (vgl. Mattenklott 1995, S. 16). In diesen Gedichtvorformen können die Kinder erste Erfahrungen sammeln mit dem Rhythmus der Sprache, mit der Form usw.

Gefühle: Gefühle (Emotionen) spielen bei der Sprachentwicklung des Kleinkindes und später bei der Sprachförderung eine wichtige Rolle. Sie sind insbesondere im Zusammenhang mit dem Sozialen ein tragender Entwicklungsbereich der Sprache. Gefühle verbreiten Stimmungen, und die Stimmung ist wichtig für den Gesprächsverlauf. »Heute fühl ich mich sauwohl oder heute bin ich gut drauf« sind wichtige Gefühle für eine erfolgreiche Sprachförderung. Gefühlsbetonte Inhalte werden meist besser behalten als nicht oder wenig emotionalisierte Themen. Das Sich-Wohlfühlen in einer Gesprächsrunde ist ein wichtiger Gradmesser für einen erfolgreichen Lernprozess. Fühlen sich Kinder wohl, dann sind sie bereit zum Lernen, sie lernen mit Spaß und Freude und können Kreativität und Fantasie in und mit der Sprache besser ausleben. Das Kind sollte die eigenen Gefühle, Vorlieben, Abneigungen und Zuwendungen entdecken und ausloten lernen.

Gehemmtheit: Viele Kinder mit Sprach- und Sprechproblemen sind gehemmt, scheu, schüchtern, zurückhaltend und dadurch sozial isoliert. Gehemmtheit und Schüchternheit sind seelische Merkmale unterschiedlicher Verhaltensweisen insbesondere im sozialen und sprachlichen Verhaltensbereich.

Gehirn: Man spricht auch vom Zerebrum und versteht darunter das Großhirn. Das Gehirn besteht zunächst aus 14 bis 16 Milliarden Nervenzellen mit zahlreichen fadenförmigen Fortsätzen und Ausläufern, den Dendriten und Neuriten, die durch elektro-chemische Erregungen miteinander und untereinander in Kontakt stehen. Beim Gehirn unterscheidet man das verlängerte Mark (Medulla oblongata), das Hinterhirn (Metenzephalon), das Mittelhirn (Mesenzephalon), das Zwischenhirn (Dienzephalon) und das Endhirn (Telenzephalon). Das Gehirn ist von einem Flüssigkeitsmantel und Häuten umgeben. Das menschliche Gehirn ist symmetrisch aufgebaut, da sich die beiden Hirnhälften (Hemisphären) sehr ähnlich sind. Hinsichtlich ihrer Aufgaben unterscheiden sich jedoch die beiden Hemisphären. Zunächst ist jede Hirnhälfte für die gegenüberliegende Körperhälfte zuständig, d.h., hier haben wir es mit einer kontralateralen Verarbeitung des Gehirns zu tun. Bei Rechtshändern ist die linke Hirnhälfte für die Sprachproduktion und -rezeption zuständig. Dennoch gehen viele Hirnphysiologen und Neuropsychologen heute von einer dynamischen Lokalisation des Gehirns aus, d.h., viele Areale des Gehirns arbeiten integrativ zusammen. Sprache ist ein kompliziertes System, das im Gehirn – bei Rechtshändern in der linken Hirnhälfte – als Ganzes arbeitet. Verschiedene Hirnareale arbeiten kooperativ zusammen. Besonders wichtig ist die Zusammenarbeit mit den sensorischen und motorischen Hirnabschnitten. Die ankommenden Reize über unsere Sinne - allen voran das Hören, Sehen, Fühlen, Riechen und Schmecken - müssen aufgenommen, verarbeitet und integrativ zusammengeschaltet und abgespeichert werden. Das Gehirn ist die Steuerungszentrale unserer Sprache und des Sprechens. Bis zum Ende des ersten Lebensjahres hat sich das Gewicht des Gehirns mehr als verdoppelt. Die Nervenzellen entwickeln sich ständig weiter, differenzieren sich weiter aus, stellen Kontakte her zu anderen Nervenzellen und leiten Erregungen und Impulse immer schneller weiter. Diese Vorgänge fasst man unter dem Begriff der neuronalen Reifung zusammen (vgl. Spitzer 2002).

Gehör: Das menschliche Gehör besitzt die Fähigkeit, Schallwellen wahrzunehmen, weiterzuleiten und zu interpretieren. Ein intaktes Gehör ist damit die Voraussetzung für die Sprache und die Sprachentwicklung des Kindes. Ohne Hören gibt es keine Sprache. Der wichtigste Frequenzbereich liegt zwischen 30 und 7000 Schwingungen pro Sekunde. Dort werden alle Schrei-, Sing- und Sprachlaute produziert. Beim Vorgang des Hörens werden die Schallwellen durch das Ohr (Trommelfell, Gehörknöchelchen und Schnecke) über den Hörnerv zur oberen Schläfenwindung des Gehirns geleitet, wobei zuvor in der Schnecke die mechanischen Schallwellen in nervöse Impulse umgewandelt werden. Frequenzen über 2000 Schwingungen pro Sekunde können nicht über das Trommelfell, sondern durch die Knochenleitung wahrgenommen werden. Das Gehör ist enorm wichtig für die Sprachentwicklung und die Interaktionen mit der Umwelt. Ohne Gehör gibt es keine menschliche Sprache. Der wichtigste Frequenzbereich liegt zwischen 30 und 7000 Schwingungen pro Sekunde. In diesem Bereich finden wir alle Schrei-, Sing- und Sprachlaute des Kindes.

Gehörprüfung: Die Prüfung des Gehörs erfolgt für jedes menschliche Ohr getrennt. Dabei soll das Kind Sprache, Töne und Geräusche hören; die Hörschwelle wird subjektiv diagnostiziert. Bei Jugendlichen und Erwachsenen erfolgt die Untersuchung über die Audiometrie. Für Kleinkinder ist eine spezieller Kleinaudiometer entwickelt worden, der schon früh Schwerhörigkeit und Hörstörungen erkennen kann. Ab dem 4. Lebensjahr wird bei Kindern mit durchschnittlicher Intelligenz die so genannte Spielaudiometrie eingesetzt. Wenn sich die Sprachentwicklung nach vier Monaten nicht über das Lallen weiterentwickelt, besteht der Verdacht auf Schwerhörigkeit oder gar Gehörlosigkeit. Dann sollte das Kind einem Spezialisten (HNO-Arzt, Phoniater oder in einer Spezialklinik) vorgestellt werden.

Gelegenheitsbeobachtung: Diese Art der Beobachtung wird zum Zwecke der Problemfindung praktiziert. Sie ist unsystematisch.

Generalisierung: Damit bezeichnet man die Tatsache, dass ein auf einen bestimmten Impuls A konditioniertes Verhalten auch auf einen Impuls erfolgt, der dem Impuls A ähnlich ist.

Geräusche: Geräusche sind Schallerscheinungen, die unstrukturiert, ja chaotisch und wenig organisiert sind. Wir hören z.B. das Rauschen der Blätter im Wald und das Prasseln des Regens auf die Straße und an die Fenster und die Geräusche von Küchengeräten und vorbeifahrenden Autos. Die verschiedensten Schallwellen fusionieren zu einem einzigen Schallgemisch und Schalleindruck, den wir als Geräusch bezeichnen und wahrnehmen. Der Mensch ist in der Lage, feinste Geräuschveränderungen zu registrieren. Dies ist eine wichtige Grundlage für die Wahrnehmung der menschlichen Sprache. Einige Konsonanten können daher problemlos den Geräuschen zugeordnet werden. Es handelt sich um die stimmlosen Laute /f/, /s/, /sch/, /ch1 als ich-Laut/ und /x/. Bei anderen Konsonanten haben wir verschiedene Geräusch- und Klanganteile (vgl. Petermann 1989, S. 11).

Geräuschgeschichte: Bei der Geräuschgeschichte kann eine Geschichte erzählt werden, in der Geräusche vorkommen oder zu der Geräusche gesucht und produziert werden.

Geschichte der Sprachforschung: Die Bedeutung der menschlichen Sprache ist von der Psychologie vereinzelt aufgegriffen und wissenschaftlich behandelt worden. Bereits Wilhelm Wundt (1832–1920), der als Begründer der Psychologie angesehen wird, widmet innerhalb seiner zehnbändigen »Völkerpsychologie« dem Thema Sprache zwei Bände. William James (1842–1910) geht in seinem Hauptwerk »Principles of psychology« (1890) davon aus, dass die Sprache den gravierenden Unterschied zwischen Mensch und Tier ausmacht. Der russische Physiologe und Sprachforscher Iwan Petrowitsch Pawlow (1849–1936) bezeichnet die Sprache als zweites Signalsystem des Menschen. Der Verhaltensforscher John Broadus Watson (1878–1958) rückte die menschliche Sprache ins Zentrum seiner theoretischen Überlegungen. Das Denken des Menschen bezeichnete er als stummes Sprechen. Neben diesen Vertretern der allgemeinen Psychologie hatten zu Beginn des 19. Jahrhunderts verschiedene Forscher damit angefangen, aus Erfahrungen mit den eigenen Kindern Sprachproben zu sammeln, zu beschreiben, zu analysieren und einzuordnen. Clara und William Astern haben in ihrem Jahrhundertwerk »Die Kindersprache« (1907) die menschliche Sprache psychologisch und sprachtheoretisch behandelt. In den jüngsten Arbeiten bekannter Sprachforscher wird immer noch auf diese Sternsche Sammlung zurückgegriffen.

Geschlechtsspezifische Unterschiede: Im Rahmen der Sprachentwicklung zeigen viele entwicklungspsychologische Studien geschlechtsspezifische Unterschiede auf. So lernen Mädchen früher sprechen, sprechen grammatikalisch korrekter und haben einen reichhaltigeren und differenzierteren Wortschatz als Jungen. Sie haben weniger Sprach- und Sprechprobleme als Buben, und zwar im Verhältnis 1:3. Mädchen lernen später in der Schule schneller lesen und machen weniger Rechtschreibfehler als Jungen.

Gespräch: Gespräche sind Ziel, Prinzip und Methode jeglicher Sprachförderung. Es geht nicht um das korrekte und laute Nachsprechen einzelner Laute, Wörter oder Sätze, sondern vielmehr um das Gespräch der Kinder untereinander und miteinander. Daher sind Situationen bereitzustellen, die die Kinder immer wieder zu Gesprächen hinführen: beim Frühstück, beim freien Spielen, beim Basteln, auf dem Spielplatz oder auf dem Schulhof.

Gesprächskultur: Als Ausgangspunkt könnten die Gesprächstugenden des Aristoteles betrachtet werden: Freundlichkeit, Aufrichtigkeit und Heiterkeit. Damit wird die Grundphilosophie des Gesprächs bereits angedeutet. Das Gespräch besteht aus dem Wechsel von Rede und Gegenrede und setzt sich aus der zwischenmenschlichen Unterhaltung und Dialogpassagen zusammen. Erziehung zum Gespräch und Vermittlung

115

einer kindgemäßen Gesprächskultur stehen im Mittelpunkt der Sprachförderung. Diese Gesprächskultur können die Kinder in regelmäßigen Erzählrunden und Gesprächskreisen lernen. Dabei sollten sich alle an die vereinbarten Gesprächsregeln halten. Das Sprechenlernen und die Gespräche untereinander fördern das Selbstkonzept, die Identität und das soziale Selbstvertrauen im Umgang mit anderen Menschen. In der Sprachförderung sollten daher geeignete Sozialformen bereitgestellt und angemessene Situationen ausgesucht werden, damit die Kinder die unterschiedlichsten Gesprächsformen einüben können.

Gesprächsregeln: Gespräche sind für die Sprache und das Sprechen sehr wichtig und sollten nach bestimmten Ritualen und Regeln ablaufen. Hier geht es um die Erarbeitung und Einhaltung von Spielregeln beim Sprechen im Kindergarten und in der Grundschule. Die Kinder sitzen im Kreis und zunächst wird über einen Auszählvers ein Gesprächsleiter bestimmt. Der Gesprächsleiter gibt den Erzählstein oder die Quasselpuppe einem Kind in der Gesprächsrunde. Im weiteren Verlauf könnten folgende Regeln aufgestellt und eingehalten werden:

1. Wir sprechen uns mit den Vornamen an!
2. Beim Sprechen schauen wir uns in die Augen!
3. Ein Lächeln und freundliche Blicke erleichtern das Gespräch.
4. Wir beachten immer die drei Zauberwörter »Bitte«, »Danke« und Entschuldigung«!
5. Wir reden nicht alle gleichzeitig!
6. Wir hören aufmerksam und konzentriert zu!
7. Wir lassen den anderen erst ausreden!
8. Erst in Ruhe überlegen, dann antworten!

Gestaltwandel: In einem bestimmten Entwicklungsalter durchläuft das Kind schnelle Veränderungen hinsichtlich seiner Körpergestalt. So spricht man vom

1. Gestaltwandel beim Übergang vom Kindergarten in die Schule im Alter zwischen 5 und 7 Jahren;
2. Gestaltwandel in der Pubertät im Alter zwischen 12 und 14 Jahren.

Gestik: Gestik gehört als wichtiges Element zur nonverbalen Kommunikation und damit zur Körpersprache des Menschen. Unter Gestik versteht man all jene Zeichen und Gebärden, die mit den Händen, Armen, Beinen und Füßen gegeben werden. Mit der Gestik unterstreichen und betonen wir die gesprochene Sprache. Hier gibt es große Unterschiede zwischen einzelnen Sprachgemeinschaften und Ländern, wie z.B. zwischen den Deutschen und den Südeuropäern. Gestik kann als zusätzlicher Vermittler zwischen den Gedanken eines sprechenden Kindes und den gesprochenen Wörtern und Sätzen betrachtet werden. Gestik ist auch eine zusätzliche Hilfe für das Verstehen. Der Gesichtsausdruck ist oft auch ein Spiegel unserer momentanen Befindlichkeit. Viele Menschen täuschen andere Menschen über ihre wahre Befindlichkeit hinweg, indem sie verschiedene Masken tragen. Man schätzt, dass es ungefähr 400 unterscheidbare Gesichtsausdrücke gibt.

Gestützte Kommunikation: In der Arbeit mit geistig behinderten Menschen hören wir immer wieder den Begriff der gestützten Kommunikation. Man spricht auch von unterstützter Kommunikation. Der Oberbegriff ist die unterstützte Kommunikation, die all jene Kommunikationsmethoden umfasst, die die Lautsprache in irgendeiner Form ergänzen, unterstützen oder gar ersetzen. Der Begriff gestützte Kommunikation kommt von der Übersetzung aus dem Englischen »Facilitated Communication = FC« und bedeutet Erleichterung und eine Stütze der Kommunikation.

Gesundheit: Interaktion, Kommunikation, Sprache, Sprechen und Sprachverhalten in verschiedenen Alltagssituationen, Körpererfahrung, Freizeitgestaltung, Ruhe, Entspannung und Umgang mit Stress gehören u.a. zum weiten Feld der Gesundheit. Die Weltgesundheitsorganisation (WHO) definiert (1986): »Gesundheit wird von Menschen in ihrer alltäglichen Umwelt geschaffen und gelebt, dort wo sie spielen, lernen, arbeiten und lieben. Gesundheit entsteht dadurch, dass man sich um sich selbst und für andere sorgt, dass man in die Lage versetzt ist, selber Entscheidungen zu fällen und eine Kontrolle über die eigenen Lebensumstände auszuüben, sowie dadurch, dass die Gesellschaft, in der man lebt, Bedingungen herstellt, die allen ihren Bürger/innen Gesundheit ermöglichen.«

Glosse: Der Begriff Glosse kommt aus dem Griechischen glossa und meint Zunge und Sprache. Unter einer Glosse versteht man z.B. einen Kurzkommentar in der Zeitung oder Illustrierten mit einer polemischen und zynischen Stellungnahme zu bestimmten Ereignissen und Personen.

Grammatik, Entwicklung: Darunter versteht man in der Linguistik jenen Bereich, der sich mit den sprachlichen Strukturen und Formen sowie deren Funktionen befasst. Grammatik ist ein System von Regeln, die festlegen, wie Wörter verändert werden und wie man Wörter aneinander reihen muss, um sprechen zu können und verstanden zu werden. Die Entwicklung der Grammatik, d.h. die Bildung von Sätzen, ist eng verbunden mit der Entwicklung des Wortschatzes. Im Rahmen der Sprachentwicklung setzt um das erste Lebensjahr die Phase der so genannten Einwortsätze ein. d.h., ein Wort steht für einen Satz und damit für einen Gegenstand oder einen gedachten Sachverhalt. Danach kommt es dann zu der Zweiwortsatzphase; hier stellen die Kinder zwei Wörter hintereinander wie »Mama dada«, was so viel bedeutet wie »Ich gehe mit Mama spazieren«. Die Bedeutung ist sehr stark an den situativen Kontext gekoppelt. Hier wird deutlich, dass die Kinder mehr sagen wollen, als sie sprachlich können. In dieser Phase sind nun die Bezugspersonen gefordert, d.h., das soziale Umfeld muss dem Kind jetzt entsprechende Anregungen, Hilfen und Unterstützung geben. Das Kind erwirbt so nach und nach die Regeln der Wortstellung, wobei die Stellung der Tätigkeitswörter generell sehr dominant und handlungsleitend ist. Die Kinder erkennen, dass sich die Wörter durch die Deklination, die Konjugation und Pluralbildung verändern und damit auch die Stellung der Wörter innerhalb des Satzes variiert. Die Endung des Tätigkeitswortes ist abhängig vom Hauptwort. So eignet sich das Kind nach und nach das grammatische Regelsystem der Muttersprache an.

Graphem: Der Buchstabe als kleinste bedeutungsunterscheidende Einheit der Schriftzeichen.

Großhirn: Neben dem Begriff Gehirn wird auch der Begriff Großhirn vielfach benutzt. Das Großhirn besteht aus zwei Hemisphären und folgenden Arealen: Stirn-, Scheitel-, Schläfen und Hinterhauptslappen. Wir unterscheiden zwei Teile des Gehirns, die dominante und die nichtdominante Hemisphäre. Beide Hirnhälften setzen die Verarbeitung von Sinneseindrücken fort und leisten somit einen zentralen Beitrag zum Sprechen des Kindes. Bestimmte Felder der Großhirnrinde repräsentieren Verarbeitungs- und Steuerungszentren für Motorik, Wahrnehmung und Sprache.

Grundformen: Die häufigsten Grundformen der deutschen Hochsprache sind:

1. Subjekt + Akkusativobjekt
2. Subjekt + Präpositionalobjekt
3. Subjekt
4. Subjekt + Gleichsetzungsnominativ
5. Subjekt + Raumergänzung

(vgl. Duden Grammatik 1973, S. 527).

Grundregeln der Kommunikation: Die amerikanischen Kommunikationsforscher Paul Watzlawik, Janet H. Beavin und Don D. Jackson haben in dem bekannten Buch »Menschliche Kommunikation« die Grundgesetze der menschlichen Kommunikation beschrieben. Zwei Grundgesetze sollen genannt werden:

1. »Wahr ist nicht, was Tim sagt, sondern was Peter versteht!« Die Verantwortung für das Gesagte liegt beim sprechenden Kind und nicht beim dem Kind, das die Botschaft hört und interpretiert.
2. »Jede Kommunikation hat einen Inhalts- und Beziehungsaspekt, derart, dass Letzterer den Ersteren bestimmt.« Gefühle, Emotionen, das persönliche Wohlbefinden eines Kindes und die gesamte soziale Situation haben innerhalb der menschlichen Kommunikation mehr Gewicht als die Verstandes- und Inhaltsebene. Daher müssen emotionale und soziale Aspekte in der Sprachförderung noch mehr an Gewicht und Bedeutung erfahren.

Grundschule: Vorläufer der heutigen Grundschule sind die mittelalterlichen Schreib- und Rechenschulen, die kirchlichen Schulen und die Elementarschulen der Reformation. Der Besuch dieser Schulen war jedoch nicht gesetzlich geregelt und für alle verpflichtend. Die Volksschule war die Schule der unteren sozialen Schichten, alle anderen besuchten private Standesschulen. 1920 wurde die Volksschule in einem eigenen Grundschulgesetz verankert und für alle Kinder verpflichtend. Die vierjährige Grundschule wurde für alle Kinder ohne Rücksicht auf Herkunft, Interessen und Begabung eingerichtet. Kinder, die bis zum 30. Juni eines Kalenderjahres das sechste Lebensjahr vollenden, werden schulpflichtig und besuchen die vierjährige Grundschule; nur in Berlin und Brandenburg dauert die Grundschulzeit 6 Jahre. Damit ist die Grundschule die Bildungseinrichtung für alle Kinder des Volkes, ungeachtet ihres Geschlechts, ihrer Religion und sozialen Schichtzugehörigkeit. In den Empfehlungen der Kultusministerkonferenz zur Arbeit in der Grundschule (1994) steht: »Aufgabe der Grundschule ist es, Kinder mit unterschiedlichen individuellen Lernvoraussetzungen und Lernfähigkeiten so zu fördern, dass sich Grundlagen für selbstständiges Denken, Lernen und Arbeiten entwickeln sowie Erfahrungen im gestaltenden menschlichen Miteinander vermittelt werden.«

Gruppe: In der Sozialpsychologie versteht man darunter eine bestimmte Anzahl von Personen, die über einen bestimmten Zeitraum hinweg in einer wechselseitigen Beziehung stehen, vor allem auch dann, wenn sich daraus wechselseitige Abhängigkeiten ergeben. Die Menschen werden hinsichtlich bestimmter Merkmale wie Alter, Geschlecht und gesellschaftlicher Position zusammengefasst: Kindergartenkinder, Schulkinder, Eltern, Erzieher und Lehrer bilden solche Gruppen.

Gruppendynamik: Dies ist in den Sozialwissenschaft ein viel beachteter und zentraler Begriff hinsichtlich der Förderung von Kindern. Unter Gruppendynamik verstehen wir all jene Vorgänge und Kräfte, die die dort ablaufenden zwischenmenschlichen Beziehungen anregen, wach halten oder verändern.

Gültigkeit: Die Gültigkeit eines Tests gibt an, in welchem Grad ein Test auch wirklich das misst, was er zu messen vorgibt. Handelt es sich bei einem Test um den kindlichen Sprachstand, so muss man sich fragen, ob er wirklich nur und ausschließlich Sprache misst oder nicht doch auch die Kognition bzw. die Intelligenz.

Gütekriterien: Nach Lienert wird die Güte eines Tests daran gemessen, inwieweit der Test die Gütekriterien berücksichtigt. Die drei wesentlichen Gütekriterien eines Tests sind Objektivität, Validität (Gültigkeit) und Reliabilität (Zuverlässigkeit).

Habitus: Unter Habitus versteht man das äußere Erscheinungsbild eines Menschen sowie die konstitutionelle Beschaffenheit seines Körpers.

Halo-Effekt: Die Bezeichnungen Halo-Effekt und Hof-Effekt werden synonym gebraucht. Damit wird die Tendenz eines Beobachters bezeichnet, sich bei der Abgabe eines Urteils über eine Eigenschaft oder ein Merkmal eines Kindes vom augenblicklichen Gesamteindruck oder einem besonders hervorstechenden Merkmal blenden zu lassen. Dieser Beurteilungsfehler ist weit verbreitet und trotz der Kenntnis nur schwer auszublenden.

Hand- oder Fingerpuppen: Die Handpuppe ist ein wichtiges Medium im Rahmen der Sprachförderung, um miteinander zu sprechen. Insbesondere eignet sich der Einsatz der Handpuppe bei sprachscheuen und gehemmten Kindern. Die Eingewöhnung in eine Gruppe und die Kontaktaufnahme zu anderen Kindern werden erheblich erleichtert. Die Handpuppe kann das Gespräch steuern, neue Impulse einbringen, die Situation sprachlich beleben und neue Motivationen bringen. Die Hand- und Fingerpuppen können meist sehr erfolgreich in der Förderung kleinerer Kinder eingesetzt werden, da die Kinder von den Handpuppen begeistert sind und noch nicht immer die reale Welt erfassen. Das Kind kann sich noch in die Geheimnisse der magischen Welten einlassen und sowohl sprachlich als auch inhaltlich mitreißen lassen. Das Gespräch mit der Puppe legt Hemmungen zur Seite und bringt das Kind frei und ungezwungen zum Sprechen. Hier können auch die anderen Kinder als Zuschauer durchaus mit einbezogen werden. Dabei ist eine emotionale und engagierte Sprache notwendig. Spannungslose Monologe sind ebenso zu vermeiden wie Aufforderungen zu Gewalt und brutalen Handlungen.

Handklappverse: Handklappverse sind ein wenig in Vergessenheit geraten, eignen sich jedoch bestens für die Sprachförderung im vorschulischen Alter. »Beim Müller hat's gebrannt brannt brannt, da sind wir hingerannt rannt rannt. usw.« Man kann auch solche einfachen Verse selbst erfinden und damit die sprachliche Kreativität der Kinder anregen.

Hasenscharte: Ein veralteter Begriff aus der Umgangssprache für den Fachbegriff der »Lippen-Kiefer-Gaumen-Spalte«. Hier handelt es sich um eine Gesichtsmissbildung mit durchgehender Spaltbildung, die bereits beim Embryo im Mutterleib entsteht.

Händigkeit: Man spricht im Alter von sechs, sieben Jahren von der Händigkeit eines Kindes und meint damit die Rechtshändigkeit, die Linkshändigkeit oder auch die Beidhändigkeit, d.h., beide Hände können etwa gleich geschickt eingesetzt werden. Es gibt daneben die nicht voll ausgeprägte Händigkeit, d.h., hier werden beide Hände gleich ungeschickt eingesetzt bzw. keine der beiden Hände wird bevorzugt.

Häufigkeitsverteilung: Darunter versteht man die grafische Darstellung der Häufigkeiten eines Merkmals, mit denen einzelne Beobachtungswerte in einer Stichprobe vorkommen. So können sich zwei Gipfel in der Verteilung oder eine linksgipflige bzw. rechtsgipflige Verteilung bilden.

Hauchlaut: Der Konsonant /h/ entsteht durch ein weiches Hauchen (vgl. Jaworek/Zaborsky 1974, S. 7).

Hemisphärendominanz: Damit wird die Steuerung einer Hirnhälfte (Hirnhemisphäre) durch die andere verstanden. In den meisten Gehirnen finden wir keine globalen Steuerungsmechanismen, sondern lediglich die Steuerung bestimmter Funktionen der einen Hirnhälfte durch die andere vor, so wie beispielsweise des Hörens und der Sprache.

Heiserkeit: Darunter versteht man eine wenig klangvolle, raue und belegte Stimme. Hält diese Heiserkeit mehrere Wochen an, dann besteht der Verdacht auf Entzündungen, Lähmung und Knotenbildung an den Stimmbändern. Hier liegt eine Stimmstörung vor, die bei Kindern selten vorkommt. Man spricht auch von Dysphonie. Der Stimmklang hat sich quantitativ und qualitativ verändert.

Herkunftssprache: Die Herkunft der zugewanderten Kinder und damit die Muttersprachen weiten sich immer mehr aus. Wir haben Kindergärten und Schulen mit einem sehr hohen Anteil von Migrantenkinder zwischen 40 und 60% insbesondere in Städten und sozialen Brennpunkten. Wir haben auf der anderen Seite aber auch Einrichtungen mit einem sehr geringen Anteil zugewanderter Kinder zwischen 5 und 10%. Folgende Muttersprachen können z.B. in manchen Kindergärten und Schulen beobachtet werden:

Türkisch	Kurdisch
Italienisch	Polnisch
Russisch	Kroatisch
Spanisch	Chinesisch
Persisch	Libanesisch
Afrikanisch	Französisch
Pakistanisch	Albanisch
Tamilisch	Bosnisch
Arabisch	Schwedisch

Diese Kinder sind meistens sozial und sprachlich gehemmt, verstehen die deutsche Sprache überhaupt nicht oder nur unzureichend, haben nur sehr wenige Gelegenheiten, im Alltag die Sprache einsetzen zu können bzw. zu müssen, und können daher die Sprache auch nicht korrekt produzieren. Diese Problematik wird dadurch erschwert, dass die meisten Eltern ebenfalls sehr scheu und zurückhaltend sind und die deutsche Sprache nicht bzw. nur fehlerhaft beherrschen.

Heterogene Gruppe: In der heterogenen Gruppe finden wir bei den einzelnen Kindern teilweise große Unterschiede hinsichtlich Begabung, Wissen und Können. Die Kinder kommen aus verschiedenen Gruppen oder Klassen. Sie haben unterschiedliche Leistungsstärken und -niveaus und zeigen stark abweichende Defizite und Funktionsschwächen auf. Je heterogener eine Gruppe ist, desto kleiner sollte die Zahl der Kinder sein, weil jedes Kind eine individuelle Förderung braucht. In der heterogenen Gruppe sind die fachlichen und zeitlichen Anforderungen an die Fachkräfte um ein Vielfaches höher als in der homogenen Gruppe.

Hochbegabung: Das Thema »Erkennen und fördern von hoch begabten Kindern« im Kindergarten und in der Grundschule ist zurzeit in aller Munde. Wirtschaft, Handwerk und Handel fordern die Bildungspolitik auf, dafür Sorge zu tragen, dass hoch begabte Kinder früh erkannt und entsprechend ihren Potenzialen gefördert werden. Es gibt z.B. künstlerisch, mathematisch, musikalisch und sprachlich hoch begabte Kinder. Der Begriff der Hochbegabung wird auch in Verbindung gebracht mit den Begriffen Genie und Talent. Hochbegabung wird heute über die kognitive Intelligenz definiert. Die spezielle Diagnostik wird von Fachpsychologen bzw. Schulpsychologen durchgeführt, die entsprechende Intelligenztests einsetzen. Ein Kind ist hoch begabt, wenn es einen Intelligenzquotienten (IQ) von 130 und mehr erreicht. Etwa 2% der Kinder eines Altersjahrgangs werden als hoch begabt vermutet.

Homogene Gruppen: In homogenen Gruppen bringen die Kinder in etwa gleiche oder gleichartige Voraussetzungen an Erfahrungen und an Wissen mit. Die relative Gleichartigkeit bezieht sich mehr auf das gleiche Alter, die gleiche Klasse, den gleichen Leistungsstand, gleichartige Probleme z.B. mit der Sprache und dem Sprechen oder gleichartigen Defiziten und Funktionsschwächen z.B. in den einzelnen Wahrnehmungsbereichen. Je homogener die Gruppe ist, desto größer kann die Zahl der Kinder sein. In einer homogenen Gruppe können alle Kinder am gleichen Thema arbeiten und einem ähnlichen Förderprogramm unterzogen werden.

Horchen: Damit ist das bewusste und intensive Hineinhorchen in Wörter und Sätze gemeint. Die Kinder sollen die Wörter einzeln laut sprechen, klingen lassen und hineinhorchen in das Innere der Wörter. Das ist auch eine gute Vorbereitung für das sprachliche Zergliedern der Wörter in Silben und danach in Laute.

Damit wird die phonologische Bewusstheit geschult, und die Kinder werden bestens vorbereitet auf das Lesen und Schreiben. So können die Kinder auch grammatikalische Veränderungen über das Hören und Horchen erfahren, wie z.B. die Veränderung von Einzahl zu Mehrzahl bei Namenwörtern.

Hören: Wenn ein Kind geboren wird, dann muss es sehr viel lernen. Dazu benötigt es in erster Linie seine fünf Sinne: sehen, riechen, schmecken, tasten und hören. Die Sinne sind die Schnittstelle zur menschlichen Umwelt. Sie verbinden die Außenwelt mit der Innenwelt des Kindes. Unsere Ohren sind einer Flut von Geräuschen und Lärm ausgesetzt. Es kommt zur Überlastung und Überanstrengung, und für die Ohren kann dies Dauerstress bedeuten. In Deutschland leben zurzeit 82 Millionen Menschen. 15 Millionen haben ein eingeschränktes Hörvermögen. Im Informationszeitalter werden alle Kinder durch akustische Reize überflutet. Das kann dazu führen, dass Lärm bei Kindern als belastend wahrgenommen wird und schließlich Stress verursacht. Kinder hören im Vorschulalter noch nicht so gut wie Erwachsene. Erst ab dem sechsten Lebensjahr ist das Hörvermögen voll ausgebildet. Daher haben Kinder im Vorschulalter erhebliche Probleme, Geräusche zu unterscheiden und nach ihrer Bedeutsamkeit einzustufen. Ebenso haben sie Probleme mit der Lokalisation von Geräuschen, wie etwa das Herannahen eines Krankenwagens mit Sirene, insbesondere dann, wenn das Kind von Lärm – Störlärm wie Baulärm, Straßenlärm oder Hundegebell – umgeben ist. Das Hören ist die Grundvoraussetzung für die menschliche Sprache. Hören und Sprechen gehören sehr eng zusammen, und sind zwei der wichtigsten Fähigkeiten im Leben des Kindes. Hört ein Kind nicht richtig, lernt es nicht richtig sprechen. Ist ein Kind gehörlos, lernt es ohne fremde Hilfe überhaupt nicht sprechen. Hören ist ein Entwicklungsprozess, der besondere Bedingungen braucht, damit er die geeigneten Lernprozesse durchlaufen kann. Hören ist ein komplexer Vorgang, der sich in das äußere Hören (Hören mit dem Ohr) und das innere Hören (Verarbeitung mit dem Gehirn) untergliedert.

Hörrätsel: Beim Hörrätsel sollen die Kinder Tierlaute und Alltagsgeräusche aus ihrer direkten Lebenswelt hören, identifizieren und benennen. Sie können sich als Hördetektive betätigen und Geräusche, Klänge, Töne, Laute und seltsame Wörter aufspüren. Der Kassettenrekorder kann hier wertvolle Dienste leisten. Es gibt aber auch bereits produzierte Geräusche-CDs im Handel.

Hörschall: Schwingungen, die im Hörbereich des Menschen liegen, nennt man Hörschall. Der Schall entsteht zunächst durch mechanische Schwingungen, die sich als Wellen ausbreiten. Diese Schwingungen können zu einer Hörperzeption führen. Dabei ist wichtig zu wissen, dass nicht jeder Schall durch das menschliche Ohr wahrnehmbar ist. Schwingungen, die einfach zu langsam sind und unterhalb des menschlichen Hörvermögens liegen, bezeichnet man als Infraschall. Schwingungen, die so schnell sind, dass sie oberhalb des menschlichen Hörvermögens liegen, werden als Ultraschall deklariert. Der Hörschall wird gemäß seiner zeitlichen Ausbreitung des Schall in zwei grundlegende Kategorien untergliedert. Schall, bei dem die Schwingungen beliebig andauern, bezeichnet man als Ton, Klang und Geräusch. Schwingungen, die zeitlich begrenzt sind, werden als Knack und Knall wahrgenommen (vgl. Petermann 1989, S. 8f.).

Hörschwelle: Unter einer Hörschwelle versteht man den Schallpegel, bei dem ein Ton durch das Ohr des Menschen gerade noch so hörbar ist. Die Hörschwelle beginnt bei 0 Phon und setzt bei einem Spaziergang im ruhigen Wald ein. Die Hörschwelle des normal hörenden Menschen liegt bei 0 Phon und die Schmerzschwelle bei ca. 130 Phon (= Start einer Düsenmaschine).

Hörspaziergang: Beim Hörspaziergang ist das zentrale Ziel die Schärfung der auditiven Aufmerksamkeit. Der kanadische Komponist R. Murray Schaffer wird als Begründer dieser akustischen Landschaftserforschung betrachtet. Es geht um die Ergründung der akustischen Umwelt, in der ein Kind Tag für Tag lebt, spielt und lernt. Die Kinder werden so durch bekannte Landschaften geführt wie Räume im Kindergarten, in der Schule und in der Wohnung, Schulhöfe, Kinderspielplätze, Parkanlagen, Straßen, Wiese und Wald. Alle Wahrnehmungen und Eindrücke kreisen um die auditive Wahrnehmung. Die Tonbandaufnahme eines Spaziergangs mit den Kindern durch den Wald hat hohen Aufforderungscharakter und macht allen Kindern viel Spaß.

Hörspiel: Hörspiele sind Spiele mit Musik, Geräuschen, Phasen der Stille und Wörter bzw. Sätze. Töne, Klänge, Wörter, Sätze und Geräusche werden aufgenommen und zu einem Hörspiel zusammengemischt. Die Geräusche sind wichtige Eckpfeiler, um die herum eine Geschichte ausgedacht wird. Hörspiele können aber auch bestimmte Themen behandeln, wie z.B. die Fledermaus.

Hospitalismus: Diese von Spitz beschriebenen Krankheitsbilder sind Ausnahmefälle, die in Findelhäusern und Waisenhäusern beobachtet wurden, wo z.B. eine Krankenschwester ca. 20 bis 30 Säuglinge zu versorgen hatte. Der Hospitalismus ist eine sehr extreme Form der frühkindlichen Beziehungsstörung. Darunter versteht man kindliche Entwicklungsdefizite seelischer und körperlicher Art, die meist auf längere Klinikaufenthalte oder Heimunterbringung zurückgeführt werden können. Diese Entwicklungsverzöge-

rungen strahlen auf alle Entwicklungsbereiche aus und können sich u.a. auf die Sprache und das Sprechen erstrecken. Es handelt sich beim Hospitalismus um eine zeitliche Vernachlässigung der Mutter bzw. der engsten primären Bezugspersonen. Der Hospitalismus zeigt sehr deutlich auf, wie abhängig die Kinder in ihrer Entwicklung von den Variablen Anregung und Zuwendung sind.

Hörsturz: Beim Hörsturz reduziert sich die menschliche Hörfähigkeit sehr und rasch und meistens einseitig. Der Hörsturz setzt meistens morgens ein und ist oft die Folge von Stress. Beim Hörsturz sollte man unverzüglich einen HNO-Arzt aufsuchen, da sonst die Gefahr der dauerhaften Gehörschädigung sehr groß ist (vgl. KIND 2006).

Humboldt: Wilhelm von Humboldt (1767–1835) war ein bedeutender Sprachforscher und ein Verfechter der allseitigen Bildung. Humboldt war von den Griechen Platon und Aristoteles inspiriert und forderte die universale Bildung für alle. Die Förderung der Individualität und die Übung aller Kräfte standen im Mittelpunkt seiner Bildungstheorie. Humboldt hat die Wirkungen und Leistungen der menschlichen Sprache in den Blick genommen und Sprache als primäres Bildungsgut definiert. Der Mensch ist existenziell auf die Sprache angewiesen. Was die Sprache des Menschen angeht, unterscheidet er zwischen »ergon« (Sprache als relativ statisches System) und »energeia« (Sprache als eine dynamische und immer fortwährende Kraft). Ergon ist das grammatische System der Sprache, in dem jedes Zeichen formale und inhaltliche Eigenschaften besitzt. Ergon ist die Voraussetzung für die Energeia der Sprache, deren Leistung und Wirkung in der Vermittlung der außersprachlichen Welt besteht. Über die Muttersprache erwirbt das Kind ein subjektiv gefärbtes Weltbild und damit eine bestimmte Weltansicht.

Humor: Humor im Kindergarten und in der Schule kommt leider zu kurz, weil das Leben meistens zu trocken und ernst betrachtet wird. Dabei wissen wir aus eigener Erfahrung, wie man mit Humor bzw. humorvollen Einlagen Probleme schneller und leichter lösen kann. Die Beziehungen untereinander und der Umgang zwischen den Menschen werden durch den Humor erleichtert. Zudem lockert er die gesamte Situation auf, und Sprache und Sprechen können von Kind zu Kind besser fließen. Das Problem sind aber meist nicht die Kinder, sondern die humorlosen Erwachsenen, die die Sprache und das Sprechen als trockene Materie an das Kind herantragen und vermitteln wollen. Dabei ist die menschliche Sprache voller Schwung, Elan, Aha-Erlebnissen, Witzen geistreichen Einfällen und Dynamik.

Hyperaktivität: Hyperaktive Kinder sind überaktive Kinder und haben Probleme mit der Konzentration, sind leichter ablenkbar und zeigen permanent eine motorische Unruhe. Diese Kinder haben einen permanenten Drang zu allen möglichen Tätigkeiten in Verbindung mit einem enormen Bewegungsdrang. Hyperaktivität zeigt sich in der Grob- und Feinmotorik. Hyperaktive Kinder neigen zu einer überhasteten Sprechweise, d.h., sie ziehen einzelne Wörter zusammen und verschlucken oftmals Endungen, insbesondere dann, wenn sie im Dialekt sprechen.

Hyperkinese: Darunter verstehen wir eine gesteigerte Form der kindlichen Bewegung im Sinne einer Bewegungsunruhe.

Ich-Stärke: Zur Ich-Stärke gehören das Selbstwertgefühl, ein positives Selbstkonzept hinsichtlich Begabung und Aussehen, das Vertrauen in die eigenen Fähigkeiten, eine ausgeprägte intrinsische Motivation sowie eine psychische Stabilität im Sinne der Resilienz als psychische Robustheit bzw. »dickes Fell« (vgl. Valtin 2006, S. 10).

Identifikation: Damit wird in der Psychologie ein Vorgang bezeichnet, in dem ein Kind Eigenschaften und Merkmale einer anderen Person übernimmt und sich nach dem erlebten Vorbild sozial und sprachlich verhält und möglicherweise auch verändert.

Identität: Abgeleitet vom Lateinischen »idem = dasselbe« bedeutet Identität das Gleiche von etwas, d.h., das Erleben und Wahrnehmen von Merkmalen und Eigenschaften meiner Person selbst. Unter der Identität versteht man die Konstitution eines Menschen als einmaliges Wesen und zwar sowohl die Person selbst als auch das soziale Umfeld, den sozialen Kontext, in dem das Kind lebt. Die kindliche Identität als Ich-Identität wird durch die Bezugspersonen, die Sprache, die Kultur, die gesellschaftlichen Gruppen, in denen es lebt, und die sozialen Rollen geprägt.

Identitätshypothese: Diese Auffassung gehört zu den Theorien zur Erklärung des Zweitspracherwerbs. Die Vertreter dieser Hypothese Ervin-Tripp (1974) und Wode (1981) gehen davon aus, dass der Erwerb der Erstsprache (Muttersprache) und der Zweitsprache in den basalen Strukturen nahezu identisch verlaufen. Die Vertreter dieses Ansatzes stützen sich dabei auf die Thesen des Nativisten Chomsky. Die Entwicklung der Zweitsprache wird durch die Struktur der Grundsprache (= Erstsprache, Muttersprache) geregelt und gesteuert. Das Kind bildet nach dieser Auffassung ein spezifisches Sprachsystem aus, das einerseits Merkmale der Erstsprache und der Zweitsprache aufweist und andererseits eigenständige Strukturen zeigt, die weder in der Erstsprache noch in der Zweitsprache vorzufinden sind.

Impfkalender: Der Impfkalender enthält einen detailliert aufgestellten Impfplan, d.h. eine zeitliche Aufstellung für bestimmte Impfungen gegen bestimmte Krankheiten während des Säuglings-, Kleinkind- und Vorschulalters. Die einzelnen Impfungen werden in das »Untersuchungsheft für Kinder« eingetragen und durch den Arzt dokumentiert.

Impulsivität: Damit wird ein kognitiver Stil, d.h. die Denkstrategie und die persönliche Auffassungsgabe von Menschen charakterisiert. Impulsive Menschen handeln sehr schnell, manchmal überschnell, meist ohne viel zu überlegen und nachzudenken. Impulsive Kinder sind unruhig, können nicht zu- und abwarten. Sie handeln sofort und spontan. In Dialogsituationen und Gesprächen haben diese Kinder größte Probleme zuzuhören, über das Gesagte nachzudenken und erst danach zu antworten. Sie können mit ihrer Antwort nicht abwarten, bis die Frage ausgesprochen worden ist, platzen oft heraus und sind sehr vorlaut.

Induktiv: Ein Vorgehen wird dann als induktiv bezeichnet, wenn man von dem Besonderen auf das Allgemeine schließt. Die gemachten Beobachtungen innerhalb einer Stichprobe werden auf die Gesamtpopulation verallgemeinert. Dieses Prozedere steht in Opposition zu dem deduktiven Vorgehen, bei der von allgemein gültigen Normen und Gesetzen ausgehend auf den Einzelfall geschlossen wird

Induktives Lernen: Bei diesem Lernen geht das Kind von einzelnen Beispielen aus und gelangt so zu den Regeln. Beim deduktiven Lernen ist es umgekehrt. Das Kind geht von Regeln aus und kommt dann zu den passenden Beispielen aus dem Alltag.

Individuallaut: Individuallaute haben im Gegensatz zum Nominallaut (= Nennlaut) in jedem Wort als Wortganzheit eine bestimmte Klangfarbe. So klingt der Laut ch in »Christian, Dach, Chinese, mich« jeweils verschieden, eben anders.

Informelle Tests: Darunter versteht man Tests, die von der pädagogischen Fachkraft für eine bestimmte Gruppe oder Klasse speziell konstruiert worden sind, um bestimmte Leistungen zu überprüfen. Diese informellen Test sind oftmals objektiv angelegt, die Kriterien der Reliabilität und Validität können jedoch nur sehr selten eingehalten werden.

Innenohrschwerhörigkeit: Darunter versteht man die Schwerhörigkeit des Innenohres (Labyrinth und Schnecke), die durch die Audiometrie exakter überprüft werden kann. Als häufigste Ursache kommt die Mittelohrentzündung in Frage. Hörverluste gibt es vor allem bei den hohen Tönen, es sind insbesondere Konsonanten wie s, sch, x und z betroffen. Dadurch kann die gesamte Sprachentwicklung verzögert und in komplizierten Fällen sogar verhindert werden.

Inneres Sprechen: Kleine Kinder und ältere Menschen neigen vermehrt zu diesem inneren Sprechen im Sinne einer Selbst-Instruktion. Durch dieses innere Sprechen steuern sie das eigene Handeln und Tun, wie z.B. die einzelnen Schritte bei der Lösung eines schwierigen Problems oder das Vorsagen einer Gebrauchsanweisung bei Inbetriebnahme eines neuen Gerätes.

Integration: Integration im pädagogischen Sinne meint das gemeinsame Leben, Lernen und Spielen von behinderten und nichtbehinderten Kindern im Kindergarten und in den Regelschulen. Die Integration setzte verstärkt Ende der 1970er- und Anfang der 1980er-Jahre in der Bundesrepublik Deutschland ein. Gesetzliche Grundlagen mit dem Anspruch der Kinder auf Integration wurden in verschiedenen Bundesländern geschaffen, wie z.B. im Saarland und in Berlin. So wurden spezielle integrative Kindergärten, Klassen und Schulen eingerichtet, um das gemeinsame Lernen zwischen Behinderten und Nichtbehinderten zu fördern.

Intelligenz: Der Begriff Intelligenz ist zunächst ein unterschiedlich definiertes Konstrukt, das eine Vielzahl von Fähigkeiten eines Kindes umfasst. Dabei geht es um das Erkennen von Zusammenhängen, Wechselwirkungen und logischen Schlussfolgerungen. Intelligenz ist im Gehirn des Kindes nicht lokalisierbar, d.h., Intelligenz kann nicht einem bestimmten Hirnabschnitt zugeordnet werden. William Stern (1935) hat den Begriff des Intelligenzquotienten (IQ) geprägt. Er definierte Intelligenz als »allgemeine Fähigkeit, sich unter zweckmäßiger Verfügung der Denkmittel auf neue Forderungen einzustellen«. Der Intelligenzquotient ist das Maß für die intellektuelle Leistungsfähigkeit eines Kindes, die sich auf den durchschnittlichen Entwicklungsstand von Gleichaltrigen bezieht. Die Gaußsche Normalverteilung zeigt die Verteilung der Intelligenz in jeder Altersstufe. Eine einseitige Orientierung ausschließlich am IQ ist sehr problematisch. Intelligenz ist ein hypothetisches Konstrukt; es gibt zahlreiche Definitionen. Wechsler definiert Intelligenz als die allgemeine Fähigkeit, sinnvoll zu denken, vernünftig zu handeln und sich mit seiner Umwelt wirkungsvoll auseinander zu setzen. Für Piaget (1972) ist Intelligenz ein fließender Prozess der Verknüpfung bestehender Schemata zu immer komplexeren neuen Schemata. Dabei sind das Niveau und der Grad der Komplexität vom Entwicklungsstand des Kindes abhängig. Aus der Sicht der Testkonstruktion ist Intelligenz das, was der Intelligenztest misst. Der Amerikaner Howard Gardner (1999) hat in seinem Buch »Abschied vom IQ« die Theorie der multiplen Intelligenzen entwickelt und damit den Intelligenzbegriff ausgeweitet:

1. Linguistische Intelligenz
2. Räumliche Intelligenz
3. Logisch-mathematische Intelligenz
4. Musikalische Intelligenz
5. Körperlich-kinästhetische Intelligenz
6. Interpersonelle Intelligenz
7. Intrapersonelle Intelligenz
8. Naturalistische Intelligenz
9. Existenzielle Intelligenz

Intelligenzalter: Damit ist der Stand der kognitiven Entwicklung gemeint in Bezug auf die durch den Test ermittelte Durchschnittsleistung für das entsprechende Alter.

Intelligenzquotient: Der IQ wurde von William Stern (1935) eingeführt, als er das Verhältnis des Intelligenzalters zum Lebensalter bestimmen wollte. Der IQ meint die Abweichung einer individuellen Intelligenzleistung (d.h. der erzielte Punktwert eines Kindes in einem Intelligenztest) vom Mittelwert der betreffenden Altersgruppe.

Interaktion: Ein zentraler Begriff der sozialpsychologischen Forschung ist die Interaktion, die als soziale Interaktion die wechselseitigen Beziehungen zwischen zwei Personen meint. Bei der Interaktion steht das soziale und sprachliche Verhalten zweier Menschen in wechselseitiger Beeinflussung. Die soziale Interaktion sollte in der gesamten Sprachförderung gefördert werden. Es geht insbesondere um multiple und lebendige Interaktionen. Das Kind braucht Informationen und Wissen über seinen bzw. seine Gesprächspartner. Es muss ein soziales und geistiges Modell des Partners im Sinne von »theory of mind« erwerben So lernt das Kind seinen bzw. seine Partner einzuschätzen, die Absichten zu erkennen und die Erfahrungen zu sammeln, wie es mit seinem Gesprächspartner umgeht. Empathie und intensive Beziehung zu anderen und ein adäquates Rollenverhalten sind wichtige Grundlagen für die Entwicklung der Sprachkompetenz. Interaktion wird verstanden als Wechselbeziehung zwischen einzelnen Menschen. Das sprachliche und soziale Verhalten beeinflussen sich innerhalb dieser Beziehungen wechselseitig. Die spezielle Formulierung »Symbolische Interaktion« wird dann gebraucht, wenn die Kommunikation über das Medium Sprache im Fokus der Betrachtungen stehen soll. Die Interaktion selbst bezieht sich auch auf andere Kommunikationsformen wie Mimik, Gestik oder das Lesen eines Briefes.

Interaktionsspiele: Hier handelt es sich um Spiele, die sehr einfach und kurz sind. Die Spieler suchen Kontakte zu Gegenständen und Personen. Dabei finden wir kein Konkurrenzverhalten, und es fehlt auch die Kategorie »richtig« oder »falsch«. Diese Spiele fördern die zwischenmenschlichen Kontakte und Beziehungen und eigenen sich für Vorschul- und Schulkinder gleichermaßen. Bei diesen Spielen können alle mitmachen, alle tun das Gleiche, und keiner muss etwas alleine vormachen (vgl. Herz 1993, S. 3).

Interaktionismus: Der Psychologe Jerome Bruner (1987) betrachtet die vorsprachlichen Interaktionen der Mutter mit dem Neugeborenen als wichtige Etappe der sprachlichen Entwicklung. Das kindliche Schreien, die ersten Lautproduktionen und die Körpersprache in Form von Blickkontakt, Gesichtsausdruck und Gebärden sind frühe Formen der menschlichen Sprache und Kommunikation. Die Sprache des Kindes entwickelt sich aus den gemeinsamen Handlungen zwischen der Mutter und dem Kind. Vor den ersten Wörtern steht die Struktur des Dialogs zwischen Mutter und Kind. Die Mutter begleitet das tägliche Tun mit Sprache, und so beginnt das Kind zu verstehen, was die Mutter sagt und meint. Diese frühe Phase der Sprache ist emotional hoch geladen und sozial gesteuert. Diese ersten kommunikativen Versuche des Kindes sind die Voraussetzung für die weitere sprachliche Entwicklung des Kindes. Sprache gewinnt in diesem Ansatz eine pragmatisch-kommunikative Dimension. Der soziale Rahmen, in den die Sprache eingebunden ist, bildet die Basis für den kindlichen Spracherwerb.

Interdisziplinarität: Die Sprachförderung und damit das Kind mit seinen spezifischen Förderbedürfnissen in Sachen Sprache und Sprechen ist auf die Erkenntnisse unterschiedlicher Wissenschaften angewiesen. Als Grundlagenwissenschaften für Theorie und Praxis gelten die Pädagogik, die Linguistik, die Logopädie, die Sprachbehindertenpädagogik, die Interkulturelle Bildung und die Psychologie. Darüber hinaus ergänzen theoretische Konzepte und wichtige Zusammenhänge sowie zentrale Begriffe aus der Medizin, der Soziologie und Neurobiologie das Wissen und die Kompetenz, die für die Sprachförderung zwingend erforderlich sind. Für die diagnostische und praktische Arbeit mit den Kindern ist es notwendig, auf Kenntnisse und neue wissenschaftliche Erkenntnisse zurückgreifen zu können. Pädagogik kann hier als Integrations- und Handlungswissenschaft betrachtet werden.

Interferenz: Allgemein versteht man darunter die gegenseitige Beeinflussung von Lernvorgängen. So kann das Behalten eines wichtigen Merksatzes durch ein überhöhtes emotionales Ereignis wie Unfall, Tod oder Schock gestört oder gar verhindert werden. Damit kann z.B. die störende Einwirkung von sprachlichen Strukturen einer bereits erworbenen Sprache (z.B. der Muttersprache) auf eine neu zu lernende Sprache (z.B. Fremdsprache) gemeint sein. Die Interferenz kann sich auf die sprachlichen Ebenen der Grammatik, der Aussprache und des Wortschatzes erstrecken. Innerhalb der Gedächtnisforschung unterscheiden wir die proaktive und die retroaktive Hemmung. Eine proaktive Hemmung liegt vor, wenn ein gelernter Inhalt, wie z.B. eine Reihe von Wörtern, das Erlernen und Behalten einer Geschichte erschwert oder gar verhindert. Eine retroaktive Hemmung kommt dann zu Stande, wenn ein gelerntes Gedicht durch ein kurz darauf gelerntes Gedicht erschwert wird. Beide Hemmungen treten gehäuft immer dann auf, wenn zwischen den beiden gelernten Inhalten große Ähnlichkeiten vorherrschen.

Interkulturelles Lernen: Darunter versteht man das gemeinsame Lernen von Menschen aus verschiedenen Nationen, Kulturräumen und Gesellschaftsformen. Hier geht es um das gemeinsame Lernen von deutschen Kindern und zugewanderten Kindern unterschiedlicher nationaler Herkunft. Es geht darum, Gemeinsamkeiten zu finden, aber auch die vorhandenen Unterschiede kennen zu lernen und zu akzeptieren. Die Begriffe multikulturelle Erziehung und interkulturelle Erziehung werden im deutschen Sprachraum meist synonym gebraucht. Interkulturelles Lernen hat sich in der heutigen Zeit zu einer Selbstverständlichkeit entwickelt. Zur interkulturellen Kompetenz zählt auch das Wissen über andere Sprachen, Kulturen und Religionen und die Akzeptanz der Gleichwertigkeit (vgl. Schnurer 2003, S. 20).

Interlanguagehypothese: Dies ist eine Hypothese zur Erklärung des Zweitspracherwerbs und wird auch als Theorie der Lernervarietäten bezeichnet. Der Begriff Interlanguage geht auf Selnker (1972) zurück, der damit eine Art »Zwischensprache« annimmt. Diese Zwischensprache besitzt Elemente und Strukturen der Erstsprache als auch der Zweitsprache. In diesem Ansatz zur Erklärung des Erwerbs der Zweitsprache wird deutlich, dass die begrenzten Möglichkeiten des Sprache lernenden Kindes sein momentanes Sprachniveau und -system repräsentieren. Der Erwerb der Zweitsprache ist durch eine Vielzahl von Übergängen von einer Phase zur nächsten gekennzeichnet.

Internationales Phonetisches Alphabet: Die Abkürzung dieser Lautschrift wird mit IPA dargestellt. Das IPA stellt für jeden Sprachlaut ein Zeichen zur Verfügung. Damit lassen sich Wörter in allen Sprachen unabhängig von der Orthographie aufschreiben. Die Zeichen der Lautschrift werden in eckige Klammern gesetzt, um sie von den Buchstaben des Alphabets zu unterscheiden. Für die deutsche Sprache hat der Duden 44 IPA-Zeichen für Vokale und Konsonanten angeführt.

Intervention: Intervention meint die Behandlung, die Therapie oder die Förderung eines Kindes bzw. einer Gruppe von Kindern. Alle pädagogischen Aktivitäten und Intentionen innerhalb der Sprachförderung sind darauf ausgerichtet, eine Veränderung von Sprache und Sprechen innerhalb einer bestimmten Zeit bei dem Kind herbeizuführen.

Intrinsische Motivation: Ein Kind ist dann intrinsisch motiviert, wenn es die Sprache um der Sprache willen für sich selbst lernen will und nicht, weil die Eltern es wünschen oder die Fachkraft es im Kindergarten oder in der Schule fordert.

Introvertiert: Man bezeichnet ein Kind als introvertiert, wenn es sozial nach innen orientiert ist. Introvertierte Kinder lenken ihre Energie und Kraft nach innen und sind sehr scheu, zurückhaltend, sozial defensiv eingestellt und meistens sehr misstrauische Menschen. Introvertierte Kinder sind genau das Gegenteil von extrovertierten Kindern.

Item: Fragebögen und Tests enthalten viele und verschiedene Items. Darunter versteht man Aufgaben bzw. Fragen, die dem Kind gestellt werden. Die Antwortmöglichkeiten sind vorgegeben und werden in einem Lösungsschlüssel mitgeliefert. Das Item verlangt vom Kind eine Aussage, eine Reaktion, d.h., es soll Fragen mündlich beantworten, Aufgaben bearbeiten, Bilder betrachten usw.

Jugendsprache: Darunter verstehen wir die Sprache bzw. den Sprachgebrauch von Kindern und Jugendlichen. Hier handelt es sich um einen unkoventionellen, lockeren Sprachstil mit einer regional gefärbten Sprechweise. Diese Gruppensprache zeichnet sich u.a. durch Einwortsätze, wie z.B. »super, cool, geil«, und Zweiwortsätze »null Bock« aus. Diese Jugendsprache erstreckt sich auf alle Sprachebenen: Phonetik/Phonologie; Morphologie/Syntax, Lexik/Semantik und die Pragmatik.

Kassettenrekorder: Der Einsatz des Kassettenrekorders mit Tonkassetten eignet sich hervorragend zur Arbeit innerhalb der Sprachförderung. Er ist für die Hörkontrolle ein unentbehrliches Hilfsmittel. Der produktive Umgang mit dem Kassettenrekorder innerhalb der Sprachförderung wird leider nur unzureichend berücksichtigt. Folgende Möglichkeiten bieten sich an: Geräusche aus der Umwelt oder Korpergeräusche aufnehmen; kleine Geschichten mit Geräuschen erstellen; ein kleines Hörspiel selbst konzipieren und produzieren. Darüber hinaus sollen die Kinder immer wieder die eigene Stimme vom Kassettenrekorder hören, um die Hörkontrolle zu schulen.

Katamnese: Darunter verstehen wir die Überprüfungen sprachlicher Erfolge bei Kindern mit größerem zeitlichen Abstand (z.B. ein halbes Jahr nach der Förderung) vom Abschluss der durchgeführten Fördermaßnahme. Wurde die Sprachförderung beispielsweise im letzten Kindergartenjahr durchgeführt, dann sollte eine erneute Überprüfung der sprachlichen Erfolge gegen Ende des ersten Schuljahres erfolgen. Das Kind wird wieder sprachlich beobachtet und die Sprache mit dem Zustand am Ende der Kindergartenzeit verglichen. Es geht hier auch um eine nachhaltige Sprachförderung.

Kim-Spiele: Kim-Spiele gehen auf den Roman »Kim« des englischen Schriftstellers Rudyard Kipling (1865–1936) zurück, der in seinem Buch »Kim« den elternlosen Kimball in Indien als Straßenjungen beschreibt. Kim-Spiele sind einfache sinnliche Spiele bzw. Wahrnehmungsspiele, die in jedem Lebensalter und unabhängig von Geschlecht und sozialer Schichtzugehörigkeit an jedem Ort ohne besondere Vorbereitungen und ohne besondere Hilfsmittel durchgeführt werden können. Darin liegt die Stärke der Kim-Spiele. Sie können bei der Wahrnehmungsförderung und im Rahmen des sensomotorischen Lernens bestens eingesetzt werden. Sie führen zu einer anschaulichen Förderung der verschiedenen Sinne, wie z.B. beim Sehkim, Hörkim, Tastkim, Riechkim, und Schmeckkim (vgl. Bücken 1994). Die Kinder können sehen, hören, fühlen, tasten, riechen und schmecken, ob etwas glatt oder rau, laut oder leise, hart oder weich, rot und gelb ist, wie etwas riecht oder ob etwas süß, sauer oder salzig schmeckt.

Beispiel: »Was hast du im Mund?« Äpfel, Möhren, Birnen, Bananen, Apfelsinen, Trauben oder Brot werden in Stücke geschnitten und geprüft, was süß, sauer oder bitter schmeckt. Dann schließen die Kinder die Augen und lassen sich etwas von den genannten Dingen in den Mund stecken. Jetzt sollen sie erraten, um welche Frucht es sich handelt.

Die Förderung aller Sinne ist wiederum enorm wichtig für die weitere sprachliche und geistige Entwicklung des Kindes. Kim-Spiele führen zu einer anschaulichen und handlungsorientierten Sprachförderung mit allen Sinnen.

Kinästhesie: Damit ist das menschliche Empfinden der Bewegungen gemeint. Die Rezeptoren liegen in den Gelenken, Muskeln, Sehnen und im Gleichgewichtsorgan. Man spricht auch von der Bewegungsempfindung bzw. Tiefensensibilität, wie z.B. das Wahrnehmen von Empfindungen im Mundraum durch die Lippen, Wangen, Zunge und Zähne. Das ist wichtig für das Erlernen des Sprechens.

Kinästhetische Wahrnehmung: Darunter versteht man die Lage- und Bewegungsempfindung eines Kindes, die nicht über das Sehen ermittelt werden kann. Kinästhesie ist die Wahrnehmung der eigenen Bewegungen. Hier geht es um die Empfindung von Bewegungen des Körpers, d.h., es werden Signale über die Muskeln, Gelenke und Sehnen registriert. Dieses Wahrnehmungssystem arbeitet meist unbewusst, und wir greifen im Alltag permanent auf die kinästhetische Wahrnehmung zurück. So können wir uns in einem bekannten dunklen Raum recht sicher bewegen, wir können mit verbundenen Augen Tee trinken und auf die Oberschenkel klatschen. Die kinästhetische Wahrnehmung wird von Jean Ayres (1984) in ihrem Buch »Bausteine der kindlichen Entwicklung« als propriozeptives System bezeichnet.

Kindergarten: Der Kindergarten ist das am besten ausgebaute System der vorschulischen Erziehung. Er ist eine familienergänzende und unterstützende Einrichtung, die in der Verantwortung und Obhut freier und öffentlicher Trägerschaft liegt. Der Besuch des Kindergartens ist für einen großen Teil der drei- bis sechsjährigen Kinder zu einem selbstverständlichen Lebensabschnitt der kindlichen Sozialisation geworden; etwa 80% der genannten Altersgruppe besuchen den Kindergarten. Der Besuch ist freiwillig; zurzeit wird das letzte Kindergartenjahr als verpflichtend für alle Kinder diskutiert (vgl. Naumann 1993, S. 112).

Kinderhorte: Kinderhorte werden in manchen Regionen der Bundesrepublik auch als Schülerhorte gekennzeichnet. Es sind Einrichtungen für schulpflichtige Kinder, die in der schulfreien Zeit oder in der Schulzeit am Nachmittag die Familienerziehung ergänzen und unterstützen. Die Kinder werden bei den Hausaufgaben beaufsichtigt und gefördert und zur sinnvollen Beschäftigung in der Freizeit angeleitet.

Kinderlieder: Lieder haben im Vergleich zur gesprochenen Sprache ein deutlicheren Rhythmus und eine Melodie. Daneben ist der Liedtext bedeutsam. Die Kinder sollten alle Begriffe des Liedtextes erklären können und den Sinn des Textes begreifen. Damit sind sie bestens zur Sprachförderung geeignet. Wir können durch die Lieder rhythmische Übungen mit Sprache und Bewegung verbinden. Weiterhin kann sich das Kind den Text durch die einfache Melodie besser merken und nachhaltig einprägen, insbesondere dann, wenn das Lied dem Kind Spaß macht und ein Ohrwurm ist. Hier sind einfache Kinderlieder zu nennen wie »Fuchs du hast die Gans gestohlen«, »Alle meine Entchen«, »Drei Chinesen mit dem Kontrabass« oder »Wer will fleißige Handwerker sehn?«. Die traditionellen Kinderlieder sind in den letzten Jahren stark in Vergessenheit geraten.

Kinderliteratur: Bereits im Kindergarten und in der Grundschule ist die Forderung nach gezieltem Umgang mit Literatur unüberhörbar. Gerade im Zusammenhang mit dem Zuhören und Verstehen eignet sich der kindgerechte Umgang mit der Kinderliteratur bestens. Die Kinder sollen erzählen und etwas vortragen. Sie sollen zuhören und sich Begriffe und Zusammenhänge einprägen und über Texte nachdenken und darüber sprechen lernen. Kindern im Vorschul- und Grundschulalter können wir bereits folgende literarische Texte anbieten: Kindergedichte, Kinderverse, Kinderreime, Sprachspiele, Kindergeschichten wie Volksmärchen und Sagen. Aber auch Tiergeschichten und neuere Kindererzählungen, Kinderrätsel zum lustigen Raten und Sprichwörter, Sach- und Lachgeschichten aus der unmittelbaren Lebenswelt der Kinder eignen sich bestens. Natürlich sollten auch die ein wenig in Vergessenheit geratenen Kinderlieder und Singspiele sowie Dialogpassagen wie z.B. beim Kasperltheater wieder verstärkt angeboten werden (vgl. Kultusministerium des Saarlandes 1982).

Kinderreime: Darunter verstehen wir Sprachspiele, die zum kreativen Umgang auffordern. Die Kinder experimentieren mit ihrer Sprache und erfinden selbst kleine Reime. Durch den Rhythmus und Klang der Reime wird die kindliche Wahrnehmung gefördert. Kinderreime werden oft von den Großeltern und Eltern im Rahmen der kindlichen Entwicklung unbewusst, aber sehr natürlich angeboten und von den Kindern gerne angenommen. Beispiele hierfür sind »Heile, heile Gänschen, Gänschen hat ein Schwänzchen« oder »Auf dem Berge Sinai«. Zu allen Reimen kann der Rhythmus nachgeklatscht und der Inhalt des Gesprochenen durch unsere Körpersprache dargestellt werden.

Kindheit: Unter Kindheit verstehen wir heute den Lebensabschnitt von der Geburt bis zum Beginn der Pubertät, also bis zum Alter von 12 Lebensjahren. Weiterhin wird untergliedert in die frühe Kindheit (Säuglingsalter und Kleinkindalter von 0 bis 4 Lebensjahren), in das Vorschulalter (von 3 bis 6 Lebensjahre) und in die eigentliche Kindheit (von 6 bis 12 Lebensjahre). Man spricht immer häufiger von »Kids« und meint damit alle 8- bis 14-jährigen Kinder und Jugendliche. Die Heranwachsenden fühlen sich auch nicht mehr als Kinder (vgl. Fölling-Albers 1993, S. 124). Die Veränderungen in der Kindheit heute lassen sich durch folgende Trends kennzeichnen:

1. Veränderungen in den familialen Strukturen (Einzelkinder, Scheidungskinder, allein erziehende Mütter und Väter, Ein-Eltern-Familien).
2. Pädagogisierung und Expertisierung der kindlichen Freizeit (Überangebote an externen Förder- und Therapiemöglichkeiten wie Reiten, Tennis, Golf, Ballett usw.).
3. Verlust an Eigentätigkeit und Primärerfahrung durch die zunehmende Mediatisierung und Reizüberflutung in den Familien und Kinderzimmern: Radio, Kassettenrekorder, CD-Player, Fernsehen, Video, Handy, Game Boy, Play Station usw.
4. Soziale Ungleichheiten auf Grund der Schichtzugehörigkeit und der damit verbundenen materiellen und finanziellen Möglichkeiten. Materiell schlechter gestellte Kinder sind meistens auch sozial und bildungsmäßig benachteiligte Kinder in unserer schnelllebigen Wissens- und Informationsgesellschaft.

Kinesik: Die Kinesik ist eine Wissenschaft, die die Körpersprache zu ergründen versucht. Wir wissen sehr wohl, dass mehr als die Hälfte der Informationen über Körpersignale vermittelt bzw. aufgenommen werden. Wir sind beim Gespräch nicht nur Zuhörer, sondern gleichzeitig auch immer Zuschauer.

Kindlich-symbiotische Beziehung: Damit bezeichnet man die früheste Phase der kindlichen Entwicklung der Mutter-Kind-Beziehung, die im weiteren Verlauf der Entwicklung hinsichtlich der Quantität und Qualität abnimmt. Sie bestimmt aber das Kleinkindalter und ist wichtig für die Entwicklung des Selbstkonzeptes, der Identität und des Urvertrauens.

Kindliche Tätigkeit: Die kindliche Tätigkeit gliedert sich nach Wygotski in zwei Teilbereiche: zum einen in die Zone der aktuellen Leistung als momentane Leistung des Kindes und zum anderen in die Zone der nächsten Entwicklung als mögliche Leistungspotenziale des Kindes, d.h., was sollte der nächste Schritt der kindlichen Entwicklung sein. Beide Bereiche sollten im Rahmen der Förderdiagnostik berücksichtigt werden.

Klänge und Rhythmen: Sprache und Sprechen beinhalten Melodie, Klang und Rhythmus. Daher ist das Erfassen von Klängen und Rhythmen im Rahmen der Sprachförderung eine wichtige Voraussetzung für die Sprache und das Sprechen. Das Ziel besteht darin, Töne und Geräusche zu erkennen und zu benennen so-

wie deren Reihenfolge zu memorieren. Hier bieten sich Kim-Spiele an. Geräusche sind zunächst für Hörübungen besser geeignet als Wörter und Sätze, weil der Sinnbezug zu einem weniger exakten Hören führen kann. Folgende Übungen bieten sich für die Sprachförderung an:

1. Unterscheiden von unterschiedlichen Geräuschen (Körpergeräusche, Umweltgeräusche, Alltagsgeräusche usw.),
2. Unterscheiden von ähnlichen Geräuschen,
3. Erkennen von Klatschrhythmen oder Rhythmen mit dem Orff-Instrumentarium.

Klang: Wenn wir eine Saite der Gitarre zupfen, setzen sich die mit dem Auge zu erkennenden Schwingungen der gezupften Saite fort und breiten sich im Holz und Gehäuse der Gitarre aus. Die im Klangkörper der Gitarre befindliche Luft wird ebenfalls in Schwingungen versetzt. Hierdurch entsteht erst der spezifische Klangcharakter der Gitarre. Es schwingen unterschiedliche feste Körper wie die Saite und das Holz der Gitarre und die Luft in der Gitarre als so genannter Resonanzkörper. Was wir jetzt hören, ist kein reiner Ton im physikalischen Sinne, sondern ein Klang. Bei einem Klang handelt es sich nicht um einfache Schwingungen, sondern um einen komplizierten und regelmäßigen Schwingungsverlauf. Die Bestandteile eines Klanges werden als Teiltöne bezeichnet. Der tiefste Teilton ist der Grundton, und die übrigen werden Obertöne genannt. Der Klangcharakter wird mit Begriffen aus dem optischen Bereich erklärt. »Dunkel« bedeutet, dass die tiefen Töne dominieren, und »hell«, dass die hohen Teiltöne in der Mehrzahl sind. Die Vokale der Lautsprache bezeichnet man als Klänge, wobei wir auch hier dunkle und helle Vokale unterscheiden. Die Stimmlippen werden durch die ausgeatmete Luft in Schwingungen versetzt, die danach unsere Resonanzräume wie Kehlkopf, Rachen und Mundhöhle passieren. Hier entsteht dann der spezifische Vokalklang (vgl. Petermann 1989, S. 9f.).

Klanggeschichte: Klanggeschichten sind eine Art Mixtour, sind Spiele mit Geräuschen, Tönen, Klängen, Musik, Sprechakte, Phasen der Stille und Dialoge. Gesprochene Sprache und Töne, Klänge und Geräusche werden akustisch arrangiert und entsprechend präsentiert.

Klatschübung: Klatschübungen gehören fast zu jeder Sprachförderung. So kann z.B. ein einfacher Rhythmus nachgeklatscht werden, oder ein Kinderlied soll am Klatschrhythmus erkannt werden. Durch diese einfachen Übungen wird das Gefühl für den Sprechrhythmus gefördert und dient gleichzeitig der Förderung der Konzentration.

Knochenleitung: Darunter verstehen wir die Leitung des Schalls durch die menschlichen Kopfknochen. Die Knochenleitung wird überprüft, indem man eine schwingende Stimmgabel auf den Schädel des Kindes aufsetzt.

Koartikulation: Damit ist die durch den Redefluss bedingte Form der Artikulation gemeint, wo die Lautgrenzen der einzelnen Laute verschwinden und ineinander übergehen. Die Laute werden nicht einzeln gesprochen, sondern verschmelzen zu einer komplexen Klanggestalt.

Kode: Darunter verstehen wir ein vereinbartes System von Zeichen und Regeln zur Verknüpfung der Zeichen. Der Gebrauch dieses Systems dient der zwischenmenschlichen Kommunikation im lautsprachlichen und schriftsprachlichen Bereich. Der Sprach-Kode besteht aus drei Komponenten: semantischer Kode als Inventar der Zeichen, die den Vorstellungen des Sprechers entsprechen; der syntaktische Kode als Regeln zur Verknüpfung der Zeichen wie Reihenfolge der Wörter in einem Satz und der phonologische Kode als Regeln zur Kombination von Lauten zu Wörtern und Satzinhalten. Das Kind erwirbt im Laufe seiner Entwicklung den Schlüssel, um diesen Kode zu »knacken«. Danach kann das Kind durch erworbene Mechanismen seine Sprache und sein Sprechen gestalten und steuern. Der Kode übernimmt damit eine Steuerungsfunktion, die der Verwirklichung der sprachlichen Äußerungen in verschiedenen sozialen Kontexten zu Grunde liegt. Der Kode ist nicht direkt beobachtbar, sondern nur über das Sprachverhalten in verschiedenen Kontexten zu erschließen. Der englische Soziologe Basil Bernstein (1972) hat die Theorie der schichtspezifischen Sprache entwickelt. Bernstein vertritt die These, dass sich die Form der Sozialbeziehung in den Kodes der Kinder widerspiegeln. Er definiert seine beiden Kode-Typen und trennt zwischen dem restringierten (reduzierten und eingeschränkten) Kode der Unterschicht und dem elaborierten (differenzierten und ausgefeilten) Kode der Mittel- und Oberschicht. Die linguistischen Kodes sind nicht direkt zugänglich und damit beobachtbar. Sie können nur über das aktuelle Sprachverhalten des Kindes erschlossen und abgeleitet werden. Der restringierte Kode, der sowohl in der Mittelschicht als auch in der Unterschicht verfügbar ist, wird als universalistisch bezeichnet. Der elaborierte Kode wird ausschließlich der Mittelschicht zugeschrieben.

Kodieren: Kodieren bzw. enkodieren bedeutet verschlüsseln und ist die Tätigkeit des sprechenden Kindes und des schreibenden Kindes in der Funktion des Senders. Dekodieren bedeutet entschlüsseln und ist die Tätigkeit des hörenden Kindes und des lesenden Kindes in der Funktion des Empfängers. Der Sprecher wählt aus seinem Inventar von Zeichen diejenigen aus, von denen er annimmt, dass sie beim zuhörenden Partner die gleichen Vorstellungen über Gegenstände oder Sachverhalte wecken.

Kodierung: Darunter verstehen wir das Verschlüsseln von Informationen. Wir unterscheiden in die Kodierung bzw. Enkodierung (Verschlüsselung) und die Dekodierung (Entschlüsselung). Wenn das Kind spricht, werden Informationen verschlüsselt (kodiert), und wenn das Kind zuhört, werden Information entschlüsselt (dekodiert).

Kontext: Darunter verstehen wir den inhaltlichen Rahmen und das Thema, in dem das Kind sich geistig und sprachlich bewegen soll. Das Kind versteht einen Begriff besser, wenn er in einen Satz eingebunden ist oder wenn das Kind den umgebenden Text kennt. Wir sprechen daher auch vom kontextuellen und dekontextuellen Lernen. Beim kontextuellen Lernen kennt das Kind inhaltlich und sprachlich das Thema, um das es geht und die soziale Situation und die Umgebung. Das dekontextuelle Sprachlernen stellt höhere Anforderungen an die Fähigkeit der kindlichen Abstraktion.

Körpergefühl: Durch das propriozeptive System als Teilbereich der menschlichen Wahrnehmungstätigkeit entwickeln die Kinder nach und nach ein Körpergefühl. Ein gutes Körpergefühl beim Schreiben zeigt sich u.a. in einer aufrechten Körperhaltung, einem lockeren Führen des Stiftes, dem korrekten Dreifingergriff (Stift zwischen Daumen, Zeigefinger und Mittelfinger) und einer leicht-lockeren Bewegung beim Schreibvorgang.

Kognition: Die Kognition ist ein sehr weit gefasster Begriff, der meist als Sammelbezeichnung für all jene Vorgänge herangezogen wird, die mit dem Wahrnehmen, Speichern und Erkennen von Informationen zusammenhängen. Damit sind die Funktionen gemeint, die zur Wahrnehmung eines Gegenstandes oder Sachverhaltes über geistige Lern- und Denkprozesse beitragen, wie z.B. Sehen, Hören, Denken, Einschätzen, Beurteilen. Zentrale Begriffe sind die Wahrnehmung, die Erinnerung, das Problemlösen und das Denken. Unter der Kognition werden all jene Prozesse subsumiert, die sich mit der Informationsverarbeitung beschäftigen, wie z.B. Analyse, Synthese, Induktion, Deduktion, Aufgabenverständnis, Symbolverarbeitung und Logik.

Kognitiv: Darunter werden all jene psychischen Funktionen und Prozesse subsumiert, die in irgendeiner Form etwas zu tun haben mit Wahrnehmung, Gedächtnis, Aufmerksamkeit und Denken. Es geht um die bewusste Verarbeitung von Informationen und weniger um emotionale oder motivationale Prozesse.

Kognitivismus: In den 1970er-Jahren setzte in der gesamten Psychologie die so genannte kognitive Wende ein. Man löste sich von den Vorstellungen des strengen Behaviorismus und rückte die inneren Aktivitäten des Kindes in den Mittelpunkt der Betrachtungen. Hinsichtlich der Sprache untersuchte man stärker das

Sprachverstehen und den Bedeutungserwerb. Nach Piaget (1972) ist die geistige und kognitive Entwicklung des Kindes eine logische Folge der Interaktionen des Kindes mit seiner sozialen Umwelt. Die geistige Entwicklung und der Spracherwerb hängen aufs Engste miteinander zusammen. Für den Erwerb der kindlichen Sprache ist besonders der Zeitraum zwischen dem 2. und 7. Lebensjahr als sensible Phase der Sprachentwicklung interessant. Piaget hat drei Stadien der kognitiven Entwicklung herausgearbeitet. Die sensomotorische Phase (0 bis 2 Jahre): Gesten und Wörter repräsentieren Dinge aus der Lebenswelt der Kinder. Die präoperationale Phase (2 bis 7 Jahre): Das Kind beginnt in und mit der Sprache zu denken, es bildet Begriffe, ist aber noch sehr egozentrisch in allem sprachlichen Handeln. Dieses zweite Phase wird in das symbolisch-vorbegriffliche Denken (2. bis 4. Lebensjahr) und das anschauliche Denken (4. bis 7. Lebensjahr) untergliedert. Die konkret-formale Phase (7 bis 14 Jahre): Das Kind kann jetzt mehr soziale Beziehungen aufnehmen und auf diese sprachlich eingehen. Das Kind geht jetzt rationaler mit Hypothesen und Argumenten um. Piaget pocht nicht so sehr auf das Alter, in dem die einzelnen Stadien erreicht und durchlaufen werden, sondern ihm geht es vielmehr um die Reihenfolge der Stadien. Dabei verkennt er nicht, dass soziale Unterschiede in den Lebensbedingungen der Kinder die zeitlichen Grenzen erheblich verschieben können. Der Ursprung der kindlichen Denkfähigkeit und der Sprache ist nach Piagets Beobachtungen in der vorsprachlichen sensomotorischen Phase zu suchen. Die grundlegenden Strukturen werden in der Sensomotorik gelegt und ausdifferenziert. Daher bilden Wahrnehmung und Bewegung die Grundlage der Sprache.

Kognitive Stile: Der Begriff wurde von Allport (1937) in die wissenschaftliche Diskussion eingebracht. Im Englischen spricht man von »cognitive style«. Darunter versteht man spezielle Techniken der Informationsverarbeitung. Es geht um die rasche Erfassung, die Enkodierung bzw. die Dekodierung, um Speicherprozesse und Interpretationsmechanismen. Die Kinder gelangen im Rahmen ihrer Personalisation und Sozialisation zu überdauernden Formen der sinnlichen Wahrnehmung, des Erkennens und des Denkens. Dabei spielen die Sprache und Sprachentwicklung eine helfende und unterstützende Rolle.

Kommunikation: Kommunikation bedeutet so viel wie »sich mitteilen« und »miteinander in Verbindung treten und in Kontakt bleiben«. Kommunikation ist der Austausch von Informationen, der beim Menschen mit Hilfe der Sprache erfolgt. Kommunikation meint die Aussendung von Signalen und die Fähigkeit, die ankommenden Signale aufzunehmen, zu verarbeiten und ihre Bedeutung zu erfassen. Darunter verstehen wir die Verständigung zwischen zwei und mehreren Menschen. Das klassische Modell ist das Sender-Empfänger-Modell mit dem Medium der menschlichen Sprache. Darunter verstehen wir sowohl die sprachlichen als auch die nicht sprachlichen Anteile der Verständigung. Wir nehmen untereinander Beziehungen auf, treten miteinander über die Sprache in Kontakt, teilen Informationen mit. Dabei spricht der gesamte Körper: Gesichtsausdruck, Körperhaltung und natürlich der Blickkontakt. Es gibt daneben noch weitere Sprachen wie die Zeichensprache, Tauchersprache, Gebärdensprache oder die Computersprache.

Kommunikationshilfen: Unter dem Begriff Kommunikationshilfen verstehen wir Bedienungshilfen bzw. Bedienungsgeräte, mit deren Unterstützung Menschen bestimmte optische Zeichen oder akustische Signale auswählen und damit kommunizieren können. Nichtelektronische Hilfen sind beispielsweise Kommunikationstafeln, -karten und -bücher. Heutzutage werden verstärkt auf dem entsprechenden Markt computergestützte Kommunikationsmittel angeboten, die Informationsdaten auf elektronischem Weg aufnehmen, speichern und verarbeiten. Der Umgang in der praktischen Arbeit mit Notebook und Laptop nimmt in der Praxis immer mehr alltägliche Züge an. Die Handhabung und Bedienung erfolgt manuell, durch Bewegungen des Kopfes, durch Bewegungen des Augenlides und durch eine veränderte Atmung (vgl. Mühl 1996).

Kommunikationsmodell: Aus der Vielzahl miteinander konkurrierender Kommunikationsmodelle wird hier die Darstellung von Heinemann (1976) ausgewählt, da sie deutlich macht, dass der rein verbale Anteil der Kommunikation lediglich einen Informationskanal der menschlichen Kommunikation repräsentiert und durch viele nonverbale Kanäle ergänzt wird. Als Elemente der nonverbalen Kommunikation bezeichnet er die Mimik, Gestik, Blickverhalten, Körperhaltung, Auftreten und Kleidung sowie die in der Sprachförderung vernachlässigten prosodischen Anteile wie Lautstärke, Tonhöhe, Stimmqualität und Sprechweise.

Kommunikationsregeln: Ruth Cohn, die Begründerin der so genannten Themenzentrierten Interaktionellen Methode hat verschiedene Regeln der Kommunikation aufgestellt, die dazu beitragen sollen, dass die Kinder und Jugendlichen für Gruppenprozesse sensibilisiert werden. Einige Regeln werden genannt:
1. Sei dein eigener Vorsitzender!
2. Experimentiere mit dir!
3. Beachte deine Körpersignale!
4. Sprich direkt!
5. Gib Feedback, wenn du das Bedürfnis hast!

Kommunikationstheorie: Damit ist der Vorgang gemeint, der die Übertragung von Informationen beschreibt. Da gibt es auf der einen Seite einen Sender (= Sprecher), der die Informationen mit Hilfe eines Kodes verschlüsselt und sie über das Medium Sprache an den Empfänger weiterleitet. Wir haben neben dem bereits erwähnten Sender auf der anderen Seite einen Empfänger (= Zuhörer), der die ankommenden Schallwellen aufnimmt, weiterleitet, speichert und verarbeitet. Wenn der Kode von Sender und Empfänger deckungsgleich ist, können Informationen ausgetauscht werden, d.h., beide verstehen sich.

Kommunikative Wende: In der Sprachförderung beobachten wir seit den 1970er-Jahren eine verstärkte Hinwendung zum pragmatisch-kommunikativen Bereich. Der gemeinsame Orientierungsrahmen ist nicht nur der formale und linguistisch ausgerichtete Bereich der Sprache, sondern in verstärktem Maße der konkrete Sprachgebrauch in Alltagssituationen. Man spricht in diesem Zusammenhang von dem Primat des Mündlichen.

Kompensation: Sprachliche Rückstände und Defizite sollen im Elternhaus und im Kindergarten aufgeholt und nachgearbeitet werden, damit der Start in der Schule bestens vorbereitet ist und der Schriftspracherwerb erfolgreich ablaufen kann. Es geht hier um den Ausgleich und die Entschädigung für nicht zur Verfügung gestellte Zuwendung und gezielte Förderung im sprachlichen Bereich.

Kompetenz: Die Kompetenz, bezogen auf die Sprache, meint das Sprachwissen um Phoneme/Grapheme, Wörter, Sätze und Texte.

Konflikte: Der Konflikt ist ein Zustand, in dem negative Gefühle und nicht behebbare Widerstände zwischen dem Kind und der sozialen Umwelt existieren. Solche Konflikte treten in der Familie zwischen Eltern und Kind oder zwischen den Geschwistern auf. Oft belasten sie das Vertrauen zu der Fachkraft und stören das angenehme Gesprächsklima.

Konsonanten: Sie werden als Mitlaute oder auch als Hemmlaute bezeichnet, die nur mit Hilfe eines anderen Lautes ausgesprochen werden können. Das charakteristische Merkmal der Konsonanten ist ein Geräusch, das durch ein Hindernis entsteht, welches sich dem aus dem Kehlkopf entweichenden Luftstrom in den Weg stellt. Dies können zum einen Geräusche sein, d.h., der aus dem Kehlkopf kommende Luftstrom trifft auf eine enge Stelle oder einen Verschluss, sodass der Klangcharakter verändert wird. Wir sprechen dann von den stimmlosen Konsonanten. Zum anderen kann zu diesem Geräusch noch die Stimme hinzukommen; dann sprechen wir von stimmhaften Konsonanten. Wirth (1983) unterscheidet folgende Konsonanten:

1. Nasenlaute (Nasale) wie m, n, ng,
2. Verschlusslaute (Explosive) wie p, t, k, b, d, g,
3. Schwinglaute (Zitterlaute) wie r,
4. Seitenlaut (Lateralenglaut) wie l,
5. Reibelaute (Frikative) wie f, w, sch, s, ch1 und ch2.

Konstitution: Darunter verstehen wir die Gesamtheit aller körperlichen und seelischen Merkmale eines Menschen, wie z.B. Körperbau, Temperament Entwicklungsrisiken, Krankheitsdispositionen usw. Alles Dinge, die sich aus der Interaktion zwischen genetischem Potenzial und Umwelteinflüssen entwickelt haben.

Konstrukt: Bei vielen Begriffen wie Sprachstile, Lernstrategien, Intelligenz, kognitive Stile, Begabung usw. wissen wir nicht genau und umfassend, welche Prozesse im Einzelnen bei Kindern ablaufen. Von daher sind wir auf gedankliche Hilfskonstruktionen angewiesen. Wir entwickeln mittels der menschlichen Sprache hypothetische Konstrukte, die uns helfen sollen, beobachtbare Phänomene in der Interaktion zwischen den Kindern und den Kindern und Erwachsenen beschreiben und erklären und wichtige Elemente und Faktoren aus den komplexen Abläufen herauslösen zu können.

Kontext: Der Kontext übernimmt in der gesamten Sprachförderung eine zentrale Aufgabe. Gemeint ist das Umfeld, in dem das Kind lebt und sich zurzeit sozial bewegt. Dabei wirken auf das Kind zahlreiche äußere und innere Bedingungen ein, die in einer Situation nicht immer exakt ausgemacht werden können. Unter Kontext versteht man innerhalb der Sprachförderung die thematische Einbettung in ein bestimmtes Umfeld, woraus dann der Zusammenhang für das Kind deutlich wird. Daher sollen die Themen aus der unmittelbaren Lebenswirklichkeit der Kinder entnommen werden.

Kontrastivitätshypothese: Darunter versteht man einen Erklärungsversuch hinsichtlich der Zweitsprache Deutsch bei zugewanderten Kindern. Kontrastiv bedeutet, dass verschiedene Sprachen, Sprachgemeinschaften bzw. Sprachsysteme gegenübergestellt werden. Diese Überlegung geht auf Fries (1945), Weinreich (1953) und Lado (1957) zurück. Bei diesem Ansatz geht man davon aus, dass die Erstsprache die Zweitsprache beeinflusst. Es kommt beim Kind zu Transferleistungen zwischen der Muttersprache und der später gelernten zweiten Sprache. Dieser Transfer kann sowohl positiv als auch negativ sein. Beim positiven Transfer sprechen wir von einer Lernerleichterung, d.h., der Transfer sprachlicher Strukturen und Normen führt zu einem erfolgreichen Lernprozess. Bei negativen Transferleistungen sprechen wir auch von Interferenzen. Interferenzen sind störende Einwirkungen einer bereits gelernten Sprache auf die zu erlernende neue Sprache. Diese Interferenzen können zu Lernschwierigkeiten und Lernhemmungen in der Aussprache, in der Grammatik, beim Wortschatz und beim Sprachgebrauch führen.

Kontrollgruppe: Diese Gruppe von Kindern wird im Gegensatz zur Versuchsgruppe oder Experimentalgruppe keiner Sprachförderung (Treatment, Intervention) unterzogen. An der Versuchsgruppe, sollen die Auswirkungen und Effekte der sprachlichen Förderung überprüft und gemessen werden. Erst ein abschließender Vergleich der Resultate der Kontrollgruppe mit der Versuchsgruppe ermöglicht eine annähernde Aussage über die Wirkung der durchgeführten Sprachförderung. Die Kontrollgruppe wird insbesondere bei dem »Vorher-Nachher-Design« herangezogen.

Konzentration: Der Begriff der Konzentration wird in der pädagogischen Literatur nicht einheitlich verwendet. Unter Konzentration versteht man grundsätzlich die Fähigkeit einer Person, ihre Aufmerksamkeit bewusst und gezielt auf ein Problem zu richten und Nebeneffekte und Störmanöver wie Umweltlärm und laute Gespräche auszublenden. Rapp (1982) vergleicht Konzentration mit dem Bild eines Scheinwerfers. Die Strahlen (= Aufmerksamkeit des Kindes) sind gebündelt und erhellen einen kleinen Ausschnitt der Wirklichkeit (= Lerngegenstand) mit hoher und intensiver Leuchtkraft (= Intensität). Konzentration wird meist in enger Verbindung zur Aufmerksamkeit genannt. Unter Konzentration verstehen wir die Fähigkeit, die eigene Leistung zielführend über einen bestimmten Zeitraum hinweg auf bestimmte Reize und Signale aus der Umwelt zu lenken. Konzentration wird synonym verwendet mit den Begriffen Ausdauer und Belastbarkeit. Ein Kind ist dann konzentriert, wenn es sich über einen längeren Zeitraum mit dem Lerngegenstand auseinander setzen kann. Es ist in der Lage, dem Gespräch der Kinder und der Fachkraft zu folgen, ohne sich durch andere Reize ablenken zu lassen. Die Konzentrationsfähigkeit von Vorschul- und Schulkindern stützt sich dabei auf praktische Erfahrungswerte: Von Kindern im Vorschulalter kann erwartet werden, dass sie sich ca. 5 Minuten mit einem Problem beschäftigen können, Kinder der 1. und 2. Klasse ca. 10 Minuten, beim zehnjährigen Kind ca. 20 Minuten, und ab 14 Jahren rechnet man mit einer Konzentrationsdauer von ca. 30 Minuten.

Konzepte: In der Sprachförderung gibt es verschiedene Ansätze und Konzepte. Einige werden hier exemplarisch genannt. Grundsätzlich werden zwei Grundkonzeptionen unterschieden. Zum einen das Fehlermodell, das sich an der Norm und Form der Standardsprache (= Zielsprache) orientiert. In den sprachlichen Äußerungen der Kinder werden Fehler gezielt und intensiv aufgesucht. Die Kinder werden aufgefordert, Wörter und Sätze nachzusprechen und so die Angleichung an die Erwachsenensprache zu schaffen. Dieses starre Üben wurde in den 1970er- und 1980er-Jahren insbesondere durch linguistische Trainings-

programme praktiziert. Wiederholen Nachsprechen und »pattern drill« waren angesagt. Die Fachkraft führt als Übungsleiter ein Programm durch. Ein weiteres Konzept ist das Fähigkeitsmodell, das sich an der Entwicklung der Kinder ausrichtet. Hier steht die individuelle und entwicklunsproximale Förderung im Mittelpunkt der Sprachförderung. Die Korrektur erfolgt über die korrektive Feedback-Strategie und verschiedene Techniken des Modellierens. Man hat Vertrauen in die sprachlichen Fähigkeiten des Kindes und gesteht ihm auch eine gewisse Fehlerquote beim Sprechen zu. Eigendynamik, Kreativität, Initiative, Neugier und Erprobungsbereitschaft des Kindes werden zugelassen und gefördert. Der Umgang mit Fehlern hat sich gegenüber dem Fehlermodell grundlegend geändert. Die Fachkraft konzentriert sich stärker auf die Beziehungsqualität und den Prozess der Sprachförderung. In der Praxis hat sich dieses Modell allerdings noch nicht flächendeckend durchgesetzt. Hier ist noch viel Überzeugungsarbeit zu leisten. In der praktischen Arbeit des Alltags finden wir, abgesehen von diesen beiden Grundpositionen, verschiedene Konzepte vor: der spielorientierte Ansatz mit dem Spiel als pädagogischem Grundprinzip, das wahrnehmungszentrierte Konzept mit dem Lernen mit allen Sinnen, der Situationsansatz mit Ereignissen aus der Lebenswelt der Kinder sowie das reformpädagogische Konzept mit dem Erfahrungslernen Kopf, Herz und Hand stehen im Mittelpunkt.

Kopfknochenleitung: Darunter versteht man die Weiterleitung der ankommenden Schallwellen über die Kopfknochen zum Gehörgang.

Körperhaltung: Die Körperhaltung gehört zur nonverbalen Kommunikation und ist ein Element der Körpersprache. Unser Empfinden und Erleben drückt sich meist auch in unserer körperlichen Haltung aus. Ein erhobener Kopf unterstreicht ein selbstbewusstes Auftreten und ein eingezogener Kopf Unentschlossenheit und Schüchternheit. Die Position der Beine und Füße sind ein Indikator für selbstsicheres und selbstbewusstes Auftreten. Zwei Aspekte sollten wir beim Sprechen beachten:

1. eine entspannte und gerade Körperhaltung mit der Wirbelsäulenstreckung,
2. der ganzkörperliche Einsatz.

Körperwahrnehmung: In Anlehnung an Marianne Frostig unterscheiden wir zwischen Körperbegriff, Körperimago und Körperschema. Beim Körperbegriff geht es um die Kenntnis einzelner Körperteile, wie z.B. das Vorhandensein von zwei Ohren, zwei Augen, zwei Beinen, einem Mund, zwei Händen und zehn Fingern. Körperimago meint das Bewusstsein von der Lage des Körpers und seiner Teile im Raum, wie z.B. »Ich stehe mit meinen Beinen in der Grätschstellung«. Beim Körperschema geht es um die Beibehaltung einer bestimmten Körperhaltung durch gezielte Bewegungen bestimmter Muskeln.

Korpus: Der Begriff Korpus meint die Sammlung von mündlichen, spontan sprachlichen Äußerungen auf Tonkassette, die danach verschriftet werden und als Datenbasis einer linguistischen Analyse dienen. Diese Sammlung spontan sprachlicher Äußerungen sollte allerdings repräsentativen Charakter haben.

Korrelation: Darunter versteht man die Darstellung des Zusammenhangs zwischen zwei verschiedenen Größen bzw. die Enge des Zusammenhangs zwischen zwei Variablen. Wenn zwei Variablen linear zusammenhängen, dann kann der Grad des Zusammenhangs durch eine einzige Zahl ausgedrückt werden. Ist die Beziehung zwischen den beiden Variablen sehr eng, dann wird der Wert +1 erreicht. Ist die Beziehung sehr lose, dann wird der Wert −1 erzielt. Dabei unterscheiden wir zwischen einer positiven und negativen Korrelation

Kreativität: Kreativität ist eine sehr produktive und schöpferische Tätigkeit im Denken und im Handeln. Kreativität zeichnet sich durch außergewöhnliche und meist nicht zu erwartende Problemlösungen und originelle Ideen aus. Ein kreativer Mensch verlässt gewohnte Bahnen, Strukturen und Muster und begibt sich auf neue und unbekannte Wege hin zu seinem Ziel. Die Kinder brauchen ein reichhaltiges Angebot an Erlebnissen und Erfahrungen. Im Bereich der Sprachförderung geht es um die kindliche Fantasie und Vorstellungskraft; die Kinder erleben, dass Sprache Gefühle wecken, Ideen produzieren und tolle Ideen hervorbringen kann. Kreative Kinder sind meist kleine Persönlichkeiten, die vorgegebene Lösungen nicht immer akzeptieren. Sie sind neugierig und suchen immer nach neuen Lösungen. Oft erleben solche Kinder, dass ihre Fantastereien und Fantasiegschichten nicht gefragt sind. Dabei können wir die sprachliche Kreativität fördern, in dem die Kinder sich ungewöhnliche Geschichten mit ungewöhnlichen Ausgängen ausdenken. Kinder brauchen entsprechende Anregungen und entsprechende Handlungsräume, damit sie die sprachliche Kreativität entfalten können. Ein Kind erfindet neue Wörter, die es in der Standardsprache so nicht gibt (im Gegensatz zu »Nachthemd« spricht es vom »Wachhemd«). Kinder spielen auch gerne mit Lauten und verändern Namen und Wörter. Kinder unterhalten sich mit Stofftieren, sprechen mit Bauklötzen und reden mit Blumen und Bäumen. Die reiche und bunte Welt der Kinder ist ein guter Nährboden für die Förderung der kindlichen Kreativität. Hüte, Teppiche, Stöcke und bunte Stifte machen sich auf die Reise, werden lebendig und sprechen.

Kreolsprachen: Darunter versteht man Mischsprachen, die sich als Handelssprachen in der Geschichte der Menschheit z.B. während der Kolonisation im Mittelalter zu Muttersprache weiterentwickelt haben wie z.B. auf Haiti, Martinique, Guadeloupe oder auf Jamaika. Hier haben wir es mit einer Vermischung der französischen, englischen, spanischen, portugiesischen und holländischen Sprache zu tun.

Kurzzeitspeicher: Der menschliche Kurzzeitspeicher hat nur eine sehr begrenzte Aufnahmekapazität, die etwa zwischen 5 bis 9 Einheiten z.B. Zahlen oder Buchstaben liegt. Im Kurzzeitspeicher werden nur Informationen abgespeichert, die ständig präsent und griffbereit sein müssen. Damit übernimmt er auch eine Filterfunktion, denn all die Informationen, die nicht gebraucht werden, werden auch nicht abgespeichert. Der Kurzzeitspeicher eignet sich bestens für auditiv-sprachliche Informationen. Insbesondere ist er in der Lage, den Klang der Sprache und weniger den Sinn und die Bedeutung des Gehörten abzuspeichern.

Laborexperiment: Im Gegensatz zur Felduntersuchung ein in einer künstlich herbeigeführten Situation durchgeführtes Experiment mit der menschlichen Sprache als Untersuchungsgegenstand.

Lallmonolog: Kinder im Alter zwischen vier und sieben Lebensmonaten produzieren im Sinne eines kindlichen Selbstgesprächs verständliche, aber auch unverständliche lallende Laute.

Lallphase: Diese Phase in der Sprachentwicklung des Kindes muss von allen Kindern durchlaufen werden. Sie kann nicht übersprungen werden. Hier macht das Kind seine ersten Versuche, Laute oder lautähnliche Klanggebilde zu produzieren. Hört das Kind ohne besonderen Grund mit dem Lallen auf, dann sollte unbedingt der HNO-Arzt zu Rate gezogen werden, da möglicherweise eine Schwerhörigkeit oder gar Gehörlosigkeit vorliegen könnte.

Längsschnittuntersuchung: Darunter versteht man eine empirische Studie, in der über einen längeren Zeitraum hinweg (mehrere Jahre) in regelmäßigen Abständen Beobachtungen und Überprüfungen an den gleichen Kindern hinsichtlich bestimmter Merkmale wie Sprache und Sprechen durchgeführt werden. Eine Stichprobe von deutschen Kindern wird im Alter von drei, fünf und sieben Jahren mit den gleichen Instrumenten, z.B. die Beobachtung anhand eines strukturierten Beobachtungsbogens, durchgeführt. Die Beobachtung dient der Feststellung des Entwicklungsverlaufs von Sprache und Sprechen. Längsschnittstudien sind zeitaufwändiger und können manchmal länger dauern als ein Forscherleben. Weiterhin kann sich die ursprüngliche Stichprobe auf Grund vielfältiger Ausfälle immer weiter reduzieren, wodurch die Repräsentativität immer mehr schwindet.

Lärm: Lärm ist zunächst ein nicht erwünschter Schall. Als Lärm werden nicht nur die objektiv lauten Geräusche registriert, wie z.B. das Hupen eines Autos, das Vorbeirasen eines Düsenjägers oder der Presslufthammer an eine Baustelle. Auch die kleinen, permanent leisen, immer wiederkehrenden Geräusche können Lärm verursachen, wie das laute Ticken einer alten Standuhr, Gehgeräusche aus dem Nachbarraum oder das zu laute Sprechen mit weit überhöhter Lautstärke (vgl. Keil/Willich 2006, S. 64). Im Kindergarten und in der Schule unterscheiden wir zwischen dem Nutzlärm, also das, was die Erzieherin, die Kinder und die Lehrerin sagen, und dem Störlärm, also all jene Geräusche (Hustengeräusche, Stühle rücken, Papier zerknüllen usw.), die störend auf den Nutzlärm einwirken.

Langzeitspeicher: Der Langzeitspeicher hat im Gegensatz zum Kurzzeitspeicher eine hohe Kapazität, sodass wichtige Informationen über einen sehr langen Zeitraum hinaus abgespeichert werden können. Bestimmte Begriffe aus der Lebenswelt des Kindes, interessante Zahlen wie Geburtstage oder die Ziffern auf Autoschildern oder emotionalisierte Zeichen können über Jahre, ja Jahrzehnte gespeichert werden.

Late talkers: Darunter verstehen wir Kinder, die im Alter von zwei Jahren noch keine 50 Wörter sprechen und verstehen. Diese Kinder weisen eine erhebliche Verzögerung der Wortschatzentwicklung auf.

Lateralisierung: In der Fachliteratur versteht man darunter die Hemisphärendominanz der Hirnhälften. Eine Hirnhälfte wird bevorzugt angesprochen und aktiviert, während die andere unterstützend und begleitend aktiv wird. In den beiden Gehirnhälften sind unterschiedliche Funktionen des Menschen lokalisiert. Die Sprache ist beispielsweise bei Rechtshändern in der linken Hirnhälfte, bei vielen, jedoch nicht bei allen Linkshändern in der rechten Hirnhälfte angesiedelt. Die linke Hirnhälfte übt die Kontrolle über die rechte Körperseite aus, und die rechte Hirnseite ist für die linke Körperseite zuständig. Die rechte Hirnhälfte ist eher für den Bereich der Emotionen, Empfindungen und Erinnerungen zuständig.

Laut: Darunter verstehen wir das kleinste Element der gesprochenen menschlichen Sprache, das über das Ohr wahrgenommen werden kann. Sprachlaute werden als Phone bezeichnet.

Lautassimilation: Beim Aussprechen der Lautfolgen innerhalb eines Wortes erkennen wir die Tendenz zum An- und Ausgleichen. Insbesondere die Laute, die nach einem akzentuierten Vokal stehen, werden meistens nachlässig ausgesprochen, wie z.B. bei dem Wort Tafel oder Gabel bzw. Mutter und Vater; hier kommt es zu einer verkürzten Artikulation von /el/ bzw. /er/ im Auslaut. Daher fällt es vielen Kindern schwer, bei der formalen Betrachtung der Wörter, die einzelnen Laute isoliert herauszuhören.

Lautcharakter: Jeder Laut besitzt einen eigenen Charakter, d.h. klangliche Eigenschaften und Merkmale, die diesen Laut auszeichnen. Dieser Laut drückt dadurch eine ganz bestimmte Bedeutung aus. L hat z.B. einen glatten und r einen rauen Charakter.

Lautieren: Beim Lesen und Schreibenlernen insbesondere am Schulanfang ist es wichtig, die einzelnen Laute der Wörter zu nennen und nicht, wie vielfach üblich, die Namen der Buchstaben. Das Wort Kaffee besteht aus den 6 Buchstaben K, a, f, f, e, e aber aus vier Lauten /K/, /a/, /f/ und /e/. Ein Problem besteht darin, dass die isolierten Laute anders klingen als die Laute im Wortverband. Lautgrenzen verschwinden und fließen ineinander über, sodass wir von dem Phänomen der Koartikulation sprechen.

Lautposition: Damit ist die Position der einzelnen Laute in einem Wort gemeint. Wir unterscheiden grundsätzlich drei Positionen: Anlaut, Inlaut und Auslaut. Der Inlaut und der Auslaut sind jeweils leichter aus einem Wort herauszuhören, schwieriger ist es mit dem Inlaut, weil hier die Phänomene der Synthese und der Koartikulation mitspielen.

Lautschrift: Die Lautschrift wird auch als Transkription (lat. transcribere = übertragen) bezeichnet. Es geht um die Übertragung von einer Modalität, der Buchstabenschrift als grafisches System, in eine andere Modalität, der Lautschrift als eine eigene phonetische Schrift bzw. Umschrift (vgl. Lewandowski 1990). Hier handelt es sich um die schriftliche Reproduktion der gesprochenen Sprache (Lautsprache) in ihrer Lautung. Jedes Phon bzw. jedes Phonem wird durch ein grafisches Zeichen repräsentiert. Diese Zeichen entstammen dem phonetischen Alphabet im Gegensatz zum grafischen Alphabet.

Lautstärke: Die Lautstärke wird definiert als eine subjektive Empfindung eines Schallpegels. Sie wird in Dezibel (db) gemessen als Maß für den Schalldruck auf das menschliche Gehör. Die Lautstärke ist eine subjektive Wahrnehmung von Klangprodukten wie Tönen, Klängen, Geräuschen, Lauten, Wörtern und Sätzen. Ein zu leises Sprechen strengt die Zuhörer auf Dauer zu stark an, die Konzentration und die Motivation sinken rasch ab. Ein zu lautes Sprechen über einen längeren Zeitraum hinweg zerstört die Stimme des Sprechers und strapaziert die Konzentration der Zuhörer. Gerade Kinder verbrauchen hier sehr viel Energie und schalten daher nach einer Weile ab.

Laute, Erarbeitung: Da beim Sprechen die einzelnen Laute nicht exakt abgegrenzt werden, sondern ineinander überfließen, wird das Heraushören und Differenzieren einzelner Laute aus Wörtern für einige Kinder zum Problem. Das Heraushören der Normallaute ist für viele Kinder sehr schwierig. Bei der Erarbeitung einzelner Laute sollte immer vom Wort ausgegangen werden. Kossow (1972) hat folgendes Schema zur Erarbeitung von Lauten vorgeschlagen:

1. Vokale a, e, i, o, u,
2. reine Stimmtonlaute m, n, l, r, ng,
3. Hauch- und Reibelaute h, f, w, ch1, j, sch, s,
4. Verschlusslaute b, p, d, t, g, k.

Lebenswelt: Die Lebenswelt wird definiert als der Raum, in dem das Kind geboren wird, aufwächst und in die Gesellschaft hineinwächst. Wir unterscheiden die räumliche Lebenswelt (bebaute Umwelt), die sprachlich-kulturelle Lebenswelt (Muttersprache und Kultur) und die soziale Lebenswelt (zwischenmenschliche Beziehungen). In diesen Teilwelten erwirbt das Kind seine primären Erfahrungen, gewinnt nach und nach Orientierungsmuster und Handlungsschemata, um die auftretenden Situation in der momentanen Lebens- und Alltagswelt bewältigen zu können. Die drei oben genannten Lebenswelten überschneiden sich und bilden in der Realität eine untrennbare Einheit. Die Lebensweltorientierung bildet im Rahmen der Sprachförderung den Kontext und die Basis für alle weiteren Fördermaßnahmen.

Legasthenie: In der älteren Literatur und bei den Medizinern findet man diesen Begriff immer noch als einen Hinweis auf eine deutliche und massive Lese- und Rechtschreibschwäche, die man auf Grund der intellektuellen Begabung bei dem Kind nicht erwartet. Meistens ist die Rechtschreibschwäche stärker ausgeprägt und im Rahmen der Förderung auch viel resistenter hinsichtlich der Besserung.
Traditioneller Begriff für Lese-Rechtschreib-Schwäche, bei der durchschnittlich intelligente Menschen beim Lesen und insbesondere beim Rechtschreiben erhöhte Schwierigkeiten aufweisen. Heute sprechen wir in der pädagogischen und psychologischen Literatur von Lese- und Rechtschreibschwäche (LRS).

Lehrerstimme: Nach dem Phoniater Gundermann (1983) handelt es sich um eine Stimmstörung, die meistens begleitet wird von häufigen Erkältungen, raschen Ermüdungen, zu lautem und zu hartem Stimmeinsatz.

Leistung: Dieser Begriff wird häufig benutzt. »Bring doch endlich wieder deine Leistung.« Man spricht auch von Leistungspotenzialen, Leistungsstärken und Leistungsspitzen sowie von Leistungsdefiziten. Leistung ist ein Konstrukt für das Ergebnis einer gezeigten Handlung in einer bestimmten Zeit.

Leistungsmotiv: Darunter versteht man das Bestreben eines Kindes, das persönliche Tun und Handeln überall dort zu zeigen, zu steigern und möglichst hoch zu halten, in denen man einen persönlichen Maßstab besitzt. Die Handlung kann daher gelingen oder misslingen.

Leitlinien: Für die Durchführung der Sprachförderung sind gewisse Prinzipien und Leitideen notwendig, damit die dahinter stehende gesamte Sprachförderphilosophie auch entsprechend umgesetzt werden kann. Diese Leitlinien strukturieren und bestimmen den weiteren Rahmen der Sprachförderung.

Lernen: Lernen ist die Änderung des kindlichen Verhaltens auf Grund von Interaktionen und Erfahrungen mit der Umwelt. In der heutigen Pädagogik wird das spielende Lernen, das Lernen mit allen Sinnen, das lernende Lernen, das selbst gesteuerte, das kreative und originäre Lernen favorisiert. Lernen erfolgt nicht passiv, sondern ist ein aktiver Vorgang, der zerebrale Spuren im Gehirn des Kindes hinterlässt; wir sprechen dann auch von nachhaltigem Lernen. In letzter

Zeit weisen aber gerade die Hirnphysiologen darauf hin, dass auch kleinere Kinder im Vorschulalter zu kognitiven Lernprozessen und abstraktem Lernen fähig sind. Das frühe und lebenslange Lernen wird heute bereits im Kindergarten gefordert und erwartet. Kasper (1993) unterscheidet vier Modelle des Lernens: Lernen als Verhaltensänderung, Lernen als Aufbau kognitiver Funktionen, Lernen als soziale Interaktion und Lernen als ganzheitlicher Prozess im Sinne der Trias von Pestalozzi von Kopf, Herz und Hand.

Lerngruppe: Für Kinder im vorschulischen und schulischen Alter bedeutet lernen immer lernen mit anderen Kindern in einer heterogenen Lerngruppe. Zu diesem Lernen gehört auch die Anstrengungsbereitschaft, um sich neues Wissen und neue Fähigkeiten aneignen zu können. Das Lernen in der Lerngruppe entspricht eher den natürlichen Vorgängen und Abläufen in Schule, Unterricht und später in der Berufsausbildung.

Lernmethodische Kompetenz: Das ist heute eine vielfach geforderte Schlüsselkompetenz in unserer Wissens- und Informationsgesellschaft. Die Kinder sollen das Lernen lernen. Es geht darum, dass durch den Umgang mit Personen und Lernmaterialien eine Fähigkeit erworben wird, die weitere Lernvorgänge ermöglicht, beschleunigt und vereinfacht vollzieht. Heute wird das frühe Lernen gerade in der Sprachförderung eingefordert nach dem altbekannten Motto: »Was Hänschen nicht lernt, lernt Hans nimmermehr!«

Lernspiele: Darunter versteht man Spiele, die sowohl das Spielen wie auch das Lernen miteinander verbinden, wobei die Anteile nicht immer exakt auszumachen sind. Es kommt auf Grund dieser Kombination zu Wechselwirkungen zwischen dem Spiel und dem Lernprozess. Meist sind Lernspiele jedoch kognitiv ausgerichtet und haben das Ziel, bestimmte Fertigkeiten einzuüben (vgl. Hielscher 1981, S. 80). Bekannte Lernspieltypen sind Lotto, Domino, Karten- und Würfelspiel sowie die Puzzle.

Lesenlernen: Das Lesenlernen beginnt nicht erst am ersten Schultag, sondern setzt bereits in der frühen Kindheit ein. Untersuchungen haben gezeigt, dass der Prozess des Lesenlernens sehr eng mit dem Hören, dem Sprechen und dem Schreiben zusammenhängt. Es gibt vorschulische Kompetenzen, die als Voraussetzung für die Verarbeitung sprachlicher Informationen angesehen werden. Weit verbreitet sind seit den 1980er-Jahren entwicklungspsychologisch orientierte Stufenmodelle, wie z.B. das Modell von Frith (1985). In letzter Zeit mehren sich jedoch kritische Stimmen, die insbesondere die Übertragbarkeit solcher Modelle aus dem englischsprachigen Raum auf deutsche Verhältnisse anzweifeln (vgl. Schneider 2001). In den Entwicklungsmodellen der Leseentwicklung durchläuft das Kind mehrere Stufen bzw. Phasen, die bereits in frühester Kindheit ansetzen. Auf definierte Altersangaben wird verzichtet, da diese Phasen bei den Kindern sehr heterogen sind und vom indidviduellen Entwicklungsstand abhängen. Günther (1986) hat in Anlehnung an das Modell von Frith sechs Phasen herausgearbeitet:

1. Als-Ob-Lesen: die Kinder halten ein Buch in Händen und tun so, als ob sie lesen könnten,
2. Ratelesen,
3. Anlautlesen, d.h., einzelne Anlaute werden bereits erkannt und gelesen,
4. Buchstabenlesen,
5. Häufige Wörter erkennen und lesen,
6. Automatisierung des Lesens, d.h., das mechanische Lesen wird beherrscht, wichtig ist jetzt die Betonung des verstehenden Lesevorganges.

Lesen: Lesen ist ein Entwicklungsprozess, der in der frühen Kindheit beginnt und sich über die Kindergartenzeit bis in die Schulzeit fortsetzt und weiterentwickelt. Lesen ist ein Vorgang des Dekodierens (Entziffern von schriftlichem Material), d.h., Schriftzeichen werden aufgenommen, gespeichert und kognitiv entschlüsselt und interpretiert. Dabei unterscheiden wir beim Lesen zwei Aspekte. Auf der einen Seite die Technik des Lesevorganges, d.h. die Umsetzung grafischer Zeichen in sprachliche Informationen, und auf der anderen Seite die Semantik, d.h., das aktive Verstehen und Interpretieren des Gelesenen. Lesen als höchst komplexer Prozess beinhaltet also zwei wichtige Dimensionen, die äußere Seite der Technik und die innere Seite der Kognition. Lesen gehört zu den »großen« Kulturtechniken unserer Zeit und ist der Garant für die Bildung überhaupt. Lesen ist eine zentrale Schlüsselqualifikation für den Wissenserwerb und die Informationsentnahme.

In dem neuen Teilrahmenplan Deutsch für die Grundschule in Rheinland-Pfalz aus dem Jahre 2005 werden Lesen, der Umgang mit Texten und Medien als wichtiger Teilbereich des Deutschunterrichts genannt. Die Informationsentnahme aus Texten, das Nachschlagen in einem Lexikon, das Zusammenfassen von Informationen, das Gliedern von Texten und das Präsentieren von Lernergebnissen im Umgang mit den neuen Medien sind grundlegende Fähigkeiten zum Wissenserwerb in allen Fächern der Grundschule. Das »Lesefenster« muss früh in der Familie und im Kindergarten geöffnet werden und auch noch nach der Grundschule offen gehalten werden. Eine wichtige Vorläuferfertigkeit für das Lesen ist die phonologische Bewusstheit als die Fähigkeit, die formale Lautstruktur unserer Sprache zu erfassen. Die phonologische Bewusstheit kann über Sprachspiele, das Vorlesen und das gemeinsame Betrachten eines Bilderbuches innerhalb der Sprachförderung geübt werden.

Beim Lesen unterscheiden wir folgende Formen:
1. Das laute Vorlesen durch Erwachsene oder Kinder,
2. das stille Lesen im Sinne von »silent reading« und
3. das sinnerfassende Lesen.

Lese-Rechtschreib-Schwäche (LRS): Seit Ende des 20. Jahrhunderts haben sich zunächst Mediziner mit dem Phänomen der Lese-Rechtschreib-Schwäche beschäftigt. Im Englischen sprechen wie von »reading difficulties«. Im deutschsprachigen Raum hat vor allem die Arbeit von Maria Lindner (1951) aus der pädagogisch-psychologischen Perspektive heraus praktische Hinweise geliefert. Bei der Lese-Rechtschreib-Schwäche geht es darum, dass die gezeigten Leistungen beim Lesen und Rechtschreiben nicht der Altersnorm entsprechen. Das Kind zeigt eine unzureichende und fehlerhafte Leistung beim Lesen und Schreiben, wobei weder intellektuelle noch organische Defekte eine Rolle spielen. Die Lese-Rechtschreib-Schwäche ist ein Versagen beim Erlernen des Lesens und der Rechtschreibung bei durchschnittlicher intellektueller Begabung. Bei der LRS dominieren in den meisten Fällen die Probleme mit der Rechtschreibung. Auffallend sind bei der LRS Umstellungen von Buchstaben in einem Wort, Auslassungen von Buchstaben, Endungen und ganzen Wörtern, Hinzufügungen von Buchstaben oder Silben und Verwechslungen von akustisch oder optisch ähnlichen Zeichen und Buchstaben.

Lesesozialisation: Lesesozialisation meint das Vertrautmachen mit Märchen und Geschichten, dem Erzählen und dem frühen Umgang mit Sprache und Schrift. Die Lesesozialisation durchläuft verschiedene Phasen und beginnt bereits in der Phase des Spracherwerbs, in der die Eltern die Grundlage für die spätere Beziehung zu Sprache und Schrift legen. Der weitere Umgang im Kindergarten mit Literatur und Schriftlichkeit und später in der Grundschule vermittelt die Kulturtechnik des Lesens. Die Gelenkstellen und Instanzen für die Lesesozialisation sind die Familie, der Kindergarten und die Grundschule.

Lesesynthese: Wenn die Kinder die ersten Buchstaben gelernt haben, werden erste Versuche der Synthese unternommen, d.h., die Kinder ziehen die Buchstaben zu Silben und zu ganzen Wörtern zusammen. Dieses Zusammenschleifen ist ein wichtiger und schwieriger Prozess innerhalb des gesamten Leseprozesses. Viele Kinder haben genau an dieser Stelle ihre Schwierigkeiten.

Lethargie: Damit ist die Teilnahmslosigkeit, das Desinteresse und die Trägheit bei bestimmten menschlichen Tätigkeiten gemeint. Es gibt Kinder, die für eine bestimmte Zeit in eine sprachliche Lethargie fallen.

Lexikon: Im Bereich der Sprachförderung verstehen wir darunter den Wortschatz eines Kindes. Wir unterscheiden zwischen dem aktiven und passiven Wortschatz. Der aktive Wortschatz meint alle Wörter, die im aktuellen Sprachgebrauch, also in der Spontansprache des Kindes vorkommen. Der passive Wortschatz beinhaltet alle Wörter, deren Bedeutung das Kind versteht. Der passive Wortschatz ist größer als der aktive und geht dem aktiven Wort im Rahmen der Sprachentwicklung auch voraus. Das Lexikon ist sozusagen der Gedächtnisspeicher im Gehirn des Kindes. Im übertragenen Sprachgebrauch verstehen wir darunter das Nachschlagewerk bzw. das Wörterbuch.

Liebe: Ein menschlicher Begriff, der, pädagogisch betrachtet, in der kindlichen Entwicklung und innerhalb der Sprachförderung eine wichtige Rolle spielt. Die Hirnphysiologie hat uns in den letzten Jahren noch einmal vehement auf diesen Begriff hingewiesen. Wir sollten natürlich unterscheiden zwischen der Elternliebe und der pädagogischen Liebe der Erzieherinnen und Lehrer. Kinder brauchen emotionale Wärme und Geborgenheit, um sich optimal entwickeln zu können. Liebe kann nur über Personen vermittelt werden; die virtuelle und materielle Liebe bringt uns da nicht weiter. Eltern müssen sich Zeit nehmen, Kinder ihre Liebe erleben und spüren zu lassen. Das Kuscheln und der intensive Kontakt mit dem Kind sind wichtiger als der Umgang mit Lernprogrammen und exklusivem Spielzeug. Die wichtigen Dinge im Leben lernt man über Gefühle und den Kontakt mit anderen Kindern und Erwachsenen.

Lieder und Klatschspiele: Hier werden die kindlichen Tätigkeiten Singen und Sprechen miteinander verknüpft. Die Kinder können die Bedeutung einzelner Wörter oder Sätze über die Ohren, die Augen, die Hände und die Bewegungen des Körpers erfahren. Die Textinhalte sind für die Kinder dann gut verständlich, weil sie in Handlungen oder soziale Situationen eingebunden sind. Der Kontext fördert das Verstehen der Sprache. Lieder und Klatschspiele können weiter untergliedert werden in Scherz-, Tanz-, Bewegungs- und Klatschspiele (vgl. Roß 2000). Scherzlieder sind Lieder, die mit kleinen Zusatzaufgaben versehen sind, wie z.B. das Auslassen von Vokalen oder das Verändern von Vokalen »Drei Chinesen mit dem Kontrabass«. Tanz- und Bewegungslieder fördern die kindlichen Bewegungserfahrungen in Verbindung mit Musik, Rhythmus und Melodie. Klatschspiele sind rhythmisch gesprochene Sprechverse, bei denen man nach einem einfachen rhythmischen Muster klatscht. Klatschspiele haben meist wenig Text und bestehen oft nur aus einzelnen Wörtern oder kurzen Sätzen ,wie z.B. »Bruder Jakob«.

Linguistik: Moderne Sprachwissenschaft, die vor allem Theorien über die Struktur der Sprache erarbeitet hat. Es geht um das Erkennen und Verstehen von Regeln, nach denen sich Sprachverhalten und Sprachstrukturen ausrichten. Teilbereiche sind: Historische

Sprachwissenschaft (Sprachgeschichte), Theoretische Sprachwissenschaft (Phonetik, Morphologie, Syntax, Semantik und Pragmatik) und Angewandte Sprachwissenschaft (Soziolinguistik, Psycholinguistik und Neurolinguistik).

Linkshändigkeit: Trotz der dominanten Tendenz zur Rechtshändigkeit finden wir bei 5 und 10% der Kinder Linkshändigkeit vor. Zunächst handelt es sich um einen dominanten Gebrauch der linken Hand. Linkshändigkeit kann einerseits vererbt andererseits auch erworben worden sein. Sie ist oft verbunden mit der Linksäugigkeit, Linksfüßigkeit: Es gibt mehr linkshändige Buben als Mädchen. Im Kindergarten und in der Schule sollte keine Umerziehung zum Rechtshänder erfolgen, da Linkshändigkeit eine organische Gegebenheit ist. Für die praktische Arbeit wichtig sind einige methodische Tipps wie die richtige Schreibhaltung, die durch die Lage des Heftes im Winkel von ca. 30° links der Mittelachse automatisch zur korrekten Stifthaltung führt. Zudem sollte der Linkshänder immer links in der Bank sitzen und auch am Gruppentisch sollte er links von sich keinen Nachbarn haben. Grundsätzlich sollte der Arbeitsplatz von rechts oder von vorne beleuchtet werden.

Lispeln: Lispeln meint ein Fehlbildung der S-Laute. In der Fachsprache spricht man von »Sigmatismus«. Am häufigsten finden wir bei den Kindern den Sigmatismus interdentalis, d.h., die die Zungenspitze wird bei der Produktion der S-Laute zwischen die beiden Zahnreihen geschoben. Die Zungenspitze ist von außen sichtbar, und der Klang der S-Laute ist stark verändert.

Literacy: Literacy stammt aus dem englischsprachigen Raum und heißt übersetzt Lese- und Schreibkompetenz. Diese bezieht sich auf die Schulkinder. Literacy für Kindergartenkinder meint jeglichen Umgang mit der Lese-, Erzähl- und Schriftkultur in allen Formen und methodischen Variationen. Die Kinder werden bereits im Elternhaus mit der Schriftsprache konfrontiert, wenn die Mutter ihren Einkaufszettel schreibt, der Vater eine Telefonnummer auf einem Zettel notiert und das Kind seinen Wunschzettel für Weihnachten bekritzelt. Der Schriftspracherwerb wird heute als Entwicklungsprozess gesehen, der bereits im ersten Lebensjahr einsetzt. Unter »emergent literacy« werden Lese- und Schreibaktivitäten verstanden, die dem eigentlichen Lesen und Schreiben vorausgehen (vgl. Sulzby 1991; Teale 1987; Davidson 1996). Hier wird der frühe, ungezwungene und natürliche Umgang mit Schrift gefordert und betont. Heute versteht man darunter die so genannten Vorläuferfähigkeit, wie z.B. die phonologische Bewusstheit für den systematisierten Schriftspracherwerb. Im Kindergarten wird das Bilderbuch als zentrales Medium der Literacy-Kultur empfohlen (vgl. Ulich 2003). Daneben unterscheidet man noch die »reading literacy«, also das eigentliche Lesen und Schreiben und das Umgehen mit schriftlichen Texten in der Schule. Die Förderung von Literacy im Kindergarten wirkt sich positiv auf die Lesekompetenz aus und verbessert die Bildungschancen des Kindes. So machen die Kinder wichtige Erfahrungen. Die sprachliche Kompetenz weitet sich aus, das Kind eignet sich Wissen an, und die Neugier auf das Vorlesen und Lesen wird gefördert.

Liquida: Der Begriff kommt aus dem Lateinischen »liquidus« und bedeutet »fließend, ausströmend«. Es handelt sich um einen stimmhaften und voll klingenden Konsonant, bei dessen Produktion die ausgeatmete Luft schwingend dem Mund entweicht: /l/. Die Zunge verschließt die Mitte des Mundes, und die Luft entweicht auf beiden Seiten (vgl. Ulrich 1987, S. 11).

Löschung: Dieser Begriff stammt aus der Lerntheorie, der das Verlernen und Löschen einer bereits erlernten Verhaltensweise meint. Ein Verhalten des Kindes wird dann gelöscht, wenn keine positiven Verstärker eingesetzt werden, d.h., die Reaktionen des Kindes werden überhaupt nicht registriert und beachtet.

Logopäde: Der Logopäde beschäftigt sich mit Störungen und Behinderungen der Sprache, des Sprechens, des Hörens und der Stimme. Er greift dabei auf Erkenntnisse der Medizin, Linguistik, Soziologie, Psychologie, Pädagogik und Sonderpädagogik zurück. Er diagnostiziert, therapiert und berät Kinder, Jugendliche und Erwachsene. Logopäden arbeiten in logopädischen Praxen, zuweilen auch im schulischen und klinischen Beeich. Sie arbeiten mit den Schulen und mit anderen Berufsgruppen des Gesundheitswesens wie Ergotherapeuten, Physiotherapeuten und Ärzten zusammen.

Logopädie: Der Begriff meint im weitesten Sinne Spracherziehung, da er aus dem griech. »logos« (= Wort, Sprache) und »paideia« (= Erziehung) abgeleitet ist. Er wurde 1924 durch den Wiener Arzt und Phoniater Emil Froeschels eingeführt und ersetzte die bis dahin gültige Bezeichnung medizinische Sprachheilkunde. Heute versteht man unter Logopädie eine an die Medizin angelehnte Fachdisziplin, die den in seiner Kommunikation behinderten Menschen aller Altersstufen zum Gegenstand hat. Die Logopädie beschäftigt sich mit der Prävention und Rehabilitation sprachgestörter Menschen. Die Logopädie konzentriert sich dabei auf die Identifikation, Erfassung, Beratung und Therapie. Sie ist zugleich Handlungs- und Integrationswissenschaft, da sie auf die Erkenntnisse verschiedener Disziplinen wie Linguistik, Medizin, Psychologie, Sonderpädagogik und Pädagogik angewiesen ist.

Logos: Neben den Piktogrammen und Symbolen spielen die Logos auf dem Weg zur Schrift eine wichtige Rolle. Logos sind Marken- oder Firmenzeichen wie

IKEA, Coca Cola, Aldi oder KiKa (Kinderkanal). Die Kinder sind mit diesen Logos vertraut und können damit umgehen. Sie stehen für etwas, sind also ebenso Träger von Bedeutung wie später die Morpheme. Daher ist der Umgang mit Logos eine wichtige Vorbereitung auf das Lesen und Schreiben.

Lyrik: Darunter versteht man eine Dichtungsgattung neben Epik und Drama, die vorwiegend Emotionen, Stimmungen, Empfindungen und Erwartungen wiedergibt. Als Gestaltungsmittel der Lyrik werden der Rhythmus, der Vers, die Strophe und der Reim eingesetzt. Die wichtigsten Formtypen sind das Lied und das Gedicht.

Mandala: Das Wort Mandala stammt aus dem altindischen Raum. Ein Mandala ist eine besondere Form des Kreises. Der Kreis erhält eine spezielle Struktur, die mit verschiedenen Symbolen und Formen gefüllt ist. Alle Formen und Symbole gruppieren sich dabei symmetrisch um den Mittelpunkt des Kreises herum. Zwei Aspekte spielen bei Mandalas eine wichtige Rolle. Zum einen ist es der ruhende Pol in der Mitte des Kreises, und zum anderen sind es die Aktivitäten im äußeren Bereich des Kreises. Die Vereinigung dieser beiden Aspekte führt zu einem harmonischen und wohltuenden Gefühl. Beim spielerischen Ausmalen stellt sich bei den Kindern oftmals ein Gefühl der inneren Ruhe und Harmonie ein. Der Kreis übt eine beruhigende Wirkung aus und betont für die Kinder ein Gefühl der Zugehörigkeit. In der Sprachförderung kann über das Ausmalen von Mandalas die Aufmerksamkeit und Konzentration herbeigeführt werden.

Manipulation: Darunter versteht man die Beeinflussung und Lenkung von anderen Menschen. Die Sprache ist das wichtigste Instrument dieser bewussten und gezielten Beeinflussung, insbesondere dann, wenn sich viele Menschen zusammengefunden haben in einem großen Sportstadion oder in großen Hallen. Damit wird die Sprache zur Manipulation eingesetzt mit dem Ziel, andere Menschen für fremde Zielsetzungen zu gewinnen.

Märchen: Märchen gibt es in allen Sprachen und Kulturräumen. Als Märchen bezeichnet man eine literarische Gattung, die vor allem durch die mündliche Überlieferung sowie dem Umgang mit dem Seltsamen und Wunderbaren gekennzeichnet ist (vgl. Rölleke 1993, S. 176). Folgende Varianten werden unterschieden: Kunstmärchen, Zaubermärchen, Feenmärchen und Schwankmärchen, die allerdings nur sehr schwer von den verwandten literarischen Gattungen wie Sagen und Legenden abzugrenzen sind (vgl. Morsch/Blasius/Klein und Schumacher 1997, S. 22). Märchen vermitteln kulturelle Werte, Normen und überliefern Traditionen. Märchen bieten den Kindern über das Vorlesen durch die Fachkraft gute Sprachvorbilder, einen anspruchsvollen Wortschatz und einen differenzierten Satzbau an. Märchen erzeugen Spannung und Interesse an Sprache und den Menschen. Beim Erzählen oder Vorlesen von Märchen spielen das Gesprächsklima und die Raumgestaltung eine nicht zu unterschätzende Rolle. Eine kuschelige Ecke im Raum, eine angenehme Sitzordnung im Kreis oder im Halbkreis und vielleicht eine brennende Kerze in der Mitte tragen dazu bei, dass die Aufmerksamkeit der Kinder erhöht wird. Klassische Märchen wie Rotkäppchen, Der »Wolf und die sieben Geißlein«, »Die Bremer Stadtmusikanten« u.a. sind in den letzten Jahren in der Sprachförderung vernachlässigt worden. Methodisch gibt es verschiedene Varianten. Märchen können nacherzählt werden, in Bildern dargestellt werden, aber auch verändert und von den Kindern nachgespielt werden. Märchen fördern das Hineinwachsen der Kinder in die literale Welt und die literarische Sozialisation.

Materialien: Die Palette der Möglichkeiten ist sehr vielfältig. Einige wichtige Materialien werden hier kurz vorgestellt. Diese Medien sollten in natürliche und alltägliche Spiel- und Handlungssituationen eingebaut werden im Sinne eines ganzheitlichen Vorgehens in der Sprachförderung.

1. Alltägliche Begebenheiten und Ereignisse zum Gespräch nutzen.
2. Regelmäßiges Vorlesen von Märchen, Fabeln, Sagen und Geschichten aus Büchern.
3. Verknüpfen von Singen und Sprechen bei Liedern, Sing- und Tanzspielen.
4. Bilder und Bilderbücher bringen die Kinder untereinander ins Gespräch.
5. Hörspielkassetten und selbst erstellte Kassetten, wie z.B. der Hörspaziergang durch den Wald, eignen sich für das differenzierte und genaue Hinhören.
6. Alte und neue Kinderlieder sowie Kinderliteratur können eine anregende Ergänzung der Sprachförderung sein.
7. Die Fingerspiele eignen sich ebenfalls zur Sprachförderung.
8. Bei den Kreis- und Singspielen sind es das gemeinsame Singen und Sprechen, die Spieldialoge, der Einsatz akustischer Mittel, die Mimik, Gestik und Pantomime und das Wiederholen von Textstellen, die dieses Medium so wertvoll machen.
9. Bestens eignen sich auch Kim-Spiele, weil die Kinder hier sehr engagiert, interessiert und motiviert mitarbeiten.
10. Rollenspiele in der Puppen- und Bauecke führen zu einer Differenzierung sprachlicher Fähigkeiten, wie z.B. »Mein Anruf bei der Feuerwehr«.
11. Tischspiele wie Bilderlotto und Puzzles erweitern den persönlichen Wortschatz durch das benennen von Gegenständen und schulen das Gedächtnis durch das Wiedererkennen von Gegenständen bei Memoryspielen.
12. Bei gehemmten und zurückhaltenden Kindern eignet sich bestens der Einsatz von Handpuppen, um die Kinder zu öffnen und sprachlich miteinander kommunizieren zu lassen.
13. ■ Gerade die alten Sprachspiele wie Kinderreime, wie z.B. »Das ist der Daumen ...«, und Abzählverse »Ene mene muh und raus bist du«. ((Satz?)) ■
14. Das Musikmalen schafft vielfältige Sprechanlässe, sodass Kinder untereinander und mit den pädagogischen Fachkräften ins Gespräch kommen.

MCD: Das ist die Abkürzung für Minimale Cerebrale Dysfunktion und meint eine in der frühen Kindheit auftretende leichte Hirnstörung. Als Folge können mehr oder weniger schwere intellektuelle Beeinträchtigungen, allgemeine Entwicklungsverzögerungen und Defizite insbesondere in den Entwicklungsbereichen der Wahrnehmung und Motorik ausgemacht werden. Die weitere Folge können Probleme in der kognitiven und sprachlichen Entwicklung wie Lernbehinderung und/oder Sprachstörungen sein. Die MCD ist diagnostisch nur schwer nachzuweisen, daher sollte unbedingt der Facharzt für Neurologie aufgesucht werden.

Medien: In der Sprachförderung wird der Ruf nach geeigneten Fördermaterialien, passenden Förderprogrammen und entsprechenden Medien immer lauter. Dabei leben wir in einer multimedialen, reizüberfluteten Mediengesellschaft (man spricht auch von Wissens- und Informationsgesellschaft) und müssen uns den ständigen Herausforderungen durch die Medien stellen. Unsere unmittelbare Umwelt ist mit geeigneten und weniger geeigneten Medien gespickt, die in der Sprachförderung eingesetzt werden können: Bücher, Zeitungen, Zeitschriften oder Comics, aber auch Fernsehen, Computer, Notebock, Videorekorder, Game Boy, Schallplatten, Tonkassetten und CD haben ihren Platz in der Sprachförderung. Es geht um den dosierten und kontrollierten Umgang mit diesen neuen Medien. Sie können zur fachlichen Information und sachlichen Orientierung eingesetzt werden, aber auch zur Präsentation und Dokumentation von wichtigen Botschaften und Inhalten. Sie alle bieten eine Plattform, von der aus Dialoge, Gespräche und Kommunikation ausgehen sollten. In der heutigen Wissens- und Informationsgesellschaft ist der kompetente und kritische Umgang mit diesen Medien innerhalb der Sprachförderung dringend erforderlich. Information, Orientierung, Präsentation, Dokumentation und Reflexion sind lernmethodische und kommunikativ-sprachliche Schlüsselkompetenzen. Die Kinder sollen im Rahmen der Sprachförderung mit diesen Medien Erfahrungen sammeln.

Medium: In der Kommunikation bezeichnet man die Sprache als das Medium zwischen einem Sender und einem Empfänger. Die Sprache ist sozusagen ein Vermittler oder Überbringer von sprachlichen oder bildlichen Zeichen – also den Wörtern und Sätzen.

Meditieren: Meditieren, vor sich hindösen, Muße haben und Nichtstun gehören auch in die Sprachförderung. Meditieren heißt, ein paar Sekunden lang abspannen, entspannen, nichts tun und an gar nichts denken. Körper, Geist und Seele baumeln lassen und völlig entspannen. Dieses Erlebnis und diese Erfahrung tut den Kindern gut, gibt neue Kraft, setzt Energien frei und erzeugt ein seelisches und körperliches Wohlbefinden. Ängste, Verkrampfungen und Alltagsstress lassen sich gut abbauen. Meditieren kann man im Sitzen, beim Hören von Musik und beim bewussten Barfußgehen.

Menschenrecht, Sprache: In der Diskussion um Migrantenkinder wird die Anerkennung des Rechts auf eine eigene Sprache betont. In dem von den Vereinten Nationen proklamierten Internationalen Pakt über wirtschaftliche, soziale und kulturelle Rechte von 1966 heißt es im Artikel 27: »In Staaten mit ethnischen, religiösen oder sprachlichen Minderheiten darf Angehörigen solcher Minderheiten nicht das Recht vorenthalten werden, gemeinsam mit anderen Angehörigen der Gruppe ihr eigenes kulturelles Leben zu pflegen, ihre Religion zu bekennen und auszuüben oder sich ihrer eigenen Sprache zu bedienen.« Die KSZE-Gipfelkonferenz in Paris 1990 und die Erklärung der vereinten Nationen aus dem Jahre 1992 unterstreichen erneut das Recht von Minderheiten auf die eigene Kultur und die eigene Sprache. Die Europäische Union, der Europarat in Straßburg und die UNESCO haben mit der Ausrufung des »Europäischen Jahres der Sprachen« im Jahre 2001 auf das Bewusstsein der Menschen für die Bedeutung der Muttersprache hingewiesen.

Merkfähigkeit: Die Fähigkeit des menschlichen Gehirns, neue Informationen aufzunehmen und zu speichern.

Metapher: Ein Wort wird im übertragenen oder bildlichen Sinn benutzt, wie z.B. das »Schiff der Wüste« für »Kamel«, der »Computer« für das »menschliche Gehirn«, »Der Sprachbaum« für die »Entwicklung der Sprache« bei Kindern oder das »Fenster« für die »sensible Phase der Sprachentwicklung«.

Mehrsprachigkeit: Die Mehrsprachigkeit gewinnt im Zuge der Europäisierung und Globalisierung immer mehr an Bedeutung. Weltweit gesehen ist die Mehrsprachigkeit die Regel und die Einsprachigkeit ist die Ausnahme. Ein Kind ist dann mehrsprachig, wenn es zwei oder mehr Sprachen spricht. Dabei wird erwartet, dass der Wechsel von einer Sprache in die andere problemlos gelingt. Für durchschnittlich begabte Kinder ist das Aufwachsen mit mehreren Sprachen keine zusätzliche Belastung. Etwa 70% der Weltbevölkerung benutzen heute bereits mehr als eine Sprache, und über 50% der Kinder der Welt sprechen in der Schule eine andere Sprache als zu Hause. Mehrsprachigkeit ist für viele Menschen weltweit zur Normalität geworden (Schlösser 2001, S. 40). Wir sollten endlich die Mehrsprachigkeit als eine pädagogische Chance und menschliche Ressource betrachten, die zu einer kulturellen Kreativität führen kann. Wir müssen die multikulturellen Gegebenheiten akzeptieren und in unsere Sprachförderung mit einbeziehen. Ansonsten ziehen sich die Minderheiten in die eigene Kultur und Sprache zurück.

Metasprache: Darunter versteht man die Sprache über die Sprache, eine Sprache, die Aussagen macht über die Objektsprache. Das ist die Sprache, die als Sprache Termini zur Beschreibung über die natürliche Sprache des Menschen (Muttersprache, Fremdsprache) liefert. Man könnte Metasprache als eine Art »Sprach-Beschreibungssprache« charakterisieren. Im Gegensatz dazu sprechen wir auch von der Objektsprache als Beschreibungssprache: »Die Tische sind grau.« In der Metasprache als Sprachbeschreibungssprache wäre dies: »Tische ist Plural.«

Methode: *Die* Lehrmethode wird es nicht geben, sondern immer nur eine an der Persönlichkeit der Fachkraft ausgerichtete Einstellung zu Fragen der Erziehung, Bildung, Förderung und Sprache, die dann in die praktizierte Lehrmethode der einzelnen Fachkraft einfließt. Persönliche Erfahrungen und pädagogisches Fachwissen sind wichtige Elemente des pädagogischen Handelns der Fachkräfte. Das pädagogische Sprachhandeln orientiert sich am Entwicklungsstand des Kindes. Eine einseitig buch- oder arbeitsblattorientierte kognitive und formale Förderung ist nicht angezeigt, da Sprache als kompliziertes System und Sprechen als hochkomplexer Vorgang auf komplizierten Lernprozessen basieren. Daher ist die Verwendung unterschiedlicher Lernmethoden notwendig.

Milchzähne: Darunter versteht man die ersten Zähne eines Kindes, die vom 6. bis 8. Lebensmonat durchbrechen; man spricht hier von der 1. Dentition. Das Milchgebiss besteht aus 20 Zähnen. Die Phase der 1. Dentition erstreckt sich bis ins dritte Lebensjahr hinein. Zwischen dem 6. und 8. Lebensjahr fallen die Milchzähne nach und nach aus und werden allmählich durch bleibende Zähne (2. Dentition) ersetzt. Die vier Weisheitszähne können sich mit dem Durchbruch bis zum 30. Lebensjahr Zeit lassen. Manche Kinder haben im Rahmen der Dentition beim Sprechen Probleme, wenn sie insbesondere bei einer Frontlücke (Fehlen der oberen Schneidezähne) die Zischlaute s und sch interdental aussprechen, d.h. vorübergehend lispeln. Doch dieses Lispeln verliert sich wieder von selbst im Sinne einer Selbstheiltendenz.

Milieutheoretische Position: Die unterschiedlichen sozialen Schichten wie Unterschicht, Mittelschicht und Oberschicht bringen unterschiedliche Sprechkodierungen hervor, die sich in der Quantität (Anzahl der Sätze) und der Qualität (Struktur und Komplexität der Sätze) teilweise erheblich unterscheiden. Die

Kinder aus Familien der Mittel- und Oberschicht sind den Kindern aus der Unterschicht überlegen. Basil Bernstein (1972) war ein Vertreter dieser Auffassung. Er prägte die Begriffe des elaborierten Kodes der Kinder aus der Mittel- und Oberschicht und des restringierten Kodes der Kinder aus der Unterschicht. Dieses restringierte Sprechen ist ein Sprechen in einfachen Sätzen und grammatischen Strukturen, meist in Dialekt und der regionalen Mundart gehalten. Wichtig ist jedoch der Hinweis, dass Kinder der Unterschicht in spontanen und vertrauten Situationen mit vertrauten und bekannten Personen flüssig und frei sprechen, in künstlichen und weniger vertrauten Situationen mit kaum bekannten Personen jedoch wenig und gehemmt sprechen.

Milieuunterschiede: Die Milieuunterschiede in der Sprache und beim Sprechen machen als Leistungen einen hohen Anteil an der Schulleistung des Kindes aus. Die Sprache beeinflusst die Selektion der Kinder am meisten. Zwischen der Unter- und Mittelschicht gibt es teilweise gravierende Unterschiede, die mit zunehmendem Lebensalter und steigender Klassenstufe immer größer werden. Hier kommt dann der Schereneffekt zum Tragen. Basil Bernstein hat Ende der 1960er-Jahre auf die schichtspezifischen Sprachformen aufmerksam gemacht. In der Unterschicht (= Grundschicht) wird ein restringierter (reduzierter und eingeschränkter) Sprachkode und in der Mittelschicht ein elaborierter (weiterentwickelter und differenzierter) Sprachkode gesprochen. Dieser elaborierte Kode umfasst einen umfangreichen Wortschatz, eine grammatikalisch komplexere Sprache und logisch strukturierte und abstraktere Sätze.

Die Erfahrungen des Praktikers im alltäglichen Umgang mit Kindern zeigen, dass es teilweise große Unterschiede in der Sprache und beim Sprechen zwischen der Unterschicht und Mittelschicht bzw. Oberschicht gibt.

Minderheitensprachen: Die Minderheitensprachen sind in unserer Zeit in ihrem Bestand gefährdet. Zurzeit sprechen die Menschen auf der Erde etwa 6000 Sprachen. Im Verlaufe der menschlichen Evolution sind ca. 30.000 verschiedene Sprache entstanden (nicht Dialekte), aber auch wieder verschwunden. Sprachen kommen, verändern sich rasch und verschwinden dann auch wieder. Von den 6000 heutigen Sprachen werden mehr als die Hälfte von weniger als 10.000 Menschen und ein Viertel dieser 6000 Sprachen von weniger als 1000 Menschen gesprochen. Eine Sprache ist aber nur dann überlebensfähig, wenn sie von mehr als 100.000 Menschen gesprochen wird. In Afrika gibt es mehr als 200 Sprachen, die von weniger als 500 Menschen benutzt werden. Diese Sprachen werden vermutlich in den nächsten Jahrzehnten wieder verschwinden. Nach der Anzahl der Benutzer werden folgende Sprachen am meisten benutzt (vgl. Schnurer 2003, S. 18):

– Englisch 1000 Millionen
– Hindi und Urdu 900 Millionen
– Spanisch 450 Millionen
– Russisch 320 Millionen
– Arabisch und Bengalisch 250 Millionen
– Portugiesisch 200 Millionen
– Malayisch und Indonesisch 160 Millionen
– Japanisch 130 Millionen
– Deutsch und Französisch 120 Millionen.

Mimik: Mimik gehört neben der Gestik zur Körpersprache des Menschen. Unter Mimik verstehen wir den Blickkontakt als wichtigstes Element, die Augen mit den Augenbrauen, den Mund, die Bewegungen mit dem Kopf und das gesamte mögliche Minenspiel während des Sprechens. Augen- und Gesichtsausdruck sind meistens entscheidend für die Stimmung, Sympathie und das Vertrauen beim Gespräch.

Mischsprache: Unter dem Begriff der Mischsprache verstehen wir, dass Kinder und Erwachsene sprachliche Elemente der verschiedenen Sprachen – Erstsprache und Deutsch als Zweitsprache – wahllos mischen. So gibt es auch im Deutschen eine Reihe von so genannten sprachlichen »Entlehnungen«, d.h. einzelne Begriffe aus der einen Sprache, wie z.B. dem Englischen, werden in eine andere Sprache, wie z.B. das Deutsche, übernommen. Als Beispiele sind zu nennen: okay, Team (vgl. Niedersächsisches Ministerium 2002, S. 59).

Mittelohrentzündung: Auffallend ist ein sehr schmerzhaftes Klopfen im Ohr. In einigen Fällen kommt es auch zum Ohrfluss, der sich zu einem chronischen Zustand mit Geruch und eitrigen Entzündungen im äußeren Ohr weiterentwickeln kann. Eine Mittelohrentzündung beeinträchtigt die Hörfähigkeit des Kindes. In der Kindheit kann eine Mittelohrentzündung öfter vorkommen. Dies kann sich ungünstig auf die Entwicklung der kindlichen Sprache auswirken.

Mittelwert: Statistisch gesehen versteht man darunter die arithmetische Mitte. Es ist ein Maß für die Angabe des Durchschnitts und wird definiert als die Summe der Beobachtungswerte einer Variablen in einer Stichprobe (Gruppe, Klasse 9, geteilt durch die Anzahl der beobachteten Kinder).

Mobbing: Darunter versteht man Formen psycho-sozialer und körperlicher Gewaltanwendung, wobei Sprache und Sprechen ein starkes Medium sein können. Mobbing bedeutet, eine Person sprachlich »fertig zu machen«, zu erniedrigen, zu demütigen, zu denunzieren, sozial auszugrenzen, von Informationen und Botschaften fern zu halten und abzuschneiden. Die mobbende Person handelt hinterhältig und für andere Personen nicht erkennbar, da sie Sprache geschickt manipulativ einsetzt.

Modellperson: Personen wie Eltern, Erzieherinnen und Lehrerinnen sind ein sprachliches und soziales Modell, deren Sprache und Verhaltensweisen im Rahmen der kindlichen Entwicklung übernommen werden.

Monitorhypothese: Dies ist eine untergeordnete Hypothese zur Erklärung des Erwerbs der Zweitsprache. Der Begriff Monitor wurde von Krashan (1981) geprägt. Dabei steht der Monitor als Kontrollinstanz im Mittelpunkt des Spracherwerbs. Das Regelwissen über die neue Sprache – Deutsch als zweite Sprache oder eine Fremdsprache –, das auf Grund von Erfahrungen und Lernprozessen gesammelt wird, wird im Gedächtnis gespeichert und bildet nach Krashan (1976) eine Informations- und Kontrollinstanz, sozusagen einen Monitor, den das sprachlernende Kind beim Verstehen und Produzieren von Sprache regelrecht befragen kann. Beim bewussten Sprachlernen werden die Inputs gefiltert, und der Output wird über den Monitor überwacht. Die Inputs sollten aber verständlich und interessant sein. Die Mutter bietet in ihrer Motherese meistens ideale sprachliche Inputs. Der Monitor repräsentiert den Regelapparat. Das Kind lernt bewusst und gezielt Regeln, während die Sprachproduktion und das Sprachverstehen über den Monitor überwacht werden. Dem sprechenden Kind müssen daher die Regeln der Aussprache und der Satzbildung bekannt sein. Das Verstehen von Sprache und deren Regeln spielt bei dieser Hypothese eine zentrale Rolle. Die Monitorhyporthese ähnelt der interaktionistischen Sicht des Spracherwerbs nach Bruner, da sie die Eltern als Anbieter von verständlichem Input ansieht.

Montessori: Maria Montessori (1870–1952) war die erste Ärztin Italiens, die sich in ihrem Zweitstudium mit pädagogischen und sozialen Fragestellungen beschäftigte. Das entscheidende Potenzial der frühkindlichen Entwicklung liegt ihrer Meinung nach im Kind selbst. Erzieherinnen sollen die Umwelt entsprechend bereitstellen, in der sich das Kind frei entfalten kann. Montessori betont die Selbsttätigkeit des Kindes, die Selbstkontrolle durch das Kind und die Konzentration und Aufmerksamkeit des Kindes auf sein Tun und Handeln. Ein wichtiges Prinzip lautet: »Hilf mir, es selbst zu tun!« Nach Maria Montessori sucht das Kind sich die Materialien aus, die momentan für seine Entwicklung notwendig und wichtig sind.

Morgenkreis: Der Morgenkreis sollte als Ritual zu Beginn der Sprachförderung täglich stattfinden. Kinder und Fachkräfte treffen sich im Stuhlkreis. Der Morgenkreis sollte von einem Kind geleitet werden. In dieser Erzählrunde hat dann jedes Kind die Gelegenheit, eigene Erlebnisse und aktuelle Ereignisse vorzutragen und der Gruppe mitzuteilen. Die Gruppe hört aufmerksam zu, beachtet die eingeführten Gesprächsregeln und stellt danach Fragen. Durch dieses Sprechen in der kleinen Runde sammeln die Kinder Erfahrungen in verschiedenen Gesprächssituationen, die sie später auch im Alltag immer wieder vorfinden (vgl. Boeddener 1993, S. 184).

Morphem: Ein Morphem ist die kleinste Einheit der grammatischen Analyse. Wir unterscheiden freie Morpheme, die allein stehen können, wie z.B. Katze, Hund, Auto, Haus im 1. Fall; zur Deklination und Pluralbildung muss man sich gebundener Morpheme bedienen, wie z.B. -n, -e, -s, die an die freien Morpheme angehängt werden. Darüber hinaus müssen auch Präfixe (Vorsilben) Suffixe (Endsilben), Präpositionen und Artikel als gebundene Morpheme aufgefasst werden. Weiterhin unterscheiden wir in lexikalisch-semantische (Lexeme) und grammatikalische Morpheme (Flexionsmorpheme oder auch Flexeme genannt). Die lexikalischen Morpheme sind meistens frei und die grammatikalischen Morpheme meistens gebundene Morpheme.

Motherese: Darunter versteht man die ersten sprachlichen Äußerungen zwischen Mutter und Säugling. Diese Sprache ist sehr einfach, enthält viele Redundanzen, sehr kurze Sätze, oft nur einzelne Wörter, viele einfache Fragen und kurze Aufforderungen. Diese ersten Äußerungen sind emotional stark gefärbt und werden durch die singende Melodie, den weichen Rhythmus und die kindgemäße Lautstärke der mütterlichen Prosodie bestimmt. Man spricht auch von Baby-talk oder Ammensprache. Beim Gespräch mit dem Säugling wird die normale Sprechstimmlage ein wenig erhöht.

Motivation: Dieser Begriff stammt aus der Psychologie und meint Beweggrund und Antrieb beim Menschen allgemein, die das individuelle Verhalten initiieren und steuern. Das theoretische Konstrukt Motivation bezeichnet alle Reize der Umwelt, die das Verhalten des Kindes – hier die Sprache und das Sprechen – beeinflussen und überprüfen. Hier spielen verstärkt bewusste , aber auch unbewusste Vorgänge mit, die als Interessen, Triebe, Antrieb, Drang und Bedürfnis beschrieben werden können. Die Eltern und die Fachkräfte sollen eine intrinsische Motivation herbeiführen, damit das Kind Interesse an der Sprache und dem Sprechen gewinnt. Die intrinsische Motivation geht im Gegensatz zur extrinsischen ausschließlich von der Sache aus.

Motorik: Darunter verstehen wir Bewegungsvorgänge, die einer bewussten Steuerung unterliegen, beispielsweise das Zusammenziehen und Erschlaffen der Muskeln. Entscheidend ist die Abstimmung und Dosierung des Erregungs- und Spannungszustandes. Man unterteilt in Grob- und Feinmotorik. Grobmotorik meint die großräumigen Bewegungen und die Körperkoordination, wie z.B. das Treppensteigen und

Laufen. Feinmotorik bedeutet mehr die Bewegungskoordination einzelner Körperteile, wie die der Finger, der Hand und der Augen beim Schreiben. Man spricht beim Sprechen von den Sprechwerkzeugen und analog von der Sprechmotorik.

Mundart: Darunter versteht man eine auf wenige Ortschaften begrenzte, landschaftlich gebundene Form der gesprochenen Sprache mit eigener Syntax, eigenem Wortschatz und eigener Aussprache. Mehrere Mundartgruppen zusammengenommen, die gemeinsame Merkmale aufweisen, bezeichnet man dagegen als Dialekte (vgl. Zacharias 1974, S. 89).

Musikmalen: Das Musikmalen wurde 1950 von dem Hamburger Kunsterzieher Peters entwickelt. Musikmalen ist eine Methode, bei der gehörte Musik und empfundener Rhythmus in motorische Bewegungen übertragen werden. Myschker (1973) und Niemeyer (1998) haben diese Methode in den pädagogischen Bereich übertragen und damit gute Erfahrungen mit sprachauffälligen und Lese-Rechtschreib-schwachen Kindern gesammelt. Die Musik wird vom Kind ganzheitlich aufgenommen, und es wird anschließend frei gezeichnet oder gemalt. Das Kind hört Musik und bewegt sich danach, oder das Kind malt die gehörte Musik mit bunten Wachsmalstiften auf Papier. Dabei entstehen Linien, Kreise, Zacken, Kurven und verschiedene Formen. Bestens eignen sich hier Tapetenrollen. Die Erfahrungen zeigen, dass Musik und Malen in Kombination die Kinder entkrampfen, entspannen und innerlich beruhigen. Durch das Musikmalen lernen die Kinder, Melodie und Rhythmus zu erfassen, zu strukturieren und zu gestalten. So lernen die Kinder, Klänge bzw. Klangbilder darzustellen. Die Kinder lernen zuzuhören und die Aufmerksamkeit auf bestimmte Reize zu lenken.

Muster: Darunter versteht man die in bestimmter Weise zusammengefügte Heterogenität von Verhaltensweisen im sozialen und sprachlichen Bereich. Man spricht von Verhaltensmustern und sprachlichen Mustern bzw. Sprachmustern, die in einer bestimmten Abfolge ablaufen. Satzmuster sind eine Art sprachlicher Grundformen, die die Kinder erwerben.

Mutismus: Der (selektive) Mutismus (lat. mutus = stumm) ist eine interaktiv bedingte Sprachstörung, die in bestimmten Situationen bei bestimmten Personen auftritt. Ein mutistisches Kind spricht nicht, obwohl es die Muttersprache erworben hat. Verschiedene Gründe führen in der aktuellen Situation dazu, dass es jetzt – und oft gerade nur in diesen Situationen – schweigt. Oft liegt bei dem Kind ein Gemenge von emotionalen, seelischen und sozialen Ursachen vor. Wir sprechen auch von seelisch bedingter Sprechunfähigkeit.

Nachhaltiges Lernen: Heute fordern wir ein nachhaltiges Lernen, d.h., das erworbene Wissen soll im Langzeitspeicher des Kindes verankert und abgespeichert werden, damit es über Jahre bzw. Jahrzehnte als aktives und prozessuales Wissen im Sinne des Transfers wieder abgerufen werden kann. Wissen und Erfahrungen müssen in unserer Informations- und Wissensgesellschaft schnell verfügbar und anwendungsfähig sein.

Nachsprechen lassen: Das ständige Wiederholen und Nachsprechen lassen bei Fehlern in der Aussprache oder der Satzbildung führt in der Sprachförderung und im Alltag nicht zum gewünschten Erfolg. Bei vielen Kindern wird dadurch die Freude am Sprechen verringert, und es kann schließlich zu Sprechhemmungen und Blockierungen führen.

Nasale: Der Begriff kommt aus dem lateinischen »nasus« und bedeutet »Nase« Bei diesen Konsonanten bleibt der Mund geschlossen, und die Luft entweicht durch die Nase: /m, n, ng/. Der Resonanzraum ist die Nasenhöhle, das distinktive Merkmal dieses Konsonanten ist die Nasalität (vgl. Ulrich 1987, S. 120).

Nationalsprache: Ein erster wichtiger Schritt zur Schaffung einer Nationalsprache war die Erfindung des Buchdrucks durch den Mainzer Johannes Gutenberg vor 500 Jahren, wodurch die Reformbestrebungen Luthers verbreitet werden konnten. Nach der Herausbildung der Nationalstaaten realisierte und konstituierte sich die Gemeinsprache in der Nationalsprache. Die vollendete Form der gesprochenen deutschen Nationalsprache wird als die so genannte Hochsprache gekennzeichnet, die auch als Zielsprache bzw. Standardsprache bezeichnet wird. Diese Hochsprache besitzt eine allgemein gültige Norm, wobei sie sich bezüglich der Sprechweise in sehr unterschiedlichen Varianten manifestiert (vgl. Zacharias 1974, S. 90).

Nativismus: Darunter verstehen wir eine wissenschaftliche Position, deren Grundlage die Annahme angeborener Eigenschaften und genetisch vorprogrammierter Fähigkeiten, wie z.B. die Sprache, ist. Der Erwerb der Sprache wird als genetisch programmierter Reifungsprozess verstanden. Der Spracherwerb stützt sich auf angeborene biologische Fähigkeiten. Ein bekannter Vertreter dieser Auffassung ist Chomsky (1969), der den Spracherwerb als eine genetisch festgelegte Disposition betrachtet. Er vermutet in jedem Kind einen universalen Spracherwerbsmechanismus

LAD als Language Acquisition Device, der als spezialisierter Sprachprozessor arbeitet und die Sprache entfaltet. Sprache ist eine humangenetische Fähigkeit, die durch entsprechende Reize aus der sozialen Umwelt entfaltet wird. Nach einer bestimmten Zeit des muttersprachlichen Spracherwerbs besitzt das Kind eine generative Grammatik, die es ihm ermöglicht, mit einer bestimmten Anzahl von Wörtern eine unendliche Zahl von Sätzen zu konstruieren. Kinder begreifen nach und nach, dass Vitalfunktionen wie husten, lachen und weinen keine Sprache sind, und erkennen allmählich, welche Wörter zusammengehören und wie man Sätze bildet. Kinder besitzen intuitiv eine angeborene grammatische Fähigkeit, die Regeln der Sprache einzusetzen.

Nerven: Darunter verstehen wir parallel verlaufende Fasern, die Erregungen vom Gehirn zur Körperperipherie leiten. Hier unterscheiden wir die efferenten Nerven, die Erregungen vom Gehirn zur Peripherie leiten, und die afferenten Nerven, die die Erregungen von der Peripherie zum Gehirn transportieren.

Nervenzelle: Das menschliche Gehirn ist aus zwei verschiedenen Zelltypen aufgebaut: Da sind zum einen die Neurone als Nervenzellen, die der Informationsübertragung dienen. Daneben gibt es die Gliazellen, die so genannten Partnerzellen der Nervenzelle, die ebenfalls an der Übertragung von Information beteiligt sind. Eine Nervenzelle besteht

1. aus dem Soma, dem Zellkörper, in dem ein Zellkern sitzt,
2. den Dendriten mit ihren Empfängerstrukturen bzw. als Antenne der Nervenzelle, wo die Informationen anderer Nervenzellen eintreffen, und
3. dem Axon als dem Ausläufer der Nervenzelle, welcher in einer Synapse endet, wo das elektrische Signal in ein chemisches Signal umgewandelt und danach dem Dendriten anderer Nervenzellen vermittelt wird.

Axone haben eine Senderstruktur und stellen sozusagen als lange »Kabel« Kontakte zu anderen Nervenzellen her. Axone sind von einer Isolierschicht, dem Myelin, umgeben. Je stärker diese Myelinschicht ist, desto schneller werden Informationen weitergeleitet. An den Synapsen mit ihren informationsübertragenden Strukturen treffen Dendrit und Axon aufeinander (vgl. Roth 2004, S. 511).

Neurit: Neurit wird synonym mit Axon gebraucht. Es ist ein ca. 1 m langer Nervenzellenfortsatz

Neurophysiologie: Das ist eine moderne und junge Wissenschaftsdisziplin, die die Bereiche Physiologie und Neurobiologie mit einschließt. Sie beschäftigt sich vorrangig mit der naturwissenschaftlichen Erforschung des menschlichen Gehirns. Dieser Wissenschaftsbereich beschäftigt sich mit den Zusammenhängen und Wechselwirkungen zwischen den Funktionen des Gehirns, z.B. zwischen dem Hör- und Sprachzentrum, und den psychischen Prozessen, wie z.B. dem Sprechen.

Neurose: Das ist eine funktionelle Erkrankung und Störung, die durch erlebnisbedingte Störungen der zerebralen Reizverarbeitung hervorgerufen wird.

Nominalwerte: Ein Begriff aus der beschreibenden Statistik. Jeder Wert einer Variablen, den man in einer Untersuchung erhält, nennt man eine Beobachtung. Merkmale von Kindern können unterschiedliche Werte annehmen. Variablen besitzen dann Nominalwerte, wenn die Werte Namen annehmen, d.h. mit qualitativen Bezeichnungen versehen werden, wie z.B. die Augenfarbe, das Geschlecht und die Religionszugehörigkeit.

Normen: Im Alltag sammeln wir Daten und Informationen über Kinder, die eine Beurteilung, Bewertung und Einschätzung erlauben. Die vorliegenden Datenberge nützen uns jedoch wenig, da die Bezugspunkte, die Maßstäbe, also die Normen fehlen. Als gängige Normen werden in der pädagogisch-psychologischen Diagnostik, Prozentränge und T-Werte meistens benutzt. Test zeichnen sich u.a. dadurch aus, dass sie auf Normen zurückgreifen können. Die Normen eines Tests versetzen uns in die Lage, ein individuelles Testergebnis, z.B. in einem Intelligenztest eines Kindes, mit den Leistungen einer größeren Bezugsgruppe zu vergleichen. Ob die ermittelten Normen aus der Eichstichprobe vertrauenswürdig sind, hängt von der Auswahl bzw. der Repräsentativität der Eichstichprobe ab. Die Stichprobe sollte dabei etwa 1000 bis 2000 Kinder umfassen. Entscheidend ist jedoch nicht die quantitative Größe der Eichstichprobe, sondern die Repräsentativität.

Normalverteilung: Bei dieser Verteilung finden wir den häufigsten Wert einer Variablen in einer Stichprobe beim mittleren Wert einer Verteilung. Die Häufigkeit der Beobachtungen nimmt ab, je weiter ein Wert vom mittleren Wert nach beiden Seiten hin entfernt ist. Bekannt und verbreitet ist die Gaußsche Normalverteilung oder Glockenkurve. Sie steht für eine symmetrische und glockenförmige Verteilung von Häufigkeiten bestimmter Merkmale des Menschen.

Nonverbale Kommunikation: In unserer schnelllebigen Informationsgesellschaft mit einer Vielzahl von Daten überwiegt die lautsprachliche und schriftsprachliche Kommunikation. Nonverbale Kommunikationsformen werden entsprechend ihrer Bedeutung innerhalb der zwischenmenschlichen Kommunikation noch nicht angemessen gewürdigt. Mimik, Gestik, Blickkontakt, Lautstärke, Tonhöhe, körperliche Nähe und Berührungen führen zur Unterstützung und Verstärkung der Kommunikation. In den letzten Jahren sind in den angloamerikanischen Ländern zur Verbesserung der Kommunikationschancen für nichtsprechende Menschen verstärkt nonverbale Kommunikationssysteme entwickelt worden. Es waren zunächst optische Symbole wie Chips, das Bliss-System oder Handzeichen. In den letzten Jahren sind diese Systeme durch elektronische Hilfen ergänzt worden. Nonverbale Kommunikationssysteme sind z.B. Gegenstände, greifbare Dinge, Modelle, Bilder, Piktogramme, Handzeichen, ganzkörperliche Gebärden und Sprechhilfen (vgl. Mühl 1996).

Objektivität: Objektivität ist eines der drei Gütekriterien, die ein Test erfüllen sollte. Die Ergebnisse einer Untersuchung und Beobachtung sollen unabhängig von der überprüfenden Person sein. Ein Test ist dann objektiv, wenn verschiedene Untersucher bei denselben Kindern zu den gleichen Untersuchungsresultaten kommen. Bei dem Gütekriterium der Objektivität werden weiterhin zwei Aspekte unterschieden: die Durchführungsobjektivität und die Auswertungsobjektivität.

Objektsprache: Darunter versteht man die natürliche Sprache, die wir im Alltag benutzen, um Objekte zu beschreiben. Gemeint ist eine Art Beschreibungssprache, deren sprachliche Beschreibungen sich auf Objekte der Welt beziehen. »Der Wald ist grün« oder »Der Himmel ist blau.« Dies sind Beispiele der Objektsprache.

Objektpermanenz: Dieser Begriff stammt aus der genetischen Entwicklungstheorie Jean Piagets (1972) der damit das Prinzip der Erhaltung von Objekten meint, d.h. das Wissen des Kindes, dass Gegenstände und Personen auch dann weiter existieren, wenn sie nicht mehr gesehen oder gehört werden. Die Objekte sind innere Bilder geworden, mit denen sich das Kind weiter beschäftigen kann, obwohl sie außerhalb der Wahrnehmung liegen. Diese Phase der Objektpermanenz ist ein wichtiger Schritt im Rahmen der kindlichen Sprachentwicklung.

Ökologie: Darunter versteht man die Beziehungen zwischen den Lebewesen und der Umwelt. Im Rahmen der kindlichen Sprachentwicklung und der Sprachförderung übernimmt die ökologische Perspektive sowohl in der Diagnostik als auch im Rahmen der Förderung eine wichtige Rolle. Man spricht von der ökoosystemischen Sichtweise und versteht darunter die engen Zusammenhänge und Wechselwirkungen zwischen dem Kind, der Familie, der Nachbarschaft, der Wohngegend, dem Kindergarten und der Schule.

Ohr: Zum Ohr gehören 1. das äußere Ohr mit Ohrmuschel und Gehörgang 2. Trommelfell, 3. das Mittelohr mit Paukenhöhle und Gehörknöchelchen und 4. das Innenohr mit der Schnecke und dem Labyrinth. Luftdruckschwankungen und Schallwellen erreichen über das Außenohr, das Mittelohr unser Innenohr und dort die Cochlea (= Schnecke), wo die ankommenden mechanischen Reize in den Sinneszellen in elektrische Impulse umgewandelt werden. Diese Impulse gelangen dann über die Hörbahn in die primäre Hörrinde unseres Gehirns. Der Mensch hört Frequenzen zwischen 20 und 16000 Hz und nimmt Lautstärken wahr zwischen 0 und 130 Phon.

Onomatopoetica: Darunter verstehen wir Lautmalereien wie »Die Kuh macht muh«, »Die Katze macht miau«, aber auch das Imitieren mit der Stimme, wie z.B. die Motorengeräusche der Formel-1-Wagen. Kinder spielen gerne mit den Lauten und ahmen gerne nach. Die Kinder können technische Vorgänge, Naturereignisse, Instrumente und Stimmen nachahmen.

Ontogenese: Damit ist die Entwicklung des Menschen von der befruchteten Eizelle bis zur Entwicklung der menschlichen Spezies, des Homo sapiens sapiens (der heutige Mensch) gemeint. Hinsichtlich der Sprachentwicklung gelangt das Kind über das zunächst wenig differenzierte Schreien sofort nach der Geburt, das differenzierte Schreien, die Körpersprache und das Lallen schließlich zum ersten Wort. Das Kind nähert sich dann Jahr für Jahr der Familiensprache im Sinne einer Zielsprache immer mehr an, und im Alter von sechs Jahren ist die Sprachentwicklung vorerst abgeschlossen.

Organon: Organon ist das griechische Wort für Werkzeug oder Hilfsmittel. Gleichzeitig ist es aber auch eine Sammelbezeichnung für die Schriften des griechischen Philosophen Aristoteles, der in seinen Ausführungen die menschliche Sprache als das wichtigste Instrument der Erkenntnis und der Erforschung der Wahrheit bezeichnete. Der deutsche Psychologe Karl Bühler geht 1934 in seinem Organon-Modell davon aus, dass jede sprachliche Äußerung drei Funktionen erfüllen sollte: Darstellung, Ausdruck und Appell.

Orthographie: Die Begriffe Orthographie und Rechtschreibung werden synonym gebraucht. Das Wort Orthographie setzt sich zusammen aus dem Griechischen orthos (= aufrecht, recht, richtig) und graphein (= schreiben).

Overprotection: Darunter verstehen wir die Überbehütung insbesondere von auffälligen, kranken, benachteiligten oder behinderten Kindern durch überängstliche Eltern. Die übertriebene Fürsorge und Behütung ihrer Kinder fällt auf und liegt nicht mehr im durchschnittlichen Bereich der Mehrzahl aller Eltern. Überängstliche Eltern stören die kindliche Entwicklung, beeinträchtigen ihre Identität, ihr Selbstbewusstsein, ihr Selbstkonzept, weil sie sich in alle Tätigkeiten des Kindes einmischen und so die Selbstverwirklichung ihres Kinder verhindern und blockieren. Jeder Versuch des Kindes, eigenständig eine Handlung oder eine Tätigkeit vorzunehmen, wird blockiert und unterbunden. Die Freude am Lernen, die kindliche Neugier und die natürliche Spontaneität werden überhaupt nicht gefördert.

Partnerarbeit: Darunter verstehen wir die kurzzeitige Zusammenarbeit zwischen zwei Kindern. Bei dieser Form der Kooperation sollten zu Beginn freundschaftliche Beziehungen genutzt werden. Bestehen leistungsmäßig große Unterschiede, so kann der leistungsstärkere Partner dem schwächeren helfen. Hier bieten sich sowohl leistungshomogene als auch leistungsheterogene Paare zur Partnerarbeit an.

Pädagogik: Der Begriff der Erziehungswissenschaft wird synonym gebraucht, Unterschiede können kaum ausgemacht werden. Die Wissenschaft der Pädagogik beschäftigt sich mit didaktischen und methodischen Fragen zur Erziehung und Bildung von Menschen in unterschiedlichen Alterstufen und persönlichen Lebenslagen. Im Vordergrund der pädagogischen Betrachtungen steht der pädagogische Bezug oder die Lehrer-Schüler-Interaktion. Es geht um die zwischenmenschlichen Beziehungen zwischen Eltern, Erzieherinnen und Lehrern einerseits und dem Kind bzw. dem Schüler andererseits. Der pädagogische Bezug beschäftigt sich intensiv mit den zentralen Begriffen der Interaktion und Kommunikation.

Pädiatrie: Die Pädiatrie ist ein Teil der Medizin und bedeutet Kinderheilkunde. Diese Wissenschaft beschäftigt sich mit der Erkennung und Behandlung von Krankheiten, die im Kindesalter auftreten. Manche Sprachstörungen sind derart undurchsichtig, dass auch der Pädiater als Experte zu Rate gezogen wird.

Pantomime: Der Begriff kommt aus dem Griechischen »pantomimos« und bedeutet »alles nachahmend«. Der Mensch drückt sich ohne Worte, ausschließlich über Mimik, Gestik und Gebärden, Bewegung und Tanz aus. Der Mensch hat von Natur aus die Gabe und die Fähigkeit, sich auch mit seinem Körper in die Kommunikation einzulassen. Gerade das pantomimische Spiel ist bestens geeignet, in Gruppen zu arbeiten, Hemmungen abzubauen und Selbstbewusstsein aufzutanken. Besonders die Kinder haben großen Spaß an der spielerischen Pantomime. Nach Haven (1970) gehört die Pantomime zu den einfachen Spielformen. Man kann unterscheiden zwischen Tätigkeits- bzw. Stimmungspantomimen und Handlungspantomimen. Bei Stimmungspantomimen können Gefühle wie froh, traurig usw. dargestellt werden. Die Handlungspantomime ist gekennzeichnet durch den Anfang, den Höhepunkt und den Schluss, wie z.B. »Einen Dieb aus dem Garten vertreiben« (vgl. Nickel 1993, S. 27ff.).

Parameter: Darunter verstehen wir einen Maßstab für die Beobachtungen, die für eine Population zutreffen, wie z.B. der Mittelwert oder die Streuung. Dieser Kennwert bezieht sich auf die Häufigkeitsverteilung der Beobachtungen in der Grundgesamtheit.

Peergroups: Der Begriff stammt aus der Soziologie, genauer gesagt aus der Jugendsoziologie. Man versteht darunter Gruppen von gleichaltrigen Kindern oder Schülern. Peergroups haben in den westlichen Sprachgemeinschaften und Kulturen insbesondere für Jugendliche große Bedeutsamkeit. Zum einen erleben die Kinder dort Anerkennung und Bestätigung, und zum anderen werden dort die Werthaltungen, Normvorstellungen und Verhaltensweisen geprägt und bestimmt.

Performanz: Performanz bezogen auf die menschliche Sprache meint das sprachliche Tun und Handeln des Kindes unter Berücksichtigung der Sprachkompetenz im Sinne von Sprachwissen. Die Performanz als Sprachvollzug setzt die Funktionstüchtigkeit der vier Kodierungsstufen Hören, Sprechen, Lesen und Schreiben und der psychischen Funktionen Aufmerksamkeit und Gedächtnis voraus.

Perinatal: Damit ist die Zeit während des Geburtsvorgangs gemeint.

Personalisation: Darunter verstehen wir die Zeit der kindlichen Entwicklung, in der sich die Persönlichkeit des Kindes strukturiert und Formen annimmt.

Persönlichkeitsmerkmale: Unter dem Persönlichkeitsmerkmal bzw. den Persönlichkeitsmerkmalen verstehen wir die Eigenschaft eines Menschen bzw. das Merkmal einer Person, das aus dem gezeigten Verhalten abgeleitet wird. Diese Merkmale beschreiben die Persönlichkeit des Kindes und dienen auch der Unterscheidung gegenüber anderen Personen. Folgende Merkmale können dabei unterschieden werden: kognitive Persönlichkeitsmerkmale wie Intelligenz, Konzentration, Leistungsbereitschaft, Ausdauer, Empathie und Teamgeist.

Perspektivenwechsel: Im Rahmen einer Bildergeschichte, einer Erzählung oder eines Märchens sollen die Kinder lernen, die Perspektive einer anderen Person oder Figur einzunehmen. Die Kinder versetzen sich in eine andere Erzählhaltung und erreichen dadurch ein differenzierteres Erzählniveau. Sie erzählen die Geschichte aus einem anderen Blickwinkel heraus und gewinnen so neue Begriffe und Wörter.

Perzeption: Darunter verstehen wir den komplexen Vorgang der Wahrnehmung. Verschiedene Wahrnehmungsmodalitäten analog den fünf menschlichen Sinnen führen das Kind zur Sprache und zum Sprechen: auditive Wahrnehmung (Hörverarbeitung), visuelle Wahrnehmung, taktile Wahrnehmung, olfaktorische Wahrnehmung (Riechen), und gustatorische Wahrnehmung (Schmecken).

Perzeptionsstörungen: Darunter verstehen wir Störungen der Wahrnehmung. Wir unterscheiden periphere Perzeptionsstörungen, deren Ursachen in der Schnecke und beim Hörnerv liegen, und zentrale Perzeptionsstörungen, die ihre Ursachen im Hörzentrum haben.

Pestalozzi: Johann Heinrich Pestalozzi (1746–1827) lebte in etwa zur gleichen Zeit wie Goethe. Pestalozzi wurde in Zürich geboren und wuchs zunächst auf dem Lande auf. Er wurde sehr stark von den Gedanken Rousseaus inspiriert und kümmert sich um die Armen und Verwahrlosten. In seinen pädagogischen Arbeiten gelangt er schon früh zu zentralen Erkenntnissen wie die Anschauung und die Selbsttätigkeit und richtet sich vehement gegen das leere Wortwissen, gegen die reine Wortkultur und gegen das »Maulbrauchen«. Durch seine Sozialisation auf dem Lande und die Beschäftigung mit den Armen der damaligen Gesellschaft entwickelt er ein humanes Menschenbild. Das ärmste Waisenkind und der primitivste Tagelöhner sollen Mensch werden und als Mensch leben können. Für Pestalozzi hat die Familie für die Erziehung und Bildung eine ganz herausragende Stellung, und für ihn muss die Wohnstube ein Heiligtum sein. Im Rahmen seiner Menschenbildung unterscheidet er drei Seiten: die Ausbildung des »Kopfes« (intellektuelle Bildung), des »Herzens« (sittliche Bildung) und der Hand (Körperkultur, Handfertigkeit). Daraus entsteht das auch heute noch vielfach zitierte »Kopf-Herz-Hand-Modell« (vgl. Reble 1969, S. 208).

Phasentheorien: Diese Theorien gehen von der Annahme aus, dass sich die kindliche Entwicklung in einer festgelegten Abfolge von Phasen vollzieht. Dabei spielt nicht die zeitliche Festlegung der Phasen, sondern die Abfolge die entscheidende Rolle. Vertreter sind Hildegard Hetzer, Charlotte Bühler, Oswald Kroh und Jean Piaget. Piaget unterteilt die kindliche Entwicklung in drei große Phasen:

1. Phase der sensu-motorischen Intelligenz in den ersten Lebensjahren,
2. Phase der konkreten Operationen während der Kindergartenzeit,
3. Phase der formalen Operationen während der Schulzeit.

Philosophieren: Philosophieren mit Kindern heißt, die Kinder zur Nachdenklichkeit über alltägliche Vorgänge erziehen. Philosophieren ist durchaus eine Möglichkeit, die Sprache, das Nachdenken, das Vordenken und das Sprechen zu fördern. Man kann z.B. über Sprichwörter des Alltags nachdenken und über Redensarten philosophieren. Beispiele: »Morgenstund hat Gold im Mund«, »Zeit ist Geld«, »Was Hänschen nicht lernt, lernt Hans nimmermehr«, »Gut Ding will Weile haben«, »Am Abend werden die Faulen fleißig« und »Man soll den Tag nicht vor dem Abend loben«.

Solche Gespräche mit Kindern zur Förderung der Nachdenklichkeit und des kritischen Nachdenkens kommen leider zu kurz.

Phon: Der Begriff Phon stammt aus dem Griechischen (= Stimme, Ton, Klang) und ist ein Maß für die Lautstärke. Akustische Phänomene können zwischen 0 und 130 Phon liegen. Laute werden zunächst als Phone bezeichnet. Sie sind noch nicht im Hinblick auf Bedeutungsdifferenzierung klassifiziert. Phon ist auch ein Maß für die Lautstärke. Die Bandbreite kann zwischen 0 Phon als der Hörschwelle des normal hörenden Kindes und 130 Phon als der Schmerzschwelle schwanken. Das Schlagen der Flügel eines Schmetterlings liegt bei ca. 0 db und das Vorbeirasen eines Düsenjägers bei ca. 130 db. Gemessen wird die Lautstärke in Dezibel (db).

Phonem: Ein Phonem ist die kleinste bedeutungsunterscheidende Einheit der Sprache. Man könnte vereinfacht sagen: Ein Phonem ist ein Laut, aber nicht jeder Laut ist ein Phonem. Ein Laut erlangt Phonemstatus durch den Minimalpaarvergleich: Tanne – Kanne, Tina – Nina, Oma – Opa, Tina –Tino. Minimalpaare werden oft am Fibelbeginn eingesetzt, um zu einzelnen Lauten zu gelangen, wie z.B. in der Fibel »Bücherwurm« das Minimalpaar /Nina und Nino/. Ein anderes Beispiel sind die Reibelaute /s/ und /sch/. Mit dem Wechsel von s nach sch ist in dem folgenden Wortpaar Tasche – Tasse ein Bedeutungswechsel verbunden. /s/ und /sch/ gehören demnach verschiedenen Phonemen an. Im Deutschen kennen wir ca. 35 Phoneme. Diese Phoneme unterscheiden sich durch distinktive Merkmale. Aus der Fülle der Laute, die das Kind täglich hört, wie z.B. e-Laute, p-Laute oder s-Laute, analysiert es bestimmte Merkmale, die den Typ bzw. das Phonem /e/, /p/ oder /s/ repräsentieren. Beim Sprechen versucht das Kind, diese für das jeweilige Phonem so typischen und bedeutsamen Merkmale zu produzieren (vgl. Scholz 1990, S. 149). Ein normal entwickeltes Kind will seine Sprachproduktion den wahrgenommenen Sprachmustern angleichen. Während es sich bei den Sprachlauten um die kleinsten Bestandteile hörbarer Phänomene der Sprache handelt, geht es bei den Phonemen um die Rolle und die Funktion dieser Bestandteile, die sie für die Gliederung, Erkennung, Identifizierung und Zuordnung von Bedeutungen haben. Die Phoneme sind also abstrakte Gebilde, werden sozusagen durch die Laute realisiert. Durch den Phonemstatus wird dieser oder jener Laut erst zur menschlichen Sprache. So unterscheiden sich die Wörter Reise und Hose durch die Silben Rei und Ho und die Wörter Weise und Reise durch die Phoneme /w/ und /r/. Bei den Wörtern Garten und Karten sind es nicht die Laute »G« und »K«, die zur Unterscheidung dienen, sondern die phonematischen Merkmale der Stimmhaftigkeit und Stimmlosigkeit dienen der Identifikation der Wörter. Phoneme werden streng genommen nicht gesprochen, sie dienen lediglich der Bedeutungsunterscheidung beim Sprechen der Laute. Phoneme repräsentieren die abstrakte Struktur des Sprachlautes (vgl. Petermann 1989, S. 34ff.).

Phonetik: Sie ist ein Teilgebiet der modernen Linguistik und befasst sich mit den akustischen Phänomenen und Eigenschaften bei der Bildung der Sprachlaute, also mit den anatomischen, physiologischen und nervalen Voraussetzungen beim Sprechen (vgl. Scholz 1990, S. 67). Gegenstand der Phonetik ist die Erforschung der Sprachlaute, ihre Bildung und ihre Veränderung und Variationsmöglichkeiten im Redefluss (vgl. Zacharias 1974, S. 63).

Phoniatrie: Die medizinische Stimmheilkunde ist ein Spezialgebiet der Medizin. Der Phoniater ist speziell ausgebildeter HNO-Arzt, der sich mit der Sprache, dem Sprechen, dem Hören und der Stimme beschäftigt.

Phonologie: Sie ist ein linguistisches Teilgebiet der modernen Linguistik und beschäftigt sich den Sprechlauten, die eine bedeutungsdifferenzierende Aufgabe übernehmen. Die Elemente sind die Phoneme. Phoneme sind abstrakte Entitäten, d.h. linguistische Konstrukte ohne jegliche physikalische Realität. Entität ist eine wirksame Größe, die nicht existent ist; ein Dasein im Unterschied zum Wesen eines Dinges. Phoneme werden nicht gesprochen, nicht produziert und können auch nicht gehört werden. Die Realisierung der Phoneme erfolgt über die Sprechlaute (= Phone) im Kontext des Sprechschalls (vgl. Scholz 1990, S. 67). Bei einer phonologischen Analyse geht es um das phonologische System, das der gesprochenen Sprache zu Grunde liegt. Die Phoneme als kleinste bedeutungsunterscheidende Elemente lassen sich in ein Phoneminventar einbinden.

Phonologische Bewusstheit: Die phonologische Bewusstheit als die Lehre von den Sprachlauten gehört zum weiten Feld des Sprachbewusstseins. Die phonologische Bewusstheit ist eine wichtige Vorläuferfertigkeit für den Schriftspracherwerb. Die phonologische Bewusstheit ist die Fähigkeit, die Aufmerksamkeit auf die Lautstruktur der gesprochenen Sprache zu legen. Es geht um das Einzellautbewusstsein, d.h. um das aufmerksame und gezielte Umgehen mit den Lauten bzw. den Phonemen. Spätestens zu Beginn der Grundschule sollte das Kind bei einzelnen Wörtern wie Tina und bei dem Satz »Nina hat eine Katze« über einzelne Laute nachdenken können. Es sollte erkennen, dass das Wort Katze mit dem gleichen Laut beginnt wie Kinder, Käfer und Kuchen. Das Kind sollte auch erkennen, dass sich Wortpaare wie /Tina und Nina/ reimen. Die phonologische Bewusstheit sollte in der Familie und im Kindergarten gefördert werden.

Phylogenese: Unter dem Begriff der Phylogenese verstehen wir die stammesgeschichtliche Entwicklung des Menschen im Gegensatz zur Ontogenese als der individuellen Entwicklung des Menschen. Im Laufe der stammesgeschichtlichen Entwicklung des Menschen hat der Mensch verschiedene Grade und Stufen der Sprache durchgemacht. Über die Gebärden der Körpersprache und die Bildung von Urlauten als Jäger und Sammler hat der Mensch die Kommunikation immer mehr den Erfordernissen und Notwendigkeiten angepasst. Die Laute haben immer mehr Zeichencharakter angenommen und die Lautketten bzw. Wörter immer mehr an Bedeutung gewonnen.

Piaget: Der Schweizer Naturwissenschaftler und Psychologe Jean Piaget (1896 1980) beschäftigte sich insbesondere mit der Entwicklung des Denkens. Dabei gründeten seine Annahmen und theoretischen Positionen auf den Beobachtungen der eigenen Kinder. Bekannt geworden ist Piaget u.a. durch das genetische Modell seiner Entwicklungsstufen. Hier unterscheidet er die sensomotorische Intelligenz, das symbolisch-vorbegriffliche Denken, das anschauliche Denken, das konkret-operative Denken und das formale Denken. Nach Piaget entwickelt sich die Sprache des Kindes aus der sensomotorischen Phase heraus. Er beschäftigt sich weiterhin mit der egozentrischen Sprache des Kindes, die er in drei Kategorien unterteilt:

1. die Echolalie, als Überbleibsel der Lallphase sowie das Wiederholen von Silben und Wörtern,
2. der Monolog – hier werden einzelne Wörter und einfache Sätze gesprochen, und
3. der kollektive Monolog als das Sprechen mit mehreren Personen, wobei das Zuhören noch ein Problem bleibt. Es existiert noch keine ordentliche Kommunikation.

Pidgin-Hypothese: Diese Vermutung dient der Erklärung des Zweitspracherwerbs. Sie ist sozusagen eine Ausnahme und ein Sonderfall des Zweitspracherwerbs zugleich. Unter Pidgins verstehen wir Zweitsprachen, die sich dann herausbilden, wenn sich sprechende Menschen in einer sozial, kulturell oder politisch unterlegenen Sprache zu ganz bestimmten Zwecken und Zielen, wie z.B. für Wirtschafts- und Handelsinteressen, Kenntnisse einer dominanten Sprache aneignen. Sie dient damit der Kommunikation zu ganz bestimmten Zwecken. Die Pidginsprache als Handelssprache enthält meist Elemente und Strukturen beider Sprachen, die in dieser Form in keiner der beiden zu Grunde liegenden Sprachgemeinschaften vorkommen. In der Pidginsprache beobachten wir meist einen begrenzten Wortschatz und eine stark reduzierte und vereinfachte Syntax (Syntax heißt Zusammenordnung). Der Pizza-Bäcker um die Ecke und der Kebab-Verkäufer sprechen eine Pidgin-Sprache.

Piktogramme: Piktogramme sind nicht an eine bestimmte Sprache und Kultur gebunden, sie haben internationalen Charakter. Piktogramme sind stilisierte Zeichnungen von Gegenständen, wie z.B. Bahnhof, Telefonzelle oder Flughafen, und Sachverhalten, wie z.B. Rauchen verboten!, was dem Zuschauer eine bestimmte Information gibt. Piktogramme werden in allen Sprachen und Kulturen eingesetzt, haben internationalen Charakter und sind vielfach schon kleinen Kindern bekannt. Kinder, die noch nicht lesen können, arbeiten in der Vorschule und im Anfangsunterricht der Grundschule ebenfalls mit Piktogrammen: Schere bedeutet ausschneiden, und das Ohr bedeutet gut hinhören.

PISA: Eine internationale Studie von ca. 32 Staaten, die in der OECD zusammengeschlossen sind. PISA ist die Abkürzung für »Programme for International Students Assessment«.

Plastizität: Die menschliche Plastizität erstreckt sich auf körperliche Veränderungen, aber auch auf individuelle Persönlichkeitsmerkmale, die durch familiäre Strukturen und Erziehungsmuster beeinflusst werden. Die Plastizität der menschlichen Anlagen ist um ein Vielfaches größer, als bisher vermutet. Nach dem Interaktionskonzept bilden die Erbeinflüsse und Umweltbedingungen ein Konglomerat, d.h., es kommt ständig zu intensiven Wechselwirkungsprozessen.

Poltern: Poltern ist eine Störung des Redeflusses, die ein überhastetes Sprechen meint. Sprechpausen werden meist weggelassen und es kommt zu einer hektischen, beschleunigten Sprechweise. Poltern ist vom Stottern streng zu unterscheiden.

Population: Population ist ein Begriff aus der Statistik und meint die Grundgesamtheit aller in Frage kommenden Personen, wie z.B. die Gesamtheit aller Bewohner in einem bestimmten Wohngebiet zu einem bestimmten Zeitpunkt der Beobachtung. Oft wird lediglich eine Stichprobe aus der Grundgesamtheit gezogen und dann von der Stichprobe auf die Population geschlossen.

Postnatal: Die Phase nach der Geburt eines Kindes.

Prädiktoren: Darunter verstehen wir Bedingungen (äußere und innere Bedingungen) oder Variablen (abhängige und unabhängige), die eine Prognose irgendwelcher bestimmter Effekte z.B. hinsichtlich der Förderung der Sprache erlauben.

Präferenz: In unserer medial ausgerichteten Wissensgesellschaft geht es permanent um die schnelle und konsequente Verarbeitung einfließender Informationen. Hier spielt der Aspekt der Präferenz eine wichtige Rolle, denn es geht um die Bevorzugung bestimmter Strategien der Wahrnehmung von Umweltreizen. Die Kinder eignen sich nach und nach Denk- und Problemlösungsstrategien an, die auch als kognitive Stile bezeichnet werden.

Pränatal: Die Phase vor der Geburt eines Kindes.

Prävention: Die Begriffe Prävention und Prophylaxe werden synonym gebraucht und bedeuten Vorbeugung, Vorsorge oder Verhütung. Prävention kommt aus dem lat. praevenire (= zuvorkommen). In der Sprachförderung ist das ein sehr wichtiger Begriff, da es hierbei um wichtige Vorsorgeuntersuchungen geht, wie z.B. die Vorsorgeuntersuchungen U 1 (unmittelbar nach der Geburt) bis U 9 (im fünften Lebensjahr). Die Vorsorge verfolgt das Ziel, körperlichen, seelischen und geistigen Beeinträchtigungen zuvorzukommen. Bei Problemen mit der Sprache und dem Sprechen sind Untersuchungen beim Ohrenarzt oder bei der Logopädin als eine Vorsorgemaßnahme zu verstehen. Dadurch könnten viele sprachliche Probleme verhindert werden.

Prinzipien: Prinzipien der Sprachförderung sind Grundsätze, an denen sich die Sprachförderung orientiert und ausrichtet, wenn es darum geht, Kinder nachhaltig zu fördern. Die wichtigsten Prinzipien: Berücksichtigung der aktuellen Lebenswelt der Kinder, Gleichwertigkeit von Muttersprache und Deutsch als Zweitsprache, bewegtes Lernen, Lernen mit allen Sinnen, ganzheitliches Lernen, handlungsorientiertes Lernen, Einsatz authentischer Materialien, Verknüpfung von Hören und Sprechen, Einsatz verschiedener Sozialformen, Schaffung und Ausnutzung natürlicher Sprachanlässe.

Prinzip der Passung: Meist sprechen wir hier vom Prinzip der optimalen Passung und verstehen darunter die dosierte Diskrepanz zwischen dem pädagogischen Angebot im Rahmen einer Förderung und den Leistungsmöglichkeiten des Kindes. Daher sollte der Schwierigkeitsgrad der Anforderungen und Aufgaben auf das Leistungsniveau eines Kindes abgestimmt sein. Die Anforderungen sollten so strukturiert sein, dass das Kind diese gerade noch unter erhöhter Anstrengung meistern kann.

Progenie: Darunter versteht man das Vorstehen des Kinns und der Zähne des Unterkiefers.

Prognathie: Diese organische Auffälligkeit kommt bei Kindern öfter vor. Hierbei handelt es sich um das Vorstehen des Oberkiefers. Als mögliche Ursachen kommen genetische Dispositionen, aber auch das Daumenlutschen und das Lutschen eines Schnullers vom Säuglingsalter bis zur Einschulung in Frage.

Prognose: Die Prognose, d.h. die Voraussage über das weitere Verhalten des Kindes, gehört unbedingt zu jedem diagnostischen Prozess. Die Beschreibung des momentanen Verhaltens in Sachen Sprache und Sprechen und die möglichen Erklärungsmuster bilden eine solide Grundlage für die Prognose, also die Vorhersage zukünftigen Verhaltens. Jetzt geht es konkret um die Erstellung pädagogischer Ziele, die erreichbar sind, und um die notwendigen Fördermaßnahmen zur Erreichung der formulierten Zielsetzungen. Jetzt geht es ans »pädagogisch Eingemachte«, d.h., es sollten konkrete praxistaugliche und alltagsrelevante Maßnahmen vorgeschlagen werden, um die Sprache und das Sprechen des Kindes zu verbessern.

Projekt: Bei einem Projekt arbeiten die Kinder längerfristig an einem gemeinsam vereinbarten Thema, wie z.B. Feuerwehr. Die Kinder werden in die Planung mit einbezogen, die viele gemeinsame Aktivitäten ermöglicht. Hier kommt insbesondere das soziale Lernen zum Tragen, da ein gemeinsam vereinbartes Ziel vorgegeben ist. Alle Kinder sollten ihren Beitrag leisten, um das gemeinsame Ziel zu erreichen. Projekte können dabei als Miniprojekte für einzelne Fördereinheiten, Projekttage oder Projektwochen angeboten werden.

Projektarbeit: Für die Sprachförderung zugewanderter Kinder und Schüler ist das fächerübergreifende Sprachlernen von besonderer Bedeutung. Die deutsche Sprache spielt in allen Fördereinheiten des Kindergartens und Schulfächern der Grundschule eine wichtige Rolle in der Vermittlung und Übermittlung von Inhalten und Themen. So kann es im Rahmen der Sprachförderung zu bestimmten Themen und Inhalten Projekte geben, wie z.B. ein Erzählprojekt über die Indianer. In der Projektarbeit bzw. im Projektunterricht gibt es verschiedene Phasen:

1. Die Projektinitiative sollte von den Kindern ausgehen.
2. Das Projektthema wird formuliert.
3. Es bilden sich Projektgruppen, die ihre Interessen notieren und Arbeitsregeln vereinbaren.
4. Der Arbeitsplan wird gemeinsam entworfen und definiert.
5. Das Projekt wird durchgeführt und insgesamt überwacht.
6. Die Projektergebnisse werden präsentiert.
7. Die Projekterfahrungen sollen für den Alltag im Kindergarten und in der Schule genutzt werden.

Propriozeptive Wahrnehmung: Darunter verstehen wir die Eigenwahrnehmung von Empfindungen über Muskeln, Sehnen und Gelenke, die dem Gehirn mitteilen, welche Muskeln sich gerade bewegen und welche Gelenke ruhen, sich beugen oder strecken.

Prosa: Darunter versteht man die ungebundene Ausdrucksweise ohne Berücksichtigung metrischer Gesetzmäßigkeiten. In Romanen und Erzählungen umfasst sie ebenso die Alltagssprache wie auch die künstlerisch gestaltete Form.

Prosodie: Darunter verstehen wir alle Merkmale des Sprechausdrucks, wie z.B. Stimmklang, Lautstärke, Dynamik, Melodie und Rhythmus. Die Prosodie zählt zu den paraverbalen Anteilen der menschlichen Kommunikation. Die Prosodie entwickelt sich sehr individuell und persönlich.

Prozentrang: Der Prozentrang (= PR) definiert die Stellung eines Kindes innerhalb einer Gruppe (Population) hinsichtlich bestimmter Variablen, wie z.B. der Intelligenz. Der Prozentrang wird dabei durch den Prozentsatz gekennzeichnet, der innerhalb dieser Gruppe von dem Kind im Hinblick auf die Variable Intelligenz übertroffen wird.

Prozentzahl: Eine Prozentzahl ist die Zahl der Beobachtungen, die einen bestimmten Wert annehmen, der wiederum durch die Gesamtzahl der Beobachtungen dividiert und mit Hundert multipliziert wird. Ist die Zahl der Kindergartengruppe 24 und haben 12 Kinder angegeben, dass sie Schornsteinfeger werden wollen, dann entspricht das einem Prozentsatz von $12 : 24 \times 100 = 50\%$.

Psyche: Man spricht von der Seele bzw. dem seelischen Zustand eines Menschen und versteht darunter sein inneres, persönliches Gefühlsleben. Es meint die subjektive Seite der Wechselwirkungen zwischen dem menschlichen Organismus und der Lebenswelt des Kindes.

Psychologische Diagnostik: Die psychologische Diagnostik untersucht zum einen Veränderungen des Verhaltens und der Sprache innerhalb des Kindes und zum anderen Unterschiede zwischen einzelnen Kindern. Hierbei kommen insbesondere verschiedene Beobachtungstechniken und Tests zum Einsatz.

Psychomotorik: Der Begriff setzt sich zusammen aus den Begriffen Psyche = Seele, Gefühl und Motorik = Bewegung. Psychomotorik ist eine besondere Form der Bewegungserziehung; das Lernen des Kindes erfolgt weitgehend über die Bewegung. Die Psychomotorik ist eine therapeutische Fachdisziplin, die eine enge Verknüpfung zwischen psychischen und motorischen Vorgängen anstrebt und sich mit ihren Methoden und Inhalten auf die Körper-, Material- und Sozialerfahrung der Kinder konzentriert. Das Kind soll seinen Körper über verschiedene Bewegungserfahrungen kennen lernen und bewusst wahrnehmen und Beziehungen zur Umwelt emotional registrieren und kognitiv verarbeiten. Die Psychomotorik kümmert sich um die Förderung des seelisch-körperlichen Wohlbefindens.

Psychomotorische Förderung: Immer wieder ist die Sprachförderung auf die Mithilfe der Psychomotorik angewiesen. Wichtige Elemente, Prinzipien und Aspekte der Psychomotorik können in der Sprachförderung weiterhelfen. Die Psychomotorik wurde in den 1950er-Jahre von Ernst Kiphard aus der Beobachtung und Erkenntnis heraus entwickelt, dass Bewegung und Spiel in ihrer Symbiose nachhaltige Möglichkeiten bieten, pycho-soziale, geistige und sprachliche Bildungsaufgaben zu meistern. Das Kind als Akteur seiner eigenen Entwicklung entwickelt Ich-, Sach-, Sozial-, Lern- und Sprachkompetenzen. Dadurch gewinnt es seine eigene Identität und sein Selbstbild. Die psychomotorische Förderung verknüpft insbesondere die Bereiche Sensorik und Motorik. Im Bereich der Sensorik geht es schwerpunktmäßig um die kinästhetische Wahrnehmung wie Stellungs- und Lagesinn und die Einbeziehung der auditiven, visuellen und taktilen Wahrnehmung. In der Motorik geht es um die rhythmische Körperschulung, fein- und grobmotorische Fortbewegungs- und Koordinationsübungen, um Hand- und Fingergeschicklichkeit sowie rhythmisches Schwingen, Kritzeln, Malen und Schreiben.

Rätsel: Das älteste Rätsel stammt aus dem Jahre 1650 v. Chr. und wurde auf einer Papyrusrolle aufgemalt. Es ist ein Katzen-Mäuse-Rätsel und wird zurzeit in einem britischen Museum aufbewahrt. Rätsel gehören zur Sprachförderung, weil die Kinder gerade durch die Rätsel erfahren, dass Dinge einen Namen haben. Alles lässt sich mit Wörtern benennen. Wer das richtige Wort für ein Ding oder eine Tätigkeit momentan nicht kennt, kann es natürlich mit eigenen Worten umschreiben. Rätsel zeigen Kindern neue Ausdrucksmöglichkeiten auf, fördern das genaue Hinhören und die sprachliche Fantasie und zeigen den Kindern die Vielfalt unserer Sprache. Rätselraten spornt darüber hinaus zum flexiblen Denken an.

Randgruppe: Damit sind die Gruppen einer Gesellschaft gemeint, die nicht oder nur teilweise in die Gesellschaft integriert sind, wie z.B. die Gruppe der Ausländer, die Gruppe der Menschen mit Handicaps, die Gruppe der Zigeuner und die Gruppe der Gefangenen. Die besonderen Merkmale der Menschen dieser Gruppen werden von der Gesellschaft nicht akzeptiert.

Rangplatz: Ein Rangplatz ist eine bestimmte Position in einer der Größe nach geordneten Reihenfolge von Werten. Man spricht hier von Rangwerten.

Ranschburgsche Hemmung: Hier haben wir es mit einem Spezialfall der Interferenz zu tun, der von dem Psychologen und Gedächtnisforscher Pál Ranschburg (1870–1945) zuerst entdeckt und nach ihm benannt worden ist. Sollen zwei sehr ähnliche Zahlenreihen, Kinderreime, Wortpaare, Wörter oder Namen kurz nacheinander gelernt werden, so gelingt dies umso schlechter, je ähnlicher die zu lernenden Einheiten sind.

Raum-Lage-Wahrnehmung: Hier handelt es sich um eine wichtige Funktion der visuellen Wahrnehmung. Das Kind soll einen Gegenstand unter ähnlichen Objekten wahrnehmen, der vom betrachtenden Kind aus gesehen eine ganz bestimmte Lage im Raum hat. Es geht um die Fähigkeit des Kindes, einen Gegenstand in eine räumliche Beziehung zu sich selbst zu bringen. Für das Kind ist eine Tasse immer eine Tasse, ganz gleich, ob der Henkel nach links oben oder nach rechts oben zeigt.

Rede: Der Schweizer Sprachwissenschaftler Ferdinand de Saussure unterscheidet die Gesamtheit der menschlichen Rede (frz. language) in die Sprache (frz. langue) und in das Sprechen (frz. parole). Durch diese Unterscheidung in Sprache und Sprechen wird deutlich, dass die Sprache einerseits eine Funktion des Menschen ist, andererseits aber das Produkt der Sprachgemeinschaft darstellt. Das Sprechen dagegen ist ein bewusster Akt der kognitiven Fähigkeiten des Menschen; dazu gehören die Denkfähigkeit und die Intelligenz.

Redundanz: Darunter verstehen wir die wiederholte Nennung einer Information, die in einer bereits gegebenen schon enthalten ist. Redundanz ist die sprachliche Überladung einer Äußerung mit überflüssigen sprachlichen Elementen, die keine weiteren zusätzlichen Informationen liefern. So ist die Gefahr groß, dass die Erzieherin oder Lehrerin den gleichen Inhalt immer wieder in verschiedenen Sätzen und sprachlichen Äußerungen vorträgt.

Reflexivität: Kinder zeigen einen eher reflexiven kognitiven Stil, wenn ein Kind über das eben Gesagte in einem Gespräch erst intensiv und aufmerksam zuhört, danach gründlich nachdenkt und erst anschließend antwortet. Reflexive Kinder sind im Gegensatz zu den impulsiven Kindern sehr nachdenkliche Kinder, die daher auch meist weniger Fehler produzieren.

Reformpädagogik: Reformpädagogik (1890–1933) bezeichnet eine Erziehungsbewegung und war eine Antwort auf die von Friedrich Nietzsche (1844–1900) ausgelöste Kulturkritik und ein Gegenpol zur verkopften Bücher- und Paukschule, zur reinen Wissensvermittlung und Belehrungspädagogik und nicht zuletzt zu dem durch die Formalstufen der Herbartianer streng strukturierten und artikulierten Unterricht. Die Reformpädagogik forderte die Hinwendung zum ganzen Menschen, insbesondere zu seinem Innenleben. Das von Ellen Key (1849–1926) ausgerufene Jahrhundert des Kindes stellt das Kind mit seinen Problemen und Bedürfnissen in den Mittelpunkt der pädagogischen Betrachtungen. Maria Montessori (1870–1952) hat die Selbsttätigkeit des Kindes betont mit dem Satz »Hilf mir es selbst zu tun!«. Verschiedene Strömungen haben die Pädagogik vom Kinde aus gefordert. Die Kunsterziehungsbewegung mit dem wichtigen Vertreter Alfred Lichtwark (1852–1914), die Jugendbewegung, die Landerziehungsheimbewegung mit Hermann Lietz (1868–1919), die Arbeitsschulbewegung mit John Dewey (1859–1952) und Kerschensteiner (1854–1932), die Bewegung »vom Kinde aus« mit Berthold Otto (1859–1933) mit der Konzentration auf Sprache und Sprechen sind unterschiedliche reformpädagogische Aktivitäten.

Regelspiele: Die Spieler orientieren sich an festgelegten Regeln und dürfen diese Regeln auch während des Spiels nicht verändern. Regelspiele werden meist als Gruppenspiele gespielt. Zu den Regelspielen zählen wir Karten-, Brett-, Denk- und Glücksspiele. Grammatische Regelspiele sind Fördermaßnahmen, in denen bestimmte Regeln der Grammatik und Syntax in spielerischer Weise eingeübt werden. Die Kinder werden angehalten, ein grammatisches Problem nach derselben Regel in verschiedenen Beispielsituationen zu trainieren.

Regression: Im Rahmen der kindlichen Entwicklung bezeichnet man damit einen Rückfall zu kleinkindhaften Verhaltensweisen, die das Kind bereits durchlaufen hat.

Reibelaut: Man spricht in der Literatur auch von Frikativum und Spirant (lat. spirare = hauchen). Hier handelt es sich um einen Konsonanten, bei dem es zu einer Verengung des Luftstromes kommt, und dadurch entsteht ein Reibegeräusch Wir unterscheiden in die stimmlosen Reibelaute /f, s im Auslaut, sch, ch1 in ich, ch2 in ach/ und in die stimmhaften /w, s im An- und Inlaut und j/ (Jaworek/Zaborsky 1974).

Reihenübungen: Sprachliche Reihenübungen sind Wiederholungen einer syntaktischen Struktur mit unterschiedlichen Wortschatzanteilen. Die Schüler werden angehalten, im Anschluss an einen vorgegebenen Beispielsatz nach einem festen Schema zu antworten. Neue Begriffe werden von der Fachkraft vorgesprochen, über Mimik und Gestik sowie über visuelle Impulse wie Bildkarten und akustische Impulse, wie z.B. Geräusche oder Hörspiele, eingeführt.

Reim: Darunter versteht man den Gleichklang einer oder mehrerer Silben bei verschiedenem Anlaut wie Not – Brot, sagen – fragen. Der Reim beruht auf dem Gleichklang zweier oder mehrerer Wörter vom letzten betonten Vokal an, z.B. »Gesang – Klang«, »Wiederkehr – nimmermehr«.

Reimwörter: Die Kinder suchen einfache Reimwörter aus der unmittelbaren Lebenswelt der Kinder und erfahren, dass kleine Änderungen am Wortanfang, in der Wortmitte oder am Wortende den Sinn der Wörter total verändern. Hier handelt es sich um phonematische Differenzierungsübungen.

Reliabilität: Mit Reliabilität ist die Zuverlässigkeit eines Testverfahrens gemeint. Reliabilität meint den Grad der Genauigkeit, mit dem der Test ein bestimmtes Merkmal, wie z.B. Intelligenz, misst, ganz gleich, ob er dieses Merkmal Intelligenz auch zu messen beansprucht. Das ist dann die Frage der Validität. Das Gütekriterium Reliabilität bezieht sich daher nur auf die formalen Aspekte des Messergebnisses nicht auf die inhaltliche Exaktheit.

Ressourcendiagnostik: Die Ressourcendiagnostik geht noch einen Schritt weiter als die Förderdiagnostik und will sich sowohl mit den individuellen Ressourcen und Stärken des Kindes beschäftigen als auch mit Schwächen und Defiziten. Der Ausgangspunkt der durch die Ressourcendiagnostik eingeleiteten Fördermaßnahmen dürfen nicht die Defizite des Kindes sein, sondern seine Stärken. Es geht zentral um die Beantwortung der Frage: was kann das Kind, und in zweiter Linie darum, was kann das Kind nicht.

Resilienz: Dieser Begriff gehört zu den neueren Erkenntnissen der Vorschulpädagogik. Darunter versteht man, dass Kinder lernen, mit neuen hartnäckigen und erschwerenden Lebensbedingungen wie Armut, Tod, Trennung, Scheidung, Gewalt, sexuellem Missbrauch, Erkrankungen, Milieukonflikten und Drogenmissbrauch der Eltern zurechtzukommen. Sie müssen lernen, die Lebensumstände in den Griff zu bekommen, um sie schließlich erfolgreich meistern zu können. Kinder müssen sich früh ein »dickes Fell« zulegen, um schwierige Lebenssituationen besser bestehen zu können. Die Fähigkeit zur Resilienz sollten alle Kinder erwerben, damit sie im weiteren Verlauf ihrer Bildungsbiografie Chancen haben, ihre persönlichen Bedürfnisse zu befriedigen, und die vorhandenen Potenziale ausnutzen können.

Rezeptoren: Das sind Reizempfänger, d.h. die Aufnahmestellen der Nerven für Reizimpulse des eigenen Körpers, wie z.B. taktile Rezeptoren der Haut hinsichtlich der Schmerzempfindung. Die Rezeptoren wandeln die ankommenden Sinneseindrücke der einzelnen Sinneskanäle in elektrische Impulse um, die dann über die sensiblen Nervenbahnen dem Gehirn zur Weiterverarbeitung zugeleitet werden.

Risikofaktoren: Damit sind all jene Umstände gemeint, die die kindliche Entwicklung verzögern, blockieren und beeinträchtigen. Diese Faktoren können auch nachhaltig negativ auf das Gehirn und die Hirnreifung einwirken.

Rhythmisches Malen: Die Freude am Malen lässt sich besonders gut in die tägliche Sprachförderung integrieren. Das Kind sollte sich die Stifte aussuchen und den richtigen Griff üben. Das Kind kann im Rhythmus eines Liedes zunächst Wellenlinien malen, dann Zacken und andere Formen. Es eignen sich einfache Malspiele wie »Hin und her – das ist nicht schwer« und wir zeichnen die liegende Acht oder Punkt, Punkt, Komma, Strich, fertig ist das Mondgesicht.

Rhythmik: Die Rhythmik wird zum weiten Feld der Musikpädagogik gezählt und geht auf Emile-Jacques Dalcroze (1865–1950) zurück, der als Komponist und Musikpädagoge das Konzept einer Erziehung durch Musik und Bewegung um die Jahrhundertwende entwickelte. Die rhythmisch-musikalische Erziehung ist heute ein wichtiger Bestandteil der Sprachförderung im Kindergarten und Anfangsunterricht der Grundschule. Dabei wird die Vernetzung von Bewegung, Sprache und Musik angestrebt und die emotionale und soziale Entwicklung des Kindes gefördert. In der Rhythmik gibt es vier grundlegende Elemente: der rhythmische Aspekt langsam – schnell, der dynamische Aspekt laut – leise, der räumliche Aspekt hoch – tief und der gestalterische Aspekt offen – geschlossen.

Alle diese Elemente und Aspekte weisen eine hohe Übereinstimmung und Parallelität mit der menschlichen Sprache auf. Über die Rhythmik kann daher auch die Sprache des Kindes angegangen und gefördert werden (vgl. Fendrich 2000, S. 135).

Rhythmische Erziehung: Darunter versteht man eine Erziehung und Bildung durch Bewegung in der direkten Auseinandersetzung mit Musik und Sprache. Rhythmische Erziehung kann in der Sprachförderung eingesetzt werden und führt zu einer ganzheitlichen Förderung, da gleichzeitig motorische, kognitive und emotionale Fähigkeiten zu gleichen Anteilen gefördert und miteinander verknüpft werden. Rhythmische Erziehung fördert die Ich-Stärke, das Sozialverhalten, die Kreativität, Motorik, die Wahrnehmung und die zwischenmenschliche Kommunikation. So können sprachliche Defizite abgebaut werden, Begriffe können über die Bewegung erfahren werden, und die prosodischen Merkmale wie Rhythmus, Lautstärke, Tempo, Tonhöhe und Klangfarbe können geübt werden.

Rhythmische Spiele: Bei Wanderungen, bei Ausflügen oder auf Klassenfahrten kommt es immer wieder zu Situationen, wo nörgelnde und undisziplinierte Kinder die Harmonie der Gruppe stören. Hier bieten sich folgende rhythmische Spiele an. Der Klassiker für draußen »Ich sehe was , was du nicht siehst, und das ist grün«? Der erratene Gegenstand wird benannt, und der Gewinner darf sich ein neues Rateziel suchen. So können die Kinder nach und nach die Umgebung durchforsten und wahrnehmen. Dabei werden das freie Sprechen der Wortschatz und die Begriffsbildung gefördert. Eine Steigerung ist: »Ich sehe was, was du nicht siehst, und das klingt so: ... (ein markanter Gegenstand aus der Umgebung wird geklatscht: Vo-gel, Lö-wen-zahn usw.). Hier wird bereits die phonologische Bewusstheit durch das Silbenklatschen vorbereitet (vgl. Meyerholz 1995, S. 47).

Rhythmus: Das Wort Rhythmus wird abgeleitet von dem Griechischen »rhythomos« = das Fließen und »rhein« = fließen, strömen. Der Begriff Rhythmus hängt damit zusammen mit fließenden Übergängen und fließenden Bewegung. Das Hören übernimmt beim Sprechen eine wichtige Übertragungsfunktion. Klang und Bewegung bzw. Bewegung und Klang können so wechselseitig dargestellt werden. Die beiden Musikpädagogen Emile Jacques-Dalcroze und Carl Orff haben die Bedeutung des Rhythmischen und die Nähe zum Körper zu Beginn des 20. Jahrhunderts erkannt. In ihrer rhythmischen Erziehung übernimmt das wechselseitige Zusammenspiel von gesprochener Sprache, Musik und Bewegung eine zentrale Rolle (vgl. Reuter 2005, S. 34).

Riechen: Es gehört zu den klassischen fünf Sinnen nach Aristoteles. Heute wird es oft als chemischer Sinn bezeichnet. Der Geruchsinn wird dabei für die Sprachförderung und die Entwicklung neuer Begriffe unterschätzt. Gerade der Geruchsinn hat starken und nachhaltigen Einfluss auf unsere Gefühle, unser Unterbewusstsein, unsere Stimmungslage und unser Gedächtnis. Der Mensch kann Hunderte verschiedener Duftstoffe und Geruchsqualitäten unterscheiden. Das Riechen, also das Aufnehmen des Duftes, erfolgt über die Nase. Dort liegen Sinneszellen, die Reize aufnehmen und an das Gehirn weiterleiten. Manche Stoffe lösen sich in der Nasenschleimhaut auf und verursachen eine chemische Reaktion. Diese Reize aktivieren ebenfalls die Sinneszellen. Oft werden verschiedene Grundqualitäten oder Geruchsklassen angeführt (Hatt 1993, S. 360): blumig, würzig, faulig, brenzlig, harzig, fruchtig.

Rolle: Unter der sozialen Rolle versteht man die Gesamtheit all jener Verhaltensweisen, die von einem Kind in einer gesellschaftlichen Gruppe wie Familie und Kindergarten in bestimmten Situationen erwartet werden. So gibt es ganz bestimmte Erwartungen, die daran geknüpft sind, ob ein Kind männlich oder weiblich ist. Jedes Kind muss im Rahmen seiner Sozialisation verschiedene Rollen erwerben, lernen und ausüben. Die soziale Rolle benennt den dynamischen Aspekt zwischenmenschlichen Handelns und Verhaltens. In Sprache ausgedrückt heißt es dann »So etwas tut doch ein Mädchen nicht«. Eine Rolle ist dann tatsächlich erfüllt, wenn im Verlauf des Sozialisationsprozesses die gestellten Verhaltenserwartungen internalisiert worden sind.

Rollenspiel: Das Rollenspiel ist, allgemein betrachtet, eine pädagogische Methode zur Bewusstmachung und Aufdeckung menschlichen Erlebens und Verhaltens. Es ist eine gute Methode, das soziale Lernen einzuüben. Im Kindergarten und in der Schule wird es u.a. in der Sprachförderung eingesetzt, um zwischenmenschliche Beziehungen aufzubauen, einzugehen, zu vertiefen und über das Spiel in verschiedenen Rolle die Sprache und das Sprechen zu üben. Meist werden Rollen aus der unmittelbaren Lebenswelt der Kinder ausgesucht und gespielt, insbesondere steht dabei die Nachahmung von Erwachsenen-Rollen im Vordergrund: Doktor-Spiel, Indianer, Beim Kaufmann, Mutter und Kind, Lehrer und Schüler. In diesen Spielen können die Kinder sich gut in die Rolle eines anderen hineinversetzen und Empathie üben. Das Rollenspiel erfordert auch ein hohes Maß an Zusammenarbeit.

Rousseau: Der Franzose Jean Jacques Rousseau (1712–1778) gilt als Vertreter des pädagogischen Naturalismus und als Wegbereiter der Reformpädagogik in Deutschland und in Europa. In seinem weltweit bekannten utopischen Erziehungsroman »Emile« würdigt er die Natur als gut und die Kultur des Menschen als fragwürdig und schlecht. Freiheit und Erfahrung sind in seiner Erziehungsvorstellung wichtige Bausteine und Eckpfeiler. Die Kinder sollen nicht aus Büchern lernen, sondern aus der Erfahrung und durch Selbsttätigkeit. Die Erziehung muss sich an den Bedürfnissen des Kindes orientieren. Rousseau hat die gesamte Pädagogik der Aufklärung maßgeblich beeinflusst.

Rundgeschichte: Die Kinder sitzen im Stuhlkreis, und ein Kind beginnt, spontan eine Geschichte zu erzählen oder über ein aktuelles Ereignis zu berichten. Wenn das Kind mit dem Erzählen aufhört, kommt der Nachbar dran und erzählt beliebig lange weiter. So entsteht nach und nach eine Rundgeschichte. Hier kann jedes Kind sich sprachlich einbringen und damit zur Entwicklung und Gestaltung der Geschichte einen persönlichen Beitrag leisten.

Sandwichkinder: Damit sind die mittleren Kinder in einer altersgemischten Kindergruppe gemeint. Im Kindergarten sind es die Kinder zwischen vier und fünf Jahren. Sie laufen einfach so mit und werden nicht besonders gefördert und gefordert. Die Eingewöhnung und Integration in die Gruppe ist geschafft, und die Einschulung ist noch in weiter Ferne. Die Konzentration der Fachkräfte konzentriert sich auf die neu hinzugekommenen Dreijährigen und die Sechsjährigen, die kurz vor der Einschulung stehen, sowie auf die Problemkinder, die besondere Förderbedürfnisse haben und Hilfe brauchen.

Satz: Der Satz ist die kleinste selbstständige und vollständige sprachliche Äußerung als Element des frz. Langue und damit eine Stellungnahme zu einem Sachverhalt. Der Satz ist eine zentrale Einheit der Grammatik. Der Satz liegt unter der obersten Ebene Text und ist eine sprachliche Einheit. In der Linguistik wird der Satz als größte Einheit der grammatischen Analyse betrachtet. Sätze sind sprachliche Einheiten, die selbstständig und in sich abgeschlossen sind. Sie setzen sich aus kleineren sprachlichen Einheiten wie den Wörtern zusammen. Mehrere Sätze bilden einen Text. Die Reihenfolge der Wörter in einem Satz wird durch die Syntax gesteuert und unterliegt in der Spontansprache unserem Sprachgefuhl. Der Begriff Satz ist für die Kinder ein theoretischer und oft leerer Begriff, der nur an konkreten Beispielen in der Sprachförderung erklärt werden kann. Die Komplexität der Sätze ist abgängig von der Situation, in der gesprochen wird, und natürlich auch von den beteiligten bzw. anwesenden Personen. In der Schule spricht man anders als zu Hause und beim Arztbesuch spricht man wiederum anders beim Spielen mit einem Freund.

Satzarten: Im Rahmen der Sprachförderung sollen die Kinder z.B. im Rollenspiel mit dem Satz vertraut gemacht werden. Sie sollen folgende Satzarten kennen lernen und unterscheiden können: der Aussagsatz, der Aufforderungssatz und der Fragesatz.

Satzglieder: Die einzelnen Blöcke, aus denen sich ein Satz zusammensetzt, heißen Satzglieder. Die Satzglieder können umgestellt werden. Die Ausnahme bildet das Satzglied, welches durch das Verb gebildet wird; dieses Satzglied hat seinen festen Platz. Dieses Satzglied nennt man auch Verbglied. Durch die so genannte Umstellprobe kann man schnell herausfinden, welche Wörter im Satz je ein Satzglied bilden.

de Saussure: Der Schweizer Ferdinand de Saussure (1857–1919) hat die Theorie des sprachlichen Zeichens Anfang des 20. Jahrhunderts entwickelt und damit die moderne Sprachwissenschaft begründet. Er definierte das Zeichen als die Verknüpfung eines Lautbildes (eines gesprochenen Wortes) mit einer Vorstellung (gedankliche Präsentation eines Gegenstandes oder Sachverhaltes). Ein Zeichen besteht aus Ausdruck und Inhalt, die beide unlösbar miteinander verbunden sind. Saussure hat drei Dimensionen des sprachlichen Zeichens herausgearbeitet:

1. Die syntaktische Dimension der Zeichen, d.h., man sieht eine Folge von Zeichen (Buchstaben, Sprachlaute), ohne zu wissen, was diese Anordnung bedeutet.
2. Die semantische Dimension der Zeichen, d.h., wir erfassen ein Zeichen erst dann, wenn wir die Bedeutung kennen.
3. Die pragmatische Dimension der Zeichen, d.h., das Zeichen fordert mich zu einem bestimmten Verhalten auf.

Weiterhin hat de Saussure die Strukturen der Sprache untersucht und schlägt folgende Einteilung vor: langue = Sprache im Sinne von Muttersprache und Sprachgemeinschaft; langage = menschliche Fähigkeit zum Sprechen, unterscheidet den Menschen vom Tier und parole = individueller Sprechakt, in welchem von dem gemeinsamen Zeichenvorrat Gebrauch gemacht wird.

Schall: Unter dem Phänomen Schall verstehen wir all das, was wir hören können, wenn Luftteilchen durch eine Schallquelle in Schwingung gebracht werden und wenn diese Schwingungen auf unser Ohr treffen. Physikalisch betrachtet, verstehen wir wellenförmige Schwingungen in bestimmten Frequenzbereichen, die dann im Ohr und im Gehirn zu einem Höreindruck führen. Schall breitet sich wellenförmig nach allen Richtungen aus. Zur Veranschaulichung hilft das Bild vom Stein, der ins Wasser fällt und Wellen nach allen Seiten verursacht. Je nach der von der Welle transportierten Energie, also dem Druck der Schallwelle, nehmen wir Menschen den Schall als mehr oder weniger laut wahr. Um eine Vorstellung von typischen Schalldruckpegeln zu bekommen, werden hier einige typische Geräusche genannt (vgl. Keil/Willich 2006):
– Start eines Düsenflugzeugs (110–120 dB),
– Presslufthammer an der Baustelle (100–110 dB),
– Walkman (80–100 dB),
– Straßenverkehr (60–90 dB),
  normales Gespräch (50–60 dB),
– Geräusche aus Nachbarzimmern und der Umwelt (30–50 dB),
– tropfender Wasserhahn, Ticken einer Standuhr, Blätterrauschen im Wald (20–30 dB),
– absolute Ruhe (0 dB).

Folgende Merkmale der Schalleigenschaft sind wichtig:
– Dauer: lange und kurze Vokale,
– Lautstärke: laut und leise,
– Tonhöhe: hohe Frauenstimme und tiefe Männerstimme,
– individueller Klang: traurig oder froh.

Schallempfindungsschwerhörigkeit: Dieser Begriff kommt aus der Schwerhörigenpädagogik und wird in der Arbeit mit schwerhörigen Kindern gebraucht. Die ankommenden Schallwellen werden im Innenohr des Kindes nicht richtig verarbeitet.

Schallleitung: Der Schall wird zunächst über das äußere Ohr aufgenommen, über das Trommelfell, die Gehörknöchelchen in die Schnecke weitergeleitet und danach vom Hörnerv ins Gehirn transportiert. Die Schwingungen werden aber auch über die Knochen des Schädels registriert und in das Hörzentrum weitergeleitet.

Schallleitungsschwerhörigkeit: Auch dieser Begriff findet seine Verwendung insbesondere in der Arbeit mit hörbehinderten Kindern und Jugendlichen. Die ankommenden Schallwellen werden vom Mittelohr nicht bis zum Innenohr weitergeleitet. Häufige Ursachen sind Entzündungsherde und Flüssigkeitsansammlungen hinter dem Trommelfell.

Schattentheater: Beim Menschenschattentheater handelt es sich um ein offenes Medium, das für alle Altersstufen geeignet ist. Bei diesem Spiel wird der Schatten mit dem Körper dargestellt. Dabei sind die Bewegungskoordination, die Abstimmung der Bewegung untereinander sowie die Grob- und Feinmotorik miteinander zu verknüpfen. Hier können gerade scheue, zurückhaltende, ja ängstliche und wenig selbstbewusste Kinder mitmachen, da sie für die anderen Kinder anonym bleiben. Beim Schattenspiel wird die sinnliche Wahrnehmung gefördert. Die Schattendarstellung bietet in Verbindung mit der Sprache, mit Geräuschen, Klängen, Tönen, Musik sowie den möglichen Lichteffekten eine Vielzahl kreativer Möglichkeiten (vgl. Krüger/Schmidt/Schöne 2000, S. 50).

Schereneffekt: Bei der Diskussion und Interpretation der Ergebnisse der PISA-Studien wurde immer wieder der Aspekt der sozialen Disparität genannt. Der Schereneffekt bezeichnet die Tatsache, dass die Leistungsunterschiede von Kindern aus verschiedenen sozialen Lebensbereichen trotz gleicher Intelligenz und Beschulung immer größer werden. Der soziale Schereneffekt besagt, dass Kinder aus der Unterschicht und Mittelschicht, sich hinsichtlich ihrer schulischen Leistungen und Lernerfolge einschließlich des primären Bildungsgutes Sprache im Verlauf ihrer Schulzeit immer weiter auseinander entwickeln, und zwar auch dann, wenn sie sich in ihren intellektuellen Eingangsvoraussetzungen nicht voneinander unterschieden haben. Die Leistungsschere geht mit zunehmendem Alter immer weiter auseinander. Damit wird deutlich, dass die außerschulischen Bedingungen von Kindern aus bildungsfernen und spracharmen Familien große Auswirkungen auf die Sozialisation der Kinder haben.

Schichtbegriff: Die soziale Ungleichheit der Menschen führt immer zur Bildung von Gruppen von relativ gleichgestellten Menschen zu bilden. Soziale Schichten sind damit künstlich gebildete Gruppen mitrelativ gleichgestellten Menschen. Die soziale Schicht ist ein in der Psychologie, Soziologie und Pädagogik viel gebrauchter Begriff, der meist zu wenig hinterfragt wird. Es ist die Bezeichnung für gesellschaftliche Gruppen, die die gleichen Ziele, Rollen und Normen verfolgen und die gleiche Sprache sprechen. Man unterscheidet Unterschicht, Mittelschicht und Oberschicht. Die Schichtzugehörigkeit erfolgt nach bestimmten Kriterien. Als objektive Indikatoren werden Beruf, Einkommen und Schulbildung und als subjektiver Indikator wird die persönliche Einschätzung durch die betroffenen Personen genannt.

Schlüsselqualifikationen: Darunter versteht man in der heutigen Wissensgesellschaft folgende zentrale und übergreifende Fähigkeiten:

1. personale Kompetenz als Wissen über die eigene Person und Identität,
2. soziale Kompetenz als Fähigkeit zur Toleranz, Kooperation und Solidarität,
3. kommunikative Kompetenz mit den Fähigkeiten Zuhören, Verstehen, Sprechen mehrerer Sprachen, Beherrschung der Kulturtechniken,
4. lernmethodische Kompetenz im Sinne von Lernformen und Arbeitstechniken und,
5. enzyklopädische Kompetenz als profunde Wissensbasis und Beherrschung der Felder des Allgemeinwissens.

Schmecken: Unter Schmecken bzw. Geschmack versteht man eine ganzheitliche Wahrnehmung und Betrachtung der Reize, die über Mund und Zunge als orale Reize beim Essen und Trinken entstehen. Das eigentliche Geschmacksorgan ist die Zunge mit ihren Geschmacksknospen. Diese können die im Speichel aufgelösten Aromastoffe nach bestimmten Qualitätsstufen wie süß, bitter, salzig und sauer unterscheiden (vgl. Hatt 1993). Daher ist es nicht verwunderlich, dass es in Kindergärten und Grundschulen regelrechten Geschmacksunterricht gibt in Verbindung mit der Pflege der Esskultur und gesunder Ernährung. Das Schmecken gehört wie das Riechen, Hören, Sehen und Tasten zu den Sinnen, die für die Begriffsbildung und den Wortschatz von herausragender Bedeutung sind. Leider wird dieser Sinn in der gesamten Sprachförderung völlig unterschätzt. Gemeinsam einkaufen, Mahlzeiten planen und vorbereiten, mit Genuss essen, Benehmen am Tisch und sich beim gemeinsamen Essen unterhalten sind ein wichtiger Erfahrungsbereich des Kindes und gehören unbedingt in jede Form der Sprachförderung.

Schnecke: Die Schnecke wird auch mit Cochlea bezeichnet und ist neben dem Labyrinth ein wichtiger Teil des Innenohres.

Schreiben: Das Schreiben ist eine Form der Kodierung und eine sprachliche Aktivität, die sich auf die Buchstabenschrift, auf das Alphabet stützt. Phylogenetisch betrachtet folgt das Schreiben auf die Lautung Gedanken und geistige Operationen werden in sichtbare, grafische Zeichen umgesetzt. Kainz (1956) bezeichnet das Schreiben als eine Art des Sprechens mit grafischen Zeichen. Schreiben und Lesen durchdringen sich wechselseitig, bedingen sich gegenseitig und stehen in engster Beziehung zueinander. Schreiben ist ein komplexer Vorgang, der auch als ein Kodierungsprozess beschrieben werden kann. Das schreibende Kind übersetzt die gesprochene Sprache in grafische Zeichen, in die Buchstaben. Schreiben basiert auf verschiedenen Voraussetzungen der visuellen und auditiven Wahrnehmung. Beim Schreibvorgang ist es offenbar wichtig, die Zerlegung des Wortklangs in Laute zu meistern, denen danach gemäß den vorherrschenden Regeln der deutschen Rechtschreibung Buchstaben zugeordnet werden. Daher ist die Muttersprache zunächst weiterhin Sinn- und Bedeutungsträger. Das Schreiben verlangt nun die formale Betrachtung der deutschen Sprache, d.h., auf die Klangqualität von Wörtern zu achten. Silben und Laute müssen herausgehört und den grafischen Zeichen zugeordnet werden. Man unterscheidet verschiedene Formen des Schreibens: Kritzeln, Spontanschreiben, Abschreiben und das schulische Diktatschreiben

Schreibenlernen: Untersuchungen und Beobachtungen zeigen, dass der Prozess des Schreibenlernens sehr eng mit dem Hören, dem Sprechen und dem Lesen zusammenhängt. Darüber hinaus durchläuft die Schreibentwicklung mehrere Stufe bzw. Phasen, die bereits in frühester Kindheit ansetzen. Auf definierte Altersangaben wird verzichtet, da diese Phasen bei den Kindern sehr heterogen sind und vom individuellen Entwicklungsstand abhängen (vgl. Günther 1986). Wir sprechen seit den 1980er-Jahren von Prozessmodellen des Schreibens, die den Weg der Kinder zum kompetenten Schreiber aufzeigen:

1. Malen bzw. Kritzeln
2. Ganzheitlich Zeichen abmalen: Das können bereits einzelne Buchstaben sein.
3. Den eigenen Namen und einfache Wörter wie Mama und Papa schreiben.
4. Nach Gehör schreiben, dabei werden bei einzelnen Kindern wiederum verschiedene Abstufungen durchgemacht wie halbphonetisch und phonetisch.

5. Rechtschreibung, d.h., die Kinder bemühen sich beim Schreiben darum, erste Regeln einzuhalten.

6. Die Kinder schreiben jetzt nach bestimmten Regeln, die sie gelernt haben.

Schreibgriff: Der Stift sollte mit den drei Fingern Daumen, Zeigefinger und Mittelfinger locker und entspannt beim Malen und Schreiben gehalten werden. Wir sprechen vom Pfötchengriff, vom Pinzettengriff und vom Dreipunktegriff.

Schrift: Die Schrift hat sich nach den heutigen wissenschaftlichen Erkenntnissen um die Mitte des 4. Jahrtausends v. Chr. bei den Sumerern in Mesopotamien entwickelt. Die Bilder bzw. Bildzeichen der damaligen Zeit verloren immer mehr die Ähnlichkeit mit den abgebildeten Gegenständen der Realität. Die Bilder wurden immer mehr durch Symbole ersetzt, und so entstanden nach und nach die ersten Schriften und Schreibmaterialien wie Papyrus und Pergament. Durch den aufkommenden Handel waren die Menschen gezwungen, Verträge aufzuschreiben und Rechtsordnungen zu formulieren. Am Anfang der Schrift stand in allen Kulturen das Zählen. Die Schafe in der Herde, die Gegenstände zum Handel und Tauschen und die alltäglichen Besitztümer mussten geordnet und gezählt werden. Diese Ordnung wurde in Zahlen ausgedrückt und in den Hieroglyphenzählungen der alten Ägypter und den römischen Zahlzeichen ausgedrückt. Wenn wir von den europäischen Sprachen ausgehen, so können wir festhalten, dass die römische Schrift als Mutter mehrerer europäischer Sprachen betrachtet werden kann (vgl. Schnurer 2003, S. 20). Später kam man auf den Gedanken, nicht die Bedeutung von Wörtern aufzuschreiben, sondern nur den Klang der Wörter, Silben und Laute. So erhielt jeder Laut ein Schriftzeichen, einen Buchstaben. Unsere heutige lateinische Schrift ist eine reine Lautschrift. Daher können wir heute auch Wörter sprechen und lesen, deren Inhalt wir nicht kennen. In Europa gibt es drei Schriftarten: die lateinische, die griechische und die kyrillische Schrift der Russen, Bulgaren und Serben. Diese Schriften werden von links nach rechts geschrieben, die arabische und die hebräische dagegen von rechts nach links.

Schriftarten: Die Kinder können in der Bundesrepublik Deutschland in den Grundschulen vier Schriftarten lernen: die Druckschrift (DS) wird als Erstschrift in fast allen Bundesländern empfohlen. Danach ist die Lateinische Ausgangsschrift (LA) am weitesten verbreitet; sie wurde 1953 von der Kultusministerkonferenz zugelassen. In einigen Bundesländern, wie z.B. dem Saarland, wird die Schulausgangsschrift (SAS) aus der ehemaligen DDR seit 1968 empfohlen und in anderen wird die Vereinfachte Ausgangsschrift (VA) empfohlen, die 1973 u.a. von der Arbeitsgemeinschaft Schreiberziehung entwickelt wurde.

Schulangst: Darunter versteht man die Angst von Kindern vor dem Besuch der Schule. Die Schulangst verhindert damit ein entwicklungsangemessenes Lernen und den Besuch der Schule generell. Es werden psychische Beziehungsstörungen vermutet, die insbesondere aus der Mutter-Kind-Interaktion herrühren können. Viele Mütter wehren sich instinktiv und unbewusst gegen die einsetzende Selbstständigkeit des Kindes oder sind selbst sehr unsicher und äußerst ängstlich gegenüber neuen Situationen und Herausforderungen. Die Mutter will ihr Kind behalten und fördert damit die Trennungsangst.

Schulfähigkeit: Die Antwort auf die lange Zeit geführte Diskussion in den 1950er- und 1960er-Jahren über die Schulreife hat zu einer veränderten Sichtweise geführt. Das Kind ist nicht mehr der zentrale Betrachtungsgegenstand, sondern auch die Bedingungen des Umfelds und der aufnehmenden Schule sind zu berücksichtigen bei der Frage, ob ein Kind schulreif ist oder nicht. Der Begriffwechsel von Schulreife (1950er- und 1960er-Jahre) zu Schulfähigkeit (1970er- und 1980er-Jahre) sollte zu einer pädagogischen Bewusstseinsänderung führen. Unter Schulfähigkeit werden all jene Verhaltensweisen und Leistungseigenschaften verstanden, die für ein erfolgreiches Lernen verantwortlich sind. Entscheidend ist und bleibt die Qualität der Förderung im Elternhaus und im Kindergarten. Der Begriff der Schulfähigkeit bezeichnet den körperlichen, seelischen und geistigen Entwicklungsstand eines Kindes mit etwa 6 Jahren, was zum Besuch der Grundschule in der Bundesrepublik Deutschland befähigt. In diesem Alter erwartet man, dass ein Kind über die notwendigen Fähigkeiten und Fertigkeiten verfügt wie Sprache und Sprechen, Formenauffassung, Mengen- und Zahlenvorstellung, Arbeits- und Lernstrategien, Ausdauer, Anstrengungsbereitschaft, Konzentrationsfähigkeit und ein bestimmtes Sozialverhalten, um erfolgreich in einer Gruppe lernen zu können.

Schuleingangsuntersuchung: Die Schuleingangsuntersuchung beim Übergang vom Kindergarten in die Grundschule ist die einzige Pflichtuntersuchung aller Kinder eines Schuljahrgangs, die vom Gesetzgeber vorgeschrieben ist. Sie ist in der Schulordnung für die öffentliche Grundschule verankert. Über die Schuleingangsuntersuchung erreichen wir zum ersten Mal in der Biografie der Kinder die Grundgesamtheit aller schulpflichtigen Kinder. Sie ist somit eine wichtige Untersuchung, um gesundheitliche Veränderungen und Trends in der Bevölkerung aufzudecken und zu erkennen (vgl. Kindergesundheitskonferenz 2003). Die Untersuchung wird von den Schulärztinnen des Jugendärztlichen Dienstes in Anlehnung an die Richtlinien und Standards des Handbuches zur Schul- und Jugendärztlichen Untersuchung als Screening-Verfahren durchgeführt. Hier werden u.a. die Hörfähigkeit, das Sprachverständnis, die Sprache und das Sprechen überprüft.

Schulkindergarten: Diese Einrichtung im schulischen Bereich gibt es nur noch in wenigen Bundesländern. Schulkindergärten sind Einrichtungen, in denen Kinder gefördert werden, die vom Gesetz her schulpflichtig, aber noch nicht schulreif sind. Diese Kinder werden vom Schulbesuch zurückgestellt und besuchen den Schulkindergarten, der einer Grundschule zugeordnet ist und von einer Grundschullehrerin geleitet wird. Die pädagogische Arbeit im Schulkindergarten konzentriert sich auf die defizitäre Entwicklung der Kinder in den Bereichen Sprache, Wahrnehmung, Motorik und Kognition und natürlich im Sozialverhalten.

Schulreife: Heute sprechen wir eher von Schulbereitschaft und Schulfähigkeit. Schulreife meint, dass das Kind die notwendigen körperlichen und geistigen Voraussetzungen mitbringt, um die Schule erfolgreich durchlaufen zu können. Unter Schulreife werden vorrangig Wachstumsmerkmale wie Körpergröße, Gewicht, Knochenbau, Zahnstatus sowie der Gestaltwandel vom Kleinkind zum Schulkind verstanden.

Schulz von Thun: Der deutsche Kommunikationswissenschaftler Friedeman Schulz von Thun (1989) hat das Organon-Modell von Platon und Bühler weiter entwickelt und auf die Erkenntnisse von Paul Watzlawick zurückgegriffen. Die zentrale Ausgangslage ist: Jede Nachricht hat einen Beziehungs- und Inhaltsaspekt und enthält ein ganzes Paket an Botschaften. In dem »Vierseitenmodell« hat Schulz von Thun vier Seiten dargestellt. 1. Sachinhalt, d.h. worüber informiere ich mein Gegenüber sachlich? 2. Selbstoffenbarung, d.h. was teile ich über mich selbst als Sender mit? 3.Beziehung, d.h. ich teile mit, was ich von dir halte und wie wir zueinander stehen. 4. Appell, d.h. wozu will ich dich mit meiner Rede »bringen«., ich will auf den Empfänger bzw. Gesprächspartner Einfluss ausüben.

Schwa-Laut: Dieser Begriff ist im Bereich der Sprachförderung weniger bekannt, jedoch als Vorbereitung auf das spätere Lesen und Schreiben sehr wichtig. Man versteht darunter die Sprechweise eines schwachen und wenig betonten »e« und bezeichnet dieses sprachliche Phänomen als »Nebensilben-e« wie z.B. in den Endungen der Wörter Mutter, Vater, Bauer. Dieser so genannte Schwa-Laut bereitet vielen Kindern beim Rechtschreiben große Mühe.

Schwerhörigkeit: Schwerhörige Kinder können die Lautsprache nicht ohne besondere Unterstützung und zusätzliche Fördermaßnahmen erwerben. Schwerhörigkeit bedeutet ein herabgesetztes Hörvermögen. Man unterscheidet zwei grundsätzliche Formen: die Mittelohrschwerhörigkeit, die sich in einer Störung der Schallleitung manifestiert zeigt und die Innenohrschwerhörigkeit, die als Folge von frühkindlichen Hirnschäden oder Entzündungen im Mittelohr entsteht.

Schwingen: Das Schwingen ist eine Methode, die in der »Schule Schlaffhorst-Andersen« (gegründet von Claudia Schlaffhorst [1863–1945] und Hedwig Andersen [1866–1957]) zur Atem- und Stimmtherapie entwickelt worden ist. Beim Schwingen handelt es sich um eine Übung, die einzeln, zu zweit, zu dritt oder in der Gruppe durchgeführt werden kann, um die Atmung, den Atemrhythmus zu fördern und Verspannungen der Muskulatur zu lockern. Das Schwingen fördert insbesondere die sensomotorischen Fähigkeiten wie Körperkoordination und das Gleichgewicht.

Screening-Verfahren: Darunter verstehen wir »Grob-Sieb-Verfahren«, d.h. grobe Sichtungsverfahren, durch welche recht schnell Auffälligkeiten in verschiedenen Entwicklungsbereichen erfasst werden. Diese groben Daten sollten dann von Experten wie Medizinern, Psychologen und Pädagogen weiter verfolgt und untersucht werden.

Segmentierung: Unter Segmentierung verstehen wir den Prozess, bei dem das lautsprachliche Kontinuum in die einzelnen Elemente zerlegt wird. Sprachliche Äußerungen können in Sätze, diese wiederum in Wörter, diese in Silben und schließlich in einzelne Laute gegliedert werden. Die Zerlegung des Klang-Geräusch-Kontinuums in seine psycholinguistischen Elemente wird als Segmentierung bezeichnet. Bei diesem Vorgang handelt es sich um einen Prozess der Sprachverarbeitung. Die psycholinguistischen Einheiten sind Träger unseres Sprachbewusstseins (vgl. Deutsches Institut für Fernstudien an der Universität Tübingen 1988, S. 71).

Sehen: Wenn ein Kind geboren wird, dann muss es sehr viel lernen. Dazu benötigt es in erster Linie seine fünf Sinne: Hören, Riechen, Schmecken, Tasten und Sehen. Kleinkinder benötigen mehr Zeit als ältere Kinder und Erwachsene, um Eindrücke zu verarbeiten. Sie brauchen einfach mehr Zeit, um das Gesehene »in den Blick zu nehmen« und in ihren Erfahrungshorizont einzuarbeiten. Daher betrachten sie bestimmte Gegenstände länger und intensiver als Erwachsene, weil sie eben mehr Informationen zur weiteren Verarbeitung im Gehirn benötigen. Die meisten Kinder orientieren sich meistens an einzelnen Teilaspekten und Details und interessieren sich nicht so sehr für den Gesamteindruck. Das Blickfeld der Kinder ist etwa um ein Drittel kleiner als das der Erwachsenen. Sie haben auch Probleme mit der Umstellung der Augen vom »Fernsehen« auf das »Nahsehen«. Dazu brauchen sie noch Zeit und weitere Erfahrungen im Alltag. Kinder haben auch Probleme, Entfernungen einzuschätzen, wenn sie beispielsweise eine Straße überqueren wollen und das herannahende Auto einschätzen sollen.

Selbstkonzept: Darunter verstehen wir das Bewusstsein eines Kindes von sich selbst, von seiner Person und von seinem Körper. Das Kind konstruiert ein Bild von sich selbst d.h., es entwickelt nach und nach eine Vorstellung über sich selbst auf Grund von Interaktionen und Bewertungen seines Handelns durch die Umwelt. Das Kind gewinnt so Vertrauen in seine eigenen Kräfte und Fähigkeiten. Das Kind konstruiert ein Konzept von sich selbst, von seinem Ego und seiner Identität; dazu gehören Emotionen seiner selbst, Einstellungen über sich und Erwartungen an sich. Unter Selbstkonzept verstehen wir all das, was ein Kind bei sich und über sich selbst wahrnimmt. Das Selbstbild ist die kognitive Repräsentanz der eigenen Person und umfasst alle Informationen, die von dem Kind über sich selbst wahrgenommen und abgespeichert werden. Insbesondere die subjektiv registrierten Merkmale über den eigenen Körper wie Aussehen, Sympathie, Attraktivität strahlen positiv oder negativ auf das Selbstbild des Kindes aus (vgl. Heller/Nickel/Neubauer 1976, S. 206f.).

Selbsttätigkeit: Der Lernprozess kann nur erfolgreich gelingen, wenn eine gewisse Anstrengungsbereitschaft erkennbar ist und Lernen als selbsttätiger Prozess abläuft. Diese Gedanken finden wir bereits im Mittelalter bei Augustinus, später bei Kant, der vom Mut spricht, sich seines eigenen Verstandes zu bedienen, bei Pestalozzi und später bei Maria Montessori in dem Grundsatz: »Hilf mir, es selbst zu tun!« Wenn die Selbsttätigkeit in der Förderung erfolgreich realisiert werden soll, dann braucht das Kind geeignetes didaktisches Material, das das Kind provoziert, und eine Fachkraft, die den Lernprozess des Kindes begleitet, ohne zu streng einzugreifen (vgl. Rekus 1993, S. 235).

Selektionsdiagnostik: Die Selektionsdiagnostik orientierte sich an der sozialen Bezugsnorm. Sie setzte insbesondere standardisierte Testverfahren ein, um die Entscheidung für oder gegen eine Schulform bzw. für oder gegen eine bestimmte Fördergruppe oder Klasse zu begründen. Die Tests wurden eingesetzt, um den geeigneten Förderort herauszufinden. Es ging um die Frage, soll das Kind die Sonderschule oder die Grundschule besuchen, soll das Kind eingeschult oder zurückgestellt werden oder soll das Kind nach der 4. Klasse die Realschule, die Hauptschule oder das Gymnasium besuchen.

Selektivität der Wahrnehmung: Die menschliche Wahrnehmung ist immer subjektiv und gleichermaßen selektiv. Aus der Vielfalt der Wahrnehmungsgegenstände nehmen wir nur ganz bestimmte Objekte bewusst wahr. Dabei wird die Wahrnehmung durch verschiedene Faktoren beeinflusst wie kindliche Inte-

ressen und Bedürfnisse sowie die Beschaffenheit der Wahrnehmungsobjekte wie Farbe, Größe, Form usw.

Semiotik: Semiotik ist die allgemeine Lehre von den Zeichen. Sie erläutert deren Charakteristika, differenziert und definiert die unterschiedlichen Zeichenarten und -systeme und untersucht den Gebrauch der Zeichenbenutzer. Dabei sind sprachliche und nichtsprachliche Zeichen gemeint im Sinne von kommunikativen Botschaften. Sie wird untergliedert in Syntax, Semantik und Pragmatik.

Semantik: Der Begriff Semantik wird in verschiedenen Wissenschaften benutzt. Oft wird der Begriff der Semiotik synonym gebraucht. Ebenso wie die Semiotik betrachtet die Semantik die Bedeutung von Zeichen.

Sensible Phasen: Man spricht in diesem Zusammenhang auch von kritischen Perioden. Darunter verstehen wir zeitliche Perioden in der kindlichen Entwicklung, in denen bestimmte Reizangebote und Umwelterfahrungen eine intensive, nachhaltige und damit prägende Wirkung haben, wie z.B. die Wahrnehmung und Sprache in den ersten sechs bis sieben Jahren der Entwicklung des Kindes.

Sensomotorik: Dieser Begriff setzt sich zusammen aus Sensorik (Wahrnehmung) und Motorik (Bewegung) und ist eine unzertrennliche Funktionseinheit. Es handelt sich hier um die Feinabstimmung zwischen sensorischen und motorischen Vorgängen, wie z.B. die Koordination von Wahrnehmung und Bewegung beim Schneiden mit der Schere, beim Ausmalen eines Bildes und beim Sprechen des Kindes. Sensomotorische Fähigkeiten bilden die Grundlage für geistige, emotionale und soziale Entwicklungsprozesse.

Sensomotorische Intelligenz: In dem Entwicklungsmodell des Schweizer Psychologen Jean Piaget ist das die erste Phase des gesamten Entwicklungsverlaufs. Die geistigen Operationen resultieren aus den tatsächlich ausgeführten Handlungen. Gegenstände und Personen werden vom Kind vor allem dadurch erkannt, dass es mit ihnen Kontakt aufnimmt und Beziehungen eingeht. Das Kind rasselt mit der Rassel, es spielt mit der Puppe und es rollt den Ball über den Boden.

Sensorik: Die Sensorik ist ein wichtiger Teilbereich der Sprachentwicklung und des Sprechens. Zu den sensorischen Leistungen des Mundraumes gehört z.B. die Vermittlung verschiedener Geschmacksqualitäten wie süß/sauer, salzig und bitter. Die Rezeptoren der Zunge liefern die Informationen, die die Begriffsbildung fördern. Schmecken (gustatorisch) und Riechen (olfaktorisch) werden als chemische Sinne bzw. als »Geschmack« bezeichnet, die sehr eng mit psychischen Faktoren verknüpft sind.

Sensorisch: Darunter verstehen wir all jene Prozesse, die mit der Wahrnehmung der Sinne zusammenhängen: Hören, Gleichgewicht, Sehen, Tasten, Spüren,

Fühlen, Riechen, Schmecken. Beeinträchtigungen dieser Sinne führen zu Problemen beim Sprechen und in der Sprache. Daher sollte innerhalb der Sprachförderung das Lernen mit allen Sinnen immer wieder eingefordert werden.

Sensorische Integration: Dieser Begriff stammt von der amerikanischen Physiotheraperapeutin Anna Jean Ayres, die sich mit der Entwicklung der Wahrnehmung und mit den Integrationsprozessen in dem Buch »Bausteine der kindlichen Entwicklung« (1984) beschäftigt hat. Ayres versteht darunter die Fähigkeit, auf einen bestimmten Reiz dadurch angemessen zu reagieren, indem die Wahrnehmung verschiedener Sinne miteinander in Einklang steht und funktioniert. Das Baby sieht die Rassel, greift nach ihr und hört sie, wenn es mit ihr rasselt. Sensorische Integration ist damit ein Vorgang des Sortierens und Verarbeitens sinnlicher Eindrücke. Das zentrale Ziel besteht darin, die Verarbeitungsprozesse im Gehirn zu optimieren und die Eindrücke und Empfindungen in eine bestimmte Struktur zu bringen. Ist die Verarbeitung im Gehirn nicht optimal, so kann dies auch zu einer Verzögerung und Behinderung der Sprachentwicklung führen. Sprache und Sprechen sind auf zahlreiche psychische und sensomotorische Funktionen und Fähigkeiten angewiesen.

Seriale Wahrnehmung: Dies ist ein wichtiger Teilbereich der Wahrnehmung, der oft auch als Reihung oder Sequenz bezeichnet wird. Die ankommenden Signale werden in der richtigen Reihenfolge geordnet, wie z.B. das Sprechen oder Schreiben eines Wortes in der korrekten Reihenfolge der Laute und Buchstaben.

Signifikanz: Es handelt sich hier um einen Begriff aus der Statistik. Man versteht darunter eine kleine Irrtumswahrscheinlichkeit. Die Signifikanz macht aber nur dann Sinn, wenn das eingesetzte Testverfahren bekannt ist. Signifikant und damit bedeutsam ist ein Untersuchungsergebnis immer dann, wenn die Wahrscheinlichkeit des Auftretens dieses Ereignisses sehr hoch ist. Die Wahrscheinlichkeit sich zu irren ist sehr gering.

Silbe: Die Silbe ist keine linguistische Einheit wie das Wort oder der Satz, sondern eine sprechtechnische Einheit, die das Sprechen erleichtert. Als phonologische Einheit werden Anfang und Ende einer Silbe durch die Sprechpause bestimmt. Die Silbe ist eine durch Artikulationspausen getrennte Einheit sprachlicher Folge von einzelnen Lauten, wobei der Vokal silbentragend ist. Die Silbenquantität ist für Kinder manchmal schwer zu erkennen, da es minimale Silben – bestehend aus einem Vokal oder Diphthong – und maximale Silben – wie Strumpf oder springst – gibt. Die Silbe darf nicht verwechselt werden mit dem Morphem. Silben und Morpheme stimmen meist nicht überein: Silben: hö-ren, Morpheme: hör-en.

Signifikanz: Ein Untersuchungsergebnis ist dann signifikant, wenn der eingesetzte Test bei vorher vereinbarter Irrtumswahrscheinlichkeit ergibt, dass die Nullhypothese zurückgewiesen werden muss. Die Nullhypothese besagt, das sich zwei oder mehrere Beobachtungen hinsichtlich einer Variablen nicht unterscheiden.

Silbenübungen: Diese Übungen können im Rahmen der Hörübungen durchgeführt werden. Die Kinder hören gut zu, sprechen das Wort nach und klatschen dann die Silben. Die Kinder klatschen nach dem Sprechrhythmus. Am besten eignet sich der eigene Vornamen, insbesondere bei Vorschulkindern. Man kann die einzelnen Silben auch optisch darstellen, indem man beispielsweise Silbenbögen an die Tafel schreibt. Die Kinder können beim Sprechen Silbenbögen in die Luft malen.

Sing- und Kreisspiele: Sing- und Kreisspiele fördern die Atmung, die Stimmgebung, die Melodie in Verbindung mit Bewegungserfahrungen. Wichtig ist bei diesen Spielen das Wiederholen von sprachlichen Äußerungen wie z.B. beim Refrain, das gemeinsame laute Singen und deutliche Sprechen und die notwendigen Variationen bei der Lautstärke wie laut und leise. Ebenso kommt dem Einsatz der Körpersprache wie Mimik und Gestik erhöhte Bedeutung zu. Darüber hinaus erlebt das Kind in der Bewegung in Verbindung mit Singen und Sprechen eine neue Ausdrucksmöglichkeit. Gerade für zugewanderte Kinder ist dies eine gute Möglichkeit, neue Sprech-, Sing- und Bewegungserfahrungen zu machen.

Sinne: Der Begriff Sinn stammt aus dem lateinischen »sensus«, und man versteht darunter die Fähigkeit des Organismus, Reize aus dem Inneren des Körpers und der Außenwelt aufzunehmen, zu verarbeiten, dem Gehirn zuzuleiten und entsprechende Verarbeitungsmechanismen in Gang zu setzen (vgl. Brockhaus 1984, S. 158). Der griechische Philosoph Aristoteles prägte den Begriff der klassischen »Fünf Sinne« und unterschied Hören, Riechen, Schmecken, Sehen und Tasten. Später gab es immer neue Definitionsversuche und Einteilungsvorschläge wobei sich der Begriff der fünf Sinne bis in unsere Zeit hinein gehalten hat. Der große Didaktiker Comenius hat im 17. Jahrhundert den Begriff des sinnlichen Lernens erneut aufgegriffen und die Anschauung als Prinzip für die Kinder betont Das Lernen mit allen Sinnen ist bis in unsere Zeit eine pädagogische Forderung geblieben.

Sinneszentren: Als Sinneszentren bezeichnet man die Großhirnfelder, in denen die ankommenden Wahrnehmungsbotschaften bewusst verarbeitet, aufgenommen und abgespeichert werden.

Situationsansatz: Der Situationsansatz war die Antwort auf den Funktionsansatz und etablierte sich in den 1980er-Jahren in den deutschen Kindergärten. Dieser Ansatz ist sehr vielfältig gedeutet und auch je nach speziellen Bedürfnissen modifiziert worden. Der Situationsansatz hat die konventionellen Tages-, Wochen- und Rahmenpläne abgelöst und sich voll auf die aktuelle Lebenssituation konzentriert. Dieser Ansatz kritisierte die Pädagogisierung der Kinder in Kindergärten und die Verschulung nach einem definierten Förderplan. Die pädagogischen Freiheiten wurden jedoch teilweise falsch verstanden und oft miss gedeutet. Das Lernen in konkreten Lebenswelten und in Erfahrungszusammenhängen sowie die Betonung des sozialen Lernens haben dazu geführt, dass das Lernen allgemein und das sachbezogene Lernen vernachlässigt wurden.

Sitzkreis: Der Sitzkreis eignet sich für jene Phasen der Förderung, in denen ein gemeinsames Gespräch im Vordergrund steht. Alle Personen haben Blickkontakt, können sich sehen und auf- und zueinander reagieren. Gerade die Mimik und Gestik sowie der Blickkontakt übernehmen wichtige Elemente der Sprache, genauer gesagt der nonverbalen Sprache, eben der Körpersprache. Der Kreis ist eine ideale Gesprächsform, wo Personen und Inhalte gebündelt werden. So kennt man den Stuhlkreis zur Begrüßung als Morgenkreis und Verabschiedung als Abschlusskreis, aber auch als Meditationskreis, als Brain-Storming-Runde, als Meckerrunde, als Wocheneinstiegskreis und ebenso als Wochenabschlusskreis. In den Kreisgesprächen lernen die Kinder, andere Kinder anzusehen, zuzuhören, auf andere einzugehen, sich mitzuteilen und die vereinbarten Gesprächsregeln einzuhalten.

Sitzordnung: Die Sitzordnung der Kinder im Kindergarten und Schüler in der Schule sollte in der Sprachförderung eine besondere Berücksichtigung erfahren. Grundsätzlich gilt, dass alle Gesprächsteilnehmer sich immer anschauen können. Daher bieten sich alle Kreis- und Halbkreisformen für die Sprachförderung besonders gut an: Kreisform, Halbkreis, Hufeisenform, U-Form und das Sitzen zu zweit am Tisch oder in Gruppen am Tisch.

Snoezelen: Dieser Begriff stammt aus Holland und wird insbesondere in der Therapie mit Behinderten eingesetzt. Das Wort bedeutet übersetzt schnuffeln, schnüffeln, schnuppern, vor sich hindösen, schlummern, Muße haben, in einer stimmungsvollen Atmosphäre bei besonderen Lichteffekten und leiser Meditationsmusik alle Sinne vor sich hinbaumeln lassen, entspannen und sich dabei wohl fühlen. Snoezelen ist das bewusste Anbieten ausgewählter Reize in einer angenehmen Atmosphäre. Dem Kind werden in einem speziell hergerichteten Snoezel-Raum bestimmte Reize angeboten, die eine Aktivierung der sinnlichen Wahrnehmungskanäle bewirken sollen (vgl. Hulsegge/Verheul 1997, S. 36).

Sozial: Die Bezeichnung für all das, was mit zwischenmenschlichen Beziehungen zusammenhängt. Wir sprechen daher von dem sozialen Status in einer Gruppe, der sozialen Schicht, der sozialen Bezugsnorm, der sozialen Identität, der sozialen Herkunft und der sozialen Kommunikation.

Soziale Beziehungen: In der Wirklichkeit beobachten wir sehr enge Beziehungen zwischen sozialen Lernprozessen und sprachlich-kommunikativen Aktivitäten. Multiple und lebendige Interaktionen sind die Voraussetzung und die gleichzeitig eine wichtige Basis für den Auf- und Ausbau des sozialen Netzes. Ohne dieses soziale Netz kann die zwischenmenschliche Kommunikation nicht fruchten und funktionieren. Daher sind die sozialen Beziehungen für die Sprachförderung eine unerlässliche Bedingung. Das soziale Lernen ist für die Qualität der kindlichen Lernprozesse von höchster Bedeutsamkeit. In der Sprachförderung sollen daher auch soziale Schlüsselqualifikationen vermittelt werden wie Kooperation, Perspektivenwechsel, Empathie und Teamfähigkeit (vgl. Petillon 2001, S. 654).

Soziale Herkunft: In allen aktuellen Studien spielt die soziale Herkunft eine wichtige Rolle. Man spricht heute von der sozialen Disparität und versteht darunter die große Kluft zwischen Kindern aus der eher bildungsfernen Unterschicht (= Grundschicht) und der schul- und bildungsnahen Mittel- bzw. Oberschicht. Zur Erfassung des familiären Hintergrundes können zwei Verfahren erfolgreich eingesetzt werden: zum einen der anamnestische Fragebogen für die Erzieherin und die Lehrerin, aber auch für die Eltern und zum anderen das diagnostische Gespräch als wichtige und zentrale Informationsquellen. Über beide Verfahren kommen wir in der Regel an verlässliche und seriöse Daten heran, die zur Erhellung der häuslichen Lernbedingungen, des familiären Erziehungsklimas und des sozio-ökonomischen Hintergrundes beitragen. Die Güte und Qualität des diagnostischen Gesprächs hängt von der Vorbereitung ab. Ein Gesprächsleitfaden kann hier wichtige Hilfen anbieten.

Soziale Settings: Jedes Kind durchläuft im Rahmen seiner Entwicklung und Sozialisation verschiedene Lebensräume, so genannte soziale Settings. Das Kind kommt aus der Familie in den Kindergarten, vom Kindergarten in die Grundschule und von der Schule in die Berufsausbildung usw. In jedem dieser Settings muss sich das Kind neuen Herausforderungen stellen. Je schlechter ein Kind diese Entwicklungsaufgaben meistert, umso ungünstiger wird die Prognose für die weitere Entwicklung (vgl. Kretschmann u.a. 1998, S. 7). Der Übergang von einem Setting in ein anderes wird von Bronfenbrenner (1991)als ein »ökologischer Übergang« bezeichnet.

Sozialformen: Wenn die bewusste und vielfältige Interaktion die Grundlage von Sprache und Sprachgebrauch ist, dann sollten wir das gegenseitige Handeln und Interagieren in den Unterrichtsprozess einbeziehen. Sozialformen sind Formen des menschlichen Miteinanders und der kooperativen Zusammenarbeit im Unterricht. Folgende Grundformen können miteinander verknüpft werden: Frontalunterricht, Einzelarbeit, Partnerarbeit, Gruppenarbeit. Die Sozialformen sollten methodisch geschickt nach Lebensalter und sprachlichem Entwicklungsstand ausgesucht werden. Sie sollten eine harmonische Einheit in der Fördereinheit darstellen. Der geschickte Wechsel während einer Sprachfördereinheit kann sich sehr positiv auf das Sozial- und Gesprächsklima auswirken.

Sozialisation: Der Vorgang der Sozialisation beschreibt die Vorgänge, durch welche Kinder und Jugendliche zu handlungsfähigen und kompetenten Mitgliedern einer Wissens-Gesellschaft und pluralistischen Kultur werden und sich zugleich zu eigenverantwortlichen und eigensinnig agierenden Individuen herausbilden. Die wichtigsten Sozialisationsinstanzen auf diesem Weg sind: Familie, Kindergarten, Schule, Hochschule und Berufsausbildung. Die während der Kindheit erfolgende Sozialisation konzentriert sich verstärkt auf die Entwicklung der basalen psychischen Funktionen wie Denken, Intelligenz, Sozialverhalten und natürlich Sprache und Sprechen.

Sozialisationsbedingungen: Die Bedingungen, unter denen die Kinder heute aufwachsen, haben sich verändert und werden sich weiterhin verändern. Eine ökologische Betrachtung der sprachlichen Sozialisation und deren Bedingungen geht weit über das Elternhaus hinaus. Folgende Indikatoren sind hier zu nennen: die Familiengröße, die Geschwisterkonstellation, die Rolle der Mutter, die Familiensprache, die Erziehungsstile, die Wohngegend, die häuslichen Anregungen (Spielmaterialien, Bücher, sonstige Medien), die täglichen Gebräuche und Sitten im Alltag (Fernsehen, miteinander sprechen, vorlesen) und die Erwartungen und Karrierewünsche der Eltern.

Sozialstatus: Darunter versteht man die gesellschaftliche Position, die eine Person innerhalb der Gruppe einnimmt bzw. der sie zugeordnet wird. Dabei gibt es bestimmte Statusmerkmale wie berufliche Stellung in der Gesellschaft, Bildungsniveau, Schulabschluss, Berufsposition und Einkommen, die den Sozialstatus bestimmen.

Soziogramm: Das ist eine Methode, um soziometrische Daten über Personen und die Wechselbeziehungen untereinander einzuholen. Im Soziogramm werden die sozialen Beziehungen grafisch repräsentiert. Das soziometrische Verfahren ist nach Moreno (1954) eine Methode zur Erforschung sozialer Strukturen bzw. sozialer Beziehungen von Menschen untereinander. Eine bekannte und alte Methode ist das Soziogramm, das die Beliebtheit eines Kindes in der Gruppe bestimmt. Die Darstellung von soziometrischen Daten erfolgt in einer so genannten Soziomatrix, d.h., in einer Tabelle werden beliebte und unbeliebte Kinder verortet. Eine beliebte Frage ist: »Wen würdest du auf deinen Geburtstag einladen?« Das Ergebnis sind Positiv-Wahlen und Negativ-Wahlen. Soziogramme spiegeln die zwischenmenschlichen Beziehungen innerhalb einer Gruppe wider. Wir können beobachten, ob ein Kind in die Gruppe integriert ist und ob es eine exponierte Position innerhalb der Gruppe einnimmt. Die Analyse von Soziogrammen ist eine Momentaufnahme, die lediglich den augenblicklichen Zustand widerspiegelt, der sich jedoch rasch ändern kann.

Soziometrie: Der Begriff setzt sich zusammen aus dem Lateinischen sozius (= Partner) und dem Griechischen metrein (= messen) und meint so viel wie das Messen der partnerschaftlichen Beziehungen von Menschen. Der in die USA emigrierte Rumäne Moreno (1890–1974) hat diese Diskussion 1934 mit seinem Buch »Grundlagen der Soziometrie« angestoßen und die Soziometrie als eine Methode der empirischen Sozialforschung zur Dokumentation partnerschaftlicher Beziehungen etabliert. Es geht um die Beobachtung des Sozialklimas in Kindergartengruppen und um die Atmosphäre in Schulklassen. Freundschaften, Feindseligkeiten, Sympathie und Antipathie, soziale Netze und Beziehungen von Kindern untereinander werden mit dieser Technik beobachtet und erkannt. Bei der Bildung von Fördergruppen im Rahmen der Sprachförderung kann die Soziometrie wichtige Dienste leisten.

Spiel: Das Spiel ist ein so komplexes Phänomen, dass es keine allgemein gültige Definition gibt. Wichtige Merkmale und Kriterien des Spiels sind: Die Auswahl des Spiels, Mittel kommt vor dem Zweck, die soziale Abstimmung mit dem Partner, die positiven Lustgefühle und das So-tun-als-ob (vgl. Petillon 2000, S. 16). Das Spiel bzw. das Spielen gehört zu den angeborenen menschlichen Grundbedürfnissen. Kinder, die nicht spielen, werden in ihrer Gesamtentwicklung behindert und werden krank. Das Spiel nimmt bei jedem Kind ein sehr breiten Raum ein und ist für die kindliche Entwicklung von größter Bedeutung. Im Spiel erfahren die Kinder ein lockeres und ungezwungenes Umgehen mit Personen, Gegenständen und Sachverhalten. Der spielende Umgang mit Themen und Inhalten aus der Lebenswelt der Kinder fördert die Motivation zum Lernen und Sprechen. Das Spiel ist so alt wie die Menschheit, und von daher gibt es eine große Zahl von Einteilungsversuchen und Erscheinungsformen (vgl. Einsiedler 1999; Petillon 2000; von der Kooij 2001).

Grundlegend ist die Unterscheidung von Petillon (2000) in Play (spielerischer Umgang mit Alltagssituationen) und Games (vorstrukturierte Spiele) mit drei weiteren Spieltypen:

163

Tätigkeitsspiele werden von Säuglingen und Kleinstkindern in den ersten beiden Lebensjahren gespielt. Sie spielen mit den Händen und Fingern, schütteln die Rassel, werfen Bauklötze aus dem offenen Fenster oder stecken Stofftiere in den Mund.

Bewegungsspiele sind Spiele, die weitgehend aus dem Drang nach Bewegung heraus erfunden, selbst kreiert, nachgeahmt und gespielt werden. Kinder laufen über die Bordsteinkante, balancieren über einen Baumstamm, kriechen durch ein Rohr, klettern auf einen Baum oder hüpfen auf der Straße, fahren Roller und Fahrrad. Ab dem zweiten Lebensjahr werden zunehmend auch Spiele konstruiert und weiterentwickelt. Kinder bauen ein Haus oder einen Turm, benutzen einen Besenstiel als Gewehr oder bauen einen Zug aus Gegenständen, die die Kinder in der Wohnung vorfinden. Im dritten und vierten Lebensjahr backt das Kind Kuchen aus Sand und tolle Bauwerke aus Bauklötzen. Oft haben diese Produkte wenig Ähnlichkeit mit der Realität.

Die *Konstruktionsspiele* werden im Vorschulalter immer differenzierter, und Kinder interessieren sich jetzt auch für technisches Spielzeug. Ab dem zweiten Lebensjahr beginnt das Kind auch Rollenspiele zu spielen. Die ersten Spiele sind die »Als-Ob-Spiele«, d.h., es tut so, als ob es schläft oder aus der Zeitung vorliest. Puppen werden schlafen gelegt, und schließlich spielt es Verkäuferin, Schornsteinfeger oder das beliebte Doktor-Spiel. Die Spiele werden immer komplizierter, zeigen eine große Nähe zur Lebenswelt des Kindes auf und werden je nach Bedarf verändert. Regelspiele werden ab dem dritten Lebensjahr gespielt. Einfache Regeln werden eingehalten, wie z.B. »Ich sehe was, was du nicht siehst« oder »Wer fürchtet sich vorm schwarzen Mann«. Im Vorschulalter werden immer öfter Quartett- und Würfelspiele wie »Mensch ärgere dich nicht« gespielt. Dabei können emotionale und soziale Erfahrungen gesammelt werden wie Gewinnen und »Verlieren-Können«. Das traditionelle Spielzeug wie Autos, Eisenbahn, Puppen und Bausteine wird immer mehr verdrängt durch moderne virtuelle technische Geräte wie PC usw. Insgesamt betrachtet, bietet das Spiel hervorragende Möglichkeiten, innerhalb der Sprachförderung die kommunikative Kompetenz des Kindes zu fördern.

Spielend lernen: In der Kindergartenpädagogik herrscht größte Skepsis gegenüber der vorherrschenden Kritik, im Kindergarten werde zu viel gespielt und gebastelt. Viele Erzieherinnen befürchten, dass das Dogma des Lernens die Kindheit zerstört. Das ist ein großer Irrtum, denn die Kindheit besteht ausschließlich aus Lernprozessen, denn bei jedem Spiel macht das Kind zahlreiche Lernprozesse durch. Wir sollten den Kindern geeignete Erfahrungs- und Handlungsräume bereitstellen, dann werden sie selbst entscheiden, ob sie spielen oder lernen wollen oder spielend lernen (vgl. Nitsch/Hüther 2004).

Sprachanbahnung: Dieser Begriff stammt aus der Schwerhörigen- und Gehörlosenpädagogik und meint die fachliche Hilfe bei den ersten Wörtern und Begriffen sowie der Artikulation des Kleinkindes. Die Sprachentwicklung wird gehemmt und muss durch fachliche Unterstützung und Hilfe unterstützt und begleitet werden.

Spracharten: Immer wieder werden unterschiedliche Begriffe verschieden gebraucht. Hier werden nun einige Spracharten definiert. Die Standardsprache (= Hochsprache oder auch Zielsprache genannt) wird seit den 1970er-Jahren in der Bundesrepublik Deutschland als historisch gewachsene, überregionale mündliche und schriftliche Sprache der Mittel- und Oberschicht gekennzeichnet. Sie ist gleichzeitig auch die öffentliche Verkehrssprache für die Behörden und Schulen. Die Normen werden durch öffentliche Medien und Institutionen permanent überprüft. Dialekt ist eine regionale Variante der Hochsprache, die sich erheblich von den Varietäten der gleichen Sprache abhebt, die bundesweit gesprochen wird. Slang dagegen ist eine Variante der Umgangssprache, die nur in bestimmten Gruppen gesprochen wird. Der Jargon ist eine Sprachform, die sich von Standardsprache durch einen gruppen- und fachspezifischen Wortschatz unterscheidet. Die Begriffe Jargon und Slang sind nur schwer voneinander abzugrenzen, meistens werden sie synonym gebraucht. Die Fachsprache ist eine berufsbezogene Sprache, die in verschiedenen Branchen benutzt wird: Techniker, Computerspezialisten, Physiker, Juristen, Mediziner, Psychologen, Pädagogen, Wissenschaftler und Verwaltung. Die Fachsprache unterschiedet sich von der Standardsprache vor allem durch einen fachspezifischen Wortschatz.

Sprachbarrieren: Darunter verstehen wir allgemeine Hindernisse und Behinderungen auf dem steinigen Weg des Kindes zur Sprache und zum Sprechen. Diese Hindernisse und Stolpersteine erstrecken sich auf verschiedene Bereiche, wie z.B. das familiäre Umfeld mit den sprachlichen Vorbildern, die kognitiven Fähigkeiten, das Kommunikationsklima, die Bewertung durch andere usw. Insbesondere das schichtspezifische Sprachverhalten spielt eine zentrale Rolle.

Sprache: Sprache ist eine übergeordnete Fähigkeit des Menschen im Rahmen der menschlichen Kommunikation. Sie ist das wichtigste und mächtigste Medium der Kommunikation. Sprache ist ein kompliziertes System von Zeichen, das nach bestimmten festgelegten Regeln funktioniert. Sprache ist ein differenziertes System auf Übereinkunft beruhender Symbole. Sprache als Begriff wird in der Geschichte immer wieder unter dem gewissen Doppelcharakter betrachtet: Wilhelm von Humboldt unterscheidet zwischen ergon

(Sprache ist kein totes Material und statisches System) und energeia (Sprache als dynamische Kraft und Tätigkeit), Ferdinand de Saussure gliedert in langue (Sprache) und parole (Sprechen), und Chomsky grenzt die Kompetenz (sprachliches Wissen) und die Performanz (Sprechen als menschliche Leistung) voneinander ab (vgl. Peuser 1989, S. 60). Sprache symbolisiert die Welt, die Kultur, die Wirklichkeit und den Alltag. Sprache realisiert sich in verschiedenen Zeichengestalten: Körpersprache, Lautsprache und Schriftsprache. Sprache dient in erster Linie der zwischenmenschlichen Kommunikation, ist ebenso ein Instrument des Denkens und steuert und begleitet das menschliche Handeln. Das eigentliche Sprachorgan ist das menschliche Gehirn als zentrale Verarbeitungsmaschine des Kindes. Mit und durch die Sprache konstruieren wir unser Weltbild und schaffen damit Realität. Sprache ist ein gesellschaftliches Produkt. Auf der Erde gibt es ca. 3000 verschiedene Sprachen. In Europa spricht man zurzeit etwa 60 verschiedene Sprachen. Die Hälfte der Weltbevölkerung hat eine indogermanische Sprache als Muttersprache; dazu zählt man die germanischen, romanischen, slawischen Sprachen, aber auch das Persische, die indischen Sprachen und das Singhalesisch.

Sprache, Formstufen: Nach Zacharias (1974, S. 88ff.) können je nach Funktion und Wirkung der Sprache folgende Formstufen unterteilt werden: Nationalsprache, Hochsprache, Mundart, Dialekte, Umgangssprache, Verkehrssprache, Literatursprache und Bühnen- und Vortragssprache.

Sprachebenen: Die Ebenen der Sprache werden formal aus Gründen der Diagnostik und Förderung untergliedert, in der Realität finden wir jedoch ein sehr komplexes und dynamisches Sprachgeschehen beim Kind vor. Wichtige Ebenen sind die emotional-soziale sowie die pragmatisch-kommunikative Ebene. Hier steht das Gespräch mit anderen und der kommunikative Austausch im Vordergrund. Die Ebene der Bedeutung setzt das Hören und Verstehen von Sprache voraus. Wörter und Sätze stehen für Dinge, Objekte, Gegenstände und Zusammenhänge aus der Wirklichkeit. Diese Ebene umfasst den Wortschatz und das Sprachverstehen des Kindes. Die Ebene der Aussprache oder Artikulation beschäftigt sich mit all den Fertigkeiten, die für die korrekte Bildung von Lauten und Wörtern wichtig sind, d.h. den Sprechwerkzeugen, der Stimme und der Atmung. Auf der vierten Ebene, der morphologischen und syntaktischen Ebene, geht es um die Beugung von Wörtern, um die Reihenfolge der Wörter in Sätzen und um die Berücksichtigung grammatischer Regeln und Strukturen. Alle diese Ebenen stehen auf einer Stufe und dürfen nicht im Sinne einer Rangfolge hierarchisch betrachtet werden.

Sprachentwicklung: Die entscheidende Grundlage der einsetzenden Sprache beim Neugeborenen sind nicht die Laute, wie vielfach immer noch angenommen, sondern die gemeinsamen Handlungen und Tätigkeiten zwischen dem Kind und den primären Bezugspersonen. Die Sprachentwicklung entwickelt sich aus den ersten zwischenmenschlichen Interaktionen (vgl. Bruner 1987) heraus auf der Grundlage von Blickkontakt, Mimik, Gestik und den prosodischen Merkmalen und nicht mit dem Lallen und dem Produzieren von einzelnen Lauten. Die gegenseitige Kooperation zwischen Mutter und Kind, die ersten emotionalen und sozialen Erfahrungen führen zu den ersten Formen der zwischenmenschlichen Kommunikation und damit zur menschliche Sprache. Bei den Grundlagen der Sprachentwicklung unterscheidet Wilken (1996, S. 116ff.) den motorischen Bereich und den emotional-kognitiven Sektor. Im motorischen Bereich werden die Grundlagen geschaffen für das Sprechen. Damit das Kind sprechen kann, sind die emotionalen, sozialen und vor allem auch kognitiv-geistigen Voraussetzungen wichtig, auch bei Menschen mit einer geringeren intellektuellen Begabung. Im motorischen Bereich sind zu nennen: Atmung, Primärfunktionen wie Saugen, kauen und Schlucken, Produktion von Lauten, Kopfkontrolle und die Funktionstüchtigkeit der Sprechorgane wie Lippen und Zunge sowie die intakte Hör -und Sehfähigkeit. Im emotional-kognitiven Bereich sind wichtig: Wahrnehmung, Blickkontakt, Aufmerksamkeit, Wachheit, Interesse, Symbolverständnis, Objektpermanenz, Imitationsfähigkeit, Sprachverständnis und das kooperative und interaktive Handeln und Auseinandersetzen mit der Umwelt (vgl. Wilken 1996).

Sprachentwicklung, gestörte: Wir sprechen dann von einer gestörten Sprachentwicklung, wenn es zu erheblichen zeitlichen Verzögerungen in mehreren Entwicklungsbereichen kommt. Hier ist festzuhalten, dass Kinder spätestens bis zum 5. Lebensjahr unauffällig sprechen sollten. Als frühe Warnsignale und erste Alarmzeichen einer verzögerten Sprachentwicklung sind folgende Indikatoren zu betrachten: Probleme mit dem Hören, das Lallen zwischen dem 6. und 8. Lebensmonat verläuft nicht normal, fehlende Kontrolle über die Sprechwerkzeuge, auch z.B. vermehrter Speichelfluss nach dem 2. Lebensjahr, verspäteter Sprechbeginn mit ca. 2 Jahren. Zweijährige sprechen Zweiwortsätze mit Subjekt und Prädikat, und Dreijährige bilden Dreiwortsätze bzw. ungegliederte Mehrwortsätze. Im Alter von vier Jahren sprechen die Kinder korrekt in relativ komplexen Sätzen, und mit fünf Jahren können die Kinder an Gesprächen teilnehmen, Wünsche äußern, ihre Interessen formulieren und Antworten auf Fragen geben. Neben der Satzentwicklung vollzieht sich auch der Wortschatz relativ schnell und zügig. Zweijährige beherrschen durchschnittlich 200 Wörter, zum Schulanfang haben die Kinder einen aktiven Wortschatz von ca. 2500 Wörtern und einen passiven Wortschatz von ca. 13000 Wörtern (vgl. Benedict 1979). Ein Erwachsener verfügt durchschnittlich über 20.000 bis 25.000 Wörter und Begriffe.

Sprachentwicklungsverzögerung: Damit ist eine kindliche Störung gemeint, die durch das Zurückbleiben der normalen Sprachentwicklung des Kindes deutlich wird. Ursachen sind oft Defizite in der Wahrnehmung, Motorik, Psyche und Intelligenz.

Spracherwerb: Der Spracherwerbsprozess beginnt im eigentlichen Sinne bereits vor der Geburt, und zwar mit einer ungestörten Schwangerschaft. Die biologischen Anlagen wie Mund, Kehlkopf und Resonanzräume, die Augen und die Ohren und das Gehirn als zentrale Schalt- und Verarbeitungszentrale bilden sich aus. Der Fötus regt sich spürbar für die Mutter, er lutscht am Daumen und hört bereits Geräusche wie das laute Schreien oder Knallen einer Tür. Unmittelbar nach der Geburt setzen sich diese ersten, frühen und vorsichtigen Versuche der Kommunikation fort. Wichtig ist zunächst der intensive Kontakt mit der Mutter. Hier werden die nonverbalen Signale der Körpersprache wie Blickkontakt, Mimik und Gestik durch stimmliche Äußerungen ergänzt und unterstützt. In der Regel kann meistens nur die Mutter diese Art der gemischten Kommunikation verstehen. Die Sprache entwickelt sich aus dem gemeinsamen Handeln mit der Mutter, dem Vater, den Geschwistern, den Verwandten, den Freunden und Bekannten – ja mit der gesamten sozialen Umwelt, in der das Kind aufwächst und lebt. Der Spracherwerbsprozess führt zusehends zur Angleichung an die Zielsprache, die Standardsprache des Deutschen. Das Kind eignet sich so je nach Begabung, Anstrengung und Vorbilder pragmatische, semantische, syntaktische, phonetische, phonologische und morphologische Fähigkeiten an. Darüber hinaus ist der Spracherwerb abhängig von biologischen und neurophysiologischen Gegebenheiten des Kindes und den emotionalen, sozialen und sprachlichen Anregungen des Umfeldes.

Spracherwerb, Entwürfe: Unter Spracherwerb verstehen wir den Prozess, in dem Kleinstkinder in der Kommunikation mit anderen Menschen und im sozialen Austausch eine oder mehrere Sprachen lernen. Zurzeit gibt es keine allgemein gültige Theorie, vielmehr existieren unterschiedliche Theorieentwürfe und Ansätze aus verschiedenen Wissenschaftsdisziplinen wie Linguistik, Entwicklungspsychologie, Neurophysiologie, Neuropsychologie und Pädagogik. In der Spracherwerbsforschung unterscheiden wir verschiedene Entwürfe und Hypothesen: Der Behaviorismus – ein bekannter Vertreter ist Skinner (1957) – geht davon aus, dass die menschliche Sprache durch Nachahmung erworben wird. Der Nativismus – Vertreter ist Chomsky (1959) – betrachtet den Erwerb der Sprache als Reifungsprozess, der nach bestimmten Regeln und Strukturen abläuft. Der Kognitivismus – Vertreter ist Piaget (1972) – sieht die Sprache als Teil der allgemeinen kognitiven Entwicklung. Sprache strukturiert das Denken und das Denken die Sprache. Der Interaktionismus – Vertreter ist Bruner (1987) – geht davon aus, dass sich der Spracherwerb in einer sehr engmaschigen und dynamischen Wechselbeziehung zwischen dem Kind und der Mutter und allen weiteren Bezugspersonen aus dem kindlichen Umfeld vollzieht.

Sprachförderprogramme: Darunter verstehen wir spezielle Förderprogramme zur Unterstützung der Sprachentwicklung und des Sprechens. Es gibt verschiedene Programme zur Förderung des Wortschatzes, der Grammatik, der phonologischen Bewusstheit und der Syntax. Die Förderstrecke ist zeitlich klar vorgegeben (z.B. täglich eine Stunde oder zehn Minuten), die Organisation der Förderung als Einzel- oder Gruppenförderung sowie die Durchführung ist definiert. Die Förderung läuft meistens nach bestimmten Vorgaben und Fördermustern ab.

Sprachförderung: In der Sprachförderung werden Kinder gefördert, die einen spezifischen Förderbedarf in der Sprache und beim Sprechen aufweisen. Sie richtet sich nicht nur an sprachauffällige Kinder, sondern gleichermaßen auch an durchschnittlich, besser und hoch begabte Kinder. Die Sprachförderung will alle Kinder gemäß ihren Potenzialen und Möglichkeiten sprachlich fördern. Die Sprachförderung will sowohl deutsche Kinder als auch zugewanderte Kinder berücksichtigen. Diese Art der hier vorgeschlagenen Sprachförderung ist kein exklusives Zusatzangebot des Kindergartens oder der Grundschule, sondern ein inklusives tägliches Förderangebot. Es ist grundsätzlich für alle Kinder mit einem entsprechenden Förderbedarf offen. Sprechen, aktiv zuhören, verstehen, lesen und schreiben sind alltägliche Handlungen, die die Kinder oft lernen wie laufen und Rad fahren, ohne sich damit eingehend zu beschäftigen. Immer dann, wenn Probleme auftreten, beschäftigen wir uns damit bewusster und eingehender. So ist es auch mit der Sprachförderung. Sprache hat mit Kommunikation zu tun, mit Beziehungen und Kontakten zu anderen Menschen und mit Denken und Verstehen. Die Sprachförderung sollte sich nicht nur auf die Bereiche Sprache und Sprechen konzentrieren, sondern sollte auch die tangierenden Entwicklungsbereiche berücksichtigen. Wahrnehmung, Motorik, Bewegung, Sprache, Sprechen und Denken sind als integrative und strukturell miteinander zu verzahnende Bereiche in die Sprachförderung aufzunehmen. Sprachförderung ist daher auch Denkschulung, Bewegungsförderung,

Wahrnehmungsschulung und Sprachförderung zugleich. Die Anteile der Förderbereiche orientieren sich immer am individuellen Förderbedarf des Kindes. Daher kann Sprachförderung kein homogenes Angebot sein für eine ganze Gruppe oder ganze Klasse, sondern kann immer nur differenziert und individuell angeboten werden. Sprachförderung darf sich nicht nur auf die gesprochene Sprache konzentrieren, sondern sollte auch den Schriftspracherwerb im Auge behalten. Sprachförderung kann das Schreiben und Lesen vorbereiten, indem sie wichtige Vorläuferfertigkeiten, z.B. die phonologische Bewusstheit bei Kindern, vor der Einschulung fördert. Zentral gilt für die Sprachförderung, dass Kinder Sprache nicht durch intensives und ausgedehntes Vor- und Nachsprechen lernen, sondern durch vielfältige Interaktionen mit anderen Menschen. In diesen Beziehungen und Kontakten entdecken sie die sprachlichen Regeln und Strukturen, machen neue Erfahrungen und übernehmen diese dann in das eigene sprachliche Repertoire.

Sprachgefühl: Darunter versteht man die intuitive Fähigkeit des Kindes auf Grund von sprachlichen Erfahrungen in der Muttersprache zwischen korrekten und nicht akzeptablen Sätzen zu differenzieren. Das Sprachgefühl steuert den natürlichen Sprecher und fällt ein spontanes Urteil über richtig oder falsch Gesprochenes. Das Sprachgefühl kontrolliert und beeinflusst auch die Sprechpausen, die Impulsivität oder Reflexivität beim Sprechen, den Sprechrhythmus, die Melodie und die Lautstärke. Bekannte Kinderlieder und einfache Fingerspiele fördern das Sprachgefühl bei Kleinkindern und Vorschulkindern. Mit zunehmender Stärke und Intensität des Sprachgefühls wird das Kind sicherer und selbstbewusster beim Sprechen.

Sprachheilschule: Der alte Begriff der Sonderschule für Sprachbehinderte wird heute selten gebraucht und ist ersetzt worden durch »Förderschule für Kinder mit Problemen in der Sprache und beim Sprechen.« Dort werden Kinder beschult, die in der Regelschule nicht ausreichend gefördert werden können.

Sprachkategorien: Zugewanderte Kinder müssen sich mit den spezifischen Strukturen der deutschen Sprache auseinander setzen. Sie müssen lernen, dass bestimmte sprachliche Kategorien im Deutschen anders formuliert werden als in ihrer Herkunftssprache. Hier sind als Probleme nennen:

1. Der korrekte Gebrauch des Artikels, da manche Sprachen nur zwei oder nur ein Geschlecht kennen; das Türkische kennt keinen Artikel.
2. Die Deklination bei Hauptwörtern.
3. Die Konjugation der Tätigkeitswörter der Gebrauch der Präpositionen.
4. Die Verneinung.
5. Der Gebrauch der Konjunktionen.
6. Die Syntax, d.h. die Reihenfolge der Satzteile.

Sprachkompetenz: Damit ist das im Kinde vorhandene Wissen über die Sprache gemeint, das noch keiner bewussten Reflexion unterzogen worden ist.

Sprachlaute: Darunter versteht man Schallerscheinungen, die sich durch besondere physikalisch messbare Merkmale hervortun. Der Mensch ist in der Lage, Schallerscheinungen von 16 HZ bis 20000 Hz mit dem Ohr und dem Gehirn wahrzunehmen. Die obere Hörgrenze nimmt mit zunehmendem Lebensalter ab. In der Lautsprache begegnen uns die Vokale und Konsonanten als Schallerscheinungen, die wir wahrnehmen, differenzieren und identifizieren. Diesen Vorgang bezeichnen wir als Perzeption (vgl. Petermann 1989, S. 11). Das Kind hört und spricht nicht einzelne Laute, sondern es ahmt den gehörten Klang eindruck als Ganzes nach. Je nach motorischer und sensorischer Entwicklung und Lebensalter schafft es das gut oder weniger gut. Sprachlaute werden oft nach bestimmten Merkmalen bzw. Merkmalpaaren analysiert: Einige häufig vorkommende Merkmalpaare sind: vokalisch – nichtvokalisch; konsonantisch – nicht konsonantisch; stimmhaft – stimmlos; nasal – oral; dunkel – hell.

Sprachperformanz: Darunter verstehen wir die aktuelle Leistung des Kindes mit seiner Sprache in ganz konkreten Sprechsituationen des Alltags.

Spracherwerbsforschung: Die Anfänge der Spracherwerbsforschung finden wir bei Stern und Stern 1907 und der Übernahme angloamerikanischer und englischer Arbeiten, die einfach auf deutsche Verhältnisse übertragen wurden (vgl. Holtz 1989). In den 1970er-Jahren erscheint die umfangreiche Arbeit von Oksaar (1977). In den 1980er-Jahren wurden die empirische Forschung verstärkt, und es erschienen die ersten Studien von Psychologen und Linguisten zu einigen Teilbereichen der Sprachentwicklung: Miller 1976, Ramge 1976, Clahsen 1982 und Gipper 1985. Die teilweise formal- und normorienterte linguistische Perspektive dominierte, umfassende und übergreifende Ansätze waren jedoch von Interesse und gefragt. Ein Beispiel dafür sind die Arbeiten von Grimm (1982, 1983, 1984) sowie das weit verbreitete Standardwerk von Szagun (1980). Wir haben das Problem, aus den vorliegenden einzelnen Studien und additiven Arbeiten eine theoretische Zusammenschau zu leisten und damit einen verständlichen und plausiblen Gesamteindruck abzuliefern.

Sprachpflege: Die Pflege der mündlichen Sprache steht im Mittelpunkt der Sprachförderung im Kindergarten und im Anfangsunterricht der Grundschule. Folgende Maßnahmen bieten sich hier an: Sprechfreude wecken durch Bilder- und Sprachwitze, freie sprachliche Äußerungen fördern, Benennen von Gegenständen, Tätigkeiten usw., Erzählen von Bildergeschichten, Nacherzählen einer Geschichte oder eines

Märchens, Förderung des sprachlichen Ausdrucks im Rollenspiel, Hinführung zum Dialog und zum Gespräch und vor allem das Zuhören lernen.

Sprachspiel: Sprachspiele sind zunächst einmal Spiele mit der Sprache in allen möglichen Variationsformen. In den vielfältigen Sprachspielen steht der kreative, fantasievolle und spielerische Umgang mit der jeweiligen Sprache – Muttersprache, Deutsch als Zweitsprache oder eine Fremdsprache – im Mittelpunkt der pädagogischen Überlegungen. Man spricht auch von Sprachlernspielen. Hier wird der Lerneffekt mit der kindlichen Spielfähigkeit verknüpft. Viele Sprachspiele sind lustig, emotional hoch geladen und verbreiten Humor und Witz.

Sprachstandserhebung: Der spezielle Förderbedarf eines Kindes muss durch Sprachstandserhebungen im vertrauten Umfeld festgestellt werden. Hierzu werden zum einen Tests und zum anderen informelle Verfahren und Beobachtungsbögen eingesetzt.

Sprachstandserhebungsverfahren: Zurzeit gibt es eine Reihe meist regional entwickelter und lokal bekannter Verfahren zur Erhebung des aktuellen Sprachstandes.

Das Berliner Verfahren »Bärenstark« ist ein informelles Verfahren, das in der Schuleingangsphase die Sprachkompetenz als basale Fertigkeit und den Sprachgebrauch für deutsche und zugewanderte Kinder ermittelt. Das Verfahren besteht aus zwei Teilen: Teil A dient der Sprachstandserhebung während Teil B Anregungen für die Sprachförderung gibt. Internet-Adresse: www. senbjs.berlin.de/schule.

Helmut Breuer und Maria Weuffen haben für drei Alterstufen – vier- bis siebenjährige Kinder – die so genannten Differenzierungsproben in der ehemaligen DDR entwickelt und erprobt. Sie überprüfen die für das Sprechen erforderlichen Wahrnehmungsfähigkeiten wie die optische, die phonematische, die kinästhetische, die melodische und die rhythmische Differenzierungsfähigkeit des Kindes. Diese Differenzierungsprobe soll insbesondere bei Vorschulkindern und sprachauffälligen Kindern eingesetzt werden.

Das Gesundheitsamt des Rhein-Neckar-Kreises in Heidelberg hat das Screening-Verfahren HASE entwickelt und erprobt. Das Verfahren wird bei fünf- und sechsjährigen Kindern eingesetzt, um Kinder mit einem erhöhten Risiko für Sprachprobleme und möglichen Schrifterwerbsschwierigkeiten früh zu erfassen. Dabei sollen die Kinder in den Bereichen Nachsprechen von Sätzen, Nachsprechen von Kunstwörtern, Nachsprechen von Zahlenfolgen und Silben klatschen überprüft werden.

SISMIK ist ein Beobachtungsverfahren, das von Mayr und Ulich am Staatsinstitut für Frühpädagogik in München entwickelt wurde. Hier geht es um eine gezielte Beobachtung von zugewanderten Kindern. Die Kinder werden in folgenden Bereichen beobachtet: sprachrelevante Situationen und die sprachlichen Reaktionen des Kindes, Sprachvermögen im engeren Sinne (Grammatik, Satzbau und Wortschatz), Angaben zum Kind, zum familiären Hintergrund, zur Gruppensituation und zur Einrichtung.

BISC ist ein von Jansen, Mannhaupt, Marx und Skowronek entwickeltes Bielefelder Screening zur Früherkennung von Lese-Rechtschreib-Schwierigkeiten kurz vor der Einschulung. Die Aufgaben kreisen um die phonologische Bewusstheit und beinhalten u.a. das Finden von Reimwörtern, die Gliederung von Wörtern nach Sprechsilben und das Erkennen von An- und Endlauten eines Wortes.

Die Fitness-Probe ist eine von Herbert Günther entwickelte strukturierte Beobachtung für Kinder im Alter zwischen fünf und sieben Jahren. Die Beobachtung und Dokumentation von Kindern sollten gezielt und regelmäßig erfolgen, und zwar vor und nach der Sprachförderung. Folgende Bereiche werden beobachtet: Sprachgedächtnis, auditive Wahrnehmung, Sprachverstehen, Malen/Schreiben, Aussprache einzelner Wörter, Konstruieren von Sätzen und Phonologische Bewusstheit.

Sprachstörung: Die Sprachstörung ist im Gegensatz zur Sprechstörung eine Störung, die sich auf die Bereiche Semantik (Bedeutung), Lexik (Wortschatz) Syntax (Form) und Pragmatik (Funktion) bezieht. Sprachstörung ist das Unvermögen eines Kindes zum regelhaften und der Altersnorm entsprechenden Gebrauch der Muttersprache. Es handelt sich um Abweichungen von einer definierten Norm der Standardsprache. Die Sprachstörung kann während und nach dem Spracherwerb auftreten. Die Sprachstörung kann sowohl die Rezeption als auch die Produktion betreffen und in ihren Auswirkungen zu einer schweren Belastung der zwischenmenschlichen Kommunikation werden. Nach Braun (1999) unterscheiden wir zwischen entwicklungsbedingten Sprachstörungen (Aussprachestörungen wie Stammeln), organisch bedingten Sprachstörungen (z.B. Stimmstörungen) und interaktiv bedingten Sprachstörungen (z.B. Stottern).

Sprachtherapie: Die Sprachtherapie ist eine Fördersituation, die ausschließlich von Experten durchgeführt werden kann. Als Experten sind zu nennen: Logopäden und Sprachtherapeuten, ebenfalls können dies auch Sonderschullehrer mit der Fachrichtung Sprachbehindertenpädagogik sein. Sprachtherapie bezeichnet eine spezielle Interaktion, die planvoll organisiert wird sowie vielfältige Lernmöglichkeiten und sprachliche Arrangements mit dem Ziel der Verbesserung sprachlicher Fertigkeiten anbietet (vgl. Dannenbauer 1992, S. 168).

Sprachtests: Alle in Frage kommenden Testverfahren zur Überprüfung von Sprache und Sprechen sowie den tangierenden Entwicklungsbereichen finden wir in dem jährlich erscheinenden Testkatalog der Testzentrale Göttingen des Hogrefe-Verlages. Dort sind zurzeit mehr als 750 Testverfahren katalogisiert und erhältlich. Die Sprachtests werden innerhalb der Serie Entwicklungstests angeboten. Einige der dort geführten Tests sind: der Sprachentwicklungstest für zweijährige Kinder (SETK-2) von Hannelore Grimm; der Sprachentwicklungstest für drei- bis fünfjährige Kinder (SETK-3–5) von Hannelore Grimm sowie der Heidelberger Sprachentwicklungstest (HSET) von Grimm und Schöler für Kinder im Alter zwischen drei und neun Jahren.

Sprachverständnis: Der Begriff wird von Zollinger (1991) in dem Buch »Spracherwerbsstörungen« aufgegriffen und definiert. Sprachverständnis ist ein komplexer Begriff, der sprachliche, kommunikative, soziale und kognitive Faktoren als Gemenge betrachtet. Der Säugling lernt in der Interaktion mit der Mutter über Mimik, Gestik und Blickkontakt wichtige zwischenmenschliche Situationen des Alltags zu verstehen. Aus diesem Verständnis heraus wird für das Kind die Notwendigkeit der sprachlichen Verständigung immer wichtiger. Das Sprachverständnis ist damit eine wichtige Voraussetzung des folgenden Spracherwerbs des Kindes. Viele Kinder haben Probleme mit dem Sprachverständnis, das meist nicht als Problem erkannt wird. Hier haben wir es mit einer nicht hörbaren und verdeckten Sprachstörung zu tun.

Sprachverstehen: Synonym und häufiger gebraucht wird der Begriff Sprachverständnis. Sprachverstehen drückt stärker den aktiven Anteil dieses Prozesses aus. Sprachverstehen bedeutet etwa Begreifen, den Sinn von Wörtern und Sätzen erfassen und etwas im Zusammenhang erkennen. Wörter und Sätze werden dann als verstanden betrachtet, wenn man den Sinn der gehörten sprachlichen Äußerung »denkt«, d.h., man entnimmt Denkinhalte und Botschaften, macht sie zum eigenen Denken und denkt bewusst über das Gehörte nach. Nach dem deutschen Sprachphilosophen Wilhelm von Humboldt wird ein Gedanke aus dem Kopf eines sprechenden Kindes nicht einfach in einen anderen Kopf verpflanzt, sondern das zuhörende Kind gestaltet den Gedanken in Verbindung mit den von außen wahrgenommenen Signalen schöpferisch und kreativ nach. Das Sprachverstehen ist somit eine kognitive Tätigkeit des Kindes. Das Sprachverstehen weist auch verstärkt auf emotionale und soziale Aspekte der Situation hin. Damit das Verstehen von Sprache funktioniert, müssen die nonverbalen Anteile der Sprache wie Blickkontakt, Mimik und Gestik, die paraverbalen Elemente wie Stimme, Rhythmus und Sprechmelodie und die verbalen Fähigkeiten der Sprachproduktion zusammenarbeiten.

Sprachwissenschaft: Darunter versteht man die Wissenschaft und Lehre von der Sprache und dem Sprechen. Die moderne Sprachwissenschaft geht auf den Schweizer Ferdinand de Saussure zurück. Sprache als System von Zeichen und festgelegten Strukturen mit den mündlichen und schriftlichen Erscheinungsformen ist im weiten Feld von Sprache als soziales Handeln zu verstehen. Dabei spielen die Begriffe Interaktion und Kommunikation eine tragende Rolle.

Sprachzentrum: Damit sind jene Regionen im Großhirn gemeint, die für die Sprachproduktion und das Sprachverständnis zuständig sind. Man unterscheidet das motorische Sprachzentrum (auch Brocasches Zentrum genannt), das akustische Sprachzentrum (auch Wernikesches Zentrum genannt) und das optische Sprachzentrum (auch Lesezentrum genannt).

Sprachzerfall: Darunter verstehen wir in der sprachlichen Umwelt all jene Erscheinungen und Verhaltensweisen, die eine differenzierte Sprache verhindern. Folgende Phänomene sind hier anzuführen: eine fragmentarische Sprechweise, sehr einfache und derbe Wortwahl, kurze, zu einfache Sätze, oft nur Einwortsätze, keine komplexen Satzstrukturen und die Dominanz des passiven Sprachkonsums.

Sprechakt: Der Sprechakt ist ein zentrales Phänomen der Lautsprache. Das ist die kleinste grundlegende Einheit der sprachlichen Kommunikation bzw. der sprachlichen Handlung zwischen Gesprächspartnern. Unter dem Sprechakt versteht man den Prozess der Umwandlung von Vorstellungen und Gedanken in den Sprechklang. Dieser Umwandlungsvorgang wird auch als Kodierung bezeichnet. Ein Sprechakt liegt dann vor, wenn ein Kind zu einem anderen Kind etwas sagt.

Sprechen: Sprechen ist die äußere und damit hörbare Form der Sprache. Das Sprechen ist der Sprache untergeordnet. Sprechen ist die Fähigkeit des Menschen, Gefühle, Gedanken und Wünsche durch hörbare Worte und Sätze mittels der Stimme auszudrücken. Die Realisierung des Systems Sprache erfolgt über das Sprechen. Hierzu bedient sich der Mensch einer Vielzahl von Sprechwerkzeugen: Lippen, Zunge, Zähne, Gaumen, Zäpfen, Nasenraum, Rachenraum, Mundraum, Luftröhre, Stimmlippen, Kehlkopf, Lunge und Zwerchfell. Die Realisierung von Sprache erfolgt über die Koordination von mehr als 100 Muskeln und den Sprechwerkzeugen. Bei einem normalen Gespräch werden 120 Wörter pro Minute produziert. Sprechen ist ein komplizierter physiologischer Vorgang der Artikulation. Während die Sprache ein ausgesprochen gesellschaftliches Produkt repräsentiert, ist das Sprechen eine individuelle Leistung des einzelnen Menschen.

Sprechenlernen: Sprechenlernen ist ein Kinderspiel, denn die meisten Kinder lernen sprechen so, wie sie laufen lernen. Dennoch gibt es bei einigen Kindern Probleme und Schwierigkeiten. Wie verläuft nun die kindliche Entwicklung im Einzelnen? Auf konkrete Altersangaben wird verzichtet, da die Kinder unterschiedliche Entwicklungen beim Spracherwerb durchlaufen:

1. Schreien sofort nach der Geburt und in den ersten Tagen und Wochen.
2. Lallen zwischen dem zweiten und siebten Monat.
3. Sprachverstehen in der zweiten Hälfte des ersten Jahres und die ersten Wörter im Alter von einem Jahr.
4. Zwei- und Mehrwortsätze im Alter von zwei bis drei Jahren.
5. Das Kind führt im Alter von drei bis vier Jahren Dialoge und beginnt von sich aus zu erzählen.
6. Kind spricht im Alter von fünf Jahren alle Laute der deutschen Sprache.
7. Das Kind entwickelt eine individuelle Sprache, eine persönliche Sprecherrolle und einen eigenen Sprachstil.

Sprechereignisse: Darunter versteht man bestimmte komplexe Situationen, wie z.B. das Verkaufsgespräch, der Tratsch auf dem Wochenmarkt oder der Plausch an der Theke. Sprechereignisse sind meist regional und lokal geprägt. Das Sprechereignis ist eine sprachliche Aktivität, in der Gesprächsteilnehmer über das Medium der Sprache interagieren, um zu einem Gesprächsergebnis zu kommen. Die Sprechsituation ist der Schauplatz, in der sich die Szene abspielt, wie z.B. das Gespräch auf dem Markt oder beim Kaffeeklatsch. Das Sprechereignis ist die darunter liegende Ebene und spielt sich innerhalb einer bestimmten Situation ab. Sie besteht aus einzelnen Sprechakten, wie z.B. das Erzählen einer Geschichte, die vorgefallen ist. Der Sprechakt ist das kleinste Element des Sprechereignisses und ist z.B. die Vorrede bzw. das Bekanntmachen des Angebotes auf dem Markt.

Sprechgeschwindigkeit: Darunter verstehen wir die Geschwindigkeit des Sprechens, d.h. die Anzahl der Produktion von einzelnen Wörtern pro Minute. Die Sprechgeschwindigkeit wird als langsam definiert bei 50 gesprochenen Wörtern pro Minute und als durchschnittlich bei 90 Wörtern pro Minute (vgl. Franke 1998). Viele Eltern und Fachkräfte sprechen oft zu schnell und erschweren damit dem Kind das Verstehen der Sprache erheblich.

Sprechhilfen: Als Sprechhilfen bezeichnet man all jene Geräte oder Instrumente, die das Sprechen z.B. nach einer Kehlkopfentfernung und dem Einsatz eines künstlichen Kehlkopfes ermöglichen.

Sprechorgane: Zu den Sprechorganen zählen wir die Lippen, die bei allen Lauten beteiligt sind, die Zunge, die das beweglichste Sprechorgan ist, und der Gaumen mit dem Gaumensegel (auch Velum genannt).

Die Geschicklichkeit und feinmotorische Koordination sind eine unabdingbare Voraussetzung für eine gute Aussprache. Wenn die Sprechmuskulatur und die Sprechorgane nicht harmonisch und koordiniert zusammenarbeiten, kann das zu Sprechstörungen führen.

Sprechpause: Sprechpausen sollten bewusst und gezielt eingesetzt werden, um einerseits dem Schnellsprechen vorzubeugen und andererseits, um etwas Wichtiges besonders hervorzuheben. Für die Sprechpausen nennt Scherer (1995) vier Gründe:

1. Zum besseren Behalten,
2. das Hirn braucht Sauerstoff,
3. bessere Sprachmelodie und Tonfall,
4. Bewegung und Rhythmus.

Sprech- und Sprachspiele: Die inhaltliche Verknüpfung von Sprache und Sprechen in vertrauten Geschichten, Erzählungen, in Dialogszenen, in Spielhandlungen und in alltäglichen Situationen fördert das kommunikative Verhalten der Kinder auf allen Ebenen. Hier bieten sich nonverbale Interaktions- und Ausdrucksspiele, Körper- und Gestenspiele, Pantomime, Geräuschspiele, Sprechzeichnen, Fingerspiele, Bewegungsspiele, Spiel- und Tanzlieder, Kinderreime, Abzählverse und Rätsel an.

Sprechsilbe: Die Sprechsilbe ist keine linguistische, sondern eine rhythmische zw. sprechtechnische Einheit beim Sprechen des Kindes. Die Silbe trägt keine Bedeutung. Die menschliche Sprache nutzt die Silbe als natürliche Einheit zur Durchgliederung des Sprechens. In Auszählversen, Sprechversen und Liedern wird die Silbe von den Kindern sehr schnell aufgenommen und kann auch durch Körperbewegungen, wie z.B. durch das Malen von Silbenbögen in der Luft, dargestellt werden. Über die Silbe wird die Aufmerksamkeit des Kindes auf das Klingen der Wörter gelenkt.

Sprechstimme: Die normale Sprechstimme ist individuell verschieden und richtet sich in ihrer jeweiligen Höhe nach der allgemeinen Stimmlage eines Menschen. Wir unterscheiden Bass, Tenor, Alt und Sopran. Wir sprechen bei der normalen Sprechstimme auch von der physiologischen Normalsprechlage (Indifferenzlage). Sie ist jene Stimmlage, die mit dem geringsten Aufwand an Kraft und Energie durch die Kehlkopfmuskulatur, Stimmlippen und Sprechwerkzeuge erzielt wird.

Sprechstörung: Die Sprechstörung ist im Gegensatz zur Sprachstörung eine Störung, die sich auf der phonetisch-phonologischen Ebene auswirkt. Darunter verstehen wir Artikulationsstörungen, die verschiedenen Formen der Dyslalie bzw. die verschiedenen Stammelfehler. Beide Störungen – die Sprachstörung und die Sprechstörung – können gemeinsam auftreten

Sprechweise: Darunter versteht man zunächst die Art zu sprechen. Die Fachkraft sollte langsam und deutlich sprechen und kurze Pausen nach Sinneinheiten einlegen. Wichtig sind auch die Mimik, die Gestik und der Blickkontakt und die Betonung wichtiger Wörter einer sprachlichen Äußerung.

Sprechzeichnen: Sprechzeichnen ist eine beliebte Aktivität, die zum einen das rhythmische Sprechen und zum anderen die gleichzeitige Bewegung des Zeichnens integriert. Das Sprechzeichnen geht u.a. auf die Erkenntnisse und Ideen der »Schule Schlaffhorst Andersen« zurück. Im Zentrum steht das rhythmische Sprechen von Reimen und Versen, zu denen gleichzeitig kreisende und eckige Strichführungen gemacht werden. Die Verse können aus dem allgemeinen deutschen Volksgut übernommen oder selbst mit den Kindern entwickelt werden. Während des Zeichnens versetzen sich die Kinder in den Rhythmus der gesprochenen Worte und Verse. Schlaffhorst und Andersen haben dem Sprechzeichnen therapeutische Wirkungen zugesprochen Es werden verschiedene Kategorien von Zeichen unterschieden: geschlossene, runde oder eckige Formen ebenso offene eckige Formen aus dem Kreis heraus. Sprechzeichnen ist motivierend und förderlich für die Sprache und das Sprechen, wie z.B. »Ix, ax, u – aus bist du«, »Das ist das Haus vom Nikolaus« oder »Punkt, Punkt, Komma, Strich, fertig ist das Mondgesicht«. Durch die Übungen mit dem Sprechzeichnen wird u.a. die Atmung verbessert, ein gutes Körpergefühl für das Schreiben entwickelt, das Sprechen unterstützt und die Konzentration gefördert.

Standardsprache: Als Standardsprache bezeichnet man die Sprache der Erwachsenen als die Zielsprache; man spricht auch von der Hochsprache, der Nationalsprache bzw. der Landessprache

Stationenarbeit: Sowohl im Kindergarten als auch im Anfangsunterricht der Grundschule bietet sich im Rahmen der Sprachförderung die Stationenarbeit an. Ein bestimmtes Gesprächsthema, wie z.B. der Hund, wird so aufbereitet, dass einzelne Aspekte auf verschiedene Stationen verteilt werden. Die Kinder beginnen an einer Station und wechseln dann zu anderen Stationen. Die Kinder sollten sich untereinander absprechen lernen, da sie darauf zu achten haben, an welcher Station kein Gedränge herrscht. Oft können die Stationen analog der fünf Sinne vorbereitet und angeboten werden.

Statistik: Zunächst verstehen wir darunter die Gesamtheit der wissenschaftlichen Methoden, die zur Planung, Organisation und Auswertung von Beobachtungen dienen. Die Statistik stellt Methoden bereit, mit denen wir auch größere Mengen an Beobachtungsdaten beschreiben, gruppieren und in bequemer Weise bearbeiten können. Wir unterscheiden in die descriptive Statistik. Diese beschreibende Statistik ordnet, gruppiert, strukturiert und verdichtet die Daten, damit wir besser damit arbeiten können. Die Prüfstatistik als die schließende Statistik ist deshalb nützlich, weil sie uns dazu befähigt, Entscheidungen zu treffen. Sie gibt uns Kriterien an die Hand, die es uns ermöglichen, die Größe eines Risikos einzuschätzen.

Stegreifspiel: Stegreifspiele werden auch als Improvisationsspiele bezeichnet. Der Begriff Stegreif stammt aus dem Althochdeutschen »stegareif«, und zwar aus der Rittersprache und meint den Steigbügel des Pferdes. Der Ritter, der etwas »aus dem Stegreif« erledigte, stieg dabei nicht vom Pferd ab. Er improvisierte und tat dies, ohne besondere Vorbereitung. Das Stegreifspiel ist ein einfaches Spiel, das sich für Vorschulkinder und Kinder der ersten Grundschulklassen eignet. Kinder haben eine Idee und spielen sozusagen ohne Vorbereitung aus dem Stand heraus. Bilder und kleinere Texte dienen hier als Vorlage und Eingebung. Meistens wird das Stegreifspiel nach dem Betrachten eines Bilderbuchs, dem Erzählen einer Bildergeschichte oder nach einer vorgelesenen Geschichte gespielt. Die gesprochenen Texte, die Dialogpassagen und der Handlungsablauf werden improvisiert, und der Ort der Handlung wird angedeutet. Das Stegreifspiel ist ein gute Methode der Texterschließung (vgl. Seidel 1982, S. 282).

Stichprobe: Die Stichprobe ist der Teil einer Population, die im Rahmen einer Untersuchung tatsächlich zur Verfügung steht. Auch eine begrenzte Anzahl von Beobachtungen, die man bei einem einzelnen Kind macht, ist eine Stichprobe aus der Gesamtheit aller Beobachtungen, die man an diesem Kind machen könnte.

Stigma: Damit werden auffällige Merkmale einer Person bezeichnet. Diese Merkmale können sich auf seelische, körperliche und geistig-sprachliche Bereiche erstrecken. Stigma meint die persönliche Situation eines Kindes, das von der Kindergartengruppe, der Schulklasse und der Gesellschaft insgesamt ausgeschlossen wird. Die Akzeptanz und die soziale Integration werden erheblich erschwert oder gar ganz verhindert. Sprachbehinderte Kinder wie stotternde Kinder oder Kinder mit einer Lippen-Kiefer-Gaumen-Spalte sowie Kinder, die einer bestimmten Nation, Kultur oder Religion angehören, werden oft ausgeschlossen.

Stigmatisierung: Stigmatisierung bezeichnet den Vorgang in verschiedenen gesellschaftlichen Gruppen, der eine soziale Akzeptanz und Integration verhindert. Einem Kind wird ein Stigma, d.h. ein Persönlichkeitsmerkmal zugeschrieben, durch das es sich von den allgemein geltenden Normen abhebt und im Vergleich zu anderen Personen des gleichen Personenkreises unterscheidet. Dieses Kind wird sozial so nicht akzeptiert und integriert. In unserer Gesellschaft gibt es verschiedene Stigmata wie lernbehindert oder geistesgestört.

Stille: In der heutigen schnelllebigen, lärmverschmutzen und reizüberfluteten Umwelt kommt immer häufiger die Forderung nach Muße, Ruhe und Stille auf. Die Aufforderung zur Stille haben wir auch schon bei Maria Montessori und anderen großen Pädagogen vernommen. Die Kinder sollen die Stille ganzheitlich erleben und genießen und den gesamten Eindruck dieser Situation auf sich einwirken lassen. Die Stille ist ein akustisches Phänomen ohne Töne, Klänge und Geräusche. Die Stille nimmt man mit dem gesamten Körper wahr und nicht nur über das Ohr (vgl. Hasse 2005, S. 50). Die Stille kann entspannend wirken wie das Rauschen der Blätter im Wald oder das Plätschern eines Baches, sie kann aber auch zu einer knisternden Spannung beim Vorlesen oder beim Erzählen einer Geschichte führen. Stilleübungen sollten als Ritual zur Einstimmung, aber auch als Element der Anspannung innerhalb der Sprachförderung eingesetzt werden.

Stimme: Unsere Stimme gebrauchen wir zum Sprechen und Singen. Die Stimme entsteht im Kehlkopf. Der Kehlkopf liegt zwischen den oberen und unteren Atemwegen. Unterhalb des Kehlkopfes befinden sich die Luftröhre, die Bronchien und die Lunge. Sie werden zusammengenommen als Resonanzhöhle unterhalb des Kehlkopfes bezeichnet. Beim Ausatmen geraten die Stimmlippen in Schwingung. Die Stimmlippen bestehen aus einem Paar schmaler Muskelbänder und befinden sich im Kehlkopf. Bei leichter Spannung der Muskeln und gleichzeitigem Ausströmen der Luft fangen diese Muskelbänder an zu vibrieren. Jetzt spricht man von Phonation. Im Kehlkopf entsteht ein Ton. Ohne die Stimme gibt es kein Sprechen. Die Stimme ist für die gute Stimmung und eine angenehme Gesprächsatmosphäre zuständig. Jede Stimme ist einmalig auf der Welt, sie ist ein wichtiges Instrument der menschlichen Sprache und ein Barometer für Stimmungen und Gefühle in jeder zwischenmenschlichen Beziehung.

Stimmformen: Friedrich/Bigenzahn (1995, S. 57ff.) unterscheiden folgende Stimmformen:
1. die Flüsterstimme,
2. die Taschenfaltenstimme,
3. die Bauchrednerstimme,
4. die Jodelstimme,
5. die Ösophagusstimme,
6. die Obertonstimme,
7. die Kastratenstimme,
8. das Pfeifen.

Stimmgabelprüfungen: Das ist ein Verfahren, bei dem die Tonhörfähigkeit verschiedener Frequenzbereiche mit der Stimmgabel überprüft wird. Bei einer Innenohrschwerhörigkeit sind meist die hohen Töne ausgefallen und bei einer Mittelohrschwerhörigkeit meist die tiefen Töne und Frequenzbereiche.

Stimmhygienische Maßnahmen: Die Erzieherin und die Lehrerin gehören zu der Gruppe der Berufssprecher. Von daher ist das berufliche Kapital ihre persönliche Stimme. Die Pflege der Stimme muss jeden Tag bedacht werden. Hier nun einige Ratschläge für den Alltag:
1. Leichtes Abhusten ist besser als ständiges Räuspern!
2. Über den Tag hinweg zwei bis drei Liter Flüssigkeit (Tee, Mineralwasser) trinken!
3. Regelmäßig lüften und für ausreichende Luftfeuchtigkeit in den Räumen sorgen!
4. Salbeibonbons helfen bei Trockenheit!
5. Bei einer Heiserkeit, die sich über eine Woche erstreckt, unbedingt sofort den Hals-Nasen-Ohrenarzt aufsuchen.

Stimmlippen: Die Stimmlippen befinden sich im Kehlkopf. Man spricht auch von den Stimmbändern. Durch rhythmisches Schwingen der Stimmbänder entsteht die menschliche Stimme.

Stimmlippenknötchen: Wir finden hier auch den Begriff Schrei- oder Sängerknötchen. Diese Knötchen bilden sich meist nach einer längeren Phase der stimmlichen Überanstrengung, wie z.B. beim lauten Grölen oder Schreien auf dem Fußballplatz. Als Folge dieser Überanstrengung bilden sich Verdickungen an einer bestimmten Stelle der Stimmbänder. Die Folge ist eine raue, belegte und heisere Stimme. Es kommt dann zum Räusperzwang und Abhusten von Schleim.

Stimmstörungen: Kindliche Stimmstörungen kommen sehr selten vor. Eine Stimmstörung liegt dann vor, wenn ein Kind z.B. über mehrere Wochen hinweg heiser ist, ohne Stimme auskommen muss, mit rauer Stimme spricht oder sehr hoch piepst bzw. sehr tief brummt. Eine Stimmstörung betrifft den stimmlichen Teil der Aussprache. Als Folge von Stimmstörungen sind Trockenheit, Verspanntheit und Räusperzwang häufig zu beobachten. Dann ist unbedingt eine Untersuchung durch den HNO-Arzt oder den Phoniater angezeigt.

Stimmübungen: Kinder lieben spielerische Übungen mit der Stimme zur Gestaltung der eigenen Sprache. Dabei werden diese Stimmübungen oft unterstützt und begleitet durch die Mimik und Gestik. Die systematische Förderung der Stimme gehört in die Hand des Logopäden oder eines qualifizierten und kompetenten Sprachtherapeuten. Stimmstörungen gehören in die Hand des Phoniaters. Einfache und leichte Übungen mit der Stimme können in der Sprachförderung ab und zu durchgeführt werden. Beim Sprechen, Singen und Schreien schließen sich unsere

Stimmbänder im Kehlkopf bis auf einen kleinen Spalt. Höhe und Lautstärke der produzierten Töne sind abhängig von der Spannung bzw. Anspannung und der Länge der Stimmbänder. Übungen mit der Tiersprache bieten sich an: Die Kuh macht muh, der Hund macht wau-wau, und die Katze macht miau. Das Kind soll so lange den Tierlaut sprechen und imitieren, wie es ihm Freude macht. Diese Stimmübungen bezeichnet man als Lautmalereien, der Fachbegriff dazu heißt Onomatopoetica.

Stottern: Stottern ist eine Störung der zwischenmenschlichen Kommunikation und Beziehung. Die fließende Rede und der Sprechablauf werden unterbrochen. Das stotternde Kind ist nicht in der Lage, das Sprechen fortzusetzen. Die bewussten Versuche des Kindes, die Unterbrechung gewaltsam zu überwinden, führen zu Pressen und Wiederholungen. Zum einen sind es krampfartige Wiederholungen, wobei es zu Wiederholungen von Lauten, Silben und Wörtern kommen kann. Zum anderen sind es krampfartige Blockierungen, die schließlich zu einem lang gezogenen und gedehnten Sprechen führen.

Störvariablen: Darunter werden in einer empirischen Studie diejenigen Variablen verstanden, die kontrolliert werden müssen, da sie Auswirkungen haben auf die abhängige Variable. Die Störvariablen selbst sind nicht Gegenstand der empirischen Untersuchung. Werden diese Variablen in einem Experiment beispielsweise nicht kontrolliert, so kann es zu erheblichen Verzerrungen und Verfälschungen der Untersuchungsresultate kommen.

Stress: Der Entdecker des Stressphänomens ist der kanadische Mediziner Hans Selye, der den Begriff aus der Materialforschung auf den Menschen übertrug. Selye bezeichnete damit einen Zustand der körperlichen und gleichzeitig seelischen Anspannung. Der Körper reagiert auf einen bestimmten Reiz oder eine Reizserie mit einer erhöhten Anspannung, Wachheit und Aktivierung. Dies äußert sich meist in einem erhöhten Herzschlag, beschleunigter Atmung und ansteigendem Blutdruck. Der Körper wird in einen Zustand der äußersten Bereitschaft versetzt. Dies kann bei negativen Ereignissen wie Bedrohung, Angst und Gefahr und bei positiven Ereignissen wie Freude, Glück und freudige Erwartung zutreffen. Der ursprüngliche neutrale Begriff Stress wird jedoch heutzutage fast ausschließlich als negativer Stress im Sprachgebrauch benutzt. Der negative Stress wird mit »Dis-Stress« und der positive mit »Eu-Stress« bezeichnet. Stress kann sich daher auch beim Sprechen bemerkbar machen. Manche Kinder blockieren, und es kommt zu Stotterersymptomen, andere sprechen überhastet und verschlucken die Endsilben. d.h., sie poltern regelrecht drauflos. Wir wissen, dass Kinder in Stresssituationen manchmal sprachlich versagen und völlig anders reagieren als in entspannten Gesprächssituationen. Stress bezeichnet solche Zustände und psychischen Vorgänge, die auf Grund von extremen körperlichen, seelischen und geistigen Störungen des Wohlbefindens und der Ruhe entstehen. Stress wirkt sich in der Sprachförderung negativ aus. Unter psychischem Stress verstehen wir extreme Leistungsanforderung unter Zeitdruck, Drohungen der Eltern bei Versagen und eine Anhäufung von Misserfolgen und erlebten Frustrationen. Stresssituationen innerhalb der Sprachförderung können zu Ticks, Schweißausbrüchen, Nervosität, Schlaflosigkeit, Störungen der Atmungs- und Sprechfunktionen und aggressiven Verhaltensweisen führen (vgl. DIFF 1985, S. 22).

Streuung: Die Streuung gibt an, wie weit die tatsächlich beobachteten Werte vom durchschnittlichen Wert der Beobachtungsstichprobe entfernt liegen.

Studien: In den letzten Jahren wurden einige internationale Studien mit Leistungsvergleichen durchgeführt, die auch für die Sprachförderung durchaus relevant sind. In den Jahren 1994 bis 1996 wurde in 41 Ländern die Studie TIMSS (»Third International Mathematics and Science Study«) in den siebten und achten Schuljahren durchgeführt. Die deutschen Schüler lagen in Mathematik und in den Naturwissenschaften im Mittelfeld. PISA ist die bisher umfassendste Schulleistungsstudie, die in drei Etappen die Leistungen der 15-Jährigen in den Bereichen Lesen, Mathematik und Naturwissenschaften untersucht. Im Mittelpunkt steht nicht das Faktenwissen, sondern die Basiskompetenzen, die in modernen Gesellschaften eine Rolle spielen. PISA steht dabei für »Programme for International Student Assessment«, also ein Programm zur zyklischen Erfassung basaler Kompetenzen der nachwachsenden Generation, das von der Organisation für wirtschaftliche Zusammenarbeit und Entwicklung (OECD) durchgeführt wurde. Insgesamt haben 32 Staaten an dieser standardisierten Leistungsmessung teilgenommen. Deutschland liegt im unteren Drittel der Rangskala aller Staaten (vgl. Deutsches PISA-Konsortium 2001, S. 15 ff.). Eine weitere international durchgeführt Studie zur Leistungsmessung des Leseverständnisses am Ende der vierten Grundschulklasse ist die IGLU-Studie. IGLU steht für = Internationale Grundschul-Leseuntersuchung. Hier liegen die deutschen Schülerinnen und Schüler im oberen Drittel der Länderskala.

Sündenbock: Auch im Bereich der Sprachförderung wird immer wieder ein Sündenbock für sprachliche Defizite gesucht. Der Sündenbock ist eine Person oder eine Gruppe von Personen (Familie), auf die negative Merkmale projiziert werden und Fehlverhalten abgeschoben wird, um das eigene Gewissen zu entlasten.

Syllabieren: Darunter versteht man den Vorgang, einzelne Wörter weiter in Silben aufzugliedern.

Supervision: Der Begriff stammt aus Amerika und wird im Sinne von Kontrolle der Mitarbeiter durch Führungskräfte benutzt. In Deutschland hat sich der Begriff im sozialen Feld etabliert, allerdings Sinne einer modifizierten Bedeutung. Er meint auch Kontrolle, aber nicht durch Vorgesetzte, sondern die Mitarbeiter kontrollieren ihre tägliche Arbeit selbst. Supervision ist eine Methode bzw. ein Instrument, um mit externer Hilfe und professioneller Kompetenz eine Außensicht der eigenen praktischen Arbeit zu ermöglichen. Das Wort stammt aus dem Lateinischen (super = über und videre = sehen und schauen) und bedeutet so viel wie Übersicht über eine bestimmte Situation bekommen. Supervision ist ein Vorgang der kontrollierten und gezielten Beobachtung, um die Reflexion der geleisteten Arbeit noch besser analysieren zu können. Erzieherinnen und Lehrerinnen sollten sich der Methode der Supervision häufiger und souveräner stellen, um die Qualität der eigenen Arbeit verbessern zu können. Gerade das eigene Sprechen, der persönliche Sprachstil, die sprachlichen Äußerungen, die Körpersprache, das Sprechtempo, die produzierten Sätze und möglicherweise unbewusst eingesetzte motorische Ticks können so besser erkannt und angegangen werden. Supervision in der Sprachförderung ist sinnvoll und notwendig. Sie muss jedoch die Prinzipien der Freiwilligkeit, Transparenz und Vertraulichkeit berücksichtigen.

Symbole: Symbole sind Zeichen, die etwas für uns Menschen bedeuten. Symbole dienen der Orientierung im Alltag und sind eine Vorbereitung auf das Lesen und Schreiben. Der Erwerb der Symbole vollzieht sich nach dem amerikanischen Psychologen Bruner in drei Stufen: die handlungsgebundene Phase (enaktive Phase) mit dem konkreten Tun des Kindes, die bildhafte Phase (ikonische Phase) mit der Abbildung, dem Modell und den Bildern und die symbolische Phase mit Piktogrammen, Logos, Lauten, Wörtern und Buchstaben. Unter Symbolen verstehen wir all jene Zeichen, die Hinweise auf reale Gegenstände und Sachverhalte geben, und zwar in bildlicher oder stilisierter Form, wie z.B. ein Smilie, wobei die Beziehung des Zeichens zum dargestellten Gegenstand nicht auf Ähnlichkeit oder einem Folgeverhältnis beruht. Und doch kommen Kinder fast von ganz alleine zu der Erkenntnis, dass Symbole etwas bedeuten und für etwas ganz Bestimmtes stehen. Sie versuchen, diese Symbole zu erkennen, zu entschlüsseln und zu verstehen. Sie sind auf dem Weg zum Lesen.

Synapse: Die Synapse ist eine Schaltstelle zwischen den Neuronen. Darunter versteht man die Stelle, an der die Neuronen einander sehr nahe kommen, ohne sich jedoch zu berühren. Der Zwischenraum wird als synaptischer Spalt bezeichnet. Diese Stelle kann nicht elektrisch, sondern nur chemisch überwunden werden. Es kommt zu einer Ausschüttung eines spezifischen Botenstoffes, auch Übermittlerstoff oder Neurotransmitter genannt, der die Übertragung über den Spalt ermöglicht. Hier erfolgt eine chemische Übertragung von Informationen. Die Synapse ist eine Brücke, eine Schaltstelle, ein intakte Verbindung zwischen zwei Neuronen, über die die Nervenimpulse übertragen werden. Hier können aber auch Nervenimpulse aufgehalten und blockiert werden. Daher unterscheidet man erregende und hemmende Synapsen.

Syntax: Die Syntax als Satzlehre wird zu den so genannten linguistischen Teilkategorien gezählt. Syntax meint die Lehre vom Bau der Sätze bzw. von der Kombination von Wörtern zu Sätzen. Ihr wichtigstes Gebiet ist die Grammatik, die sich mit Regeln auseinander setzt.

Synthese: Ein grundlegender menschlicher Prozess, der einzelne Teile miteinander verknüpft und zu einem Ganzen zusammenführt, wie z.B. die einzelnen Buchstaben N-i-n-a zu dem Wort Nina. Das Kind braucht diesen Prozess beim Denken, beim Sprechen und beim Lesen und Schreiben.

System: Im Zusammenhang mit der ökosystemischen Betrachtung verschiedener psychischer Funktionen wie geistige Entwicklung und Sprache im Rahmen der kindlichen Entwicklung versteht man unter System ein Gemenge von Faktoren und sozialen Beziehungen, die weitgehend unabhängig von der Umwelt des Kindes betrachtet werden. Bei geschlossenen Systemen muss die Umwelt nicht, bei offenen Systemen sollten die Umweltbedingungen und Einflüsse einbezogen werden.

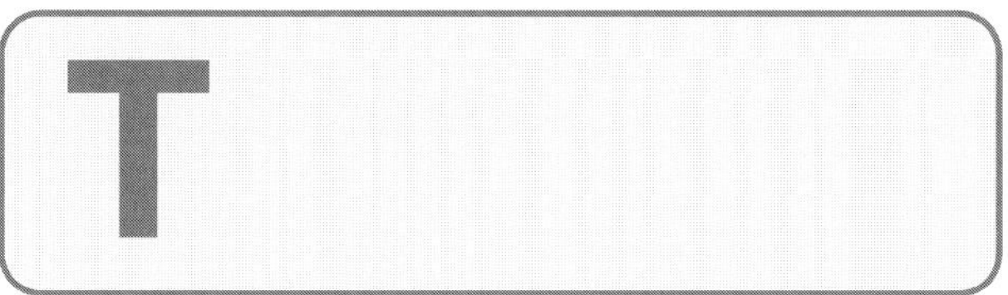

Tagesrhythmus: Die Leistungsbereitschaft und -fähigkeit eines Kindes unterliegt am Tag gewissen Schwankungen. Gegen 10.00 Uhr erreicht das Kind ein Leistungshoch, und zwischen 13. 00 und 14.00 Uhr befindet es sich in einem Leistungstief. Über die Leistungsfähigkeit bzw. Hochs und Tiefs herrscht am Nachmittag in der Wissenschaft Uneinigkeit. Wir können jedoch festhalten, das die Leistungsfähigkeit am Nachmittag nicht so hoch ist wie am Vormittag. Bereits im Alter zwischen drei und sechs Jahren können Leistungskurven ausgemacht werden. Mit zunehmendem Alter prägen sich die Leistungskurven immer mehr aus. Die Schwankungen sind u.a. abhängig von der Interessenslage, dem persönlichen Wohlbefinden und dem momentanen Gesundheitszustand.

Taktile Wahrnehmung: Hier ist der Tastsinn angesprochen; man versteht darunter die Wahrnehmung über die in der Haut und in den Schleimhäuten liegenden Rezeptoren. Zimmer (1995) spricht von »der Mutter der Sinne«, und Montagu (1984) spricht vom »Ursprung aller Empfindungen«. Die Haut ist ein wichtiger Kommunikationskanal und die erste Form von Kontakten und Beziehungen mit der Umwelt. Wir sprechen auch von der taktil-kinästhetischen Wahrnehmung und meinen damit das Fühlen, Spüren und Tasten. Die Hand als Teil des Tastsinns ist ein wichtiges Werkzeug des Kindes. Sie kann Dinge berühren und erspüren, ihre Beschaffenheit erkunden, Temperaturen fühlen – man spricht daher ja auch von der »gefühlten« Temperatur im Gegensatz zur gemessenen – und Schmerzen unterschiedlichster Stärke und Intensität wahrnehmen. Die Kinder brauchen geeignete Situationen im Alltag, um solche unmittelbaren sinnlichen Erfahrungen machen zu können.

Tantensprache: Manche Autoren sprechen von der Ammensprache oder dem »baby-talk« und verstehen darunter eine der Kleinkindersprache angepasste Sprache von erwachsenen Bezugspersonen wie Eltern und Großeltern. Dabei kommt es auch zu einer Erhöhung der Sprechstimmlage beim Gespräch mit dem Säugling oder dem Kleinkind.

Tastsinn: Der Tastsinn ist der mit Abstand wichtigste Sinn des Menschen besonders wichtig für Neugeborene. Auf der Hautoberfläche liegen zahlreiche Rezeptoren, die auf Wärme, Kälte, Berührungen und Schmerz unterschiedlich reagieren. Auf einen Quadratzentimeter Haut kommen etwa 70 Rezeptoren. Ohne die Haut, ist der Mensch nicht lebensfähig. Der Tastsinn

vermittelt dem Kind Informationen über den Zustand von Gegenständen wie rau, glatt, eckig, rund kalt und warm. Damit das Kind ein ganzheitliches und umfassendes Bild von den Dingen der Welt erhält, braucht es die Unterstützung und Ergänzung durch die anderen Sinne: Augen, Ohren, Nase und Mund.

Teilleistungsstörungen: Dieser Begriff wird in der pädagogisch-psychologischen und sonderpädagogischen sowie medizinischen Literatur benutzt, um bei einem Kind Leistungsdefizite in bestimmten umschriebenen Funktionsbereichen auszumachen. Hier sollte eine Abgrenzung hinsichtlich der intellektuellen Begabung ins Auge gefasst werden, d.h., man geht davon aus, dass eine ausreichende Intelligenz vorliegt. Teilleistungsstörungen erstrecken sich auch auf das weite Feld von Sprache, Sprechen und Hören und können sich in Artikulationsstörungen, in einem reduzierten Wortschatz und im Sprachverständnis niederschlagen. Sie erstrecken sich weiterhin auf die Schriftsprache und manifestieren sich in Störungen des Lesens und Rechtschreibens. Unter den Begriff der Teilleistungsstörungen werden auch Wahrnehmungsstörungen subsumiert. Der Neuropsychologe Johannes Graichen (1979) definiert Teilleistungsstörungen als Leistungsminderungen einzelner Faktoren innerhalb eines größeren funktionellen Systems, das zur Bewältigung einer komplexen Aufgabe notwendig ist. Im englischen Sprachraum spricht man von »specific learning disabilitys«.

Test: Im Rahmen von Sprachstandserhebungen wird oft von Test gesprochen. »Wir haben das Kind getestet.« Meistens handelt es sich dabei jedoch nicht um Testverfahren, sondern um informelle Verfahren oder gezielte und strukturierte Beobachtungen. Ein Test ist ein wissenschaftliches Verfahren zur Untersuchung eines oder mehrerer empirisch abgrenzbarer Merkmale mit dem Ziel, eine quantitative Aussage über den Grad der Merkmalsausprägung machen zu können (vgl. Lienert 1969). Wir sollten mit dem Begriff Test vorsichtig operieren, denn nicht jede zu diagnostischen Zwecken angeordnete Untersuchung beim Arzt, Logopäden, Sprachheilpädagogen und Psychologen gilt als standardisiertes Testverfahren. Die Einteilung der Tests ist unterschiedlich. Oft werden Leistungstests (Sprache, Konzentration, Intelligenz), Persönlichkeitstests (Einstellungen, Verhaltensweisen, Interessen) und projektive Test (erfordern die Interpretation des Testleiters) unterschieden.

Testbatterie: Darunter versteht man die Zusammenstellung einer Reihe von Tests bzw. von einzelnen Subtests verschiedener Testverfahren zur Erfassung eines komplexen Merkmals, wie z.B. das der auditiven Wahrnehmung. Eine Testbatterie wird dann zusammengestellt, wenn keine geeigneten Testverfahren zur

Überprüfung bestimmter Merkmale oder Eigenschaften vorliegen.

Testen: Immer wieder hört man in der Praxis »Wir testen das Kind«. Dabei handelt es sich meistens um eine standardisierte Beobachtung oder um den Einsatz von Proben, Fragebögen und informellen Testverfahren im Sinne eines Screenings. Wenn wir ein Kind testen, dann wollen wir vergleichende und quantitative Aussagen machen über bestimmte Persönlichkeitsmerkmale des Kindes.

Testnormen: Jeder standardisierte Test verfügt als wissenschaftliches Überprüfungsverfahren über Testnormen unterschiedlicher Güte und Qualität. Testnormen sind Vergleichsmaßstäbe, die an einer repräsentativen Stichprobe gewonnen wurden, bei der später dieser Test auch durchgeführt werden soll. Die bekanntesten Normen sind Prozentränge und T-Werte.

Text: Unter Texten verstehen wir nicht nur geschriebene, sondern auch gesprochene Inhalte, die aus mehr als einem Satz bestehen also auch Erzählungen und Beschreibungen. Der Text ist eine Abfolge von mindestens zwei sprachlichen Äußerungen, die nicht unbedingt Sätze sein müssen. Der Text ist als eine sprachliche Einheit zu betrachten; er hat einen Anfang und ein Ende (vgl. Volmert 2000, S. 25). Texte sind lautsprachliche oder schriftsprachliche Einheiten, die aus mindestens zwei Sätzen bestehen, die sich inhaltlich aufeinander beziehen. Texte werden von Sprechern und Schreibern zu ganz bestimmten Zwecken für Hörer und Leser produziert. Texte betreffen nicht nur die geschriebene Ebene. Die Ergebnisse des konkreten Sprechens oder Schreibens werden unter dem Begriff Text zusammengefasst. Oftmals wird der Begriff Text mit Äußerung bzw. sprachlicher Äußerung und dem Mündlichen gleichgesetzt. Meist steht der Begriff Text für etwas Geschriebenes, also für das Schriftliche. Wenn ein Kind spricht, kritzelt oder schreibt, produziert es Texte. Texte bestehen aus Silben, Wörtern und Sätzen (vgl. Lewandowski 1990, S. 1153).

Texttheater: Die Kinder erhalten kleine Texte, die aus ein bis zwei Sätzen bestehen. Für jede Aussage wird ein Kind gesucht. Die Kinder stehen vor der Gruppe und tragen nun nacheinander die kurzen Textpassagen vor. Die Kinder erhalten immer wieder die Gelegenheit, über den Text nachzudenken und entsprechend zu interpretieren. Wie spricht die Katze oder der Dieb? Spricht er schnell, langsam, freundlich, aggressiv, laut oder leise? Der Text wird somit immer wieder neu gesprochen und gedeutet. So entsteht ein Texttheater, das zum Denken anregt (vgl. Müller 2002, S. 14).

Themenorientierung: In der Sprachförderung bedeutet Themenorientierung die Unterstützung und Begleitung des sprachlichen Lernens durch inhaltliche Zusammenhänge. Bei der Themenorientierung sollten über einen längeren Zeitraum hinweg verschiedene Lieder, Tänze, Spiele, Gedichte, Erzählungen, Geschichten und Bastelarbeiten zu einem übergeordneten Thema angeboten werden. Die Kinder arbeiten gemeinsam in einem inhaltlichen Kontext und thematischen Rahmen für eine bestimmte Zeit zusammen. Die Themen sollten sich an der Lebenswelt der Kinder orientieren. Man spricht in diesem Zusammenhang auch von dem kontextuellen (konkreter Rahmen, Thema aus der Lebenswelt des Kindes) und dekontextuellen Lernen in der Sprachförderung.

Theorie: Theorien sind wissenschaftliche Aussagen und Sätze, die den pädagogischen Fachkräften helfen, Phänomene des Alltags und der sozialen Wirklichkeit zu erklären. Theorien sollen auch dazu beitragen, über das praktische Handeln des Pädagogen im Alltag nachzudenken. Wer sinnvoll pädagogisch arbeiten will, der sollte sich über die Vernünftigkeit seines Handelns Gedanken machen. Theorien können auch als ein Gefüge von Hypothesen bezeichnet werden, das den Gegenstand der Theorie erklärt oder beschreibt. Eine Theorie muss in sich widerspruchsfrei, empirisch überprüfbar und falsifizierbar sein, d.h., sie muss auch widerlegbar sein.

Therapeuten: Im Bereich der Sprachförderung und Sprachtherapie gibt es verschiedene Berufsgruppen, die sich mit der Diagnostik, Beratung und Förderung bzw. Therapie von Kindern, Jugendlichen und Erwachsenen beschäftigen. Diese Sprachtherapeuten tragen auch verschiedene Berufsbezeichnungen. Der Logopäde ist ein in der Klinik medizinisch ausgebildeter Experte für Sprach-, Sprech- und Stimmstörungen, der in der Regel eine dreijährige Fachschule besucht. Der Logopäde arbeitet meistens in freien Praxen oder in der Fachklinik. Der Sprachtherapeut absolviert eine dreijährige Fachschulausbildung mit pädagogischen, psychologischen und medizinischen Anteilen. Er ist im Gegensatz zum Logopäden eher pädagogisch orientiert. Der Diplom-Pädagoge mit dem Schwerpunkt Logopädie bzw. Sprachbehindertenpädagogik wird an der Universität ausgebildet und absolviert in der Regel ein achtsemestriges Universitätsstudium. Er wird weitgehend pädagogisch bzw. sonderpädagogisch ausgebildet, besucht jedoch auch medizinische Veranstaltungen. Der Atem-, Sprech- und Stimmlehrer wird nach der Konzeption der »Schule Schlaffhorst-Andersen« in einer dreijährigen Fachschulausbildung zum staatlich anerkannten Sprachtherapeuten ausgebildet.

Tics: Man liest und spricht von Tic oder Tick. Es handelt sich um einen nicht einheitlich gebrauchten Begriff. Allgemein versteht man darunter monotone, immer wiederkehrende unwillkürliche, schnelle Muskelzuckungen, vor allem im Gesicht. Tics treten oft auch bei Sprachstörungen, wie z.B. dem Stottern, auf. Man unterscheidet motorische Tics und vokale Tics. Vokale Tics setzen unverhofft ein und dienen keinem ersichtlichen Grund. Tics sind isolierte Fragmente willkürlicher Bewegungen in Verbindung mit Lautäußerungen (vgl. Herpertz-Dahlmann u.a. 2003, S. 548). Beispiele sind das Blinzeln bzw. Zucken mit einem Auge, Naseschniefen oder Schulterzucken.

Tic-Störungen: Kinder, die plötzlich schreien, grunzen oder Grimassen schneiden, aufspringen und permanent Unruhe verbreiten, stören die Kindergartengruppe und die Schulklasse erheblich. Erscheinungsformen und Ursachen sind wenig oder nicht bekannt; hier sollten Experten wie Psychologen und Ärzte hinzugezogen werden. Es fehlen im Alltag geeignete Maßnahmen der Therapie.

Tinnitus: Tinnitus heißt wörtlich übersetzt »Klingeln im Ohr«. Darunter verstehen wir pfeifende, rauschende, brummende, klingelnde Ohrgeräusche bzw. ein so genanntes Ohrensausen, die ihre Ursachen nicht in der Umwelt haben. Es wird angenommen, dass diese nervenaufreibenden Ohrgeräusche durch Fehlschaltungen im Gehirn hervorgerufen werden. In manchen Fällen erkennt man auch einen direkten Zusammenhang zwischen der Intensität dieser Ohrgeräusche und dem täglichen Stress in Beruf und Alltag. In den letzten Jahren ist die Zahl der Tinnitus-Patienten stark angewachsen. Man schätzt, dass ca. 17% der deutschen Bevölkerung mit solchen unangenehmen Ohrgeräuschen zu tun haben (vgl. Kind 2006). Der Tinnitus kann nur selten geheilt werden.

Tischtheater: Die Kinder sitzen am Tisch, und die Fachkraft erzählt eine Geschichte. Dabei werden der Inhalt und der Ablauf der Geschichte durch das Aufstellen und Bewegen von kleinen Figuren und Gegenständen begleitet. In einem zweiten Schritt wird die Geschichte wieder erzählt, und die Kinder begleiten die Erzählung mit den Gegenständen. Im dritten Schritt können die Kinder nun die Geschichte erzählen und mit den Figuren und Gegenständen gleichzeitig begleiten und mitspielen.

Ton: In der Physik versteht man unter Tönen reine Sinusschwingungen, die durch einen Oszillographen für das menschliche Auge sichtbar gemacht werden können. Reine Töne im physikalischen Sinne kommen in unserer Umwelt selten vor und können durch die Stimmgabel oder elektroakustische Geräte produziert werden. In der Musik hören und lauschen wir den Tönen. Wir können hohe und tiefe Töne unterscheiden. Wenn wir nun mit verschiedenen Musikinstrumenten wie Gitarre, Flöte, Klavier, Glockenspiel und Trommel z.B. den Ton c erzeugen, dann erkennen wir das jeweilige Instrument an dem spezifischen Klang. Der produzierte Ton c ist bei allen Instrumenten gleich, doch der Klang ist anders.

Trainingsprogramme: Programme, die im Rahmen der Sprachförderung eingesetzt werden sollen, sind sehr straff organisiert. Bei den auf dem Markt befindlichen Trainingsprogrammen kann man folgende Unterscheidung vornehmen. Trainingsprogramme mit ausschließlich visuellem Sprechanreiz, wie z.B. Arbeitsblätter oder Bilder, werden als so genannte Papierprogramme bezeichnet Daneben gibt es Trainingsprogramme mit audiovisuellem Sprechanreiz wie Arbeitsblätter und Spielkärtchen in Verbindung mit Tonträgern wie Kassette oder CD.

Trommelfell: Das Trommelfell ist eine Membran zwischen dem äußeren Ohr und dem Mittelohr. Das Trommelfell befindet sich zwischen den knöchernen Wänden des Gehörgangs und schafft eine Abgrenzung zur Paukenhöhle des Mittelohres. Der Name Trommelfell macht auf die Funktion aufmerksam. Das Trommelfell wird durch die ankommenden Schallwellen in Schwingungen versetzt, die es danach auf die Gehörknöchelchen des Mittelohres weiterleitet.

Trotzphase: Die Begriffe Trotzphase und Trotzperiode werden synonym gebraucht. Man unterscheidet eine frühkindliche Trotzphase und eine zu Beginn der Pubertät. Viele Kinder haben im Laufe ihrer Entwicklung insbesondere zwischen dem zweiten und dritten Lebensjahr eine kritische und hektisch widerspenstige Phase zu durchlaufen. Diese Trotzperiode fällt mitten in die Phase der Sprachentwicklung und kann durchaus Probleme im Sozialverhalten der Kinder aufwerfen. Das Kind versucht alle Widerstände aggressiv anzugehen und sich über gezogene Grenzen hinwegzusetzen. Wir erleben oft eine Schnittmenge von Trotzperiode und Fragealter, also zwei krisenhafte Entwicklungsabschnitte in der kindlichen Entwicklung, die die Fachkraft kennen sollte, um entsprechende Angebote zu machen.

Übung: Dieser Begriff wird sehr häufig benutzt, jedoch nicht in seiner Bedeutung bewusst kognitiv erfasst. Kinder und Eltern sollten sich über Sinn und Bedeutung der Übung Gedanken machen und sich notfalls aufklären lassen. Die Übung bezeichnet die Wiederholung bestimmter Verhaltensweisen, um diese zu erlernen oder zu stabilisieren. Das Erzählen einer Geschichte, das Zuhören beim Vorlesen, das Aufsagen eines Gedichtes oder das Wiederholen eines Kinderverses muss geübt werden.

Umgangssprache: Ein Kompromiss zwischen der Hochsprache und der Mundart stellt die Umgangssprache dar, die im alltäglichen Umgang je nach Sprechsituation eingesetzt wird und daher auch als Alltagssprache bezeichnet wird.Eine gehobene Form der Umgangssprache, die im öffentlichen Verkehr eingesetzt wird, wird daher auch als Verkehrssprache bezeichnet (vgl. Zacharias 1974, S. 90).

Umlaute: Darunter versteht man den Vorgang des Lautwandels, d.h. die Vokalumfärbung bzw. Angleichung unter dem Einfluss eines i oder j in der unbetonten Folgesilbe (vgl. Lewandowski 1990, S. 1205). Wir kennen folgende Umlaute: ä, ö und ü.

Umwelt: Der Begriff der Umwelt wird in den Sozialwissenschaften, insbesondere in der Psychologie und Pädagogik häufig benutzt. Darunter verstehen wir das gesamte außerindividuelle Feld der kindlichen Erfahrungen und Tätigkeiten. Dort lebt, spielt und arbeitet das Kind und setzt sich aktiv und passiv mit den sozialen Bedingungen der realen Welt auseinander.

Unterricht: Mit Unterricht werden solche Situationen bezeichnet, in denen mit pädagogischer Absicht, in geplanter Weise, innerhalb eines definiertes organisatorischen Rahmens durch wissenschaftlich ausgebildete Fachkräfte eine Erweiterung des Wissens- und Fähigkeitsstandes angestrebt wird.

Urvertrauen: Nach Erikson ist damit der Zustand bei einem Kind gemeint, das in der oralen Phase positive äußere familiäre Bedingungen und ein Netz von starken und stabilen zwischenmenschlichen Beziehungen vorfindet. Für die Entwicklung des Urvertrauens ist insbesondere eine liebevolle, fürsorgliche und zärtliche leibliche Mutter durch nichts zu ersetzen. Störungen in dieser wichtigen oralen frühen und späten Phase können bei einem Kind zu Misstrauen und Ängsten führen. Das Kind baut Misstrauen auf gegenüber den Bezugspersonen, gegenüber fremden Personen und der gesamten Umwelt.

Als erste Komponente wird im Säuglingsalter dieser »Eckstein der gesunden Persönlichkeit« (Erikson 1979, S. 63) mit der Mutter als soziale Bezugsperson gelegt. Diese früheste soziale Verhaltensweise beinhaltet das »Nehmen« im Sinne von Akzeptieren eines Angebotes mit der Mutter als die Gebende. Der sich anschließende Abnabelungsprozess – so auch die Entwöhnung der Mutterbrust – bringt den »Verlust der Sicherheit« (Erikson 1979, S. 68) mit sich und kann als Liebesentzug verstanden werden. Wird dieses nicht bewältigt, kommt es evtl. »zu einer akuten kindlichen Depression (...), oder zu einem zwar milderen, aber chronischen Trauergefühl« (Erikson 1979, S. 68f.), das in Misstrauen umschlagen kann.

Validität: Darunter versteht man die inhaltliche Gültigkeit eines Testverfahrens. Die Reliabilität beschäftigt sich mit der formalen Messgenauigkeit des Tests als Messinstrument. Die Validität fordert vom Test, dass er genau das misst, was er zu messen vorgibt. Es stellt sich z.B. die Frage, ob die Testaufgaben eines Intelligenztests die Intelligenz eines Kindes messen oder auch andere Merkmale, wie z.B. das Sprachvermögen des Kindes.

Variable: Variable ist ein Symbol für eine Menge von Merkmalsausprägungen, die man durch Zahlen repräsentiert. Alle Messungen von Merkmalen ergeben die Daten einer Untersuchung. Bei der Variable handelt es sich um ein Merkmal eines Kindes, das beobachtet werden kann und das bei verschiedenen Kindern unterschiedlich ausgeprägt ist, wie z.B. die Sprache, das Alter und die Intelligenz. So können die oben genannten Merkmale bei verschiedenen Menschen verschiedene Werte annehmen. Sofern diese Variablen Werte annehmen, die sich durch Zahlen darstellen lassen, sprechen wir von numerischen Werten. Als Variable bezeichnet man jedes Merkmal von Menschen, das verschiedene Werte annehmen kann. Lassen sich die Werte der Variablen in Zahlen ausdrücken, werden sie Intervallwerte genannt. Können sie lediglich ihrer Reihenfolge nach geordnet werden, sprechen wir von Rangwerten.

Verbessern: Die ideale Verbesserungsstrategie ist das »korrektive Feedback«. Im Rahmen der Sprachförderung verstehen wir darunter eine Rückmeldung, die ein Kind darüber informiert, ob seine sprachlichen Äußerungen richtig oder falsch sind. Dabei wird nicht auf den Fehler aufmerksam gemacht, sondern die Fachkraft als sprachliches Vorbild und Modell greift die falsch gesprochenen Wörter bzw. Sätze in einer anderen Form auf. »Dabi Tinderdarten dehn« wird sprachlich so aufgegriffen: »Ja, Gabi geht in den Kindergarten.« Das Kind soll nicht permanent verbessert werden. Wenn das Kind fragt: »Papa, wo ist die roter Ball?«, dann antworten wir nicht: »Das heißt: Papa, wo ist der rote Ball«, sondern sagen: »Der rote Ball liegt unter dem Sofa.« Das Kind lernt durch das richtige Hören des Artikels mehr als durch das ständige Wiederholenlassen und Verbessern der eigenen Sätze.

Vertrauen: Jedes Kind braucht in den ersten Lebensjahren feste Bezugspersonen. Das sind die Eltern, die Geschwister, die Familienmitglieder als die vertrauten und primären Personen. Das Kind fühlt geborgen, womit allmählich eine solide Vertrauensbasis entstehen kann. Vertrauen ist neben der Liebe ein guter Nährboden für die Sprachentwicklung. Fühlt sich das Kind wohl und ungezwungen, ist es fröhlich und heiter, geht es auf Personen zu, dann hat es ein gesundes Selbstvertrauen, und die Sprache wird sich problemlos entwickeln.

Vers: Darunter versteht man die mit einem Reim versehene Zeile einer Strophe.

Verstärker: Darunter versteht man solche Ereignisse, die zu einer Verhaltensänderung bei einem Menschen führen können. Man unterscheidet positive Verstärker wie Bekräftigung, Belohnung und Lob und negative Verstärker wie Strafe, Liebesentzug und Entzug der Belohnung.

Verzögerte Sprachentwicklung: Eine Verzögerung der Sprachentwicklung wird dann beobachtet und registriert, wenn die kindliche Sprache sehr spärlich, verlangsamt und fehlerhaft einsetzt, und zwar erst nach dem 18. Lebensmonat (vgl. Wirth 1983, S. 127).

Vestibuläre Wahrnehmung: Darunter verstehen wir den Gleichgewichtssinn, der sich im Innenohr befindet. Das Organ zur Aufrechterhaltung des Gleichgewichts befindet sich im Innenohr und wird als Vestibulärapparat bezeichnet, da es im so genannten Vorhof (lat. = vestibulum) des Innenohres liegt (vgl. Zimmer 1995, S. 127). Das vestibuläre System arbeitet sehr eng mit dem taktil-kinästhetischen bzw. propriozeptiven System, dem visuellen und dem auditiven System zusammen. Diese Wahrnehmung dient der Raumorientierung, der Körperhaltung, der Kopfhaltung und reagiert auf beschleunigte und verlangsamte Bewegungen; man denke etwa an das Balancieren über einen Baumstamm im Wald, wo die Arme unbewusst zur Aufrechterhaltung des Gleichgewichts eingesetzt werden, oder an das Schleudertrauma nach einem Autounfall.

Vigilanz: Darunter versteht man die Wachheit des Bewusstseins, die geistige Wachsamkeit, die psychische Aufmerksamkeit und die spontane Aktionsbereitschaft des Kindes. Es meint die Fähigkeit des Kindes, bewusst und konzentriert einem Gegenstand die Aufmerksamkeit zuzuwenden. Diese Wachsamkeit ist neben der Initiativbereitschaft des Kindes und der kommunikativen Motivation, gepaart mit einer gehörigen Portion Leistungsmotivation und Anstrengungsbereitschaft, für den Erfolg innerhalb der Sprachförderung notwendig.

Visumotorische Koordination: Darunter versteht man eine wichtige Funktion der visuellen Wahrnehmungsleistung. Es geht um die exakte und harmonische Koordination des Sehens mit den Bewegungen des eigenen Körpers. Das ist die Grundvoraussetzung für das Schreiben.

179

Vokaldreieck: Der Begriff Vokaldreieck wurde bereits 1781 von Hellwag aufgestellt, um den Artikulationsort der deutschen Vokale im Mundraum zu verdeutlichen. Dieses Schema der Artikulation wurde später in Vokalvierecke umgewandelt und ausdifferenziert.

Vokale: Vokale sind Öffnungslaute und werden auch als Selbstlaute bezeichnet. Vokale kommen dadurch zu Stande, dass der im Kehlkopf erzeugte Ton durch die bei jedem Vokal (a, e, i, o und u) unterschiedlich geformte Mundhöhle eine unterschiedliche Resonanz erzeugt. Wir unterscheiden weiterhin lange und kurze Vokale, wobei lange Vokale zweimal so lang sind wie die kurzen Vokale. Wenn die Vokale lang gesprochen werden, klingen sie meistens auch viel geschlossener.

Vokalisation: Darunter versteht man das Produzieren von Vokalen durch das Kleinkind in der so genannten vorsprachlichen Phase. Zwei Typen der Vokalisation werden dabei unterschieden: das Schreien und das Gurren. Erst nach dieser Phase erfolgt eine weitere Differenzierung in mehr vokalische und mehr konsonantische Bestandteile.

Vorklasse: Das ist noch eine alte Bezeichnung für die einjährige Form der Eingangsstufe zur Grundschule. In manchen Bundesländern wird die Bezeichnung »Vorklasse« für den Begriff »Schulkindergarten« benutzt.

Vorläuferfähigkeiten: Die Begriffe Vorläuferfähigkeiten, Vorläuferfertigkeiten und Vorläufermerkmale, bezogen auf den Schriftspracherwerb, werden synonym gebraucht. Als Vorläuferfähigkeiten bezeichnet man Fertigkeiten, die im Elternhaus und im Kindergarten während der Vorschulzeit erworben werden. Dazu zähen wir heute:

1. Interesse und Motivation für Schrift,
2. Sprache,
3. Gedächtnis,
4. intellektuelle Begabung,
5. visuelle Fähigkeiten,
6. Sprachbewusstsein und phonologische Bewusstheit im Sinne der phonologischen Verarbeitung von Informationen

Vorlesen: Das Vorlesen ist eines der wichtigsten Mittel der mündlichen Sprachförderung. Es ist sozusagen das Bindeglied zwischen der dialogischen Alltagssprache der Verständigung in bestimmten Alltagssituationen und der von Situationen abgekoppelten Schriftsprache. Das Vorlesen von Märchen und Geschichten ist wichtig für das spätere Interesse an Büchern und dem Lesen. Das Interesse an Gedrucktem, an Büchern wird geweckt. So lernen die Kinder schon früh, dass sich hinter Sätzen und Wörtern Inhalte und Bedeutungen verbergen. Beim Vorlesen müssen die Kinder konzentriert zuhören, sie hören neue Wörter, Begriffe, Redewendungen und Sätze und entwickeln so über das Hören eine differenzierte und elaborierte Sprache. Das Vorlesen innerhalb der Sprachförderung weckt die Freude am Lesen und an Büchern. Das Vorlesen fördert enorm das Sprachverstehen.

Voraussetzungen zur Sprache: Wesentliche Voraussetzungen für den kindlichen Spracherwerb sind: die intakte Wahrnehmung aller Sinnesbereiche, die notwendigen Sprechwerkzeuge wie Zunge, Zähne, Lippen, Kehlkopf usw., die kognitiven Stile und Strategien des Kindes, ankommende Informationen zu verarbeiten, und die angenehme, soziale Kommunikationsatmosphäre.

Vorschulerziehung: Der Begriff wird weder in der Literatur noch im Alltag einheitlich verwendet. Nach Fried (2001) versteht man im weitesten Sinne darunter die Erziehung von Kindern vor dem Schuleintritt. Im engeren Sinne ist die institutionelle Erziehung der fünf- und sechsjährigen Kinder in den Kindergärten gemeint (vgl. Fried 2001, S. 783).

Vorsorgeuntersuchungen: Darunter verstehen wir präventive oder prophylaktische Maßnahmen. Die Vorsorge für den Säugling beginnt wenige Stunden nach der Geburt und umfasst ein Vorsorgeprogramm, das aus 9 Vorsorgeuntersuchungen besteht und sich bis zum 5. Lebensjahr hin erstreckt:

U1	unmittelbar nach der Geburt
U2	3. bis 10. Lebenstag
U3	4. bis 6. Lebenswoche
U4	3. bis 4. Lebensmonat
U5	6. bis 7. Lebensmonat
U6	10. bis 12. Lebensmonat
U7	21. bis 24. Lebensmonat
U8	43. bis 48. Lebensmonat
U9	60. bis 64. Lebensmonat

Alle Untersuchungen werden in dem Untersuchungsheft für Kinder dokumentiert.

Vulnerabilität: Vulnerabilität ist das Gegenstück zu Resilienz, und man versteht darunter die erhöhte Verletzlichkeit und übergroße Sensibilität von Kindern gegenüber unbekannten und nicht gewohnten Lebenssituationen. Im Volksmund spricht man von »leicht Eingeschnapptsein« und »der beleidigten Leberwurst«. Kinder mit einer hohen Vulnerabilitätsrate sind psychisch oft angeschlagen und neigen zur psychischen Instabilität.

Wahrnehmung: Wahrnehmung ist ein geistes- und naturwissenschaftlicher Begriff, der eine wichtige Rolle sowohl in der Theorie der Erziehungswissenschaft als auch in der Schule spielt. Etymologisch stammt der Begriff von »wahren« ab, was so viel bedeutet wie aufmerken und wachsam sein. Wahrnehmung ist niemals allein eine Aufnahme sinnlicher Reize, sondern ebenso ein aktives und waches Erleben, in dem die ganze Person kognitiv und psychisch gefordert ist. Die Wahrnehmung ist ein äußerst komplexes Geschehen, das nicht nur ein einfaches Abbilden der Wirklichkeit meint. Zu den Empfindungen über die Sinnesrezeptoren kommen die bisher gemachten Erfahrungen, Erwartungen und Gefühle hinzu. Unter Wahrnehmung wird die Verarbeitung und Interpretation von Sinnesreizen aus den Umwelt und dem eigenen Körper verstanden. Die Wahrnehmung ist immer subjektiv und selektiv.

Wahrnehmungsbild: Alles, was das Kind über seine Sinnesorgane wahrgenommen hat, ist in Form bestimmter Verschaltungsmuster von Nervenzellen in seinem Gehirn als inneres Bild oder als Muster verankert worden. Jede weitere neue Wahrnehmung, z.B. eine neue Farbe, eine neue Geschmacksrichtung, ein bisher nicht bekannter Geruch und eine bisher nicht gekannte Berührung oder Bewegung, erzeugt im Gehirn ein entsprechendes Aktivierungsmuster, d.h. ein neues Wahrnehmungsbild. Diese inneren geistigen Bilder können je nach Intensität der Reize einzeln oder gekoppelt abgerufen werden.

Wahrnehmungskonstanz: Es handelt sich um eine wichtige Funktion der visuellen Wahrnehmungsleistung, wobei es um die Wahrnehmung gleicher Gegenstände trotz unterschiedlicher Abbildung und Reihenfolge geht. Gleiche Formen und ähnliche Strukturen sollen erkannt werden. Ebenso geht es um das Erkennen von gleichen Buchstaben unter ähnlichen.

WHO: Diese Abkürzung steht für World Health Organization als die weltweit bekannte und agierende Weltgesundheitsorganisation mit ihrem sehr facettenreichen Programm und in ihren vielfältigen Aktivitätstagen. Sie beschäftigt sich u.a. mit der Sprache, dem Sprechen, dem Hören, dem Verstehen, der Stimme, aber auch mit dem Lesen, Schreiben und dem Rechtschreiben.

Wiederholung: Die natürliche Sprachförderung findet im Alltagsgeschehen des Kindergartens und der Schule genügend Situationen, in denen eine optimale Sprachförderung betrieben werden kann. Bestimmte Situationen kehren immer wieder, wie z.B. die Mahlzeiten. Beim gemeinsamen Essen sollen Gespräche geführt werden. Kleine Kinder lieben regelrecht Rituale, d.h., sie wünschen sich, dass sich bestimmte Ereignisse immer wieder ereignen und wiederholen. Diese Sehnsucht nach Wiederholungen sollte die Sprachförderung aufgreifen und nutzen. So kann die Mutter jeden Abend ein Lied singen, ein kleines Fingerspiel machen oder eine Geschichte vorlesen. Alle Familienmitglieder finden sich gemeinsam zum Abendsessen ein und erzählen, was sich am Tag so alles ereignet hat. Werden jedoch Wiederholungsschleifen in der Förderung zu oft eingesetzt, führen sie bei den Kindern zu Langeweile und Desinteresse.

Wissen: Da wir in einer Informations- und Wissensgesellschaft leben, müssen wir uns mit dem viel zitierten Begriff des Wissens beschäftigen. Mit Wissen bezeichnet man die Gesamtheit aller Kenntnisse und Erkenntnisse, über die ein Mensch zu einem bestimmten Zeitpunkt als Resultat von zahlreichen Erfahrungen und Lernprozessen verfügt (Mader/Stöckl 1999). Wir unterscheiden zunächst das Allgemeinwissen von dem speziellen Fachwissen und das träge, passive Wissen von dem lebendigen, aktiven Wissen. Darüber hinaus werden in der Literatur noch weitere Wissensformen genannt. Das explizite Wissen als ein Wissen, das sich sprachlich darstellen lässt, und das implizite Wissen, das unbewusst gelingt, wie z.B. das Gehen, Laufen und Radfahren, das aber nicht immer sprachlich ausgedrückt werden kann. Daneben unterscheidet man das deklarative Wissen als reines Faktenwissen und das prozedurale Wissen, als ein Wissen über bestimmte Prozesse und Prozeduren, wie z.B. das Schreiben eines Aufsatzes.

Wissenschaft: Praktiker kritisieren immer wieder die Wissenschaft als wenig praxisnah. Die Aufgabe der Sozialwissenschaften mit den Disziplinen Psychologie und Pädagogik untersuchen den Menschen in seinem Verhalten und Erleben in bestimmten arrangierten Situationen. Der Mensch wird anhand festgelegter Merkmale beschrieben, wie z.B. Spontaneität, Aggressivität, Intelligenz, Sprache und Sprechen. Die Wissenschaft stellt sich die Aufgabe, diese Merkmale zu beschreiben und zu analysieren. Es geht um Unterschiede zwischen Kindern und um Wechselwirkungen zwischen Lernen und Sprache in bestimmten Situationen bei bestimmten Personen. Psychologien und Pädagogik haben die Aufgabe, Theorien über die kindliche Entwicklung zu erarbeiten, Erkenntnisse über den Menschen herauszufinden, Gesetzmäßigkeiten aufzustellen und intensive Forschung zu betreiben.

Wirkung einer Person: Zur positiven Ausstrahlung einer Person gehören drei Faktoren mit folgenden Anteilen: die Körpersprache mit Mimik, Gestik, Körperhaltung und Blickkontakt mit 55%, die Stimme mit 38% und die das Gesagte mit lediglich 7%. Wir können festhalten, dass die Beziehungsebene eine wichtigere Ebene darstellt als die Inhaltsebene.

Witze: Der Witz ist eine kurze Geschichte zu einem Ereignis aus dem Alltag der Menschen. Jeder Witz hat eine Pointe, die entsprechend erzählt werden muss. Es kommt also zu einer Spannung, die durch die Pointe erst wieder gelöst wird. Über die Pointe gelangen die Kinder zum Lachen. Das Erzählen von Witzen ist eine hohe Kunst, die den Einsatz der Körpersprache verlangt. Gesprochene Sprache und Körpersprache müssen sich bestens ergänzen und unterstützen. Denkhaus (1981) unterscheidet zwei Gruppen: Wortwitze als gesprochene Witze und Bildwitze.

Wort: Das Wort ist eine natürliche Einheit der menschlichen Sprache und ein abstraktes Symbol für eine Person, einen Gegenstand, eine Zustandsbeschreibung im emotionalen Bereich. Das Gehirn muss von Geburt an lernen, Dinge, Personen und Zustände mit Wörtern zu verknüpfen, in Engrammen zu spuren und im Lexikon abzuspeichern. Wörter bestehen aus einer Kette von Buchstaben, aus einzelnen Morphemen. Das Wort ist eine Buchstabenkette, die zwischen zwei Leer- oder Sonderzeichen steht. Das Wort basiert auf der festen Verknüpfung von Ausdruck und Inhalt. Wörter können in einem Satz ausgetauscht und verschoben werden. Das Wort kann in verschiedenen Wortformen auftreten (vgl. Volmert 2000, S. 23). Im Anhang des neuen Teilrahmenplans Deutsch für die Grundschule in Rheinland-Pfalz (2005, S. 26) steht das Wort an 1. Stelle als Bezeichnung und grundlegender Begriff, die den Kindern am Ende des 4. Schuljahres vertraut seine soll.

Wortakzent: Hier handelt es sich um die betonte Silbe im Gegensatz zu den unbetonten Silben des Wortes. Die Hervorhebung von Silben erfolgt über die prosodischen Merkmale wie Lautstärke, Tonhöhe und Dauer. Oft haben wir es im Deutschen mit der Tendenz zur Betonung der Stammsilbe zu tun (vgl. Lewandowski 1990, S. 1249).

Wortart: Man versteht darunter die Einteilung und Klassifizierung der Wörter einer Sprache nach bestimmten Merkmalen, d.h. eine nach formalen, inhaltlichen und syntaktischen Gesichtspunkten zusammengefasste Wortgruppe. Wortart ist sozusagen eine lexikalisch-grammatikalische Kategorie einer Sprache (vgl. Lewandowski 1990, S. 1220). Es handelt sich um die traditionelle Einteilung der Sprache in Verben, Substantive, Adjektive, Adverbien, Artikel, Pronomina Numeralia, Präpositionen, Konjunktionen und Interjektionen.

Wortbildung: Darunter versteht man die reguläre Bildung neuer Wörter aus vorhandenem Wortmaterial durch die Verbindung von Wurzel- bzw. Stammmorphemen mit anderen Stämmen oder mit Affixmorphemen.

Wortfamilie: Diese Wörter haben die gleiche Herkunft und stammen sozusagen aus der gleichen »Sippe«. Alle Wörter einer Wortfamilie werden von einem Wortstamm abgeleitet oder sind mit Hilfe eines Wortstammes zusammengesetzt worden (vgl. Lewandowski 1990, S. 1261). Es gibt etliche morphologische und semantische Gemeinsamkeiten und Übereinstimmungen. Im Mittelpunkt steht der gemeinsame Wortstamm oder die gemeinsame Wortwurzel.

Wortfeld: Hier handelt es sich um eine Gruppe von Wörtern, die inhaltlich zusammengehören und sozusagen ein Inhaltsfeld mit gleichem Kontext abstecken. Die Bedeutung jedes einzelnen Wortes wird durch die Bedeutung der anderen Wörter eingeengt und definiert, wie z.B. »im Wald gehen« durch die Wörter spazieren, wandern, bummeln usw. (vgl. Lewandowski 1990, S. 1261). Einzelne Wörter werden durch die benachbarten Wörter und Begriffe mit definiert.

Wortformen: Bei den Wortformen machen die Kinder in der Regel einen planmäßigen Aufbau durch. Bei den Verben steht am Anfang das Präsens einschließlich der unregelmäßigen Verben sein und haben zuzüglich Modalverben. Dann kommt das Perfekt hinzu als die gebräuchlichste Form der Vergangenheit. Beim Substantiv finden wir zunächst die Nominativformen in Einzahl und Mehrzahl, danach den Akkusativ, dann den Dativ und erst sehr spät den Genetiv als sehr schwierige Form der Deklination.

Wortschatz: Das Kind erwirbt zunächst Silben und einfache Wörter wie Mama, Papa, dada usw. Die sprachlichen Gebilde werden jetzt mehr und mehr mit Bedeutungen besetzt und verknüpft. So entstehen nach und nach die ersten Wörter im Sinne von bedeutungtragenden Einheiten (Morpheme). Das Kind durchläuft jetzt bereits sehr wichtige Erkenntnisprozesse der Logik. Dinge existieren auch dann weiter, wenn sie nicht mehr gehört, gesehen und angefasst werden können (Objektpermanenz). Darüber hinaus bietet die soziale und reale Umwelt dem Kind vielfältige Erfahrungen und Anregungen über alle Sinne, sodass ihm die Bedeutung von Wörtern und Sätzen bzw. Redewendungen immer deutlicher wird. Das Wort wird zum Stellvertreter für das Ding, den Gegenstand, eine Tätigkeit oder einen einfachen Zusammenhang. Die Zahl der einfachen Begriffe und Wörter steigt, und später kommen komplexere und abstraktere Wörter und Begriffe hinzu. Der Wortschatz steigt an, und das Kind macht sich immer mehr frei von realen Dingen und Gegenständen, die es sieht, hört und greifen kann.

Wortstamm: Man versteht darunter das Grundmorphem als elementaren Bestandteil und als Grundstock eines Wortes. Man spricht auch von der Wurzel. Der Wortstamm ist eine Form, die man durch Weglassen der Endung erhält, er ist sozusagen der Träger der lexikalischen Bedeutung (vgl. Lewandowsli 1990, S. 1270).

Wortverständnis: Unter Wortverständnis versteht man die Fähigkeit von Kindern, den Wörtern die entsprechende Bedeutung und den entsprechenden Sinn zuzuordnen (vgl. Endres/Baur 2000, S. 65). Dabei unterscheiden wir den aktiven Wortschatz als aktuellen Gebrauch der Wörter und den passiven Wortschatz als Speicher zum Verstehen gehörter Begriffe. Der passive Wortschatz ist quantitativ und qualitativ umfangreicher als der aktive Wortschatz.

Wurzel: Die Wurzel ist der Teil eines Wortes, der nach Weglassen der Präfixe, Ableitungs- und Flexionssuffixe übrig bleibt. Die Wurzel ist der Teil des Wortes, der morphologisch nicht weiter auflösbar ist (vgl. Lewandowski 1990, S. 1272).

Zahnstatus: Die Zähne des Kindes sind bei der Produktion einzelner Laute und Lautverbindungen sehr wichtig. Bei der Einschulung befinden sich viele Kinder mitten im Zahnwechsel und haben zuweilen Probleme mit der Lautbildung. Der Zahnstatus gibt uns einen Überblick über den momentanen Gebisszustand des Kindes.

Zeichen: Sprache ist ein System von Zeichen. Echte Zeichen bestehen aus einem Zeichenkörper und dem Zeicheninhalt. Die Beziehung zwischen Zeichenkörper und Zeicheninhalt ist durch Konventionen bestimmt. Der Zeichenkörper ist über die menschlichen Sinne wahrnehmbar, d.h. sichtbar, hörbar oder tastbar. Der Zeicheninhalt meint die Bedeutung des Zeichens.

Zeitfenster: Man spricht dann von einem kritischen Zeitfenster oder einer sensiblen Entwicklungsphase, wenn Erfahrungen in einem bestimmten Alter prägende Wirkung für das weitere Leben haben (vgl. Bailey u.a. 2001). Die Zeitfenster-Idee ist keinesfalls neu, sie hat insbesondere durch die moderne Gehirnforschung einen neuen Schub erfahren (vgl. Pauen 2004, S. 524). In verschiedenen Tierexperimenten wurden charakteristische sensible oder kritische Zeitfenster identifiziert. Beim Menschen ist jedoch zu beachten, dass der Beginn und das Ende solcher sensiblen Phasen nie exakt definiert werden können, da die Dauer dieser Phasen durch die Anregungen der Umwelt mitbestimmt wird. Die kritischen Zeitfenster der psychischen und gehirnbiologischen Entwicklung liegen jedoch weit vor der Zeit, wo die schulische Bildung einsetzt. Das Lernen muss mit der Geburt einsetzen, damit positiv nutzbare Spuren im Gehirn zurückbleiben (vgl. Roth 2004, S. 509).

Zentralnervensystem: Das ist der Teil des Nervensystems, der sich im Gehirn und Rückenmark befindet. Dort werden die ankommenden Informationen aus den einzelnen Sinnesbereichen verarbeitet und in Form von bewussten Reaktionen beantwortet.

Zielsprache: Damit ist die Sprache gemeint, die das Kind erlernen soll. Meistens ist es die Muttersprache, die das Kind als Erstsprache erwirbt. Man spricht auch von der Standardsprache oder Erwachsenensprache

Zischlaute: Die Zischlaute gehören zu den Reibelauten (Frikative). Zu den Zischlauten zählen wir »s«, »sch«, »ch1« (ich-Laut), »ch2« (ach-Laut). Das Stammeln kommt bei Kindern im Vorschulalter und Grundschulalter gehäuft vor. Laute werden falsch gesprochen, ausgelassen oder durch andere Laute ersetzt. Dabei fällt auf, dass die Zischlaute am meisten Probleme bereiten. In der Fachsprache spricht man bei der Fehlbildung von sch vom Schetismus und bei der Fehlbildung von s vom Sigmatismus. Die Laute /s/ und /sch/ gehören zu den Reibelauten. Diese Laute entstehen durch Reibung der Luft in Folge einer Verengung im Ansatzrohr.

Zitterlaut: Man spricht auch von Tremulant (lat. tremulare = zittern) und meint den Konsonant /r/ (vgl. Jaworek/Zaborsky 1974, S. 7).

Zungenbrecher: Zungenbrecher sind als Schnellsprechverse bei Alt und Jung beliebt, und es gibt sie in allen Sprachen der Welt. Die Sprachwahrnehmung, die Sprechfertigkeit, die Konzentration und der Atemrhythmus werden gefördert. Die Kinder vollbringen beim Sprechen von Zungenbrechern zungenakrobatische Leistungen, indem die Kinder ganz schnell von einer Artikulationsstelle zur anderen springen müssen. Dadurch wird die Mundmotorik gefördert. Die Kinder müssen sehr konzentriert zuhören und beim Nachsprechen sehr geschickt sein. »In Ulm und um Ulm und um Ulm herum.« Das Ziel besteht darin, in immer kürzerer Zeit die Verse fehlerfrei zu sprechen.

Zungenspiele: Die Zunge gehört zu den Sprechorganen, die mehr oder weniger bei der Produktion aller Laute beteiligt ist. Die Übungen mit der Zunge sollten vor einem Spiegel von der Fachkraft demonstriert und von den Kindern imitiert werden. Hier nun einige Beispiele: Zunge herausstrecken, schnell rausstrecken und wieder reinziehen, Zunge kreist um die Oberlippe, dann um die Unterlippe, Zunge in die Wangentasche stecken usw.

Zweitsprachenerwerb: Darunter verstehen wir jede Sprache, die nach der Erstsprache (Muttersprache, Primärsprache, Grundsprache) erlernt wird. Oft ist dies eine Alternativsprache, die zum Überleben in einer neuen Gesellschaft und Kultur notwendig ist. In wenigen Fällen gelingt es dem Kind, die Zweitsprache so gut zu beherrschen und zu sprechen wie seine Erstsprache. Für den Zweitspracherwerb ist das Alter des Kindes entscheidend. Je älter die Kinder beim Erlernen einer Zweitsprache sind, umso intensiver, strukturierter und besser sind die Lernerfolge.

Zweiwortsatz: Eine frühe Phase der kindlichen Sprachentwicklung, die durch die Verwendung von zwei Wörtern gekennzeichnet ist. Zwei Wörter stehen für einen ganzen Satz. Diese Phase durchläuft das Kind meistens im zweiten Lebensjahr. Danach schließt sich die Phase des Dreiwortsatzes an.

Bündel von Problemen

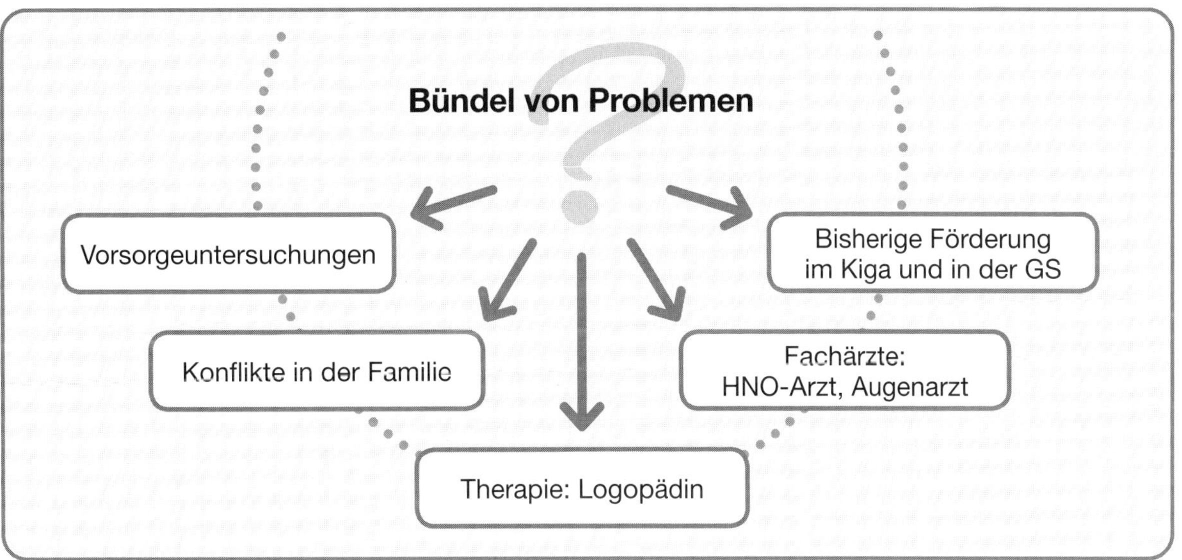

Vorsorgeuntersuchungen
(Gemeinsamer Blick mit den Eltern in das Kinderheft)

Konflikte/Spannungen in der Familie

Bisherige Therapeuten
(Logopäden, Ergotherapeuten, Beratungsstellen u.a.)

Fachärzte
(Kinderarzt, HNO-Arzt, Phoniater u.a.)

Bisherige Fördermaßnahmen
(Im Kindergarten und in der Schule)

Sprachvorbild

Kinder orientieren sich bei ihrer Sprachentwicklung an ihren Bezugspersonen. Das sind in erster Linie die Eltern. Die pädagogische Fachkraft im Kindergarten und in der Schule ist ebenso ein wichtiges Sprachvorbild. Sie sollte dabei folgende Fragen beantworten und Aspekte überprüfen:

☐ **Stimmt die Atmosphäre?**

Für eine ruhige und entspannte Gesprächsatmosphäre sorgen, da sich atmosphärische Störungen auf die Sprache und das Sprechen negativ auswirken, wie z.B. Hektik, Stress, Angst vor dem Versagen, Druck auf Leistungen!

☐ **Kann ich die Freude am Sprechen wach halten?**

Lust am Sprechen und Freude an der Sprache entfachen durch Fingerspiele, Reime, Verse, Vorlesen und Sprachspiele!

☐ **Lobe ich die Kinder für gutes Sprechen?**

Das Sprechen des Kindes in vielfältigen Situationen loben!

☐ **Kritisiere ich öffentlich die Sprache und das Sprechen der Kinder?**

Die fehlerhafte Sprache des Kindes nicht verbessern lassen und das Kind dadurch bloßstellen!

☐ **Wie verbessere ich mein Kind?**

Falsch gesprochene Wörter und Sätze ohne Kritik und Kommentar aufgreifen und wiedergeben. Sprechen lernen geschieht über das immer wiederkehrende richtige Hören!

☐ **Orientiere ich mich am Sprachniveau bzw. Erzählniveau des Kindes?**

Sich am Sprachniveau des Kindes orientieren, d.h. nicht immer nur einfache Worte wählen und in kurzen Sätzen sprechen!

☐ **Lasse ich mir für jedes einzelne Kind genug Zeit?**

Geduld aufbringen für ein Gespräch, aktiv und aufmerksam zuhören, offene Fragen stellen und dem Kind ein Gefühl des Vertrauens geben!

☐ **Spreche ich auch nicht zu schnell?**

Deutlich sprechen, nicht nuscheln, melodisch sprechen, die eigene Sprechgeschwindigkeit überprüfen, Sprechtempo verringern und öfter Sprechpausen einlegen!

Checkliste Sprechweise

Name   Vorname

Beobachtet von: am:

1.	Spricht das Kind klar und deutlich?	☐ Ja	☐ Nein
2.	Kann das Kind alle Laute sprechen?	☐ Ja	☐ Nein
3.	Spricht das Kind zu laut?	☐ Ja	☐ Nein
4.	Spricht das Kind extrem leise?	☐ Ja	☐ Nein
5.	Spricht das Kind monoton?	☐ Ja	☐ Nein
6.	Spricht das Kind zu schnell?	☐ Ja	☐ Nein
7.	Spricht das Kind Hochdeutsch?	☐ Ja	☐ Nein
8.	Lässt das Kind die anderen Kinder ausreden?	☐ Ja	☐ Nein
9.	Schaut das Kind die anderen Kinder beim Sprechen an?	☐ Ja	☐ Nein
10.	Spricht das Kind in korrekten Sätzen?	☐ Ja	☐ Nein
11.	Stammelt das Kind bestimmte Laute?	☐ Ja	☐ Nein
12.	Stottert das Kind?	☐ Ja	☐ Nein

Anmerkungen

Gespräche mit den Bezugspersonen des Kindes

Gesprächsnotizen

Eltern:

Großeltern/Verwandte:

Geschwister:

Ärzte/Therapeuten:

Erzieherin/Lehrerin:

Allgemeine Hinweise

In einem vertrauensvollen Gespräch sollten folgende Aspekte offen mit den Eltern bzw. den Erziehungsberechtigten besprochen werden. Die Eltern sollen dabei das Gefühl haben, dass sie nicht aus Neugier ausgefragt werden, sondern dass sie hier schnelle und kompetente Hilfe erwarten können. Sie sollen das Gefühl haben:

- **Hier finde ich jemanden, der mir zuhört.**
- **Hier finde ich kompetente Unterstützung.**
- **Hier finde ich alltagsgerechte Beratung.**

Was trifft zu?

- [ ] **Kinderkrankheiten:** Röteln, Masern, Mumps, Allergien, Untersuchungsheft für Kinder

- [ ] **Herkunft:** Sprache, Muttersprache, Deutsch als Zweitsprache, Fremdsprache

- [ ] **Elternhaus:** Familie, allein erziehende Mutter, Scheidungskind

- [ ] **Geschwister:** Einzelkind, Zwillinge, Geschwisterreihe, Alter, Geschlecht

- [ ] **Bildung:** Ausbildung der Eltern, Berufstätigkeit, Freizeitaktivitäten, Bücher usw.

- [ ] **Hören:** Hörgerät, Schwerhörigkeit

- [ ] **Lärm:** Überempfindlichkeit, Gleichgültigkeit ob laut oder leise

- [ ] **Sehen:** Brille, Schielen, Augenröten

- [ ] **Sprechwerkzeuge:** Lippen, Zunge, Zahnstellung, Zahnlücken

- [ ] **Motorik:** Hände, Händigkeit, Linkshändigkeit, Fingergeschicklichkeit beim Ausschneiden

- [ ] **Sprache und Sprechen:** Sprachstörungen, Lispeln

- [ ] **Lesen/Schreiben:** Probleme, Auffälligkeiten, Noten, Lese-Rechtschreib-Schwäche

- [ ] **Rechnen:** Zahlen behalten, Mengen unterscheiden, Rechenschwäche

- [ ] **Medikamente:** Retalin (ADHS), Leistungspillen, Konzentrationssäfte

- [ ] **Therapien:** Logopädie, Ergotherapie, Musiktherapie, Reittherapie

- [ ] **Sprachvorbilder:** Hochdeutsch, Dialekt, Sprachfehler

Familiäre Sprachwelt des Kindes

Name des Kindes: .... Alter: ....

Nationalität: .... in Deutschland seit: ....

Bitte folgende Fragen beantworten!

Spricht das Kind ausschließlich in der Muttersprache? ....

Spricht das Kind meistens sehr wenig und schaut meistens nur zu? ....

Antwortet das Kind in der Muttersprache? ....

Gibt es eine Sprache, die hauptsächlich in der Familie gesprochen wird? ....

Vermischt das Kind beide Sprachen? ....

Wird in der Familie gern und viel gesprochen? ....

Spricht das Kind in unvollständigen Sätzen? ....

Spricht das Kind meist nur in der Einzelsituation? ....

Zeigt das Kind Hemmungen beim Sprechen in der Gruppe? ....

Sprechen Vater und Mutter verständliches Deutsch? ....

Spricht der Vater allein verständliches Deutsch? ....

Spricht die Mutter allein verständliches Deutsch? ....

Sprechen die Geschwister verständliches Deutsch? ....

Gibt es für das Kind neben den Eltern noch andere Bezugspersonen? ....

Gibt es Freunde oder Nachbarn, die mit dem Kind eine andere Sprache
als die Familiensprache sprechen? ....

Welche Sprachen werden hauptsächlich in der Straße, in der Nachbarschaft
oder in dem Stadtteil gesprochen? ....

Wird das Kind in seiner Sprache positiv unterstützt? ....

Anmerkungen/Besonderheiten:

....

....

....

....

Probleme mit dem Hören

Sprachprobleme treten oft mit Auffälligkeiten im Bereich der auditiven Wahrnehmung auf. Folgende Beobachtungshilfen können Hinweise auf Probleme beim Hören geben (vgl. Ministerium für Kultus, Jugend und Sport Baden-Württemberg 2003).

1. Spricht das Kind extrem leise? ☐ Ja ☐ Nein

2. Spricht das Kind extrem laut? ☐ Ja ☐ Nein

3. Spricht das Kind stets monoton? ☐ Ja ☐ Nein

4. Stammelt das Kind über einen längeren Zeitraum (ein bis zwei Jahre)? ☐ Ja ☐ Nein

5. Fragt das Kind ständig nach? ☐ Ja ☐ Nein

6. Erschrickt das Kind häufig? ☐ Ja ☐ Nein

7. Kann das Kind mehrere Anweisungen nacheinander schlecht befolgen? ☐ Ja ☐ Nein

8. Verwechselt es ähnlich klingende Wörter (Tanne – Kanne, Gaumen – Daumen usw.)? ☐ Ja ☐ Nein

9. Fällt es dem Kind schwer, mehrsilbige Wörter nachzusprechen? ☐ Ja ☐ Nein

10. Kann sich das Kind beim Erzählen von Geschichten nur schlecht konzentrieren? ☐ Ja ☐ Nein

11. Achtet das Kind deutlich auf Mundbewegungen und die Mimik des Sprechenden? ☐ Ja ☐ Nein

12. Kann das Kind die Richtung einer Geräuschquelle ausmachen? ☐ Ja ☐ Nein

Ursachenkatalog von Sprachproblemen

Bitte notieren

1. Allgemeine Ursachen

Zeitliche Verzögerungen in der Sprachentwicklung ....

Konflikte in der Familie oder in der Partnerschaft ....

Intellektuelle Probleme beim Kind ....

Motivation/Lust/Freude beim Spielen ....

Soziale Interaktionen ....

2. Spezielle Ursachen

Linguistisch-sprachliche Ursachen

Laute produzieren ....

Wörter lernen ....

Sätze bilden ....

Neurologische Ursachen

Behalten/Gedächtnis ....

Aufmerksamkeit ....

Verstehen von Sprache ....

Anforderungen des Kindergartens/der Schule

Sprachliche Überforderung in der Muttersprache ....

Sprachliche Überforderung in der Zweitsprache Deutsch ....

Probleme beim Mitdenken ....

Übergreifen auf andere Fächer und Bereiche ....

Wochenplan Montag bis Freitag

Bitte eintragen

- Namen und Alter der Kinder
- Erscheinungsformen der Sprache: Muttersprache/Zweitsprache/Dialekt
- Teilthema aus dem Rahmenplan des Monats (stichwortartig)
- Datum, Uhrzeit und Dauer der Sprachförderung pro Tag

Wochenplan vom: ....

Pädagogische Fachkraft: ....

Name	Alter	Mutter-sprache	Zweit-sprache	Dialekt	Teilthemen	Datum/ Uhrzeit	Dauer (Min.)
Kim	6	Deutsch		Saar-ländisch	Kurze Geschichte hören und nacherzählen	15.04.06 10:00–11:00	60
Aysha	5	Türkisch		Nein	Kurze Geschichte hören und nacherzählen		

Monatsplan Sprachförderung

Bitte eintragen:

- Die einzelnen Wochen werden mit den entsprechenden Daten eingetragen.
- Das Rahmenthema wird aus dem Jahresplan übernommen und in einzelne Teilthemen weiter untergliedert.

Monat: .... Päd. Fachkraft: ....

Rahmenthema des Monats	
1. Woche	Teilthemen
2. Woche	Teilthemen
3. Woche	Teilthemen
4. Woche	Teilthemen

Sitzplan 5er-Gruppe

(Bitte Vornamen der Kinder auf den Tischen eintragen!)

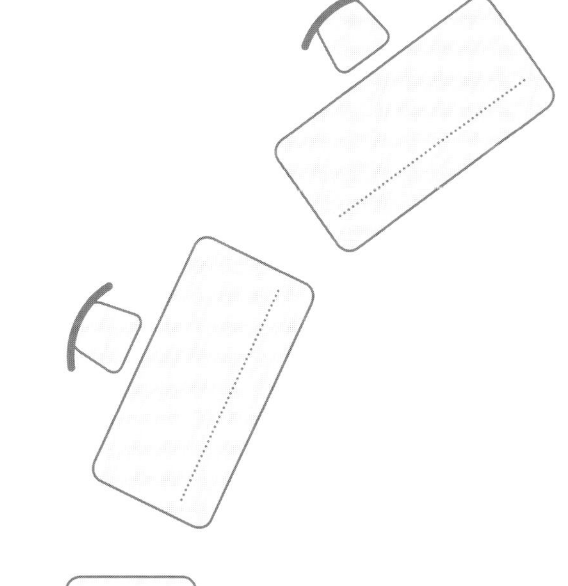
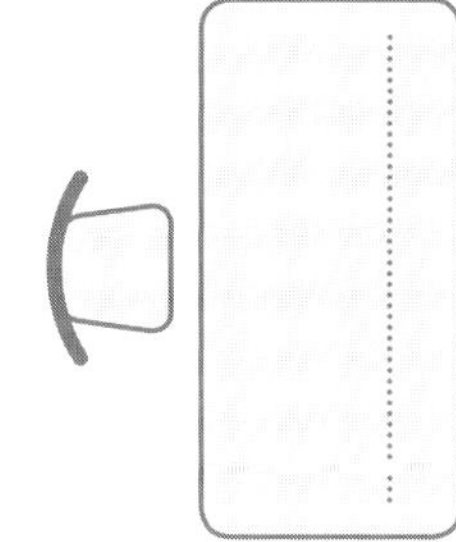
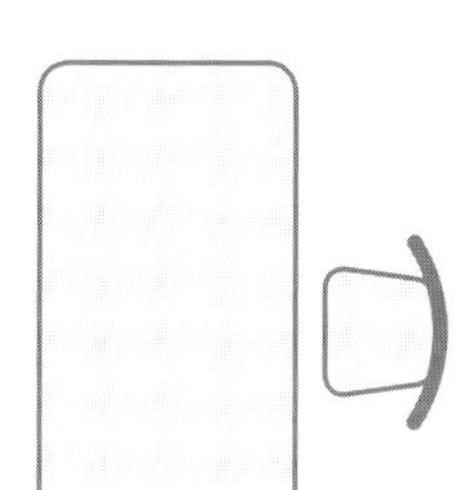

(Bitte Vornamen der Kinder auf den Tischen eintragen!)

Sitzplan 6er-Gruppe

(Bitte Vornamen der Kinder auf den Tischen eintragen!)

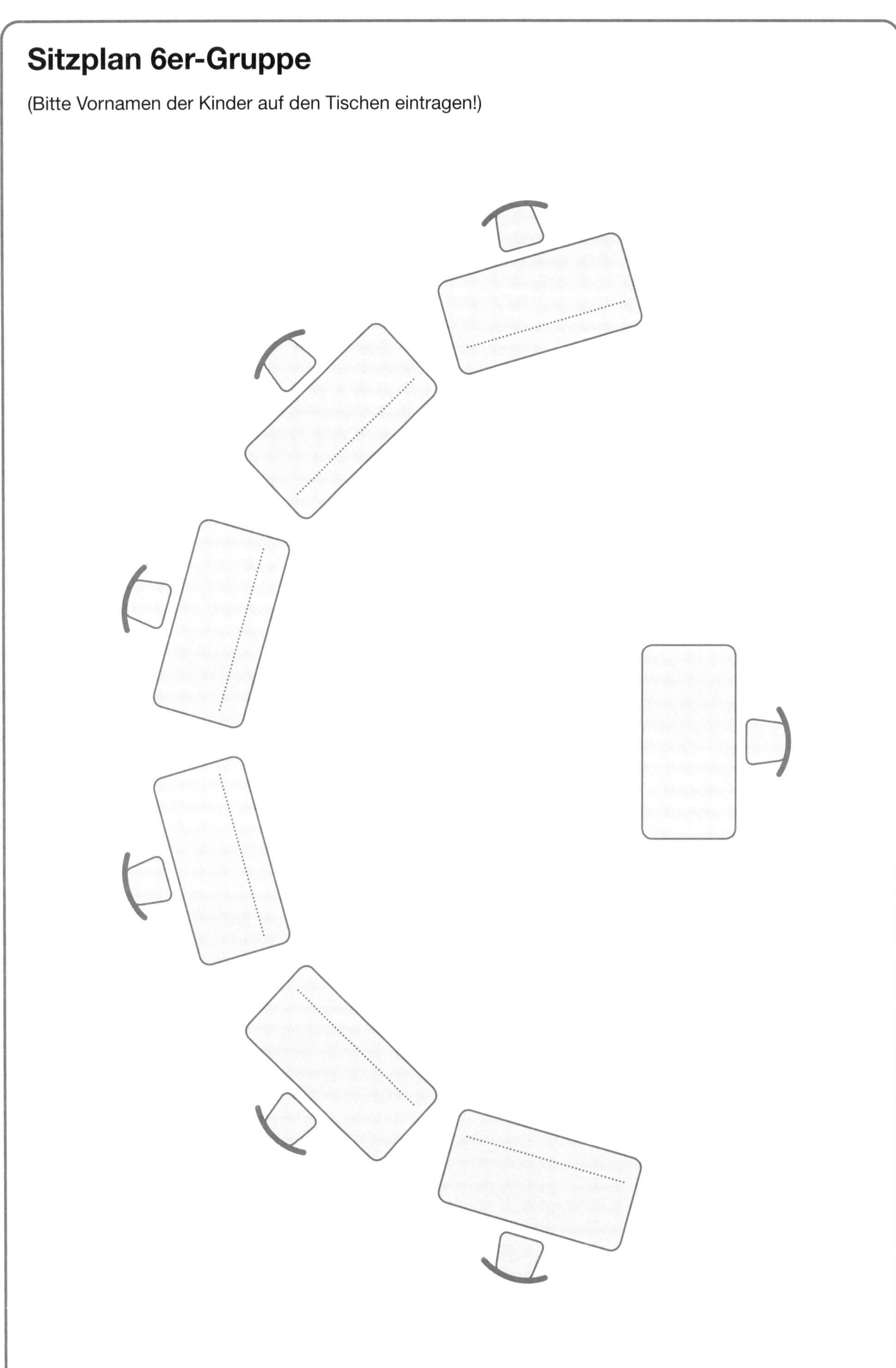

(Bitte Vornamen der Kinder auf den Tischen eintragen!)

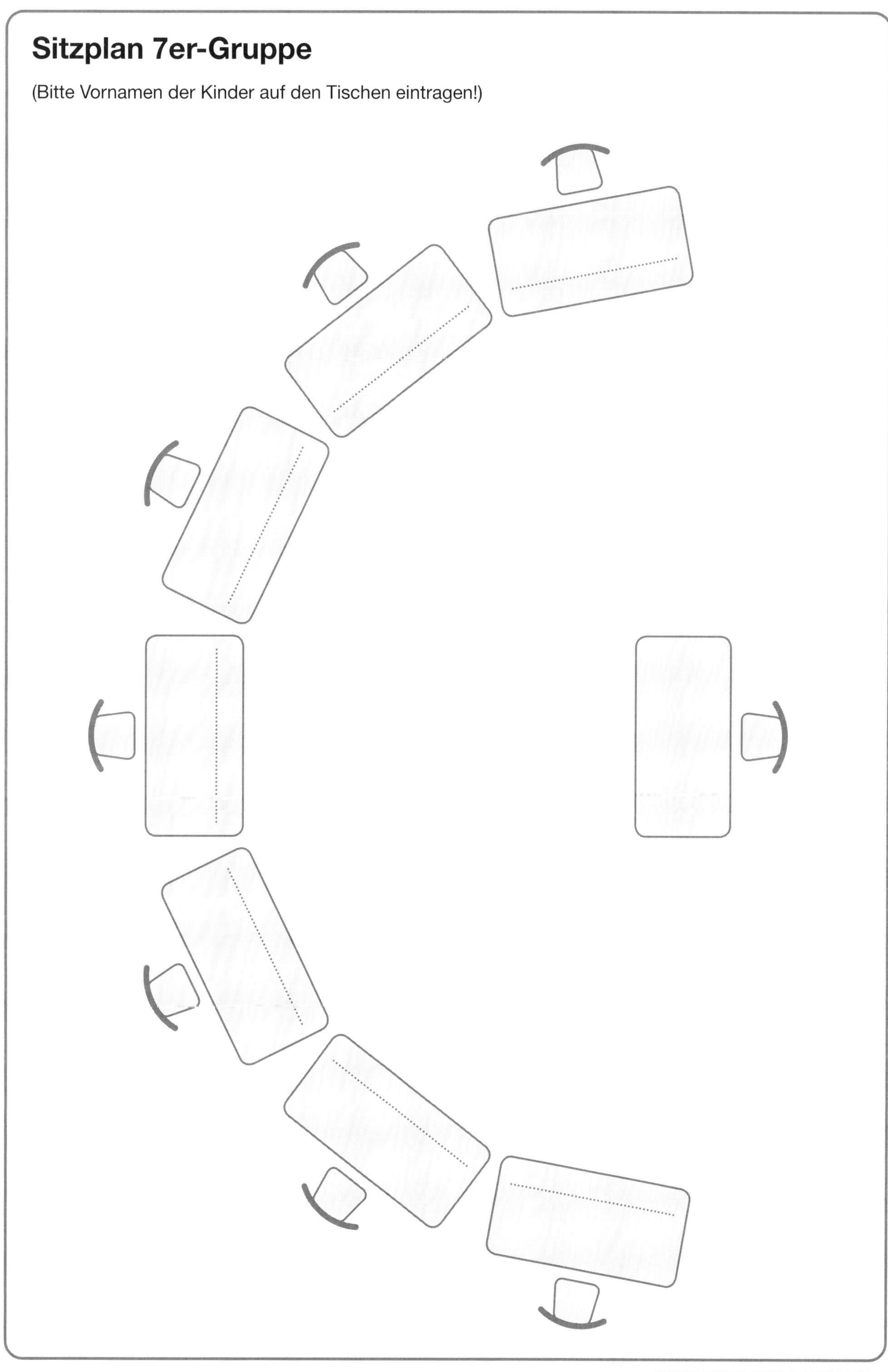

Sitzplan 7er-Gruppe
(Bitte Vornamen der Kinder auf den Tischen eintragen!)

Förderdreieck

Chancen / Grenzen / Interessen:

198

Kind

Anregung

Zuwendung

Eltern

Themen / Inhalte

Fachkräfte

Zeit / Zuwendung / Hilfen:

Wissen / Techniken / Materialien:

Aufbau einer Förderstunde

Kindergarten / Schule

1. Einstieg / Impuls

2. Gespräch / spontan oder strukturiert

3. Semantisierung / Erklärung der Begriffe

4. Re- Semantisierung / Erklärung der Begriffe durch das Kind

5. Darstellung der Geschichte

6. Abschluss / Zusammenfassung der Ergebnisse

Dokumentation einer Fördereinheit

Förderkinder:

Raum:　　　　　　　Datum:　　　　　　　Zeit:

Thema der Fördereinheit:

Ziele:

Phasen	Sozialform	Didaktisch-methodischer Kommentar	Besonderheiten
1.			
2.			
3.			
4.			
5.			

Dokumentation einer Fördereinheit

Fördereinheit mit dem Thema »Vorlesen«

Hier können die ausgewählten Schritte angekreuzt werden!

1. Schritt: Motivationsphase/Einstieg in die Thematik

Engagiertes Vorlesen einer Geschichte, einer Erzählung, eines Märchens

- ☐ Kinder sitzen im Stuhlkreis/Morgenkreis
- ☐ Eingeführte Rituale beim Vorlesen, wie z.B. brennende Kerze in der Mitte oder Hintergrund-
  musik zur Untermalung
- ☐ Förderung des aktiven Zuhörens

2. Schritt: Gespräch/inhaltliche Auseinandersetzung mit dem Thema

Gespräch der Kinder unter- und miteinander

- ☐ Gesprächsregeln beachten
- ☐ Visuelle oder akustische Impulse
- ☐ Nonverbale und/oder verbale Impulse
- ☐ Fragen beantworten

3. Schritt: Semantisierung/Begriffsklärung

Klärung der Bedeutung von Begriffen und schwierigen Wörtern durch die Fachkräfte auf
verschiedenen Ebenen

- ☐ Enaktive Ebene: Tun und Handeln der Kinder, anschaulich und konkrete Erklärungen/
  Beschreibungen
- ☐ Ikonische Ebene: Bilder, Poster, Skizzen und akustische Signale
- ☐ Symbolische Ebene: Piktogramme, Sprache und Schrift

4. Schritt: Re-Semantisierung

Re-Semantisierung durch die Kinder untereinander, möglicherweise mit Hilfen durch die Fachkraft

- ☐ Körpersprache wie Mimik, Gestik und Gebärden
- ☐ Geräusche und Klänge
- ☐ Versprachlichung durch Partnerlernen

5. Schritt: Sprachliche Darstellung/Schwerpunkt

Darstellung der Geschichte durch die Kinder im Zusammenhang unter Zuhilfenahme von

- ☐ Bildermalen
- ☐ Pantomime
- ☐ Musik/Tänze/Bewegung
- ☐ Spiel
- ☐ Gespräch

6. Schritt: Fazit

Abschluss – mündliche Zusammenfassung der wichtigsten Ergebnisse

- ☐ durch die Fachkraft
- ☐ durch die Kinder

Fördereinheit mit dem Thema: »Phonologische Bewusstheit«

Förderplan für .... Datum ....

Bitte eigene Ideen und Inhalte eintragen!

1. Schritt: Kreisgespräch

Eine kurze Wiederholung der letzten Stunde soll sprachlich erreicht werden: ....

....

2. Schritt: positives Klima

Hier können einfache Sprachspiele (Namensspiel), Kennenlernspiele (Mein rechter, rechter Platz ist leer) oder Entspannungsübungen mit Musik zur Auflockerung beitragen: ....

....

3. Schritt: Förderschwerpunkt: Laute in Wörtern abhören

Es geht um das Heraushören von Anlauten, Inlauten und Endlauten aus einfachen Wörtern, die den Kindern bekannt sind. Zunächst werden die Übungen an den Namen der Kinder durchgeführt. Danach werden Gegenstände aus dem Förderraum benannt und entsprechende Abhörübungen durchgeführt: ....

....

4. Schritt: Wiederholung und Bewertung

Die Kinder sollen auf Schwierigkeiten eingehen, aber auch auf Erfolge. Zunächst sollen die Kinder sich darin üben, das Gelernte noch einmal sprachlich zu wiederholen. ....

....

5. Schritt: Spiel

Zum Abschluss dieser Förderstunde spielen die Kinder ein Sprachspiel: ....

....

....

....

....

Fördereinheit mit dem Thema: Sprache verstehen

Förderplan für .... Datum: ....

Bitte eigene Ideen und Inhalte eintragen!

1. Schritt: Impulse

Impulse durch provozierende Gegenstände, Geräusche, Klänge, Töne, Bilder und Pantomime:

2. Schritt: Situativer Rahmen

Eine Geschichte wird erzählt. Die Handlung mit ihren Eckdaten zeigt den inhaltlichen Kontext auf:

3. Schritt: Semantisierung

Es geht um das Verstehen der wichtigen Schlüsselbegriffe des Textes. Unbekannte und unscharfe Begriffe sollen durch ein »Be-Greifen mit allen Sinnen« zum Begriff gemacht werden. Es geht um die Vorentlastung des Textes, d.h., die Kinder sollen alle Begriffe kennen und verstehen:

4. Schritt: Globalhören

Die Geschichte wird jetzt erzählt; die Kinder hören aufmerksam und aktiv zu und sollen sich danach spontan äußern bzw. Fragen zum Inhalt der Geschichte formulieren:

5. Schritt: Detailverstehen

Jetzt wird der Text genauer unter die Lupe genommen, und die Fachkraft stellt Fragen. Zum einen sollten das Faktfragen zum Text sein, zum anderen Konstruktionsfragen, die zu einer kreativen Weiterentwicklung der Gedanken führen:

6. Schritt: Zusammenfassung

Die Kinder sollen in kurzer Form die wesentlichen Gedanken und Zusammenhänge der Geschichte formulieren und der Gruppe noch einmal vortragen:

7. Schritt: Bewertung durch die Kinder

Abschließend erhalten die Kinder Gelegenheit, ihre persönliche Bewertung abzugeben. Hierzu können die Kinder sich sprachlich äußern, auch über die Körpersprache oder hochgehaltene Smilies (vgl. hierzu die folgenden KV 20 und 21).

Bewertungsbogen 1

Name des Kindes: .... Datum: ....

Aufgabe	☺	☹
1		
2		
3		
4		
5		

Die Kinder werden von der Fachkraft angehalten, einzelne Aufgaben der Förderung im Nachhinein zu bewerten. Wenn ihnen die Aufgabe gefallen hat, machen Sie ein lachendes Gesicht und kreuzen selbst in der entsprechenden Spalte an! Hat ihnen die Aufgabe nicht gefallen, dann sollen sie ein Kreuz in der Spalte des traurigen Smilies machen.

Bewertungsbogen 2

Eintragen der Pfeile nach oben (positive Entwicklung), waagerecht (Stagnation) und nach unten (negative Entwicklung durch die pädagogische Fachkraft.

Sieben Beobachtungsaspeke der Fittness-Probe

	↗	⇒	↘
Sprachgedächtnis	○	○	○
Auditive Wahrnehmung	○	○	○
Sprachverstehen	○	○	○
Aussprache einzelner Wörter	○	○	○
Konstruieren von Sätzen	○	○	○
Phonologische Bewusstheit	○	○	○

Malen/Schreiben

Der 4. Beobachtungsaspekt der Fitness-Probe »Malen/Schreiben« kann durch die Pfeile nur unzureichend bewertet werden. Von daher sollte die Fachkraft die Beobachtungen kurz handschriftlich notieren:

Trägt eine Brille

Kritzelt von links nach rechts

Schreibt einzelne Buchstaben richtig

Schreibt einzelne Wörter korrekt

Hat den korrekten Dreifingergriff

Schreibt rechts

Das bin ich!

Male ein Bild von dir! Schreibe deinen Namen dazu und dein Alter!

206

Male deine Hand!

Male deine Hand oder deine Familie oder einen Baum oder ein Haus, schreibe deinen Namen dazu und dein Alter!

Male deine Hand!

Male die Figuren aus!

Male die Figuren aus und schneide sie danach mit der Schere aus!

208

Checkliste zur Vorbereitung des Elternabends

	Erledigt	Bemerkungen:
Ist der geeignete Raum reserviert?	☐	....
Sind Lichtverhältnisse und Raumtemperatur in Ordnung?	☐	....
Wurde ein Stuhlkreis gestellt?	☐	....
Ist der Overheadprojektor vorhanden?	☐	....
Sind die Folien vorbereitet und griffbereit?	☐	....
Ist eine Flipchart vorhanden?	☐	....
Gibt es Filzstifte, Stecknadeln und Kreide?	☐	....
Ist die Tafel sauber?	☐	....
Sind Blumen auf den Tischen?	☐	....
Sind Mineralwasser, Tee, Kaffee, Gebäck organisiert?	☐	....
Sind die Namenskarten der Kinder geschrieben?	☐	....

Ich muss unbedingt an Folgendes denken:

Elternbrief

Einladung zum Elternabend der Gruppe/Klasse: ··

In unserem Kindergarten/in unserer Grundschule: ··

Am: **12. September 2006**

Um: **19.00 Uhr**

Im: **Gruppenraum Adlerauge**

Liebe Eltern,

es vergeht seit der PISA-Studie kein Tag, an dem nicht auf Probleme und Defizite deutscher Kinder und Jugendlicher hingewiesen wird. Insbesondere wird immer wieder auf Sprachprobleme unserer Kinder aufmerksam gemacht.
Sprache ist ein zentrales Medium der zwischenmenschlichen Kommunikation und ein wichtiges Instrument zum Denken. Deutsche Kinder haben Probleme mit dem Sprechen. Aber auch zugewanderte Kinder aus anderen Ländern müssen intensiv Deutsch lernen. Was können wir als Eltern und Fachkräfte tun, damit unsere Kinder in der Sprache besser gefördert werden?
Heute wollen wir uns mit der Frage der Sprachförderung sehr konkret und praxisnah auseinander setzen. Hierzu sind Sie alle herzlich eingeladen.

Ihre Gruppenleiterin/Klassenlehrerin

Bitte hier abtrennen ··

☐   Ich/Wir haben eine Einladung zum Elternabend erhalten.

☐   Ich/Wir nehmen an dem Elternabend teil.

☐   Ich/Wir nehmen nicht teil.

Name des Kindes: ··

Datum, Unterschrift der Erziehungsberechtigten ··

Sprechen in der Familie

1. Familiensprache analysieren

Fragen an die Eltern, Erziehungsberechtigten und Bezugspersonen (bitte ankreuzen):

- ☐ Sprechen Sie zu Hause stark dialektgefärbt oder eine andere Sprache?
- ☐ Sprechen Sie langsam und deutlich?
- ☐ Führen Sie mit Ihrem Kind Gespräche am Frühstückstisch, beim Mittagessen usw.?
- ☐ Nehmen Sie sich genügend Zeit für Gespräche mit Ihrem Kind?

2. Neue Beziehungen herstellen

Fragen an die Eltern, Erziehungsberechtigten und Bezugspersonen (bitte ankreuzen):

- ☐ Hat Ihr Kind die Möglichkeit Kontakte zu anderen Kindern zu knüpfen?
- ☐ Hat Ihr Kind eine enge Beziehung zu Ihnen und den übrigen Familienmitgliedern?
- ☐ Spricht Ihr Kind z.T. auch selbstständig mit außerfamiliären Personen, wie beispielsweise Arzt, Erzieherin usw.?

3. Die Entwicklung beobachten

Fragen an die Eltern, Erziehungsberechtigten und Bezugspersonen (bitte ankreuzen):

- ☐ Trifft sich Ihr Kind häufig mit anderen Kindern?
- ☐ Hat Ihr Kind abwechslungsreiche Spielmöglichkeiten oder sitzt es gelangweilt vor dem Fernseher/Computer?
- ☐ Benötigt Ihr Kind eine Sehhilfe oder ein Hörgerät?
- ☐ Besucht Ihr Kind eine spezielle Therapie?
- ☐ Haben Sie bereits Auffälligkeiten in der Entwicklung Ihres Kindes bemerkt?

4. Das Gesprächklima überprüfen

Fragen an die Eltern, Erziehungsberechtigten und Bezugspersonen (bitte ankreuzen):

- ☐ Wenden Sie sich Ihrem Kind beim Sprechen aufmerksam zu?
- ☐ Zeigen Sie Ihrem Kind während eines Gesprächs Ihre Gefühle?
- ☐ Zeigen Sie Ihrem Kind gegenüber genügend Interesse beim Sprechen?

5. Hinweis: Vorbilder überprüfen

Fragen an die Eltern, Erziehungsberechtigten und Bezugspersonen (bitte ankreuzen):

- ☐ Bleiben Sie ruhig, auch wenn Ihr Kind fehlerhaft spricht?
- ☐ Lassen Sie Ihrem Kind genügend Zeit zum Sprechen?
- ☐ Verbessern Sie Ihr Kind, indem Sie das falsch gesprochene Satzmuster aufgreifen und in einem neuen Zusammenhang verbessert wiederholen?

KV 27, 2. Teil

6. Aktiv und aufmerksam Zuhören

Fragen an die Eltern, Erziehungsberechtigten und Bezugspersonen (bitte ankreuzen):

- ☐ Lassen Sie Ihr Kind immer aussprechen?
- ☐ Schauen Sie Ihr Kind beim Sprechen an?
- ☐ Hören Sie Ihrem Kind aufmerksam zu?

7. Geeignete Handlungssituationen anbieten

Fragen an die Eltern, Erziehungsberechtigten und Bezugspersonen (bitte ankreuzen):

- ☐ Unterstreichen Sie die Tätigkeiten Ihres Kindes durch Sprechakte?
- ☐ Stellen Sie Ihrem Kind offene Fragen bezüglich der Erlebnisse im Kindergarten, bei Freunden usw.?
- ☐ Fördern Sie durch geschicktes Sprachverhalten die Sprechfreude Ihres Kindes?

8. Bilderbücher betrachten

Fragen an die Eltern, Erziehungsberechtigten und Bezugspersonen (bitte ankreuzen):

- ☐ Haben Sie zu Hause geeignete und dem Alter entsprechende Bücher?
- ☐ Schauen Sie sich gemeinsam mit Ihrem Kind Bilderbücher an?
- ☐ Betrachtet Ihr Kind auch alleine Bilderbücher?
- ☐ Kann Ihr Kind beim Betrachten eines Bilderbuchs fantasieren und neue Überlegungen anstellen?
- ☐ Singen Sie gemeinsam mit Ihrem Kind Lieder, sprechen Abklatschverse oder sagen kleine Gedichte auf?

9. Vorlesen und Erzählen

Fragen an die Eltern, Erziehungsberechtigten und Bezugspersonen (bitte ankreuzen):

- ☐ Lesen Sie Ihrem Kind vor dem Schlafengehen Geschichten vor?
- ☐ Können Sie erste Leseversuche bei Ihrem Kind entdecken?
- ☐ Haben Sie schon einmal im Dialog, z.B. abwechselnd mit Ihrem Kind, eine Geschichte gelesen oder erzählt?

10. Malen, Kritzeln und Schreiben

Fragen an die Eltern, Erziehungsberechtigten und Bezugspersonen (bitte ankreuzen):

- ☐ Hat Ihr Kind viele Mal- und Schreibstifte zur Verfügung sowie Schreibunterlagen zum Kritzeln, Malen und Schreiben?
- ☐ Kann Ihr Kind schon seinen Namen schreiben oder vielleicht auch andere Wörter?
- ☐ Sieht Ihr Kind Sie selbst beim Schreiben von Briefen, Notizen usw.?

Leitfaden Anamnesegespräch

Die Eltern sollten diese Fragen zu Hause in Ruhe besprechen und ankreuzen

1. Wie sprechen Sie zu Hause mit Ihrem Kind?
   - ☐ Muttersprache
   - ☐ meistens Dialekt
   - ☐ meistens Hochdeutsch
   - ☐ dialektgefärbte Umgangssprache, d.h. teils Dialekt, teils Hochdeutsch

2. Nehmen Sie sich Zeit zum Gespräch mit Ihrem Kind?
   - ☐ Frühstück
   - ☐ Mittagessen
   - ☐ Abendbrot
   - ☐ keine Gelegenheit am Tag
   - ☐ nur am Wochenende

3. Spielen Sie mit Ihrem Kind?
   - ☐ im Kinderzimmer
   - ☐ in der Wohnung
   - ☐ im Garten
   - ☐ keine Gelegenheit am Tag
   - ☐ nur am Wochenende

4. Hat Ihr Kind Kontakt zu anderen Kindern?
   - ☐ im Kindergarten
   - ☐ auf dem Spielplatz oder der Straße
   - ☐ in der Nachbarschaft
   - ☐ im Bekanntenkreis

5. Wie spricht Ihr Kind?
   - ☐ sehr langsam und leise
   - ☐ sehr schnell und überhastet
   - ☐ ist kaum zu verstehen
   - ☐ stellt Fragen und ist neugierig
   - ☐ reagiert nicht, wenn wir es ansprechen

6. Lesen Sie Ihrem Kind Märchen vor?
   - ☐ Hat Ihr Kind mehrere Märchenbücher?
   - ☐ Lesen Sie Ihrem Kind täglich eine Geschichte vor?
   - ☐ Hört Ihr Kind aufmerksam zu?
   - ☐ Kann Ihr Kind die Geschichte nacherzählen?
   - ☐ Stellt Ihr Kind Fragen zur Geschichte?

7. Betrachten Sie gemeinsam mit Ihrem Kind ein Bilderbuch?
   - ☐ Hat Ihr Kind verschiedene Bilderbücher?
   - ☐ Schauen Sie sich mit Ihrem Kind Bilderbücher an?
   - ☐ Benennt Ihr Kind einzelne Dinge und Personen?
   - ☐ Kennt das Kind den Unterschied zwischen Bild und Text?
   - ☐ Sucht sich Ihr Kind selbstständig Bilderbücher aus?

8. Lesen und Schreiben Sie im Beisein Ihres Kindes?
   - ☐ Interessiert sich Ihr Kind für Geschriebenes: Zeitung, Buch oder Illustrierte?
   - ☐ Schreibt das Kind oft seinen Namen und andere Buchstaben?
   - ☐ Schreibt Ihr Kind Kritzelbriefe?
   - ☐ Tut Ihr Kind so, als ob es lesen würde?

9. Haben Sie den Eindruck, dass Ihr Kind alle Fragen und Anweisungen von Ihnen versteht?
   - ☐ Versteht Ihr Kind Handlungsanweisungen und Arbeitsaufträge, die Sie zu Hause erteilen?
   - ☐ Kann Ihr Kind mehrere Anweisungen nacheinander durchführen: Hol die Jacke, leg sie in die Tasche und komm dann in die Garage!

10. Sprechen Sie selbst klar, deutlich und verständlich für Ihr Kind?
    - ☐ Spricht Ihr Kind undeutlich?
    - ☐ Spricht Ihr Kind zu schnell?
    - ☐ Kann Ihr Kind Dinge benennen?
    - ☐ Spricht Ihr Kind in kleinen Sätzen?

213

Test für Eltern:
Wie fit ist Ihr Kind?

Dies ist ein kleiner »Sprachtest« für die Hand der Eltern. Die pädagogischen Fachkräfte sollen im Gespräch mit den Eltern am Elternnachmittag oder beim Elternabend den Einsatz dieses kleinen Prüfmaterials erklären und praktisch vormachen. Zu dem Text gehören KV 30–KV 35.

Beschäftigung der Kinder
Die Kinder können die Bilder auch ausschneiden. Die Eltern legen die Bilder durcheinander hin und die Kinder können die Geschichte dann noch einmal in der richtigen Reihenfolge hinlegen und erzählen.

Zeit
Der »Sprachtest« dauert etwa 15 bis 20 Minuten.

Teil 1: Wörter nachsprechen (Bildtafeln 1 + 2)

Anweisung an die Kinder
»Schau her! Hier siehst Du einige Bilder. Bitte sag mir, was Du auf diesen Bildern siehst?«

Probleme
Wenn die Kinder Schwierigkeiten haben, die Bilder zu benennen, können die Eltern den Namen des Gegenstandes vorsagen und das Kind soll dann das gehörte Wort nachsprechen.

Ankreuzen
Die Laute, um die es bei diesem »Sprechspiel« geht sind alle fett gedruckt. Die Eltern können die Laute, bei denen die Kinder Probleme haben, beim jeweiligen Wort ankreuzen.

Pause
Nach diesem ersten Spiel können die Eltern eine kleine Pause machen. Die Kinder können die Bilder bunt ausmalen und ausschneiden.

Teil 2: Sätze bilden (Bildtafeln 3 + 4)

Anweisung an die Kinder
»Schau Dir die einzelnen Bilder in Ruhe an. Erzähl mir bitte, was Du auf den einzelnen Bildern siehst!«

Probleme
Wenn die Kinder Schwierigkeiten haben, die Sätze zu bilden, können die Eltern das einzelne Bild erzählen, die Kinder hören zu und erzählen danach wieder das Bild!

Ankreuzen
Die Eltern können ankreuzen, wie die Sätze gebildet werden.

Vollständige Sätze	Unvollständige Sätze	Nur einzelne Wörter

Bildtafel 1: Wörter nachsprechen

»Schau her! Hier siehst Du einige Bilder. Bitte sag mir, was Du auf diesen Bildern siehst?«

Lippen-Laute

Rachen-Gaumen-Laute

Die zu beobachtenden Laute sind fett gedruckt. Bitte kreuzen Sie die falsch ausgesprochenen Laute an!

Bildtafel 2: Wörter nachsprechen

»Schau her! Hier siehst Du einige Bilder. Bitte sag mir, was Du auf diesen Bildern siehst?«

Zahn-Zungen-Laute

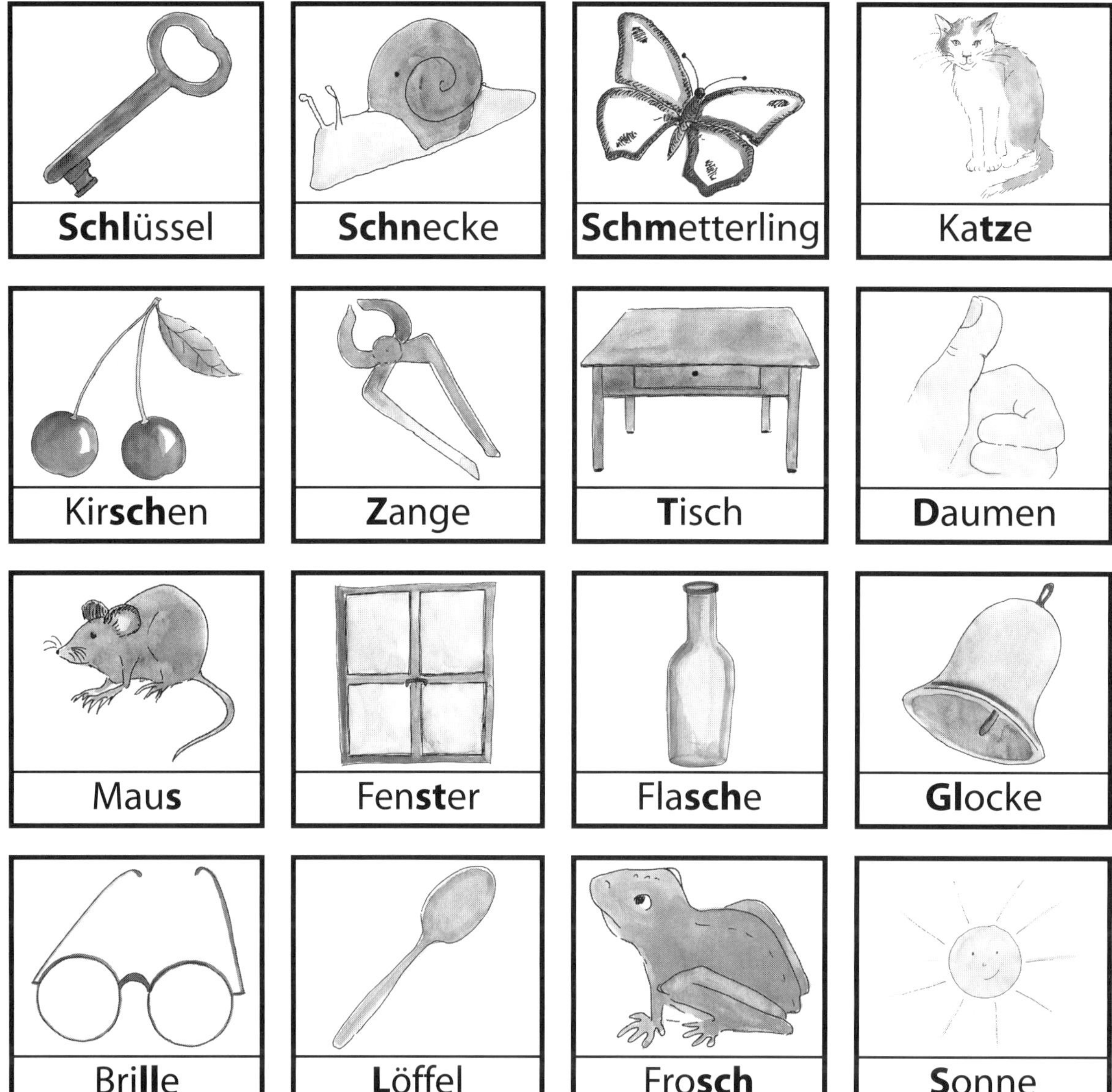

Die zu beobachtenden Laute sind fett gedruckt. Bitte kreuzen Sie die falsch ausgesprochenen Laute an.

216

Bildtafel 3: Sätze bilden

»Schau Dir die einzelnen Bilder in Ruhe an. Erzähl mir bitte, was Du auf den einzelnen Bildern siehst!«

Bild 1

Bild 2

Bild 1

> **Katja und Tim sitzen am Tisch. Sie haben Hunger.**
> **Die Katze ist auch in der Küche.**
> **Papa schaut in den Kühlschrank. Der Kühlschrank ist leer.**
> **Was nun?**

Hinweise für die Eltern

Wenn die Kinder mit dem Erzählen Probleme haben oder überhaupt nichts zu den einzelnen Bildern sagen, sollen die Eltern die einzelnen Bilder beschreiben. Hierzu sind die Texte in den Kästen vorbereitet. Die Kinder hören zu und sollen anschließend die einzelnen Bilder besprechen.

Logisches Denken: Die Bilder werden ausgeschnitten und durcheinander gebracht. Die Kinder sollen die Bilder wieder in die richtige Reihenfolge bringen.

Leseübung: Diese Texte können auch als Leseübungen gut genutzt werden.

Diktatübung: Die Texte zu den vier Bildern können auch als Diktattexte verwendet werden.

Bildbeschreibung: Die vier Bilder dieser Bildergeschichte eignen sich bestens zur mündlichen und schriftlichen Bildbetrachtung.

Förderung der Fantasie und Kreativität: Die Kinder können den Ausgang der Bildergeschichte auch selbst bestimmen, wenn wir das 4. Bild nicht zeigen.

Bild 2

> **Katja und Tim gehen einkaufen. Es regnet.**
> **Tim hat einen Korb in der Hand. Er hat seine Gummistiefel an.**
> **Katja hält den Regenschirm.**
> **Die Katze läuft auch mit.**

Bildtafel 4: Sätze bilden

»Schau Dir die einzelnen Bilder in Ruhe an. Erzähl mir bitte, was Du auf den einzelnen Bildern siehst!«

Bild 3

Bild 4

Bild 3

**Katja und Tim sind im Laden angekommen.
Katja stellt den Schirm ab.
Sie kaufen ein Stück Käse.
Die Katze erblickt plötzlich eine Maus.**

Hinweise für die Eltern

Wenn die Kinder mit dem Erzählen Probleme haben oder überhaupt nichts zu den einzelnen Bildern sagen, sollen die Eltern die einzelnen Bilder beschreiben. Hierzu sind die Texte in den Kästen vorbereitet. Die Kinder hören zu und sollen anschließend die einzelnen Bilder besprechen.

Logisches Denken: Die Bilder werden ausgeschnitten und durcheinander gebracht. Die Kinder sollen die Bilder wieder in die richtige Reihenfolge bringen.

Leseübung: Diese Texte können auch als Leseübungen gut genutzt werden.

Diktatübung: Die Texte zu den vier Bildern können auch als Diktattexte verwendet werden.

Bildbeschreibung: Die vier Bilder dieser Bildergeschichte eignen sich bestens zur mündlichen und schriftlichen Bildbetrachtung.

Förderung der Fantasie und Kreativität: Die Kinder können den Ausgang der Bildergeschichte auch selbst bestimmen, wenn wir das 4. Bild nicht zeigen.

Bild 4

**Die Kinder gehen nach Hause. Die Sonne scheint
wieder.
Katja und Tim bleiben vor Schreck stehen.
Ein Hund kommt auf sie zugelaufen.
Die Katze macht einen Katzenbuckel ...**

Eltern-Info 1: Sprachentwicklung

Geburt: Schreien

Die Babys schreien in den ersten Tagen und Wochen je nach Situation, sie schreien aus Hunger, aus Durst, wegen Blähungen, aus Lust und Laune, um Aufmerksamkeit auf sich zu ziehen oder aus Angst.

3. bis 6. Lebensmonat: Lallen

Das Kind lallt ab dem zweiten und dritten Monat und übt verschiedene Laute und Lautverbindungen ein. Dabei werden Geräusche und Klänge aus der Umwelt mit einbezogen. Das rhythmisch-melodische Element der Sprache wird vom Kind entdeckt.

8. bis 12. Lebensmonat: Nachahmung

Etwa ab dem neunten Monat beginnt das Kind leise zu sprechen, zu flüstern und hört sich jetzt intensiv selbst zu. Es kontrolliert das eigene Sprechen und freut sich über die Lautproduktionen. Das Kind ahmt verstärkt nach. Das Verstehen von Wörtern und Sätzen setzt ein.

13. bis 18. Lebensmonat: einzelne Wörter

Gegen Ende des ersten Lebensjahres spricht das Kind die ersten Wörter: Mama, Papa, Auto, Oma, Opa usw. Das Kind entdeckt den Symbolcharakter der Sprache – ein Wort steht für einen ganzen Satz.

18. bis 24 Lebensmonat: zwei bis drei Wörter

Zwischen ein und zwei Jahren setzt die Einwortphase ein und setzt sich fort. Jetzt gebraucht das Kind zwei Wörter, um einen Sachverhalt auszudrücken.

3. Lebensjahr: Erste Grammatikversuche

Das Kind gebraucht jetzt drei und mehr Wörter, um etwas zu sagen. Grammatikalische Auffälligkeiten sind noch normal. In dieser Phase setzt auch das erste Fragealter ein.

3./4. Lebensjahr: Kompliziertere Sätze

Zwischen dem dritten und vierten Lebensjahr bildet das Kind Mehrwortsätze. Die ersten grammatikalischen Strukturen sind jetzt erkennbar. »Papa Auto fahren« (Subjekt – Prädikat – Objekt).

Ab dem 4. Lebensjahr: Korrekte Sätze

Ab dem vierten Lebensjahr verbessert sich die Aussprache der Laute zusehends. Die grammatikalischen Fehler gehen zurück, und das Kind nähert sich in großen Schritten der Sprache der Erwachsenen an.

5./6. Lebensjahr: Längere Gespräche

Zwischen dem fünften und sechsten Lebensjahr spricht das Kind alle Laute der deutschen Sprache und kurze Sätze grammatikalisch korrekt. Das Kind führt jetzt immer mehr Dialoge und führt Gespräche mit anderen Kindern. Der Spracherwerb ist jetzt vorläufig zu einem Abschluss gekommen.

221

Eltern-Info 2:
Die Entwicklung der Laute

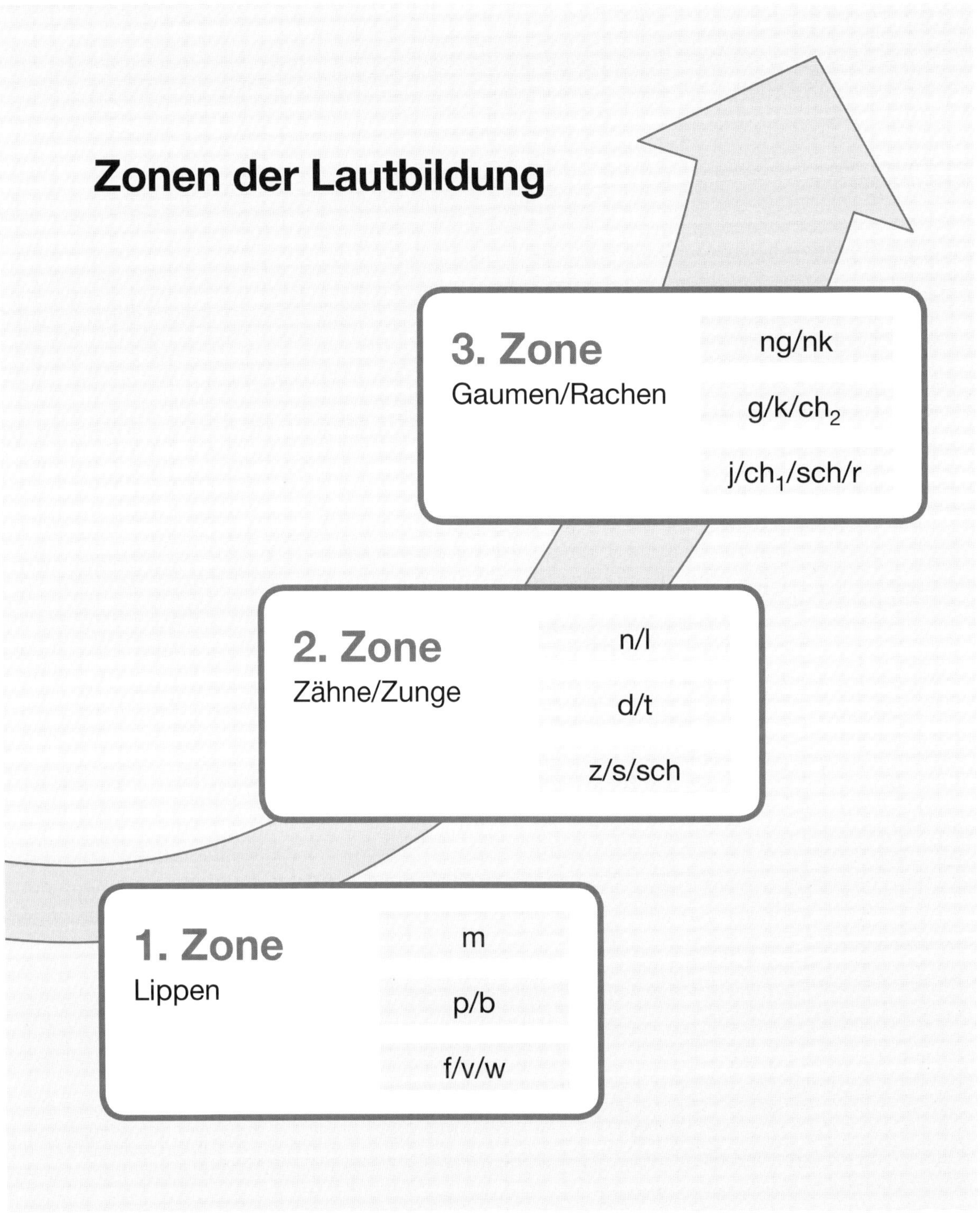

Zonen der Lautbildung

Die Laute der ersten Zone werden vom Kleinkind früher (1. und 2. Lebensjahr), die der 2. und 3. Zone zeitlich später (2. bis 5. Lebensjahr) erworben. Mit dem Übergang vom Kindergarten in die Grundschule sollten die Kinder alle Laute der deutschen Sprache korrekt aussprechen können.

Eltern-Info 3: Alarmsignale

Im Laufe der kindlichen Sprachentwicklung von der Geburt aufwärts bis zur Einschulung in die Grundschule gibt es einige Alarmsignale, die als Anzeichen für eine gefährdete Sprachentwicklung zu betrachten sind. Bedenken Sie, dass die sprachliche Entwicklung Ihres Kindes in besonderem Maße gefährdet werden kann.

Ab 3./4. Monat

Das Kind lallt nicht oder fängt an zu lallen und hört dann aus unerklärlichen Gründen mit dem Lallen wieder auf. Es verstummt regelrecht. Hier sollte sofort ein Hörtest in die Wege geleitet werden.

18 Monate

Das Kind spricht immer noch keine einzelnen Wörter. Es hat die Einwortsatzphase noch nicht erreicht.

3 Jahre

Das Kind spricht einzelne Laute und Lautverbindungen, auch einzelne Wörter als Einwortsatz oder gar Zweiwortsatz, aber noch keine einfachen Sätze. Häufige Erkrankungen an den Ohren zwischen dem zweiten und vierten Lebensjahr, wie z.B. eine immer wiederkehrende Mittelohrentzündung, können zu nachhaltigen Hörproblemen und damit zu Sprach- und Sprechproblemen führen.

4 Jahre

Das Kind spricht drauflos und erzählt, es wird jedoch von fremden Personen nicht verstanden. U 8 beim Kinderarzt durchführen lassen!

5 Jahre

Das Kind spricht Laute, Wörter und kurze einfache Sätze. Auffallend sind weiterhin bleibende Stammelreste bei den Lauten s, sch, z, x, l, r, g und k. Die Sätze sind grammatikalisch noch nicht ganz in Ordnung. U 9 beim Kinderarzt durchführen lassen!

6/7 Jahre

Das Kind stammelt weiterhin einige Laute bzw. Lautverbindungen und spricht immer noch dysgrammatisch, d.h., es produziert noch etliche grammatikalische Abweichungen. Vor der Einschulung wird die Schuleingangsuntersuchung durch die Schulärztin durchgeführt.

Eltern-Info 4:
Sprachstörungen

In Kurzform werden die häufigsten Sprachstörungen einfach und verständlich erklärt. Dieser Informationsbogen kann den Eltern vor oder nach einem Beratungsgespräch über Schwierigkeiten beim Sprechen ausgehändigt werden.

Stammeln

Das Stammeln ist die häufigste Störung. Es ist eine Störung der Aussprache im Alter zwischen vier und sieben Jahren. Einzelne Laute oder Lautverbindungen fehlen oder werden durch andere ersetzt.

- Ein Laut wird einfach weggelassen: Schnell – nell oder Sonne – onne.
- Ein Laut wird durch einen anderen Laut ersetzt: Kindergarten – Tinderdarten oder Gummi – Dummi.
- Ein Laut wird falsch gesprochen: Rot – chot oder Sahne – ssschahne.

Achtung! Diese Störungen sollten im Kindergarten und im Vorschulalter erkannt und beseitigt werden, damit die Kinder am Schulanfang mit dem Lesen und Schreiben keine Probleme bekommen.

Lispeln

Das ist eine Besonderheit des Stammelns, die bei Kindern im Vorschulalter sehr häufig vorkommt. Es geht hier um die fehlerhafte Bildung der Laute s, sch und z. Die häufigste Ursache für das Lispeln ist, dass die Zungenspitze zwischen die obere und untere Zahnreihe gelegt wird. Dadurch entweicht die Luft seitlich, und es entsteht ein zischender und zuweilen schlürfender Laut.

- Beispiele: Schule – Sule; Tisch – Tis; Schokolade – Sokolade

Beim Lispeln ist es notwendig, das Kind dem Zahnarzt und Kieferorthopäden vorzustellen, damit in Absprache mit den zuständigen Fachärzten weitere Maßnahmen besprochen werden können.

Verzögerte Sprachentwicklung

Die verzögerte Sprachentwicklung ist eine schwere Beeinträchtigung der Sprache und des Sprechens. Man versteht darunter einen Komplex von verschiedenen Symptomen. Folgende Merkmale können dabei beobachtet werden:

- Das Lallen setzt verspätet ein.
- Die ersten Wörter werden verspätet gesprochen.
- Die Entwicklung der Laute verzögert sich erheblich und dauert bis in die Schulzeit hinein.
- Die Kinder sprechen nicht in korrekten Sätzen. Sie sprechen mit 5 Jahren noch kleinkindhaft.
- Der aktive Wortschatz beim Sprechen ist begrenzt und wenig differenziert. Die Kinder suchen nach den richtigen Wörtern.

Eltern-Info 5:
Was können Eltern tun?

- Durchatmen, Ruhe bewahren, nicht spontan, impulsiv, cholerisch und unüberlegt reagieren, Schuld für die aktuellen Sprachprobleme nicht beim Kind suchen.

- Experten wie Logopäden, Sprachheillehrer, Hausarzt, Kinderarzt, HNO-Arzt oder Phoniater aufsuchen und Kind dort vorstellen.

- Persönliche Beziehung zum Kind überprüfen: Tägliche Zuwendungen und sprachliche Angebote?

- Mehr Zeit einplanen für ruhige und intensive Gespräche mit dem Kind, Zeit für Spiele aller Art, aber auch Sprachspiele wie Fingerspiele und Kinderreime und Zeit, Muße und Nichtstun.

- Kind verstärkt nach sprachlichen Äußerungen loben. Kind fürs Vorlesen und Bilderbuchbetrachten animieren, motivieren und begeistern.

- Sprachliche Kontakte innerhalb der Familie, der Verwandtschaft, der Nachbarschaft, der Wohngegend und dem Freundeskreis intensivieren. Kontakt auch zu Gleichaltrigen, damit es das Gefühl bekommt, nicht ausgeschlossen zu sein.

- Emotionales Verhältnis zu seinem Kind kritisch überprüfen!

- Sich Wissen und Fachkenntnisse über die Sprache und das Sprechen bei Experten wie Logopäden, Ärzten oder Beratungsstellen einholen oder durch Fachliteratur anlesen!

- Tägliche Belastung der Eltern kritisch betrachten. Konflikte in der Ehe, ständige Streitigkeiten vor dem Kind.

- Beobachten der Situationen, in denen die Sprach- und Sprechprobleme auftreten. Gibt es einen Zusammenhang zwischen diesen Situationen und bestimmten Personen?

Was sollten Eltern vermeiden?

- Liebesentzug: »Wenn du das nicht richtig sagst, hab ich dich nicht mehr lieb!«

- Das Verbieten von Hobbys und persönlichen Interessen wie Fußball spielen führt nicht zum Erfolg.

- Kind unter Druck setzen: Angst und Zeitdruck führen zu Stress, und Stress blockiert das Gehirn. Es kommt zu Lernblockaden und kindlichen Verhaltensstörungen.

- Eine weit überzogene Überforderung erhöht die Fehlerquote beim Sprechen, und das Kind zieht sich immer mehr zurück. Es entwickeln sich nach und nach Versagensängste und Angst vor Misserfolg.

- Eine übertriebene Förderung in mehreren Einrichtungen: in der Familie, im Kindergarten, in der Logopädie, in der Ergotherapie usw. und das alles in einer Woche vermeiden.

225

Eltern-Info 6:
Voraussetzungen zum Sprechen

Die Eltern sollten vom Kleinkindalter darauf achten, dass die so genannten Sprechwerkzeuge wie Zähne, Mund, Lippen, Nasenraum, Kehlkopf, Rachenraum, Zäpfchen usw. intakt sind und funktionieren. Die tägliche Pflege und Beachtung der Hygiene dieser Sprechwerkzeuge ist daher sehr wichtig für die Gesundheit Ihres Kindes. Achten Sie daher besonders auf folgende Bereiche!

Zähne/Mund

	Ja	Nein
Putzt mein Kind täglich regelmäßig die Zähne?	☐	☐
Isst mein Kind zu viel Zucker und Süßigkeiten?	☐	☐
Wie sieht es mit Karies aus?	☐	☐

Atmung

	Ja	Nein
Sind die Atemwege frei?	☐	☐
Wird durch die Nase eingeatmet?	☐	☐
Atmet mein Kind durch den halb offen stehenden Mund?	☐	☐
Ist die Luft im Raum zu warm und zu trocken?	☐	☐
Erfolgt die Atmung geräuschvoll?	☐	☐

Stimme/Sprache

	Ja	Nein
Spricht mein Kind zu laut?		
Spricht mein Kind überhastet und schnell?	☐	☐
Ist mein Kind bei Erkältungen öfter heiser?	☐	☐
Räuspert sich mein Kind häufig?	☐	☐
Nuschelt mein Kind?	☐	☐
Spricht mein Kind undeutlich und kaum verständlich?	☐	☐

Allgemein

	Ja	Nein
Hat mein Kind ausreichend Schlaf?	☐	☐
Ernährt sich mein Kind vitaminreich und abwechslungsreich?	☐	☐
Hat mein Kind täglich Bewegung in der freien Natur?	☐	☐
Ist mein Kind gehäuft krank?	☐	☐
Hat mein Kind Kontakt zu anderen Kindern?	☐	☐

Eltern-Info 7:
Standardprogramm für Eltern

Als Standardprogramm der Förderung im Elternhaus und in der Familie gelten folgende Hinweise:

1. Gespräche über Ereignisse, über Personen und besondere Dinge und Gegenstände im Alltag.
2. Spiele mit dem Kind in jeder Form und zu jeder Zeit; dies kann in der Küche, im Garten, im Auto oder im Bett sein, wie z.B. Ratespiele, Brettspiele »Mensch ärgere dich nicht« oder ein Versteck-spiel.
3. Lieder singen in der Schwangerschaft und sofort nach der Geburt eignen sich bestens, Kinder für Sprache und Sprechen zu interessieren. Außerdem fördern wir das Sprachgefühl, den Rhythmus und die Melodie. Das können einfache und traditionelle Kinderlieder sein, die in Vergessenheit geraten sind, wie z.B. »Alle meine Entchen ...«, »Fuchs du hast die Gans gestohlen ...«, »Drei Chinesen mit dem Kontrabass ...«.
4. Vorlesen von Geschichten und Märchen sollten die Eltern sofort nach der Geburt beginnen und vielleicht zum Ritual machen wie z.B. die »Gute-Nacht-Geschichte«.
5. Das Betrachten von Bilderbüchern mit wenig und viel Text zu jeder Tageszeit und bei jeder Gelegenheit. Hier wird das Kind insbesondere auf das spätere Lesen und Schreiben vorbereitet.
6. Fingerspiele, wie z.B. »Das ist der Daumen, der schüttelt die Pflaumen (Zeigefinger), der hebt sie alle auf (Mittelfinger), der trägt sie nach Hause (Ringfinger) und der Kleine isst sie alle auf.« Wir machen die Fingerspiele mit der rechten Hand, dann mit der linken Hand und schließlich mit beiden Händen. Das Gleiche können wir auch rückwärts probieren, und zwar das Sprechen und das »Fingern«.
7. Rätsel, wie z.B. »Es hängt an der Wand und macht tick, tack?«, »Es hat vier Räder und fährt über die Straße?«, »Es hat lange Ohren und hoppelt über die Wiese?«
8. Witze erzählen bereitet den Kindern große Freude. Die Kinder sprechen laut und deutlich, legen die Hemmungen ab, schauen andere Kinder an, setzen Mimik und Gestik geschickt ein und freuen sich über die Pointe und dass sie anderen mit dem Witz eine Freude machen können. Für Vorschulkinder und Kinder der 1. und 2. Klasse eignen sich beispielsweise folgende Witze (Sprachwitze):

Einige Beispiele:

Nina bestaunt die Schildkröte ihrer Freundin mit großen Augen. »Nimm doch bitte mal den Deckel ab«, sagt sie, »damit ich sie mal streicheln kann.«

Die Kängurumutter seufzt »Hoffentlich regnet es heute nicht schon wieder. Allmählich geht es mir auf die Nerven, dass die Kinder nur noch drinnen spielen.«

»Vati, schau mein Zeugnis.« – Also schämst du dich denn überhaupt nicht mein Junge«, sagt der Vater entsetzt. »Nein Vati«, antwortet der Junge, »es ist nicht mein Zeugnis. Dieses habe ich auf dem Speicher gefunden. Es ist deines.«

Beispiel für einen Bildwitz:

Eltern-Info 8:
Zauberwörter

Die Eltern sollten sich wieder auf bestimmte Formen der Höflichkeit im Umgang miteinander und untereinander besinnen. Im Rahmen der zwischenmenschlichen Kommunikation sind gewisse Formen des Umgangs verloren gegangen oder in Vergessenheit geraten. Zu Hause in der Familie sollten die Eltern verstärkt darauf achten, dass folgende zauberhafte Wörter häufiger im Alltag benutzt und sprachlich eingesetzt werden.

Zauberwörter und Redewendungen

Die folgenden Zauberwörter und Redewendungen können in Alltagssituationen eingesetzt werden. Dabei spielt der Blickkontakt, die Mimik, die Gestik sowie die Stimme eine entscheidende Rolle.

Geeignete Situation sind:

> Beim täglichen Miteinandersprechen auf dem Schulweg, im Bus oder auf dem Schulhof
> Bei den Mahlzeiten mit den Eltern
> Trösten, wenn jemand traurig ist
> Loben, wenn man etwas gut gemacht hat
> Um Entschuldigung bitten, wenn man einen Fehler gemacht hat
> Freundlich, mit einem Lächeln und einem Händedruck andere grüßen

- Bitte/Hilf mir bitte!
- Danke/Merci/Ich danke Dir für die Einladung
- Danke für die Auskunft/Danke für den Tipp
- Entschuldigung/Verzeihung/Pardon
- Guten Tag/Grüß Gott/Hallo/Guten Morgen/Guten Abend
- Auf Wiedersehen/Ade/Tschüss/Ciao/Bye, bye/ Leb wohl!/Servus
- Bis dann/Bis zum nächsten Mal
- Tut mir Leid/Sorry/Soll nicht wieder vorkommen!
- Alles in Ordnung?/Kann ich Dir helfen?
- Wie geht es Dir?
- Lass mich doch bitte ausreden!
- Guten Appetit/Lass es Dir schmecken!/Wohl bekomm's!/Prosit/Zum Wohl
- Gute Besserung!/Gesundheit (beim Niesen)
- Gute Reise/Gute Fahrt/Viel Spaß im Urlaub
- Schönes Wochenende
- Alles Gute/Herzlichen Glückwunsch
- Frohes Fest/Frohe Ostern/Frohe Weihnachten
- Mach's gut/Viel Erfolg/Viel Glück
- Herzlich Willkommen/Welcome
- Schöne Ferien/Pass gut auf dich auf/Kopf hoch
- Schön Dich wieder zu sehen
- Ich wünsche Dir einen schönen Tag!
- Toll gemacht/Super/Klasse/Prima
- Hat mich gefreut, Dich kennen zu lernen

Eltern-Info 9:
Sprache macht fit und stark

Bedeutung der Sprache

Sprache ist das wichtigste Kapital des Menschen. Das Kind braucht die Sprache, um in der Familie, im Kindergarten und in der Schule bestehen zu können. Das Kind ist in seinem Leben auf seine Sprache angewiesen. Die Sprache ist das Werkzeug des Kindes, um in der Schule und im späteren Berufsleben erfolgreich zu sein. Über die Sprache kann das Kind die Welt, in der es lebt, verstehen und begreifen. Die Sprache fördert das gegenseitige Verstehen und Denken des Kindes.

Was können wir tun?

Die Eltern sind gut beraten, wenn sie die Sprache des Kindes im Elternhaus und in der Familie anregen und fördern. Wir müssen alle Kinder in der Sprache fördern. Die deutschen und die zugewanderten Kinder haben ein Recht auf Sprache.

Die Eltern können mit dem »Test für Eltern: Wie fit ist Ihr Kind?« (vgl. hierzu KV 29–KV 35) in kurzer Zeit zu Hause überprüfen, welche Wörter das Kind sprechen kann und welche nicht. Ebenso können sie beobachten, ob das Kind Sätze korrekt bilden kann.

Sprachförderung kostet kein Geld

Wir brauchen für die Förderung der Sprache:

- *Natürliche Situationen des Alltags*, d.h. Sprache kann ich beim Frühstück, beim Abendbrot, beim Kochen, bei der Gartenarbeit, beim Bügeln und anderen Tätigkeiten fördern.
- *Viel Gefühl und Herzblut beim Sprechen*, d.h., neue Begriffe, Wörter und Sätze merken sich die Kinder dann besonders gut, wenn sie mit viel Liebe und Gefühl gesprochen werden.
- *Gute sprachliche Vorbilder*, d.h. die Eltern, die Geschwister und alle die mit dem Kind zusammen sind, sollten klar und verständlich sprechen. Das Hören der gesprochenen Sprache ist die Voraussetzung zum korrekten Sprechen des Kindes.

So können die Eltern helfen

Die Förderung der Kinder durch die Eltern kann sich auf folgende sieben Bereiche erstrecken. Dabei können sich die Eltern einzelne Bereiche aussuchen und verstärkt mit dem Kind üben.

1. *Kinder brauchen Kontakte zu anderen Kindern und Erwachsenen.*

   Für die Sprache des Kindes ist es wichtig, dass die Kinder vielfältige Beziehungen und lebendige Kontakte zu anderen Kindern und Erwachsenen aufbauen. Die Kinder sollen Vertrauen entwickeln und mit anderen sprechen. Ohne Kontakte zu anderen Menschen kann sich die Sprache nicht entwickeln. Hier bieten sich einfache Kennlernspiele an. Diese Spiele können im Freien, in der Küche oder im Wohnzimmer gespielt werden.

   Beispiel: »Mein rechter, rechter Platz ist leer – ich wünsche mir den Papa her!« oder »Mein rechter, rechter Platz ist leer – ich wünsche mir die Mama her!«.

229

KV 44, 2. Teil

2. *Kinder kennen Firmenlogos und Verkehrsschilder.*

Die Kinder gehen mit zum Einkaufen und kennen sehr bald die »Logos« einzelner Geschäfte und Firmen wie Aldi und McDonald's. Sie fahren mit zum Tanken und sehen an der Tankstelle: DEA, AGIP, JET, ESSO und BP. Die Kinder sehen auch solche Zeichen und Symbole im Fernsehen wie ARD, ZDF, RTL und KIKA. Sie merken sich auch sehr früh einzelne Verkehrszeichen wie die Schilder für die Ampel und den Zebrastreifen. Auf dem Flughafen und auf dem Bahnhof finden wir kleine Schilder, die uns sagen »Hier ist die Toilette«, »hier ist ein Telefon« und »hier ist der Ausgang«. Die Kinder verstehen diese Zeichen und verstehen damit die Sprache. Das Kennenlernen und Verstehen solcher Logos, Schilder und Zeichen sollten wir daher fördern.

3. *Wir alle sprechen mit Blicken und Gebärden.*

Die Körpersprache ist ja die älteste Sprache der Menschheit. Wenn wir in einem fremden Land sind und die Sprache dieses Landes nicht beherrschen, können wir uns zum Teil mit unserer Körpersprache aushelfen. Wir zeigen mit den Händen und Fingern, und schon bekommen wir etwas zum Trinken und Essen. Die Körpersprache begleitet immer die Muttersprache des Kindes, je nach der Situation mal mehr und mal weniger. Wenn ich böse bin, kann ich das über meinen Körper ausdrücken. Wichtig ist der Blickkontakt zum Gesprächspartner, d.h., ich schaue mein Gegenüber beim Sprechen an. Gerade hier können die Eltern durch das eigene Tun und Vormachen beim Sprechen, wichtige Hilfen anbieten und so die Sprache des Kindes fördern.

4. *Die Eltern sollen sich viel und intensiv mit ihrem Kind beschäftigen.*

Die Sprache wird im Gehirn des Kindes erzeugt. Die Eltern können ihre Kinder fördern, indem sie neue Begriffe und schwierige Wörter erklären und versuchen, in ganzen Sätzen zu sprechen. Die Eltern sollen die Kinder zum Nachdenken über das Gehörte bringen. Die Eltern können Spiele mit der Stimme machen, lautes Sprechen und Flüstern üben, verschiedene Sprachspiele anbieten und insgesamt eine klare und deutliche Aussprache als Vorbild zeigen.

5. *Sprechen macht Freude und kann witzig sein.*

Die Eltern sollen ihren Kinder zeigen, dass man mit der Stimme und der Sprache spielen und sich damit auch gut unterhalten kann. Hier können die Eltern Fantasiegeschichten und Lügengeschichten erzählen oder Märchen vorlesen. Die Kinder sollen Zungenbrecher schnell nachsprechen, Ratespiele mitmachen und Witze hören und wieder erzählen.

6. *Kinder schauen sich gerne Bilderbücher an und hören gerne Märchen.*

Die Kinder sollten in den ersten Lebensjahren bereits an Bilder- und Märchenbücher herangeführt werden. Die Kinder sollen gemeinsam mit den Eltern Bücher betrachten, lesende Eltern erleben und erfahren, dass das Vorlesen aus einem Buch Spaß und Freude bereitet. Neben dem täglichen Vorlesen ist auch das Betrachten und Erzählen von selbst gemalten Bildern wichtig. Die Kinder sollten auch Bildergeschichten gemeinsam mit den Eltern anschauen und die Geschichte erzählen.

7. *Kinder klatschen Silben und hören Laute in Wörtern.*

Die Kinder sollen im letzten Kindergartenjahr verstärkt auf die gehörte Sprache aufmerksam gemacht werden. Kinder sollten den Unterschied zwischen Wort und Silbe kennen. Die Eltern können viel dazu beitragen, indem sie die Namen nach Silben klatschen lassen und Kinderlieder singen. Die Kinder sollen Reime bilden und erste Versuche machen, die Anfangslaute eines Wortes zu hören, wie z.B. das /O/ in Oma, Opa, Ofen usw.

Differenzierte Einzelförderung

Mit einem einfachen Verfahren ermitteln Sie die Bereiche, in denen ein Kind individuell gefördert werden muss. In mehr als 50 Bausteinen mit Kopiervorlagen finden Sie Übungen, Spiele und Förderhinweise zu den Bereichen:
- **Lebendige und multiple Interaktionen**
- **Symbolfähigkeit und Sprachverstehen**
- **Körpersprache und Prosodie**
- **Sprache und Sprechen u.a.**

»Wenig Theorie, viel Praxis, eine Menge Kopiervorlagen, bunte laminierte Bilder, zahlreiche Aufgaben und Tests, die Erzieher/innen und Lehrer/innen sofort einsetzen können.«
Frankfurter Rundschau

Herbert Günther
Sprachförderung: Die Fitness-Probe
Bausteine für einen erfolgreichen Schulanfang
2003. 184 Seiten. Ordner.
ISBN 3-407-62511-1

Die Geräusche-CD zum Ordner »Sprachförderung: Die Fitnessprobe«

Hören ist die beste Grundlage für das Sprechen, Lesen und Schreiben. Mit dieser CD können Kinder Töne, Klänge und Geräusche aus bekannten Alltagssituationen hören, identifizieren, benennen oder auf den Kopiervorlagen anmalen. So fördern Sie das genaue Hinhören, aufmerksame Zuhören, das Verstehen bestimmter Signale und Geräusche, d.h. die Aufnahme, Speicherung, Verarbeitung und Interpretation des Gehörten.

Herbert Günther
Bewusst hören – besser sprechen
Geräusche-CD zum Ordner
»Sprachförderung: Die Fitness-Probe«
Mit Anleitung, Beobachtungsbogen,
Förderhinweise und Kopiervorlagen
2005.
ISBN 3-407-62535-9

Bestellhotline:
Telefon: 0 81 91/9 70 00-622
Fax: 0 81 91/9 70 00-405
E-Mail: beltz@rhenus.de
www.beltz.de

Herkunft der Kinder

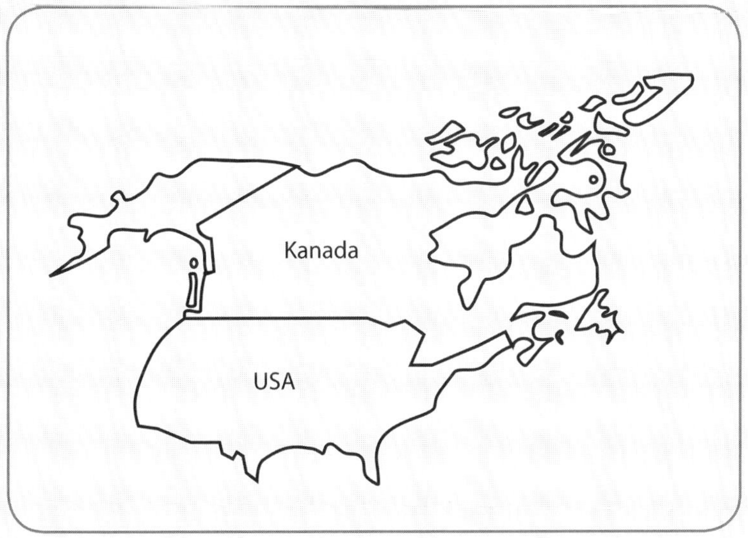

ISLAND
Rejkjavik

Kanada
USA

NORWEGEN
SCHWEDEN
FINNLAND
Helsinki
Oslo
Stockholm
Tallinn
ESTLAND
RUSSLAND

GROSSBRITANNIEN
DÄNEMARK
LETTLAND
Riga
Moskau

IRLAND
Dublin
Kopenhagen
LITAUEN
Wilna
Minsk

Amster-
dam
Berlin
Warschau
WEISS-
RUSSLAND

London
NIEDERLD.
DEUTSCH-
LAND
POLEN

BELGIEN
Brüssel
LUX.
Prag
TSCHECH.
Kiew
UKRAINE

Paris
SLOWAK.
Bratislawa
MOLDAWIEN
Chişinău

FRANKREICH
Wien
Budapest

SCHWEIZ LI.
ÖSTERR.
UNGARN
Ljubljana

SLOWENIEN
Zagreb
Belgrad
Bukarest

PORTUGAL
KROATIEN
BOSNIEN
JUGO-
SLA-
WIEN
BULGARIEN

Madrid
AND.
Sarajevo
Sofia

Lissabon
SPANIEN
Rom
Tirana
MAZEDONIEN
Skopje
Ankara

ALBANIEN
TÜRKEI

ITALIEN
Athen
Nikosia

GRIECHENLAND

MALTA

Herkunft der Kinder

	Name	Alter	Land	Seit wann in Deutschland	Familiensprache	Deutsch als Zweitsprache	Familienstrukturen (Alleinerziehend ets.)	Religion
1								
2								
3								
4								
5								
6								
7								
8								
9								
10								
11								
12								
13								
14								
15								
16								
17								
18								
19								
20								

Gruppenbildung

Gruppenbildung

Sprachauffällige Kinder:

Name	Vorname	geboren

Zugewanderte Kinder:

Name	Vorname	geboren

Durchschnittlich begabte Kinder:

Name	Vorname	geboren

Schwach begabte Kinder:

Name	Vorname	geboren

Besser und hochbegabte Kinder:

Name	Vorname	geboren

Jahresplan - themenorientierte Sprachförderung

Sprachförderungsmaßnahmen im Kindergarten-/Schuljahr ....

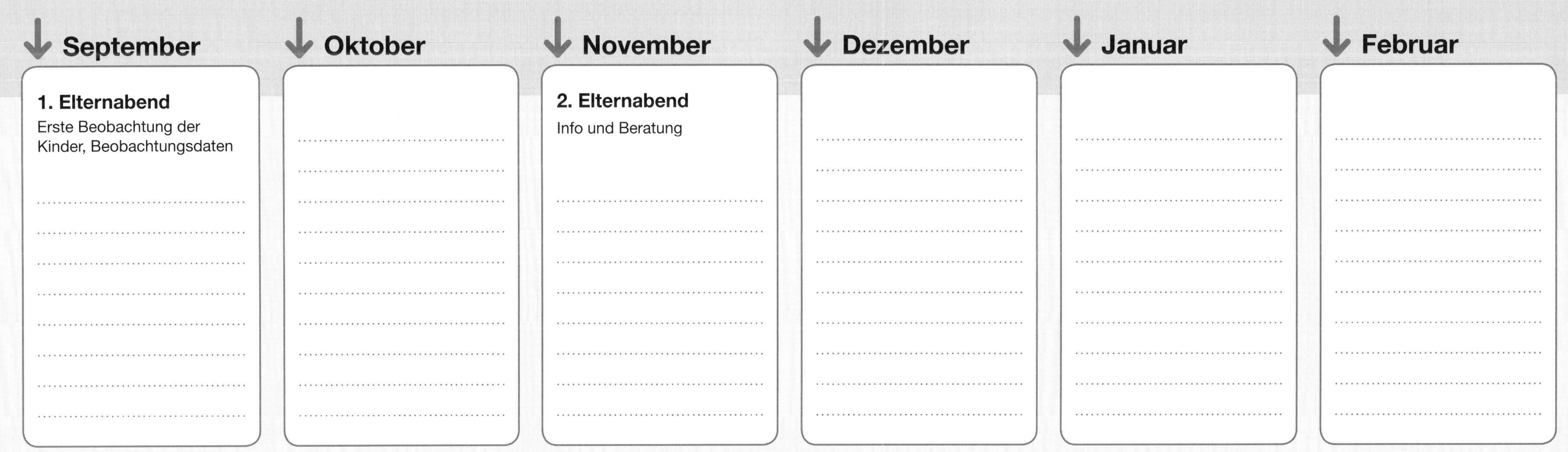

Ideen zum Jahresplan

- Von September bis Juni des Kalenderjahres
- 10 Rahmenthemen zur groben Orientierung und weiteren Planung
- Die vorgeschlagenen Rahmenthemen sind eine Synopse aus den Erziehungs- und Bildungsempfehlungen der Kindergärten und der Lehr- bzw. Rahmenpläne der Grundschulen der einzelnen Bundesländer

September

Rahmenthema: Soziale Beziehungen
- Ich und Du: Partnerschaft, Dialoge führen
- Interesse an Sprache allgemein und an Dialogen fördern: Pantomime, Körpersprache: sich dem Partner zuwenden, Blickkontakt, freundliches Gesicht, auf Drohgebärden verzichten
- Soziale Kontakte in der Gruppe, regelmäßig Gespräche über aktuelle Ereignisse führen
- Gesprächsregeln kennen lernen und beachten
- Spielregeln für das Grüßen: in die Augen schauen, lächeln, Hände schütteln
- Interaktionen zwischen den Kindern und den Fachkräften: Kennlernspiele: Mein rechter, rechter Platz ist leer usw.

Oktober

Rahmenthema: Zuhören und ausreden lassen
- dem Partner aufmerksam zuhören mit Blickkontakt
- Lauschspiele und Flüstern: Geräusche hören und identifizieren: Vokale sind Klänge und Konsonanten bestehen teilweise aus Geräuschen
- auf das Gehörte mit Kommentaren, Handlungen und Fragen reagieren, Sprache verstehen
- sprachliche Äußerungen wahrnehmen, den Inhalt verstehen die Gedanken sprachlich und grammatikalisch korrekt wiedergeben
- Bewusstes und gezieltes Achten auf die gesprochene Sprache wie artikuliertes und genuscheltes Sprechen
- Erfassen und Wiedererkennen von Lauten bzw. Lautgruppen in der gesprochenen Sprache

November

Rahmenthema: Sprache in der Familie
- meine Sprache – deine Sprache: Mehrsprachigkeit und Sprachenvergleich
- meine Familie – deine Familie: unterschiedliche Strukturen, Bräuche, Werte und Normen
- beim Essen zu Hause und in der Einrichtung: Rituale, Geste, Gebete usw.
- Miteinander reden – mit Respekt und Anstand ansprechen: nicht hänseln, auslachen, verspotten
- Höflichkeitsformeln: Zauberwörter wie bitte, danke, Entschuldigung und Grußwörter wie Hallo, Guten Tag, Auf Wiedersehen oder Tschüss
- Schimpfwörter in verschiedenen Sprachen einschließlich der Körpersprache wie z.B. den Vogel zeigen, kurze Sätze wie »Stift her!«, »Limo – aber plötzlich!« sollten vermieden werden

Dezember

Rahmenthema: Zuhören und Erzählen
- Erzählen ist das Fundament der Sprachförderung und ein wichtiger Vorläufer zum Lesen
- regelmäßig vorlesen in der Gruppe und das Gehörte nacherzählen
- einer kurzen Geschichte aktiv folgen
- einer längeren Erzählung konzentriert und aufmerksam folgen
- Ereignisse aus dem Alltag regelmäßig erzählen
- selbst eine Geschichte vor anderen Kindern erzählen
- Volksmärchen fördern das Zuhören, das Textverstehen und bieten Motive für das eigene Erzählen
- Erzählbilder anbieten (Bilder, Fotos, Illustrationen aus Zeitschriften) und reihum erzählen

Januar

Rahmenthema: Erscheinungsformen von Sprache
- Pantomime, Gebärdensprache, Blindenschrift, Schreiben am Computer, Handschrift, Drucken, Notiz- und Wunschzettel schreiben
- Dialekt und Hochsprache im Vergleich: Hörübungen

- Unterschiede in der Bedeutung und Verwendung in einzelnen Situation: zu Hause Dialekt und in der Schule Hochsprache
- Alltagssprache und Umgangssprache der Kinder aufnehmen und abhören
- verschiedene Sprachstile kennen lernen: Alltagsgespräch, Märchen, Anredeformen usw.

Februar

Rahmenthema: Medien
- Handpuppen und Marionette zur Förderung ängstlicher und sprachscheuer Kinder
- Fingerspiele motivieren zum Mitmachen und Sprechen
- Verschiedene Formen von Druckmedien wie Zeitung, Zeitschrift, Werbeprospekte, Bilderbücher, Märchenbücher und Comics kennen lernen und daraus vorlesen
- Bild- und Hörmedien wie Fernsehen, Video, Hörkassetten, CD, Radio, Computer kennen lernen
- E-Mails lesen und schreiben, mit dem Handy telefonieren und SMS lesen und verschicken

März

Rahmenthema: Sprachbewusstsein und phonologische Bewusstheit
- Förderung des persönlichen Sprachgefühls über Vergleichen verschiedener Sprachen
- Sprache besteht aus lautlich abgrenzbaren Elementen und Schallereignissen: Laute, Silben und Wörter
- Lautmalereien in der Kinderlyrik: Kinderreime, Abzählverse, Lieder, Zungenbrecher, Gedichte
- Sprachlaute differenzieren: Anfangslaute, Position der Laute: Anlaut, Auslaut, Inlaut
- Nachdenken: Was ist ein Satz, ein Wort, eine Silbe oder ein Laut (Drei Chinesen mit dem…)
- Literarische Begriffe kennen lernen: Text, Abschnitt, Strophe, Zeile, Geschichte, Märchen, Rätsel, Gedicht, Lied
- Lieder, Sing- und Kreisspiele zur Förderung von Rhythmus, Melodie und Betonung
- Spiele und Lieder mit Lautunterscheidungsübungen

April

Rahmenthema: Spielen mit der Sprache
- mit Lauten und Buchstaben, mit Wörtern und mit Sätzen spielen
- Buchstabengeschichten von Paul Maar und Spielgeschichten z.B. zum »O«
- Unsinn-Geschichten und Geheimsprache erfinden
- Hinführung zu Gedichte über Elfchen
- Zungenbrecher in verschiedenen Sprachen kennen lernen
- Kinderverse und Reime einführen und anregen
- Bildwitze sehen und besprechen
- Sprachwitze hören, verstehen und erzählen

Mai

Rahmenthema: Literacy-Erziehung
- kindliche Erfahrungen um die Buch-, Erzähl- und Schriftkultur
- Symbole im Alltag, Logos aus der Werbung, Verkehrszeichen und Piktogramme erkennen
- Interesse an Büchern und am Lesen wecken: die Bilderbuch-Betrachtung, das Vorlesen und das Erzählen
- Buchstaben herstellen und Buchstabenformen und Buchstabenfolge in Wörtern wie z.B. dem Namen, Fühlbuchstaben erkennen
- Laut-Buchstaben-Beziehungen erkennen: Laute zuordnen, Laute anordnen, kurze und lange Vokale sprechen und hören, Wörter lautieren
- Zuordnen von Sprechen und Schreiben wie den eigenen Namen, bekannte einfache Wörter

Juni

Rahmenthema: Hinführung zur Literatur
- Bibliothek aufsuchen
- mit Kinderbüchern, Sachbüchern, Tierbüchern und Liederbüchern selbst eine Bibliothek einrichten
- Kinderbuchautor einladen und Autorenlesung veranstalten
- Mit den Kindern ein Buch schreiben und den Eltern vorlesen
- Literarische Texte und Gattungen anbieten: Märchen, Kindergedichte, Kinderreime, Sprachspiele, Kindergeschichten, Kinderrätsel, Dialogstücke wie Kasperltheater, Erzählungen
- Klassiker wie Goethe und Schiller vom Leben und Arbeiten her kennen lernen, zum Anfassen

(Die Monate Juli und August: Wiederholungen oder spontane Themen)

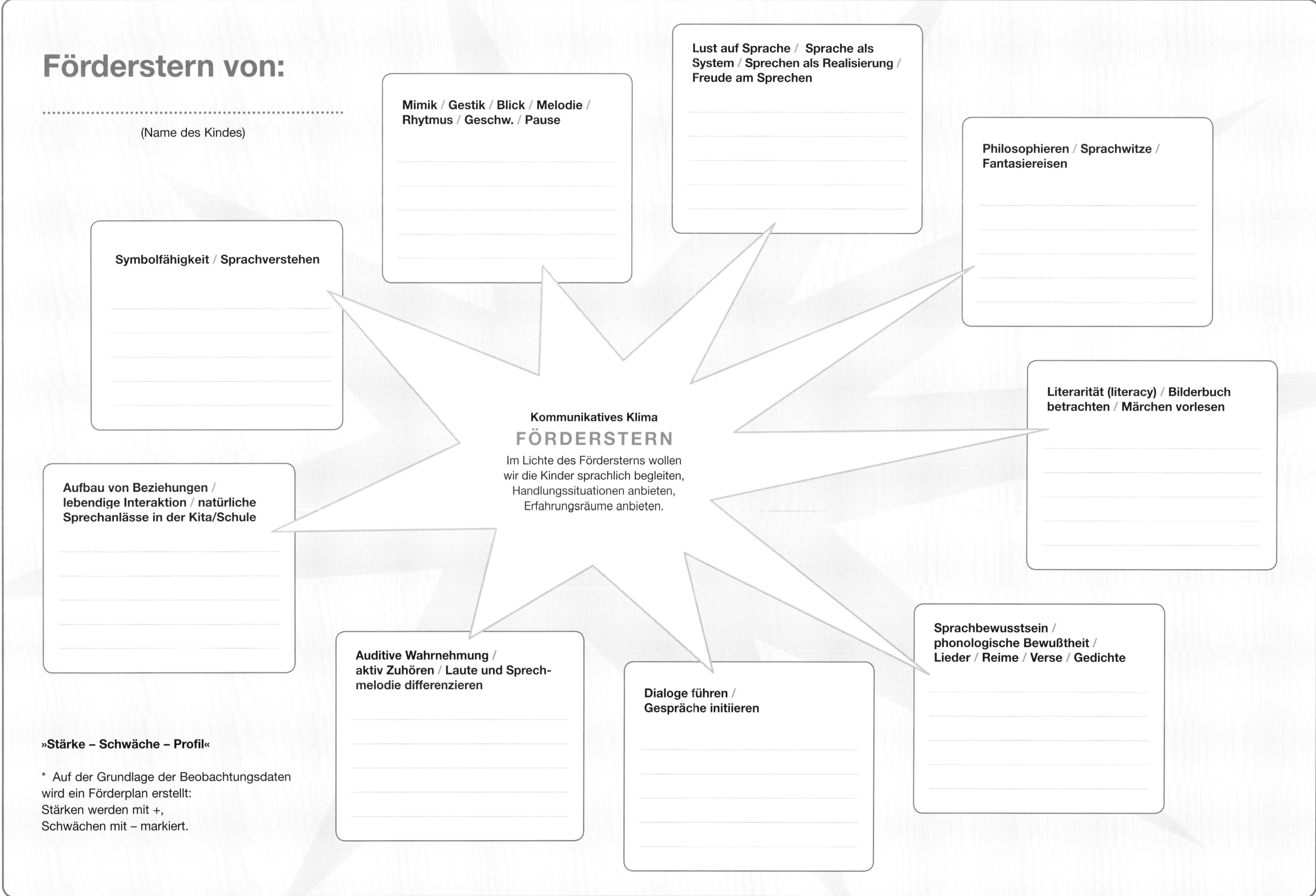

Förderstern von:
(Name des Kindes)

Mimik / Gestik / Blick / Melodie / Rhytmus / Geschw. / Pause

Lust auf Sprache / Sprache als System / Sprechen als Realisierung / Freude am Sprechen

Philosophieren / Sprachwitze / Fantasiereisen

Symbolfähigkeit / Sprachverstehen

Literarität (literacy) / Bilderbuch betrachten / Märchen vorlesen

Kommunikatives Klima
FÖRDERSTERN
Im Lichte des Fördersterns wollen wir die Kinder sprachlich begleiten, Handlungssituationen anbieten, Erfahrungsräume anbieten.

Aufbau von Beziehungen / lebendige Interaktion / natürliche Sprechanlässe in der Kita/Schule

Sprachbewusstsein / phonologische Bewußtheit / Lieder / Reime / Verse / Gedichte

Auditive Wahrnehmung / aktiv Zuhören / Laute und Sprechmelodie differenzieren

Dialoge führen / Gespräche initiieren

»Stärke – Schwäche – Profil«

* Auf der Grundlage der Beobachtungsdaten wird ein Förderplan erstellt:
Stärken werden mit +,
Schwächen mit – markiert.

Stufenmodell der Sprachförderung

Start	Einstieg	Hauptteil	Fragen und Antworten	Spiel	Finale
Vorstellung, Höflichkeitsformen, Namen, Themen, Ziel	Impulse, Motivation	Thema entfalten, Inhalte präsentieren		Spielen, Lieder	Zusammenfasung, Merksätze
5 min	5 min	10 min	10 min	10 min	10 min